大学赤本シリーズ

320

中央大学

国際経営学部・
国際情報学部－学部別選抜

一般方式・英語外部試験利用方式・共通テスト併用方式

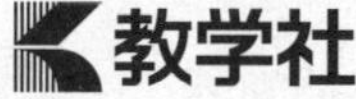

はしがき

おかげさまで，大学入試の「赤本」は，今年で創刊70周年を迎えました。

これまで，入試問題や資料をご提供いただいた大学関係者各位，掲載許可をいただいた著作権者の皆様，各科目の解答や対策の執筆にあたられた先生方，そして，赤本を使用してくださったすべての読者の皆様に，厚く御礼を申し上げます。

以下に，創刊初期の「赤本」のはしがきを引用します。これからも引き続き，受験生の目標の達成や，夢の実現を応援してまいります。

本書を活用して，入試本番では持てる力を存分に発揮されることを心より願っています。

編者しるす

＊　＊　＊

学問の塔にあこがれのまなざしをもって，それぞれの志望する大学の門をたたかんとしている受験生諸君！　人間として生まれてきた私たちは，自己の欲するままに，美しく，強く，そして何よりも人間らしく生きることをねがっている。しかし，一朝一夕にして，この純粋なのぞみが達せられることはない。私たちの行く手には，絶えずさまざまな試練がまちかまえている。この試練を克服していくところに，私たちのねがう真に人間的な世界がはじめて開かれてくるのである。

人生最初の最大の試練として，諸君の眼前に大学入試がある。この大学入試は，精神的にも身体的にも，大きな苦痛を感ぜしめるであろう。あるスポーツに熟達するには，たゆみなき，はげしい練習を積み重ねることが必要であるように，私たちは，計画的・持続的な努力を払うことによって，この試練を克服し，次の一歩を踏みだすことができる。厳しい試練を経たのちに，はじめて満足すべき成果を獲得できるのである。

本書は最近の入学試験の問題に，それぞれ解答を付し，さらに問題をふかく分析することによって，その大学独特の傾向や対策をさぐろうとした。本書を一般の参考書とあわせて使用し，まとはずれのない，効果的な受験勉強をされるよう期待したい。

（昭和35年版「赤本」はしがきより）

挑む人の、いちばんの味方

1954年に大学入試の過去問題集を刊行してから70年。赤本は大学に入りたいと思う受験生を応援しつづけてきました。これからも，苦しいとき落ち込むときにそばで支える存在でいたいと思います。

そして，勉強をすること，自分で道を決めること，努力が実ること，これらの喜びを読者の皆さんが感じることができるよう，伴走をつづけます。

そもそも赤本とは…

受験生のための大学入試の過去問題集！

70年の歴史を誇る赤本は，500点を超える刊行点数で全都道府県の370大学以上を網羅しており，過去問の代名詞として受験生の必須アイテムとなっています。

なぜ受験に過去問が必要なのか？

大学入試は大学によって問題形式や頻出分野が大きく異なるからです。

赤本の掲載内容

傾向と対策

これまでの出題内容から，問題の「**傾向**」を分析し，来年度の入試に向けて具体的な「**対策**」の方法を紹介しています。

問題編・解答編

- 年度ごとに問題とその解答を掲載しています。
- 「**問題編**」ではその年度の試験概要を確認したうえで，実際に出題された過去問に取り組むことができます。
- 「**解答編**」には高校・予備校の先生方による解答が載っています。

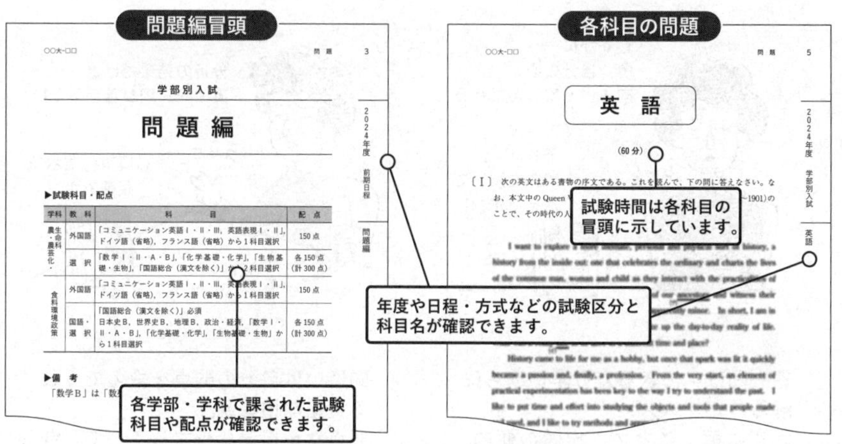

問題編冒頭
学部別入試
問題編
各学部・学科で課された試験科目や配点が確認できます。
各科目の問題
英　語
(60分)
試験時間は各科目の冒頭に示しています。
年度や日程・方式などの試験区分と科目名が確認できます。

他にも，大学の基本情報や，先輩受験生の合格体験記，在学生からのメッセージなどが載っていることがあります。

2024年度から
見やすい
デザインに！
NEW

掲載内容について

著作権上の理由やその他編集上の都合により問題や解答の一部を割愛している場合があります。なお，指定校推薦入試，社会人入試，編入学試験，帰国生入試などの特別入試，英語以外の外国語科目，商業・工業科目は，原則として掲載しておりません。また試験科目は変更される場合がありますので，あらかじめご了承ください。

受験勉強は

過去問に始まり，

STEP 1

なにはともあれ

まずは解いてみる

しずかに…
今，自分の心と
向き合ってるんだから

ムーン

それは
問題を解いて
からだホン!

過去問は，**できるだけ早いうちに解く**のがオススメ！
実際に解くことで，**出題の傾向，問題のレベル，今の自分の実力**がつかめます。

STEP 2

じっくり具体的に

弱点を分析する

分析の結果だけど
英・数・国が苦手みたい
スリー
必須科目だホン
頑張るホン

間違いは自分の弱点を教えてくれる**貴重な情報源。**
弱点から自己分析することで，**今の自分に足りない力や苦手な分野**が見えてくるはず！

合格者があかす
赤本の使い方

傾向と対策を熟読
（Fさん／国立大合格）

大学の出題傾向を調べるために，赤本に載っている「傾向と対策」を熟読しました。

繰り返し解く
（Tさん／国立大合格）

1周目は問題のレベル確認，2周目は苦手や頻出分野の確認に，3周目は合格点を目指して，と過去問は繰り返し解くことが大切です。

赤本の使い方 解説

過去問に終わる。

STEP 3

志望校にあわせて

苦手分野の重点対策

明日からはみんなで頑張るよ！
参考書も！ 問題集も！
よろしくね！
呼んだ？
なにを!?
どこから!?
グッ
グッ

参考書や問題集を活用して，苦手分野の**重点対策**をしていきます。**過去問を指針**に，合格へ向けた具体的な学習計画を立てましょう！

STEP 1 ▶ 2 ▶ 3

サイクルが大事！

実践を繰り返す

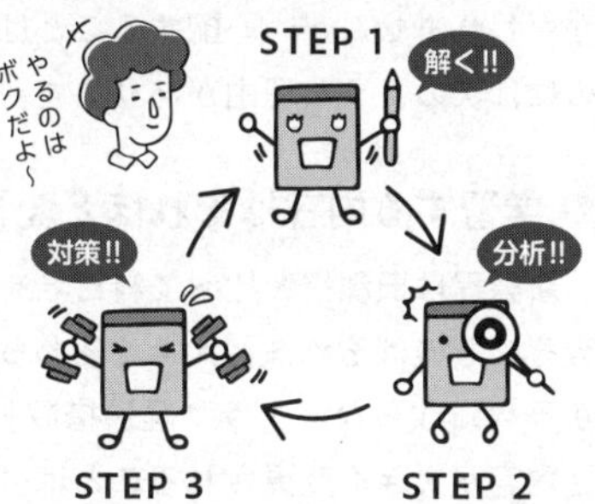

STEP 1～3を繰り返し，実力アップにつなげましょう！
出題形式に慣れることや，**時間配分を考えること**も大切です。

目標点を決める
(Yさん／私立大合格)

赤本によっては合格者最低点が載っているので，それを見て目標点を決めるのもよいです。

時間配分を確認
(Kさん／私立大学合格)

赤本は時間配分や解く順番を決めるために使いました。

添削してもらう
(Sさん／私立大学合格)

記述式の問題は先生に添削してもらうことで自分の弱点に気づけると思います。

新課程入試 Q&A

2022 年度から新しい学習指導要領（新課程）での授業が始まり，2025 年度の入試は，新課程に基づいて行われる最初の入試となります。ここでは，赤本での新課程入試の対策について，よくある疑問にお答えします。

Q1. 赤本は新課程入試の対策に使えますか？

A. もちろん使えます！

OK

旧課程入試の過去問が新課程入試の対策に役に立つのか疑問に思う人もいるかもしれませんが，心配することはありません。旧課程入試の過去問が役立つのには次のような理由があります。

● 学習する内容はそれほど変わらない

新課程は旧課程と比べて科目名を中心とした変更はありますが，学習する内容そのものはそれほど大きく変わっていません。また，多くの大学で，既卒生が不利にならないよう「経過措置」がとられます（Q３参照）。したがって，出題内容が大きく変更されることは少ないとみられます。

● 大学ごとに出題の特徴がある

これまでに課程が変わったときも，各大学の出題の特徴は大きく変わらないことがほとんどでした。入試問題は各大学のアドミッション・ポリシーに沿って出題されており，過去問にはその特徴がよく表れています。過去問を研究してその大学に特有の傾向をつかめば，最適な対策をとることができます。

出題の特徴の例	・英作文問題の出題の有無 ・論述問題の出題（字数制限の有無や長さ） ・計算過程の記述の有無

新課程入試の対策も，赤本で過去問に取り組むところから始めましょう。

Q2. 赤本を使う上での注意点はありますか？

A. 志望大学の入試科目を確認しましょう。

過去問を解く前に，過去の出題科目（問題編冒頭の表）と 2025 年度の募集要項とを比べて，課される内容に変更がないかを確認しましょう。ポイントは以下のとおりです。科目名が変わっていても，実際は旧課程の内容とほとんど同様のものもあります。

英語・国語	科目名は変更されているが，実質的には変更なし。 ▶▶ **ただし，リスニングや古文・漢文の有無は要確認。**
地歴	科目名が変更され，「歴史総合」「地理総合」が新設。 ▶▶ **新設科目の有無に注意。ただし，「経過措置」(Q３参照) により内容は大きく変わらないことも多い。**
公民	「現代社会」が廃止され，「公共」が新設。 ▶▶ **「公共」は実質的には「現代社会」と大きく変わらない。**
数学	科目が再編され，「数学 C」が新設。 ▶▶ **「数学」全体としての内容は大きく変わらないが，出題科目と単元の変更に注意。**
理科	科目名も学習内容も大きな変更なし。

数学については，科目名だけでなく，どの単元が含まれているかも確認が必要です。例えば，出題科目が次のように変わったとします。

旧課程	「数学Ⅰ・数学Ⅱ・数学 A・数学 B（数列・ベクトル）」
新課程	「数学Ⅰ・数学Ⅱ・数学 A・**数学 B（数列）**・**数学 C（ベクトル）**」

この場合，新課程では「数学C」が増えていますが，単元は「ベクトル」のみのため，実質的には旧課程とほぼ同じであり，過去問をそのまま役立てることができます。

Q3. 「経過措置」とは何ですか?

A. 既卒の旧課程履修者への対応です。

多くの大学では，既卒の旧課程履修者が不利にならないように，出題において「経過措置」が実施されます。措置の有無や内容は大学によって異なるので，募集要項や大学のウェブサイトなどで確認しておきましょう。

◯旧課程履修者への経過措置の例

- 旧課程履修者にも配慮した出題を行う。
- 新・旧課程の共通の範囲から出題する。
- 新課程と旧課程の共通の内容を出題し，共通範囲のみでの出題が困難な場合は，旧課程の範囲からの問題を用意し，選択解答とする。

例えば，地歴の出題科目が次のように変わったとします。

旧課程	「日本史 B」「世界史 B」から１科目選択
新課程	「**歴史総合**，日本史探究」「**歴史総合**，世界史探究」から１科目選択※ ※旧課程履修者に不利益が生じることのないように配慮する。

「歴史総合」は新課程で新設された科目で，旧課程履修者には見慣れないものですが，上記のような経過措置がとられた場合，新課程入試でも旧課程と同様の学習内容で受験することができます。

新課程の情報は WEB もチェック！
より詳しい解説が赤本ウェブサイトで見られます。
https://akahon.net/shinkatei/

科目名が変更される教科・科目

	旧課程	新課程
国語	国語総合 国語表現 現代文A 現代文B 古典A 古典B	**現代の国語** **言語文化** **論理国語** **文学国語** **国語表現** **古典探究**
地歴	日本史A 日本史B 世界史A 世界史B 地理A 地理B	**歴史総合** **日本史探究** **世界史探究** **地理総合** **地理探究**
公民	現代社会 倫理 政治・経済	**公共** **倫理** **政治・経済**
数学	数学Ⅰ 数学Ⅱ 数学Ⅲ 数学A 数学B 数学活用	**数学Ⅰ** **数学Ⅱ** **数学Ⅲ** **数学A** **数学B** **数学C**
外国語	コミュニケーション英語基礎 コミュニケーション英語Ⅰ コミュニケーション英語Ⅱ コミュニケーション英語Ⅲ 英語表現Ⅰ 英語表現Ⅱ 英語会話	**英語コミュニケーションⅠ** **英語コミュニケーションⅡ** **英語コミュニケーションⅢ** **論理・表現Ⅰ** **論理・表現Ⅱ** **論理・表現Ⅲ**
情報	社会と情報 情報の科学	**情報Ⅰ** **情報Ⅱ**

大学のサイトも見よう

目　次

2022年度 問題と解答

最新年度の解答用紙は，赤本オンラインに掲載しています。

https://akahon.net/kkm/chuo/index.html

※掲載内容は，予告なしに変更・中止する場合があります。

基本情報

沿革

1885（明治 18）　英吉利法律学校創設
1889（明治 22）　東京法学院と改称
1903（明治 36）　東京法学院大学と改称
1905（明治 38）　中央大学と改称，経済学科開設
1909（明治 42）　商業学科開設
1920（大正 9）　大学令による中央大学認可
1926（大正 15）　神田錦町から神田駿河台へ移転
1948（昭和 23）　通信教育部開設
1949（昭和 24）　新制大学発足，法・経済・商・工学部開設
1951（昭和 26）　文学部開設
1962（昭和 37）　工学部を理工学部に改組
1978（昭和 53）　多摩キャンパス開校
1993（平成 5）　総合政策学部開設
2000（平成 12）　市ヶ谷キャンパス開校
2004（平成 16）　市ヶ谷キャンパスに法務研究科（ロースクール）開設

2008（平成 20）　後楽園キャンパスに戦略経営研究科（ビジネススクール）開設
2010（平成 22）　市ヶ谷田町キャンパス開校
2019（平成 31）　国際経営学部と国際情報学部開設
2023（令和　5）　茗荷谷キャンパス開校

ブランドマーク

このブランドマークは，箱根駅伝で広く知られた朱色の「C」マークと，伝統ある独自書体の「中央大学」を組み合わせたものとなっています。2007 年度，このブランドマークに，新たに「行動する知性。」というユニバーシティメッセージを付加しました。建学の精神に基づく実学教育を通じて涵養された知性をもとに社会に貢献できる人材，という本学の人材養成像を示しています。

学部・学科の構成

大　学

●**法学部**　茗荷谷キャンパス
法律学科（法曹コース，公共法務コース，企業コース）
国際企業関係法学科
政治学科（公共政策コース，地域創造コース，国際政治コース，メディア政治コース）

●**経済学部**　多摩キャンパス
経済学科（経済総合クラスター，ヒューマンエコノミークラスター）
経済情報システム学科（企業経済クラスター，経済情報クラスター）
国際経済学科（貿易・国際金融クラスター，経済開発クラスター）
公共・環境経済学科（公共クラスター，環境クラスター）

●**商学部**　多摩キャンパス
経営学科
会計学科

国際マーケティング学科

金融学科

※商学部では，各学科に「フレックス・コース」と「フレックス *Plus 1*・コース」という 2 つのコースが設けられている。なお，フリーメジャー（学科自由選択）・コースの合格者は，入学手続時に商学部のいずれかの学科のフレックス・コースに所属し，2 年次進級時に改めて学科・コースを選択（変更）できる。

●**理工学部**　後楽園キャンパス

数学科

物理学科

都市環境学科（環境クリエーターコース，都市プランナーコース）

精密機械工学科

電気電子情報通信工学科

応用化学科

ビジネスデータサイエンス学科

情報工学科

生命科学科

人間総合理工学科

●**文学部**　多摩キャンパス

人文社会学科（国文学専攻，英語文学文化専攻，ドイツ語文学文化専攻，フランス語文学文化専攻〈語学文学文化コース，美術史美術館コース〉，中国言語文化専攻，日本史学専攻，東洋史学専攻，西洋史学専攻，哲学専攻，社会学専攻，社会情報学専攻〈情報コミュニケーションコース，図書館情報学コース〉，教育学専攻，心理学専攻，学びのパスポートプログラム〈社会文化系，スポーツ文化系〉）

●**総合政策学部**　多摩キャンパス

政策科学科

国際政策文化学科

●**国際経営学部**　多摩キャンパス

国際経営学科

●**国際情報学部**　市ヶ谷田町キャンパス

国際情報学科

（備考）クラスター，コース等に分属する年次はそれぞれで異なる。

大学院

法学研究科 / 経済学研究科 / 商学研究科 / 理工学研究科 / 文学研究科 / 総合政策研究科 / 国際情報研究科 / 法科大学院（ロースクール）/ 戦略経営研究科（ビジネススクール）

大学所在地

茗荷谷キャンパス

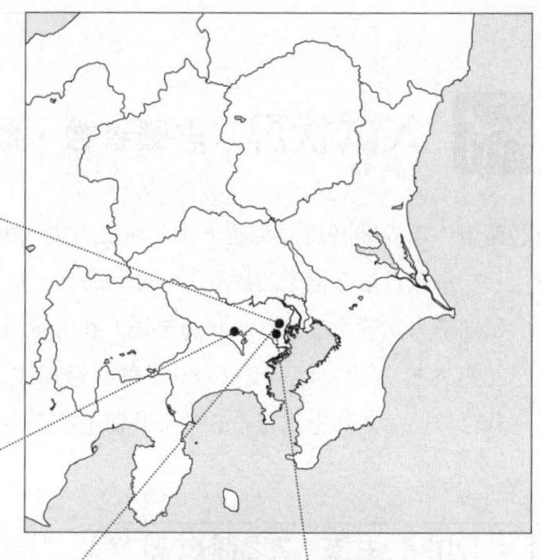

多摩キャンパス

後楽園キャンパス

市ヶ谷田町キャンパス

茗荷谷キャンパス	〒 112-8631	東京都文京区大塚 1-4-1
多摩キャンパス	〒 192-0393	東京都八王子市東中野 742-1
後楽園キャンパス	〒 112-8551	東京都文京区春日 1-13-27
市ヶ谷田町キャンパス	〒 162-8478	東京都新宿区市谷田町 1-18

入試データ

入試状況（志願者数・競争率など）

○競争率は受験者数（共通テスト利用選抜〈単独方式〉は志願者数）÷合格者数で算出し，小数点第2位を四捨五入している。

○個別学力試験を課さない共通テスト利用選抜〈単独方式〉は1カ年分のみの掲載。

○2025年度入試より，現行の6学部共通選抜では国際経営学部の募集を停止する。それに伴い，名称を現行の6学部共通選抜から5学部共通選抜に変更する。

2024年度 入試状況

● 6学部共通選抜

区分			募集人員	志願者数	受験者数	合格者数	競争率
法	4教科型	法律	20	308	293	106	2.5
		国際企業関係法	5	10	10	3	
		政治	5	67	67	42	
	3教科型	法律	36	1,185	1,115	153	5.8
		国際企業関係法	10	147	141	33	
		政治	20	403	391	98	
経済	経済		60	1,031	986	215	4.6
	経済情報システム		5	101	100	11	9.1
	国際経済		10	176	169	25	6.8
	公共・環境経済		5	118	115	16	7.2
商	フリーメジャー		70	1,206	1,146	287	4.0

（表つづく）

区分			募集人員	志願者数	受験者数	合格者数	競争率
文	人文社会	国文学	7	151	145	41	3.7
		英語文学文化	7	237	226	70	
		ドイツ語文学文化	3	90	85	30	
		フランス語文学文化	3	105	99	38	
		中国言語文化	3	62	62	19	
		日本史学	3	120	114	28	
		東洋史学	4	50	46	16	
		西洋史学	4	129	124	30	
		哲学	3	93	91	22	
		社会学	3	184	172	36	
		社会情報学	3	89	87	27	
		教育学	3	101	95	20	
		心理学	3	168	162	31	
		学びのパスポートプログラム	2	37	35	8	
総合政策	政策科		25	427	404	111	3.0
	国際政策文化		25	323	306	128	
国際経営	4教科型		10	32	31	12	2.6
	3教科型		20	283	269	60	4.5
計			377	7,433	7,086	1,716	—

（備考）

- 法学部，文学部及び総合政策学部の志願者数・受験者数は，第１志望の学科・専攻（プログラム）で算出している。
- 法学部，文学部及び総合政策学部は志望順位制のため，学科・専攻（プログラム）ごとの倍率は算出していない。

●学部別選抜〈一般方式〉

区分				募集人員	志願者数	受験者数	合格者数	競争率
法	4教科型	法律		60	638	595	228	2.6
		国際企業関係法		5	47	43	17	2.5
		政治		20	126	116	60	1.9
	3教科型	法律		269	2,689	2,533	606	4.2
		国際企業関係法		60	527	496	155	3.2
		政治		128	1,152	1,089	326	3.3
経済	I（2/14）	経済		135	2,055	1,893	314	5.0
		経済情報システム		79	606	556	156	
		公共・環境経済		60	777	720	164	
	II（2/15）	経済		90	1,293	1,158	151	4.7
		国際経済		113	1,135	1,033	319	
商	A（2/11）	会計	フレックス	115	1,087	1,035	289	3.4
			フレックスPlus 1	40	267	263	66	
		国際マーケティング	フレックス	120	1,159	1,103	356	
			フレックスPlus 1	20	151	145	38	
	B（2/13）	経営	フレックス	130	1,632	1,539	296	4.8
			フレックスPlus 1	20	347	327	48	
		金融	フレックス	40	743	697	187	
			フレックスPlus 1	15	82	75	20	
理工	数			32	817	702	205	3.4
	物理			33	920	785	226	3.5
	都市環境			45	796	680	155	4.4
	精密機械工			80	1,365	1,147	303	3.8
	電気電子情報通信工			65	1,166	969	257	3.8
	応用化			78	1,351	1,111	290	3.8
	ビジネスデータサイエンス			65	758	660	178	3.7
	情報工			66	1,683	1,424	267	5.3
	生命科			43	481	419	167	2.5
	人間総合理工			32	234	195	58	3.4
文	人文社会	国文学		29	459	441	130	3.4
		英語文学文化		77	487	464	210	2.2
		ドイツ語文学文化		22	123	115	50	2.3
		フランス語文学文化		34	264	250	114	2.2
		中国言語文化		23	162	154	66	2.3
		日本史学		43	450	438	165	2.7

（表つづく）

区分			募集人員	志願者数	受験者数	合格者数	競争率
文	人文社会	東洋史学	25	152	146	56	2.6
		西洋史学	25	254	242	76	3.2
		哲学	36	322	307	110	2.8
		社会学	47	443	423	166	2.5
		社会情報学	43	187	182	70	2.6
		教育学	32	301	295	98	3.0
		心理学	41	416	393	112	3.5
		学びのパスポートプログラム	10	66	59	14	4.2
総合政策	政策科		30	955	854	118	6.8
	国際政策文化		30	806	709	113	
国際経営			70	1,171	1,106	324	3.4
国際情報			60	1,052	992	181	5.5
計			2,735	34,154	31,078	8,075	―

(備考)

- 経済学部，商学部及び総合政策学部の志願者数・受験者数は，第１志望の学科（コース）で算出している。
- 経済学部，商学部及び総合政策学部は志望順位制のため，学科ごとの倍率は算出していない。

●学部別選抜〈英語外部試験利用方式〉

区分			募集人員	志願者数	受験者数	合格者数	競争率
経済	Ⅰ（2/14）	経済	13	432	409	88	4.2
		経済情報システム	8	119	109	11	
		公共・環境経済	7	334	320	100	
	Ⅱ（2/15）	経済	9	409	369	86	4.5
		国際経済	13	439	401	87	
理工		数	3	2	2	0	—
		物理	2	14	12	7	1.7
		都市環境	2	25	20	11	1.8
		精密機械工	2	16	12	6	2.0
		電気電子情報通信工	2	24	17	10	1.7
		応用化	2	27	20	9	2.2
		ビジネスデータサイエンス	2	16	14	6	2.3
		情報工	2	7	6	2	3.0
		生命科	2	10	8	5	1.6
		人間総合理工	5	9	7	5	1.4
文	人文社会	国文学	若干名	13	13	5	2.6
		英語文学文化		31	30	13	2.3
		ドイツ語文学文化		11	11	8	1.4
		フランス語文学文化		23	21	9	2.3
		中国言語文化		9	9	4	2.3
		日本史学		12	12	5	2.4
		東洋史学		12	12	5	2.4
		西洋史学		21	17	7	2.4
		哲学		21	21	8	2.6
		社会学		35	32	12	2.7
		社会情報学		12	12	4	3.0
		教育学		12	12	3	4.0
		心理学		34	33	6	5.5
		学びのパスポートプログラム		9	8	3	2.7
総合政策		政策科	5	68	56	26	2.3
		国際政策文化	5	128	107	45	
国際経営			20	640	616	228	2.7
国際情報			5	147	136	25	5.4
計			109	3,121	2,884	849	—

(備考)
- 経済学部及び総合政策学部の志願者数・受験者数は，第１志望の学科で算出している。
- 経済学部及び総合政策学部は志望順位制のため，学科ごとの倍率は算出していない。

●学部別選抜〈大学入学共通テスト併用方式〉

学部	日程	区分	募集人員	志願者数	受験者数	合格者数	競争率
法		法律	52	630	552	231	2.4
法		国際企業関係法	13	80	67	22	3.0
法		政治	26	238	213	102	2.1
経済	Ⅰ（2/14）	経済	9	153	131	16	3.8
経済	Ⅰ（2/14）	経済情報システム	7	53	43	15	
経済	Ⅰ（2/14）	公共・環境経済	6	26	22	21	
経済	Ⅱ（2/15）	経済	6	69	59	7	4.1
経済	Ⅱ（2/15）	国際経済	12	21	18	12	
商		フリーメジャー A	10	163	150	50	3.0
商		フリーメジャー B	10	123	110	37	3.0
理工		数	13	219	198	55	3.6
理工		物理	10	248	228	60	3.8
理工		都市環境	9	252	228	48	4.8
理工		精密機械工	20	271	252	65	3.9
理工		電気電子情報通信工	20	310	294	67	4.4
理工		応用化	25	352	314	110	2.9
理工		ビジネスデータサイエンス	13	255	231	54	4.3
理工		情報工	13	314	286	47	6.1
理工		生命科	10	239	217	90	2.4
理工		人間総合理工	12	109	101	35	2.9
総合政策		政策科	15	95	74	28	2.2
総合政策		国際政策文化	15	126	96	50	
国際経営			10	94	70	23	3.0
国際情報			10	210	196	55	3.6
計			346	4,650	4,150	1,300	―

（備考）

- 経済学部及び総合政策学部の志願者数・受験者数は，第1志望の学科で算出している。
- 商学部フリーメジャー・コースは，学部別選抜A（2/11実施）・学部別選抜B（2/13実施）それぞれ10名の募集。
- 経済学部及び総合政策学部は志望順位制のため，学科ごとの倍率は算出していない。

●大学入学共通テスト利用選抜〈単独方式〉

区			分	募集人員	志願者数	合格者数	競争率
法	前期選考	5教科型	法律	115	1,566	1,103	1.4
			国際企業関係法	19	256	182	1.4
			政治	52	392	262	1.5
		3教科型	法律	24	1,279	411	3.1
			国際企業関係法	6	610	187	3.3
			政治	12	533	203	2.6
	後期選考		法律	6	68	13	5.2
			国際企業関係法	3	29	5	5.8
			政治	6	61	8	7.6
経済	前期選考	4教科型	経済	16	380	118	3.0
			経済情報システム	7	52	19	
			国際経済	11	41	16	
			公共・環境経済	6	27	11	
		3教科型	経済	8	367	37	6.8
			経済情報システム	4	57	15	
			国際経済	5	72	21	
			公共・環境経済	3	38	6	
	後期選考		経済	5	104	5	10.2
			経済情報システム	5	35	5	
			国際経済	5	45	5	
			公共・環境経済	5	20	5	
商	前期選考	4教科型	経営 フレックス	14	298	138	2.0
			会計 フレックス	14	198	111	
			国際マーケティング フレックス	14	79	57	
			金融 フレックス	8	73	26	
		3教科型	経営 フレックス	12	701	144	4.2
			会計 フレックス	12	309	78	
			国際マーケティング フレックス	12	278	91	
			金融 フレックス	4	99	20	
	後期選考		経営 フレックス	4	48	4	8.7
			会計 フレックス	4	40	4	
			国際マーケティング フレックス	4	30	4	
			金融 フレックス	4	21	4	

（表つづく）

区分					募集人員	志願者数	合格者数	競争率
理工	前期選考			物理	5	389	87	4.5
				都市環境	9	347	57	6.1
				精密機械工	8	405	111	3.6
				電気電子情報通信工	10	328	73	4.5
				応用化	10	476	129	3.7
				ビジネスデータサイエンス	13	317	64	5.0
				情報工	7	425	58	7.3
				生命科	5	215	68	3.2
				人間総合理工	8	135	39	3.5
文	人文社会	前期選考	4教科型	専攻フリー	40	692	290	2.4
			3教科型	国文学	11	203	74	2.7
				英語文学文化	11	272	99	2.7
				ドイツ語文学文化	6	73	32	2.3
				フランス語文学文化	5	100	40	2.5
				中国言語文化	6	75	30	2.5
				日本史学	5	137	35	3.9
				東洋史学	6	91	41	2.2
				西洋史学	6	148	47	3.1
				哲学	5	138	50	2.8
				社会学	5	197	63	3.1
				社会情報学	3	69	19	3.6
				教育学	3	120	38	3.2
				心理学	3	132	26	5.1
				学びのパスポートプログラム	2	37	11	3.4
		後期選考		国文学	若干名	18	3	6.0
				英語文学文化		12	1	12.0
				ドイツ語文学文化		19	5	3.8
				フランス語文学文化		9	2	4.5
				中国言語文化		9	0	—
				日本史学		4	0	—
				東洋史学		6	2	3.0
				西洋史学		9	1	9.0
				哲学		7	2	3.5
				社会学		11	3	3.7
				社会情報学		6	0	—
				教育学		10	2	5.0
				心理学		10	2	5.0
				学びのパスポートプログラム		4	0	—

（表つづく）

<table>
<tr><th colspan="3">区分</th><th>募集人員</th><th>志願者数</th><th>合格者数</th><th>競争率</th></tr>
<tr><td rowspan="4">総合政策</td><td rowspan="2">前期選考</td><td>政策科</td><td>24</td><td>423</td><td>118</td><td rowspan="2">2.9</td></tr>
<tr><td>国際政策文化</td><td>25</td><td>445</td><td>180</td></tr>
<tr><td rowspan="2">後期選考</td><td>政策科</td><td>5</td><td>56</td><td>9</td><td rowspan="2">5.2</td></tr>
<tr><td>国際政策文化</td><td>5</td><td>38</td><td>9</td></tr>
<tr><td rowspan="4">国際経営</td><td rowspan="2">前期選考</td><td>4教科型</td><td>7</td><td>160</td><td>69</td><td>2.3</td></tr>
<tr><td>3教科型</td><td>17</td><td>933</td><td>231</td><td>4.0</td></tr>
<tr><td rowspan="2">後期選考</td><td>4教科型</td><td>3</td><td>29</td><td>3</td><td>9.7</td></tr>
<tr><td>3教科型</td><td>3</td><td>68</td><td>2</td><td>34.0</td></tr>
<tr><td rowspan="3">国際情報</td><td rowspan="2">前期選考</td><td>4教科型</td><td>10</td><td>106</td><td>42</td><td>2.5</td></tr>
<tr><td>3教科型</td><td>10</td><td>392</td><td>136</td><td>2.9</td></tr>
<tr><td colspan="2">後期選考</td><td>5</td><td>124</td><td>24</td><td>5.2</td></tr>
<tr><td colspan="3">計</td><td>755</td><td>16,414</td><td>5,716</td><td>—</td></tr>
</table>

(備考)

- 経済学部，商学部及び総合政策学部の志願者数は，第１志望の学科（コース）で算出している。
- 経済学部，商学部及び総合政策学部は志望順位制のため，学科ごとの倍率は算出していない。

2023 年度 入試状況

● 6 学部共通選抜

区分			募集人員	志願者数	受験者数	合格者数	競争率
法	4教科型	法律	20	363	340	118	2.5
		国際企業関係法	5	9	9	3	
		政治	5	86	82	53	
	3教科型	法律	36	1,311	1,241	156	5.5
		国際企業関係法	10	122	119	47	
		政治	20	364	348	107	
経済	経済		60	989	945	238	4.0
	経済情報システム		5	111	103	21	4.9
	国際経済		10	250	239	44	5.4
	公共・環境経済		5	117	113	15	7.5
商	フリーメジャー		70	1,268	1,215	302	4.0
文	人文社会	国文学	7	176	164	41	4.2
		英語文学文化	7	185	175	65	
		ドイツ語文学文化	3	90	85	29	
		フランス語文学文化	3	251	245	45	
		中国言語文化	3	100	97	27	
		日本史学	3	123	116	19	
		東洋史学	4	58	49	16	
		西洋史学	4	107	101	27	
		哲学	3	82	74	26	
		社会学	3	251	241	46	
		社会情報学	3	111	107	31	
		教育学	3	101	97	24	
		心理学	3	208	203	26	
		学びのパスポートプログラム	2	53	52	6	
総合政策	政策科		25	372	363	101	3.0
	国際政策文化		25	295	281	116	
国際経営	4教科型		10	44	41	14	2.9
	3教科型		20	314	296	60	4.9
計			377	7,911	7,541	1,823	—

(備考)
- 法学部，文学部及び総合政策学部の志願者数・受験者数は，第 1 志望の学科・専攻（プログラム）で算出している。
- 法学部，文学部及び総合政策学部は志望順位制のため，学科・専攻（プログラム）ごとの倍率は算出していない。
- 新型コロナウイルス感染症等対応のための特別措置を実施し，上表以外に，経済学部 2 名，文学部 2 名の合格者を出した。

●学部別選抜〈一般方式〉

区分				募集人員	志願者数	受験者数	合格者数	競争率
法	4教科型	法律		60	647	596	241	2.5
		国際企業関係法		5	42	39	16	2.4
		政治		20	107	98	46	2.1
	3教科型	法律		269	2,786	2,628	608	4.3
		国際企業関係法		60	541	517	139	3.7
		政治		128	920	871	318	2.7
経済	I (2/14)	経済		135	2,386	2,204	263	5.9
		経済情報システム		79	386	350	178	
		公共・環境経済		60	1,196	1,123	180	
	II (2/15)	経済		90	1,336	1,185	148	5.4
		国際経済		113	1,387	1,266	309	
商	A (2/11)	会計	フレックス	115	1,023	972	280	3.4
			フレックス *Plus 1*	40	241	231	64	
		国際マーケティング	フレックス	120	1,214	1,157	360	
			フレックス *Plus 1*	20	160	150	43	
	B (2/13)	経営	フレックス	130	2,137	2,002	377	4.6
			フレックス *Plus 1*	20	360	334	52	
		金融	フレックス	40	672	631	213	
			フレックス *Plus 1*	15	100	95	24	
理工	数			32	769	648	216	3.0
	物理			33	856	728	237	3.1
	都市環境			45	848	677	169	4.0
	精密機械工			80	1,350	1,142	374	3.1
	電気電子情報通信工			65	952	771	260	3.0
	応用化			78	1,389	1,128	297	3.8
	ビジネスデータサイエンス			65	772	659	175	3.8
	情報工			65	1,815	1,541	301	5.1
	生命科			43	527	440	117	3.8
	人間総合理工			32	337	288	54	5.3
文	人文社会	国文学		29	503	485	125	3.9
		英語文学文化		77	588	564	240	2.4
		ドイツ語文学文化		22	183	177	61	2.9
		フランス語文学文化		34	528	510	127	4.0
		中国言語文化		23	238	226	80	2.8
		日本史学		43	519	499	155	3.2

（表つづく）

区分			募集人員	志願者数	受験者数	合格者数	競争率
文	人文社会	東洋史学	25	158	147	53	2.8
		西洋史学	25	309	299	90	3.3
		哲学	36	229	219	93	2.4
		社会学	47	564	539	178	3.0
		社会情報学	43	219	208	70	3.0
		教育学	32	310	304	88	3.5
		心理学	41	610	579	107	5.4
		学びのパスポートプログラム	10	76	71	11	6.5
総合政策	政策科		30	881	775	113	6.2
	国際政策文化		30	885	765	134	
国際経営			70	1,172	1,102	319	3.5
国際情報			60	985	918	183	5.0
計			2,734	36,213	32,858	8,286	―

（備考）• 経済学部，商学部及び総合政策学部の志願者数・受験者数は，第１志望の学科（コース）で算出している。

• 経済学部，商学部及び総合政策学部は志望順位制のため，学科ごとの倍率は算出していない。

• 新型コロナウイルス感染症等対応のための特別措置を実施し，上表以外に，法学部１名，経済学部１名，総合政策学部１名，国際経営学部１名の合格者を出した。

●学部別選抜〈英語外部試験利用方式〉

区分			募集人員	志願者数	受験者数	合格者数	競争率
経済	I（2/14）	経済	13	505	465	42	6.1
		経済情報システム	8	134	127	12	
		公共・環境経済	7	370	352	100	
	II（2/15）	経済	9	368	338	70	4.8
		国際経済	13	643	582	123	
理工	数		3	1	1	0	—
	物理		2	2	1	1	1.0
	都市環境		2	11	7	4	1.8
	精密機械工		2	17	12	6	2.0
	電気電子情報通信工		2	15	12	10	1.2
	応用化		2	32	19	7	2.7
	ビジネスデータサイエンス		2	12	12	5	2.4
	情報工		2	5	3	2	1.5
	生命科		2	20	17	4	4.3
	人間総合理工		5	13	9	5	1.8
文	人文社会	国文学	若干名	15	14	3	4.7
		英語文学文化		52	49	16	3.1
		ドイツ語文学文化		18	18	4	4.5
		フランス語文学文化		44	43	13	3.3
		中国言語文化		20	18	7	2.6
		日本史学		22	22	8	2.8
		東洋史学		12	12	5	2.4
		西洋史学		20	19	7	2.7
		哲学		19	18	6	3.0
		社会学		53	49	14	3.5
		社会情報学		17	16	3	5.3
		教育学		19	19	6	3.2
		心理学		39	37	8	4.6
総合政策	政策科		5	50	37	13	2.9
	国際政策文化		5	129	98	34	
国際経営			20	635	615	198	3.1
国際情報			5	141	139	17	8.2
計			109	3,453	3,180	753	—

(備考)•経済学部及び総合政策学部の志願者数・受験者数は，第１志望の学科で算出している。
•経済学部及び総合政策学部は志望順位制のため，学科ごとの倍率は算出していない。
•新型コロナウイルス感染症等対応のための特別措置を実施し，上表以外に，総合政策学部１名の合格者を出した。

- 文学部人文社会学科の学びのパスポートプログラムは，学部別選抜〈英語外部試験利用方式〉での募集は行っていない（2024 年度より募集が実施される）。

●学部別選抜〈大学入学共通テスト併用方式〉

区分			募集人員	志願者数	受験者数	合格者数	競争率
法	法律		52	528	469	206	2.3
	国際企業関係法		13	102	90	30	3.0
	政治		26	147	128	85	1.5
経済	I (2/14)	経済	9	104	82	17	3.0
		経済情報システム	7	30	22	12	
		公共・環境経済	6	20	17	12	
	II (2/15)	経済	6	56	35	7	3.6
		国際経済	12	42	33	12	
商	フリーメジャー	A	10	134	123	35	3.5
		B	10	134	119	40	3.0
理工	数		13	210	194	65	3.0
	物理		10	233	216	78	2.8
	都市環境		9	198	175	62	2.8
	精密機械工		20	242	221	66	3.3
	電気電子情報通信工		20	208	187	58	3.2
	応用化		25	341	324	115	2.8
	ビジネスデータサイエンス		13	310	288	78	3.7
	情報工		13	380	339	58	5.8
	生命科		10	234	217	66	3.3
	人間総合理工		12	141	132	26	5.1
総合政策	政策科		15	98	72	25	2.3
	国際政策文化		15	223	180	84	
国際経営			10	104	86	20	4.3
国際情報			10	198	182	53	3.4
計			346	4,417	3,931	1,310	—

(備考)
- 経済学部及び総合政策学部の志願者数・受験者数は，第1志望の学科で算出している。
- 経済学部及び総合政策学部は志望順位制のため，学科ごとの倍率は算出していない。
- 商学部フリーメジャー・コースは，学部別選抜A（2/11実施）・学部別選抜B（2/13実施）それぞれ10名の募集。
- 新型コロナウイルス感染症等対応のための特別措置を実施し，上表以外に，理工学部3名の合格者を出した。

2022年度 入試状況

● 6学部共通選抜

区分			募集人員	志願者数	受験者数	合格者数	競争率
法	4教科型	法律	20	359	334	116	2.5
		国際企業関係法	5	17	17	3	
		政治	5	63	59	44	
	3教科型	法律	36	1,210	1,139	139	5.8
		国際企業関係法	10	140	135	40	
		政治	20	305	288	89	
経済	経済		60	937	887	199	4.5
	経済情報システム		5	101	97	21	4.6
	国際経済		10	132	124	25	5.0
	公共・環境経済		5	109	103	19	5.4
商	フリーメジャー		70	1,179	1,115	282	4.0
文	人文社会	国文学	7	127	123	40	3.1
		英語文学文化	7	170	164	55	
		ドイツ語文学文化	3	79	71	27	
		フランス語文学文化	3	96	93	44	
		中国言語文化	3	75	71	36	
		日本史学	3	142	137	26	
		東洋史学	4	59	57	15	
		西洋史学	4	102	93	35	
		哲学	3	113	105	33	
		社会学	3	114	107	57	
		社会情報学	3	111	108	19	
		教育学	3	83	76	26	
		心理学	3	166	157	37	
		学びのパスポートプログラム	2	78	75	10	
総合政策	政策科		25	311	299	84	3.1
	国際政策文化		25	232	227	85	
国際経営	4教科型		10	29	29	10	2.9
	3教科型		20	277	258	53	4.9
計			377	6,916	6,548	1,669	―

（備考）• 法学部，文学部及び総合政策学部の志願者数・受験者数は，第1志望の学科・専攻（プログラム）で算出している。

• 法学部，文学部及び総合政策学部は志望順位制のため，学科・専攻（プログラム）ごとの倍率は算出していない。

• 新型コロナウイルス感染症等対応のための特別措置を実施し，上表以外に，文学部2名，総合政策学部1名の合格者を出した。

●学部別選抜〈一般方式〉

区		分		募集人員	志願者数	受験者数	合格者数	競争率
法	4教科型	法律		60	631	576	218	2.6
		国際企業関係法		5	58	54	24	2.3
		政治		20	118	110	52	2.1
	3教科型	法律		269	2,515	2,368	638	3.7
		国際企業関係法		60	410	388	167	2.3
		政治		128	739	694	261	2.7
経済	I（2/14）	経済		149	2,198	2,026	293	4.5
		経済情報システム		86	565	512	110	
		公共・環境経済		67	1,074	996	378	
	II（2/15）	経済		99	1,375	1,230	141	4.7
		国際経済		126	1,562	1,446	424	
商	A（2/11）	会計	フレックス	115	1,134	1,078	297	3.5
			フレックス Plus 1	40	296	280	69	
		国際マーケティング	フレックス	120	1,182	1,126	357	
			フレックス Plus 1	20	157	152	41	
	B（2/13）	経営	フレックス	130	1,491	1,365	295	4.1
			フレックス Plus 1	20	346	312	59	
		金融	フレックス	40	886	824	255	
			フレックス Plus 1	15	83	76	18	
理工	数			32	693	621	277	2.2
	物理			33	752	663	275	2.4
	都市環境			45	650	561	196	2.9
	精密機械工			80	1,240	1,078	359	3.0
	電気電子情報通信工			65	1,195	1,059	325	3.3
	応用化			78	1,287	1,126	475	2.4
	ビジネスデータサイエンス			65	917	812	202	4.0
	情報工			65	1,460	1,292	330	3.9
	生命科			43	552	488	168	2.9
	人間総合理工			32	494	435	91	4.8
文	人文社会	国文学		29	472	450	161	2.8
		英語文学文化		77	730	692	299	2.3
		ドイツ語文学文化		22	226	217	75	2.9
		フランス語文学文化		34	310	293	139	2.1
		中国言語文化		23	190	179	87	2.1
		日本史学		43	609	585	177	3.3

（表つづく）

区分			募集人員	志願者数	受験者数	合格者数	競争率
文	人文社会	東洋史学	25	213	207	95	2.2
		西洋史学	25	270	258	111	2.3
		哲学	36	309	294	113	2.6
		社会学	47	446	432	210	2.1
		社会情報学	43	298	286	83	3.4
		教育学	32	308	297	127	2.3
		心理学	41	569	540	167	3.2
		学びのパスポートプログラム	10	104	95	22	4.3
総合政策	政策科		30	512	435	115	3.6
	国際政策文化		30	666	548	155	
国際経営			70	1,286	1,221	217	5.6
国際情報			60	1,154	1,084	208	5.2
計			2,784	34,732	31,861	9,356	—

（備考）
- 経済学部，商学部及び総合政策学部の志願者数・受験者数は，第１志望の学科（コース）で算出している。
- 経済学部，商学部及び総合政策学部は志望順位制のため，学科ごとの倍率は算出していない。
- 新型コロナウイルス感染症等対応のための特別措置を実施し，上表以外に，法学部１名，経済学部６名，商学部３名，理工学部６名，文学部１名，総合政策学部１名，国際情報学部２名の合格者を出した。

●学部別選抜〈英語外部試験利用方式〉

区分			募集人員	志願者数	受験者数	合格者数	競争率
経済	Ⅰ (2/14)	経済	5	363	341	45	5.0
		経済情報システム	4	169	157	21	
		公共・環境経済	3	337	314	97	
	Ⅱ (2/15)	経済	3	305	270	77	2.0
		国際経済	5	459	426	264	
理工	数		3	1	1	0	—
	物理		2	9	6	0	—
	都市環境		2	2	2	1	2.0
	精密機械工		2	15	11	8	1.4
	電気電子情報通信工		2	7	5	4	1.3
	応用化		2	14	11	9	1.2
	ビジネスデータサイエンス		2	13	13	6	2.2
	情報工		2	5	4	1	4.0
	生命科		2	8	7	5	1.4
	人間総合理工		5	8	6	4	1.5
文	人文社会	国文学	若干名	33	29	7	4.1
		英語文学文化		59	59	19	3.1
		ドイツ語文学文化		13	11	5	2.2
		フランス語文学文化		24	24	10	2.4
		中国言語文化		19	19	9	2.1
		日本史学		21	19	6	3.2
		東洋史学		16	15	6	2.5
		西洋史学		18	16	7	2.3
		哲学		22	19	6	3.2
		社会学		32	28	14	2.0
		社会情報学		38	34	6	5.7
		教育学		17	16	5	3.2
		心理学		25	23	8	2.9
総合政策	政策科		5	42	30	12	2.4
	国際政策文化		5	127	90	37	
国際経営			20	729	700	181	3.9
国際情報			5	244	228	14	16.3
計			79	3,194	2,934	894	—

（備考）• 経済学部及び総合政策学部の志願者数・受験者数は，第１志望の学科で算出している。
• 経済学部及び総合政策学部は志望順位制のため，学科ごとの倍率は算出していない。
• 新型コロナウイルス感染症等対応のための特別措置を実施し，上表以外に，経済学部１名の合格者を出した。

●学部別選抜〈大学入学共通テスト併用方式〉

区　分			募集人員	志願者数	受験者数	合格者数	競争率
法		法律	52	557	514	189	2.7
法		国際企業関係法	13	97	90	52	1.7
法		政治	26	138	132	75	1.8
経済	Ⅰ(2/14)	経済	9	156	141	27	
経済	Ⅰ(2/14)	経済情報システム	7	50	43	14	4.0
経済	Ⅰ(2/14)	公共・環境経済	6	86	80	25	
経済	Ⅱ(2/15)	経済	6	87	69	10	4.7
経済	Ⅱ(2/15)	国際経済	12	59	52	16	
商		フリーメジャー	20	229	210	55	3.8
理工		数	13	150	137	58	2.4
理工		物理	10	163	153	55	2.8
理工		都市環境	9	191	177	62	2.9
理工		精密機械工	20	282	261	81	3.2
理工		電気電子情報通信工	20	330	311	94	3.3
理工		応用化	25	289	268	128	2.1
理工		ビジネスデータサイエンス	13	313	289	74	3.9
理工		情報工	13	497	459	93	4.9
理工		生命科	10	240	219	81	2.7
理工		人間総合理工	12	224	210	58	3.6
総合政策		政策科	15	103	84	31	2.2
総合政策		国際政策文化	15	170	123	64	
国際経営			10	64	58	10	5.8
国際情報			10	289	271	54	5.0
計			346	4,764	4,351	1,406	—

(備考)
- 経済学部及び総合政策学部の志願者数・受験者数は，第1志望の学科で算出している。
- 経済学部及び総合政策学部は志望順位制のため，学科ごとの倍率は算出していない。
- 商学部フリーメジャー・コースは，学部別選抜A（2/11実施）・学部別選抜B（2/13実施）それぞれ10名の募集。
- 新型コロナウイルス感染症等対応のための特別措置を実施し，上表以外に，法学部1名，理工学部1名，総合政策学部1名，国際情報学部1名の合格者を出した。

入学試験要項の入手方法

出願には，受験ポータルサイト「UCARO（ウカロ）」への会員登録（無料）が必要です。出願は，Web 出願登録，入学検定料の支払いおよび出願書類の郵送を，出願期間内に全て完了することで成立します。詳細は，大学公式 Web サイトで 11 月中旬に公開予定の入学試験要項を必ず確認してください。紙媒体の入学試験要項や願書は発行しません。

また，「CHUO UNIVERSITY GUIDE BOOK 2025」（大学案内）を 5 月下旬より配付します（無料）。こちらは大学公式 Web サイト内の資料請求フォーム，テレメールから請求できます。

入試に関する問い合わせ先

中央大学　入学センター事務部入試課
https://chuo-admissions.zendesk.com/hc/ja
月～金曜日 9 :00～12:00，13:00～16:00
※土・日・祝日は受付を行っていません。
詳細は大学公式 Web サイトにて確認してください。
https://www.chuo-u.ac.jp/connect/

中央大学のテレメールによる資料請求方法

スマートフォンから　QRコードからアクセスしガイダンスに従ってご請求ください。
パソコンから　教学社 赤本ウェブサイト(akahon.net)から請求できます。

気になること、聞いてみました！

在学生メッセージ

大学ってどんなところ？ 大学生活ってどんな感じ？
ちょっと気になることを，在学生に聞いてみました。

以下の内容は 2020～2023 年度入学生のアンケート回答に基づくものです。ここで触れられている内容は今後変更となる場合もありますのでご注意ください。

メッセージを書いてくれた先輩 ［法学部］D.S. さん C.K. さん Y.K. さん ［商学部］Y.W. さん
［文学部］阿部龍之介さん ［総合政策学部］R.T. さん

大学生になったと実感！

一番実感したことは様々な人がいるということです。出身地も様々ですし，留学生や浪人生など様々な背景をもった人がいるので，違った価値観や考え方などと日々触れ合っています。高校であったおもしろいノリなどが他の人にはドン引きされることもありました。（D.S. さん／法）

高校生のときと大きく変わったことは，強制されることがないことです。大学生は，授業の課題を出さなくても何も言われません。ただし，その代償は単位を落とすという形で自分に返ってきます。自己責任が増えるというのが大学生と高校生の違いです。（阿部さん／文）

一番初めに実感した出来事は，履修登録です。小学校，中学校，高校とずっと決められた時間割で，自分の学びたいもの，学びたくないものなど関係なく過ごしてきましたが，大学は自分の学びたいものを選んで受けられるので，大学生になったなと感じました。（Y.W. さん／商）

大学生活に必要なもの

パソコンは絶対に用意しましょう。課題はほとんどが web 上での提出です。Word や Excel などは使う頻度がすごく多いです。課題だけでなくオンラインの授業もまだありますし，試験を web 上で行う授業もあります。タブレットだったり，モニターを複数用意しておくと，メモしたり課題をしたりするときや，オンライン授業を受ける上で楽になると思います。モニターが複数あると，オンラインと並行して作業がある授業にはとても役に立ちます。（D.S. さん／法）

自炊をする力です。私自身，一冊のレシピ本を買い，週に 5 回は自炊をしています。料理は勉強と同じでやった分だけ上達し，その上達はとても嬉しいものです。また，大学生になると色々な出費があります。そのため，うまくお金をやりくりしないといけないので，自炊をして，日々の出費を減らすことも大切です。（Y.K. さん／法）

この授業がおもしろい！

国際企業関係法学科では英語が 16 単位必修で，英語の授業が他の学科よりも多いのですが，気に入っている授業は英語のリスニング・スピーキングの授業です。この授業は世界で起こっている社会問題や国際問題などをリサーチして，その内容をプレゼンするというものです。外国人の先生による授業で，帰国子女の学生が多くいるなかでプレゼンディスカッションをしているので，英語力が一番伸びている実感があります。（D.S. さん／法）

「メディアリテラシー」です。インターネットが普及した現在では，マスメディアだけでなく我々も情報発信が容易にできてしまうので，情報を受け取る側だけでなく送る側の視点からもメディアリテラシーを適用していく必要性を学ぶことができます。（R.T. さん／総合政策）

大学の学びで困ったこと＆対処法

高校での学習内容から一気に専門的な内容に発展したことです。私は法学部で憲法や民法などの法律科目を履修していますが，法学の基礎的な知識やニュアンスをまったく知らない状態で授業に臨んでしまったので，最初はついていくのが大変でした。大学の講義は高校の授業とは大きく違って，自分が学びたい学問に詳しい教授の話を聞かせてもらうという感じなので，自分での学習が不可欠になります。特に法学は読む量がすごく多く，法学独特の言い回しにも慣れるのがとても大変で苦労しました。（D.S. さん／法）

4000 字を超えるような文章を書く必要があるということです。大学に入るまで，文章を書くという行為自体をあまりやってこなかったこともあり，言葉の使い方や参考文献の書き方，人が見やすいようなレポートの作成の仕方を習得することに時間がかかりました。（Y.K. さん／法）

高校のときに私立文系コースにいたので，数学はほとんど勉強していないうえに，数学Bなどは学んでもおらず，統計学など，数学が必要となる科目は基礎的なところから理解に苦しむところがありましたが，過去問や，教科書を見て対処しました。（Y.W. さん／商）

部活・サークル活動

大学公認のテニスサークルに所属しています。他大学のテニスサークルや同じ大学の他のテニスサークルと対戦したりすることもあります。合宿もあったりしてとても楽しいです。（R.T. さん／総合政策）

法学会に入っています。一言で言うと，法律に関する弁論を行うサークルです。いわゆる弁論大会のようなものが他校と合同で開催されたり，校内の予選を行ったりと活発に活動しています。（C.K. さん／法）

交友関係は？

大学の規模がそこまで大きくないということもあり，同じ授業を取っている人がちょくちょくいたりして，そういった人たちとよく話をするうちに友達になりました。（R.T. さん／総合政策）

中央大学には国際教育寮があり，私はそこに所属しています。寮生の3分の1から半分くらいは外国人留学生で，留学生と交流できるチャンスがたくさんあります。この寮では，料理などは自分でするのですが友達と一緒にもできますし，シアタールームや会議室があるので一緒に映画を見たり課題をしたりもしています。他学部の学生とも仲良くできますし，先輩とも交友関係を築くことができます。（D.S. さん／法）

いま「これ」を頑張っています

民法の勉強です。模擬裁判をするゼミに入っており，必修の民法の授業に加えてゼミでも民法の勉強をしています。模擬裁判をすることによって法律を実際の裁判でどのように使うのか具体的にイメージすることができ，さらに民法に興味が湧きます。（C.K. さん／法）

自分は公認会計士の資格を取るために中央大学を目指し，入学しました。今は，経理研究所というところに所属し，毎日，大学の授業と会計の勉強を，いわばダブルスクールのような形で，時間を無駄にしないように生活しています。（Y.W. さん／商）

普段の生活で気をつけていることや心掛けていること

家から大学までがとても遠いのと，キャンパスが広大で移動にも時間がかかるので，常に余裕をもって行動するようにしています。決して難度は低くないですが，大学生活以外でも重要なことだと思うので，常に意識するようにしています。（R.T. さん／総合政策）

手洗い・うがいは大事だと思います。しかも，こまめにすることが重要なポイントだと思います。また，季節の変わり目や環境が変わるときには心も体も疲れやすくなってしまうので，なるべく早く寝てしっかりご飯を食べるようにしています。（C.K. さん／法）

健康を維持するために筋トレをしています。まず，一人暮らし用のアパートを借りるときに，４階の部屋を選びました。階段なので，毎日の昇り降りで足腰を鍛えています。また，フライパンも通常より重いものにして，腕を鍛えています。（阿部さん／文）

おススメ・お気に入りスポット

ヒルトップと呼ばれる食堂棟があり，広いのに昼休みは激しく混雑しています。しかし，授業中はものすごく空いていて，自分の空き時間に広い空間で食べる昼ご飯はとても有意義に感じられてお気に入りです。（R.T. さん／総合政策）

FOREST GATEWAY CHUO です。新しくきれいな建物で，コンセント完備の自習スペースも整っています。英語などのグループワークで使えるようなスペースもあり非常に便利です。トイレもとてもきれいです。（C.K. さん／法）

入学してよかった！

多摩キャンパスは，都心の喧騒から離れたところにありますが，落ち着いた環境でキャンパスライフを送ることができます。友達と過ごすにはちょっと物足りない感はありますが，自分１人の時間を大切にする人にとってはとても恵まれている環境だと思います。（R.T. さん／総合政策）

志が高い学生が多いことです。中央大学は弁護士や公認会計士など，難関資格を目指して勉強している学生が多いので，常にそのような人を見て刺激を受けることができます。将来のことを考えている学生も多いですし，そのサポートも大学がしっかり行ってくれるので，志が高くて将来やりたいことが明確に決まっている人には特におすすめです。（D.S. さん／法）

学生が気さくで優しく，司法試験や公務員試験，資格取得などの勉強をしている人が９割方で，真面目な人が多いです。周りの人が司法試験のために勉強している姿に刺激を受け，勉強を頑張ろうという意欲が湧いてきます。（C.K. さん／法）

目標に向かって努力ができる環境が整っていることです。勉強を継続するために必要なこととして，自分の意思以外にも，周りの環境も大切になってくると思います。そのため，自分の掲げた目標を達成できる環境がある大学に入れたことは本当によかったと思います。（Y.K. さん／法）

高校生のときに「これ」をやっておけばよかった

スポーツです。サークルに入ってない人や体育を履修していない人が，運動やスポーツをする機会は大学にはないので，運動不足になりがちです。できれば高校のうちからいろんなスポーツに慣れ親しんで，丈夫な体を作っておけばよかったなと思いました。（R.T. さん／総合政策）

みごと合格を手にした先輩に，入試突破のためのカギを伺いました。
入試までの限られた時間を有効に活用するために，ぜひ役立ててください。

（注）ここでの内容は，先輩方が受験された当時のものです。2025 年度入試では当てはまらないこともありますのでご注意ください。

・アドバイスをお寄せいただいた先輩・

A.N. さん　経済学部（経済学科）
学部別選抜（一般方式）2024 年度合格，東京都出身

合格のポイントは過去問の演習です。志望大学の行きたい学部の過去問はもちろんのこと，それ以外の学部のものでも，その大学に合格するために必要な学力と現状の自分との差を知る良い素材になります。また，行きたい学部の問題傾向が変わってしまったときでも，柔軟に対応できる可能性が広がります。

その他の合格大学　中央大（総合政策），法政大（経済）

K.W. さん　商学部（国際マーケティング学科）
6 学部共通選抜 2024 年度合格，東京都出身

志望校に合格するためには赤本は欠かせません。しかし，ある程度の土台なしには過去問演習をしても得られるものが少なくなってしまうので，基礎固めを最優先にすることが合格への近道です。基礎固めの後，私は赤本演習をやりながら抜けてしまっている知識を補い，赤本と愛用の参考書を何度も往復することで合格点が取れるようになりました。

また，たくさん勉強すると思いますが受験中は息抜きが絶対に必要ですし，頑張っている自分を労ってあげてください！　受験は人生という長い本の 1 ページに過ぎませんが，そのページを華やかなものにするべく，この青春を駆け抜けてください。いつでも応援しています！

その他の合格大学　中央大（総合政策），獨協大（経済），神奈川大（経営）

R.T. さん　総合政策学部（政策科学科）
学部別選抜 2023 年度合格，神奈川県出身

過去問をもったいぶって直前期までとっておくことは愚策です。志望校の赤本が刊行されたら，すぐに買って最新年度を解いて，出題傾向をつかむことが一番のポイントです。受験は時間との勝負なので，過去問の傾向から今やるべき勉強を“逆算”してスケジュールを立てると，効率よく知識を定着できると思います。

その他の合格大学　日本大（法・文理〈共通テスト利用〉），専修大（法・商），神奈川大（法）

入試なんでもQ&A

受験生のみなさんからよく寄せられる,
入試に関する疑問・質問に答えていただきました。

「赤本」の効果的な使い方を教えてください。

A 受験を決めた瞬間に過去問を解いて,志望校と自分のレベルの差を見定めるために使いました。最初は解けない問題のほうが多かったので,英語は単語を,国語は漢字や古文単語を,政経は語句を押さえることに注力しました。解ける問題が徐々に多くなってきたら,英語は文法を,国語は問題の解き方を,政経は時系列や語句の説明を理解することに時間をかけました。またいずれの教科も,間違えた問題と同じくらい正解した問題の復習に時間をかけることが効果的であると思います。例えば,国語では何を根拠としてその選択肢を選んだか,つまりは接続詞などの文法要素なのか,文章の構成としてなのか,それとも勘なのかを復習のときに考えることはとても重要です。 (A.N. さん/経済)

A 私は基礎の勉強が一通り終わった9月の序盤に初めて赤本を解きました。このときは力試し程度に解いたのですが,勉強してきたことがうまくアウトプットできなかったことがわかりました。そのため,過去問演習では間違えた問題に対して「なぜ?」や「何が?」といった5W1Hを使って自分がしたミスを深掘りしていきました。また,何度も同じ年度を解いて以前間違えた問題に対して対策を練った後でもう一度同じ問題にアプローチすると,初見の問題でも自分のもっている知識をスムーズにアウトプットできるようになります。 (K.W. さん/商)

1年間の学習スケジュールはどのようなものでしたか？

A 私は浪人生でしたので自由に使える時間が多くありました。それは嬉しい反面，やはり怠けてしまう危険もあります。そのため，4月は塾の自習室や図書館に毎日行くように習慣づけていました。また，家はゆっくりしてもいい場所，外は勉強しかしない場所というふうにメリハリをつけるように意識すると，夏の勉強がとても捗ったのでおすすめします。

時期別には，4～6月は英単語・熟語・古文単語などの暗記系に1日の時間を多く割いて，後で基礎的な分野でつまずかないように保険をかけていました。7～9月は，英語長文や現代文があまり読めていなかったので，参考書の同じ問題を時間をかけて単語レベルにまで絞って何度も読んだりしていました。10月以降は2～3日に1回赤本を解くようにし，解いたらしっかり確認して，勉強してきたなかでの苦手な分野をすぐに潰すようにしていました。12月以降の直前期は英語や国語よりも社会科目が伸びます。私は世界史選択だったので，通史をやりながら抜けている用語を覚えることに1日の勉強の半分を費やし，3科目とも穴がないようにしました。

(K.W. さん／商)

A 英語は，単語をメインに高校3年生の4月から勉強を始めました。ある程度覚えられたら，実力チェックも兼ねて，すかさず読解問題や文法問題に取り組みました。丸一日時間が使える夏休みの間は，ここまでの総決算として問題集をひたすらに繰り返し，基礎固めを徹底しました。秋以降は，さまざまな過去問に当たって身につけてきた実力が通用するかを確認し，直前期は，過去問や共通テストの問題集を実際の試験時間を計って演習することで，形式慣れするようにしました。

(R.T. さん／総合政策)

どのように学習計画を立て，受験勉強を進めていましたか？

A　過去問を解いた時の手応えやフィードバックをもとに，出題傾向に沿った学習計画を立てるようにしました。模試や過去問の結果と向き合い，自分には今何が足りていなくて，どれが重要なのかをノートなどにまとめ，それをもとにして１日のスケジュールを組みました。例えば文法の不定詞ができていなかったら，まず文法のテキストなどでおさらいし，理解できたら問題集を解いてみて，できなかったらもう一度繰り返す，といったことを１日のスケジュールとして組み立てるようにしていました。

（R.T. さん／総合政策）

Q　時間をうまく使うために，どのような工夫をしていましたか？

A　移動時間や寝る前などのスキマ時間には，スマホのアプリを活用していました。英単語，古文単語，一問一答などの参考書をスマホに一元化することで，いちいちカバンから単語帳や一問一答をとって広げる煩わしい所作を省略し，時間を有効に活用できるようにしていました。スマホアプリの利点はそれ以外にも，英単語であればついでに発音も確認できるので，一石二鳥だと思います。　（R.T. さん／総合政策）

Q　中央大学を攻略するうえで特に重要な科目は何ですか？

A　英語です。一部を除いて中央大学の英語は配点が高いうえ，大問ごとに分野が分かれていることもあって対策しやすい教科でもあると思います。長文対策を意識して不完全でも文意がつかめるように基礎的な単語と文法を確認しました。文意をつかめるようになったら過去問演習をして，わからなかった箇所の復習（特に単語）を繰り返しました。他学部の問題もやっておくと問題が不足するという事態に陥らずにすむのでおすすめです。

（A.N. さん／経済）

 **苦手な科目はどのように克服しましたか？**

A　世界史で苦手な範囲がたくさんできて，模試の成績がなかなか上がらず苦しみました。まずは苦手な範囲がどこなのかを模試の大問ごとの得点率やテストの成績が悪い箇所で見定めて紙に書き出しました。そして範囲を１つ決めて，４日間同じ範囲の通史を読み，年号と用語を一問一答などで何度も繰り返し，徹底的にやり込みました。世界史の場合，苦手な範囲が潰れると他の得意な範囲とうまくつながるようになるので，さらに理解が深まります。まずはどこが苦手なのかを明確にしてから，日数をかけて何度も繰り返しやり込むことが大事だと思います。

（K.W. さん／商）

 **模試の上手な活用法を教えてください。**

A　私はマーク式の模試しか受けなかったのですが，１つの模試を通年で受けることをおすすめします。同じ形式でもレベル感が異なりますし，同じ模試だと自分の成長を客観的に見られるからです。どの模試がいいかはよく知っている先生に質問するようにしましょう。１つに決めればほかは受けなくても構わないと思います。夏くらいまでは結果というよりは自分のアウトプットの仕方が正しいかを見るためだからです。そのため必ず模試が終わった後に配られる解答解説を熟読して，自分に足りないものをメモ帳や復習シートなどに書き出してください。

（K.W. さん／商）

 **併願をする大学を決めるうえで重視したことは何ですか？**
また，注意すべき点があれば教えてください。

A　日程については，連続しないように最低でも１日おきに試験のない日ができるように調整しました。さらに第一志望の試験で実力を発揮しきれるように，それより前に受験をしておくと過度な緊張を抑えられると思います。中央大学経済学科は2日程を自分の都合に合わせて受けられるので，このような調整をしやすいです。

科目については，勉強する科目が散らばらないように3科目か2科目で受験可能な大学を選択しました。　（A.N. さん／経済）

試験当日の試験場の雰囲気はどのようなものでしたか？
緊張のほぐし方，交通事情，注意点等があれば教えてください。

A　会場の下見が可能ならば事前に交通事情や会場までの所要時間を把握しておくと，当日は試験以外で気をとられることが減ると思います。当日の緊張のほぐし方は，何かルーティーン（過去問を解くときに問題構成を思い浮かべ改めて時間配分の確認をする，10秒間瞑想するなど）を事前に決めておくと効果的だと思います。試験で緊張しない人はいないので，緊張していることを責めることはしないでください。

（A.N. さん／経済）

科目別攻略アドバイス

みごと入試を突破された先輩に，独自の攻略法や
おすすめの参考書・問題集を，科目ごとに紹介していただきました。

英　語

経済学部は英作文や英文和訳などの記述式が一部あり，苦手意識が出てしまう人もいると思います。ですが，内容としては基礎を押さえることで十分解けるので，演習や単語の暗記をおろそかにしないことが大切です。

（A.N. さん／経済）

おすすめ参考書　『大学入試英語長文プラス頻出テーマ10トレーニン

グ問題集』（旺文社）
『スーパー講義 英文法・語法 正誤問題』（河合出版）

英語の勉強は，単語学習を受験勉強開始日から試験当日まで1日も休まないことです。暗記で得点できる単語問題や空所補充問題などは，一番確実に救ってくれる要素と言っても過言ではありません。また，長文問題は内容説明問題が基本なので，答えの根拠を見つけ出す作業が必須です。日頃から段落ごとの内容を一言でメモできるように訓練しておくとスムーズに解けます。（K.W. さん／商）

おすすめ参考書 『システム英単語』（駿台文庫）
『関正生の The Essentials 英語長文 必修英文 100』（旺文社）

過去問で対策することが重要です。特に時間のない直前期では，問題形式に沿った演習をすることで，本番も動揺せずに解くことができます。
（R.T. さん／総合政策）

世界史

中央大学の世界史は問題の難易度が比較的易しめなので，本番ではいかにケアレスミスをしないかが大切です。基本的な用語をしっかりと覚えられるように1冊の参考書を何度もしつこく繰り返して暗記するとよいです。用語の暗記が一通り終わったらすぐに通史と用語の紐付けを試験直前までするのがおすすめです。また，苦手範囲は大変かもしれませんが何度も復習してものにしましょう。社会科目は一番得点が伸びやすい科目だと思うので，努力したぶん必ず報われます。頑張ってください！
（K.W. さん／商）

おすすめ参考書 『詳説世界史』（山川出版社）
『最新世界史図説 タペストリー』（帝国書院）

国　語

現代文は共通テストと出題形式が似ていて，解答も同じようなプロセスで発見できるので，共通テスト用の参考書や過去問も有効だと思います。古文は文法と単語を理解していれば安定して点を取れると思います。

(A.N. さん／経済)

おすすめ参考書　『きめる！共通テスト現代文』(Gakken)
『富井の古典文法をはじめからていねいに』(ナガセ)
『読んで見て聞いて覚える 重要古文単語315』(桐原書店)

中央大学の現代文は課題文が硬派で選択肢も紛らわしいものが多いです。選択肢に惑わされないように，本文を読んだ後にまず問題文をしっかり理解してから選択肢の異なっているところに線を引き，本文と照らし合わせて消去法に持ち込んでいました。初めのうちは時間がかかるかもしれませんが，慣れて身についてしまえば素早くできるようになります。

古文は単語学習が肝心です。いかに古文単語の多義語にある訳を覚えているかが得点率のカギを握るので，単語帳を1冊決めて何周もやり込むのがいいでしょう。また，読解演習が終わったら，文章を音読するとスムーズに訳すコツが早くつかめるようになります。　(K.W. さん／商)

おすすめ参考書　『入試現代文へのアクセス 基本編』『同 発展編』
(ともに河合出版)

書き取り問題は，日頃の学習でできるか否かが如実に現れます。読まなくても解ける問題だからこそ，ここで差をつけられてはいけない，絶対に落とせない問題なのです。　(R.T. さん／総合政策)

おすすめ参考書　『3ランク方式　基礎からのマスター 大学入試漢字TOP2000』(いいずな書店)

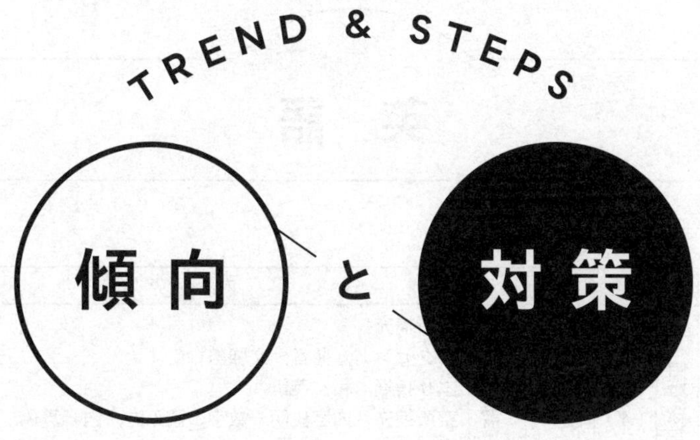

科目ごとに問題の「傾向」を分析し，具体的にどのような「対策」をすればよいか紹介しています。まずは出題内容をまとめた分析表を見て，試験の概要を把握しましょう。

注　意

「傾向と対策」で示している，出題科目・出題範囲・試験時間等については，2024 年度までに実施された入試の内容に基づいています。2025 年度入試の選抜方法については，各大学が発表する学生募集要項を必ずご確認ください。

来年度の変更点

2025 年度入試より，国際情報学部の英語外部試験利用方式について，合否判定方法の変更が予定されている（本書編集時点）。

変更前	変更後（2025 年度入試以降）
英語資格・検定試験のスコアおよび合格級は出願資格のみとして使用し，個別試験の「国語」の得点で合否を判定します。	個別試験の「国語」の得点（100 点満点）と，各検定試験のスコアを換算した得点（150 点満点）の合計得点で合否を判定します。

英　語

年度	学部	番号	項　目	内　容
2024 ●	国際経営	〔1〕	文法・語彙	空所補充
		〔2〕	発　　音	アクセント，発音，文強勢
		〔3〕	文法・語彙	誤り指摘，和文英訳
		〔4〕	読　　解	空所補充，内容説明，数字の読み方，内容真偽，主題
		〔5〕	会 話 文	欠文補充
		〔6〕	読　　解	主題，空所補充，内容説明
	国際情報	〔1〕	発　　音	発音
		〔2〕	文法・語彙	空所補充
		〔3〕	読　　解	空所補充，資料読解
		〔4〕	読　　解	空所補充，内容真偽，主題
		〔5〕	読　　解	空所補充，内容真偽，内容説明
		〔6〕	会 話 文	欠文補充
2023 ●	国際経営	〔1〕	文法・語彙	空所補充
		〔2〕	発　　音	アクセント，発音，文強勢
		〔3〕	文法・語彙	誤り指摘，和文英訳
		〔4〕	読　　解	空所補充，数字の読み方，内容説明，内容真偽，主題
		〔5〕	会 話 文	欠文補充
		〔6〕	読　　解	主題，空所補充，内容説明
	国際情報	〔1〕	発　　音	発音
		〔2〕	文法・語彙	空所補充
		〔3〕	読　　解	空所補充，資料読解
		〔4〕	読　　解	空所補充，内容説明，内容真偽
		〔5〕	読　　解	空所補充，内容説明，内容真偽，主題
		〔6〕	会 話 文	欠文補充

年度	学部	番号	項目	内容
2022 ●	国際経営	〔1〕	文法・語彙	空所補充
		〔2〕	発　　音	アクセント，発音，文強勢
		〔3〕	文法・語彙	誤り指摘，和文英訳
		〔4〕	読　　解	空所補充，内容説明，内容真偽，主題
		〔5〕	会 話 文	空所補充
		〔6〕	読　　解	主題，空所補充，内容真偽，内容説明
	国際情報	〔1〕	発　　音	発音
		〔2〕	文法・語彙	空所補充
		〔3〕	読　　解	空所補充，資料読解
		〔4〕	読　　解	空所補充，内容真偽，内容説明
		〔5〕	読　　解	空所補充，内容説明，内容真偽，主題
		〔6〕	会 話 文	空所補充

（注）●印は全問，◑印は一部マークシート方式採用であることを表す。

読解英文の主題

年度	学部	番号	主　題
2024	国際経営	〔4〕	ケチャップの歴史とその商業的地位
		〔6〕	ある企業のクレーム対応
	国際情報	〔3〕	日本の再生可能エネルギーに関するデータ
		〔4〕	合成データを使ってAIをトレーニングする利点
		〔5〕	仮想空間（メタバース）で学ぶ学生の話
2023	国際経営	〔4〕	多すぎる選択肢の弊害
		〔6〕	販売促進会議でのプレゼンテーション
	国際情報	〔3〕	オーストラリア国民の日本人観
		〔4〕	インド政府のインターネット規制
		〔5〕	人工知能技術の危うさ
2022	国際経営	〔4〕	宗教が事業の繁栄に与える影響
		〔6〕	クオリティモーターズ社の将来構想
	国際情報	〔3〕	新型コロナウイルスのフェイクニュースに関する調査
		〔4〕	中国における個人情報保護法の行方
		〔5〕	ヨーロッパの巨大インターネット企業規制

基本を重視した文法・語彙力と読解力がポイント

01 出題形式は？

解答はすべてマークシート方式。

国際経営学部：大問6題。〔1〕〔3〕が文法・語彙問題，〔2〕が発音問題，〔4〕〔6〕が読解問題，〔5〕が会話文問題である。発音問題が10問と多めなのが特徴的である。試験時間は90分。

国際情報学部：大問6題。〔1〕が発音問題，〔2〕が文法・語彙問題，〔3〕～〔5〕が読解問題，〔6〕が会話文問題である。設問文を含めてすべて英語で書かれているのが特徴である。試験時間は90分。

02 出題内容はどうか？

国際経営学部：例年，〔4〕〔6〕で経済や商業に題材を取ったビジネスに関する英文が出題されており，学部の特性を強く意識した内容である。また，例年〔6〕ではプレゼンテーション中に使用する資料を選択するという珍しい出題もみられる。会話文問題は他大学・他学部にもよくあるタイプの出題である。

国際情報学部：2024年度は国際社会においてポピュラーな科学論である，再生可能エネルギー，AI，仮想空間に関する英文を扱った長文問題が出題され，いずれも国際系学部を強く意識した内容である。また，例年〔3〕ではグラフや表を用いた資料読解が出題されている。文法・語彙問題，会話文問題などは，他大学・他学部にも広くみられるタイプの出題である。

03 難易度は？

おおむね標準的な出題であり，平素の学習が素直に得点に反映されると考えられる。読解問題を1題15～25分程度，残りの大問をそれぞれ10分程度で解くと余裕をもって取り組めるだろう。

対策

01 文法・語彙問題対策

ひねった問題がほとんどないので，しっかりと得点を重ねていくことが大切。文法項目別に頻出問題をまとめた標準レベルの問題集を1，2冊学習し終えておきたい。たとえば，間違いやすいポイントを網羅した『大学入試 すぐわかる英文法』（教学社）などが適している。また，『中央大の英語』（教学社）にも類題が豊富にある。英文の訳や解説が詳しいものを選んで，語彙力をつけ，文法のポイントをつかんでおこう。

02 長文読解問題対策

長文読解問題は英文をひととおり読むだけでも予想以上に時間がかかる。長文の量に圧倒されずに正確かつ迅速に読みこなしていくには，日々の練習が不可欠である。わからない単語や表現に出くわしても，前後の流れから推測する読み方を練習することも必要である。ただし，長文を読み慣れていないうちや，英文構造の理解が不十分なうちは，多読をする前に，精読の訓練をつむのが得策である。『大学入試 ひと目でわかる英文読解』（教学社）などの英文解釈の参考書を1冊仕上げておくとよいだろう。

03 発音問題対策

発音・アクセント・文強勢などの分野について，基本的な対策をしておくこと。具体的には，単語集で「発音・アクセント注意」と書かれた単語を平素から重点的にみておくこと。また，文法・語彙などを1冊にまとめた総合問題集にも「発音・アクセント」の項目があるので，その部分を解いておくのがよい。

Check!

中央大「英語」におすすめの参考書

✓『大学入試 すぐわかる英文法』（教学社）
✓『中央大の英語』（教学社）
✓『大学入試 ひと目でわかる英文読解』（教学社）

国　語

年度	学部	番号	種　類	類別	内　容	出　典
2024 ●	国際経営	〔1〕	現代文	評論	書き取り，空所補充，内容説明，内容真偽	「消費社会を問いなおす」　貞包英之
		〔2〕	現代文	評論	書き取り，空所補充，内容説明，内容真偽	「世界インフレの謎」　渡辺努
		〔3〕	現代文	評論	内容説明，空所補充，欠文挿入箇所，内容真偽	「歴史学の作法」　池上俊一
	国際情報	〔1〕	国語常識		書き取り，読み，慣用句，ことわざ，四字熟語	
		〔2〕	現代文	評論	内容説明，空所補充，欠文挿入箇所，主旨	「情報社会と個人情報保護」　内藤光博
		〔3〕	現代文	評論	内容説明，空所補充，主旨	「情報世界と実世界の融合」　中村宏
2023 ●	国際経営	〔1〕	現代文	評論	書き取り，内容説明，空所補充，内容真偽	「未来は予測するものではなく創造するものである」　樋口恭介
		〔2〕	現代文	評論	書き取り，内容説明，空所補充，内容真偽	「アイデア資本主義」　大川内直子
		〔3〕	現代文	評論	内容説明，空所補充，欠文挿入箇所，内容真偽	「ヘーゲル哲学に学ぶ　考え抜く力」　川瀬和也
	国際情報	〔1〕	国語常識		書き取り，読み，慣用句，ことわざ，四字熟語	
		〔2〕	現代文	評論	内容説明，空所補充，欠文挿入箇所，主旨	「情報倫理の特質」　村田潔
		〔3〕	現代文	評論	内容説明，空所補充，主旨	「テレビ越しの東京史」　松山秀明

年度	学部	番号	項目	種類	内容	出典
2022 ●	国際経営	〔1〕	現代文	評論	書き取り，空所補充，内容説明，内容真偽	「面白いことは上司に黙ってやれ」 春日知昭
		〔2〕	現代文	評論	書き取り，内容説明，空所補充，内容真偽	「問いを発する存在」 國分功一郎
		〔3〕	現代文	評論	空所補充，内容説明，欠文挿入箇所，内容真偽	「クオリアと人工意識」 茂木健一郎
	国際情報	〔1〕	国語常識		書き取り，読み，慣用句，ことわざ，語意，四字熟語	
		〔2〕	現代文	評論	内容説明，空所補充，欠文挿入箇所，主旨	「それでもアーキテクチャは自由への脅威なのか？」成原慧
		〔3〕	現代文	評論	空所補充，内容説明，主旨	「つかふ」 鷲田清一

（注） ●印は全問，◑印は一部マークシート方式採用であることを表す。

基本を重視した設問構成 ネット・デジタル関連が頻出

01 出題形式は？

国際経営学部は現代文３題，国際情報学部は国語常識１題，現代文２題。両学部ともマークシート方式で試験時間は 60 分。

02 出題内容はどうか？

現代文では評論の出題が続いている。その内容は哲学，思想や法，時代による社会構造の変化，文化論など多岐にわたっているが，いずれも現代社会やデジタル技術を意識した出題となっている。「パンデミック」「イノベーション」「コンプライアンス」「SNS にみる『ウチ』と『ソト』」「グーグルマップ」「アーキテクチャ」「メディアリテラシー」「プロトタイピング」といったテーマである。特に「アーキテクチャ」は頻出。ここ数年にわたり，キーワードの１つとなっている。2024 年度は「サブスクリプションサービス」「サイバーフィジカルシステム」を話題にした評論が出題された。文章中にインターネット・デジタル関連のカタカナ語の登場が目立つ。カタカナ語を意識的に覚えることもないが，新聞，テレビ等に登場する語には注意しておくべきだろう。また，国際経営学部では，「企業はどうあるべきか」,「アイデア資本主義」,「情報との付き合い方」といった実際的な文章が定番となっている。これは大学入学後の学習内容を見据えた出題とも考えられる。

設問は内容説明，空所補充が主で，その他に欠文挿入箇所，内容真偽，主旨などが出題されている。いずれも丁寧な読解を前提とした設問となっている。

国際情報学部の国語常識では漢字の書き取り，読みのほかに慣用句や四字熟語などが出題されている。

03 難易度は？

両学部とも現代文は4,000字程度の長文もあるが，論旨は明快であり，内容を読み取るのにはそれほど高度な知識や読解力を必要としない。設問も標準的で，紛らわしいものは少ない。テーマを正確に読解し，空欄・傍線部前後を丁寧に確認することによって容易に正解を導き出せるものがほとんどである。

時間配分は，国際経営学部は大問をそれぞれ20分と考えておけばよいと思われる。国際情報学部は〔1〕を5分程度で済ませて，現代文2題を各25〜30分が目安となるだろう。

対策

01 現代文

時事問題とその理論的基礎となるような課題について書かれた文章を数多く読もう。広い視野を養うためにも，ここ数年に出版された新書などを各分野にわたって読んでおきたい。新聞の社説をこまめに分析するのも有効であろう。仲正昌樹『いまを生きるための思想キーワード』（講談社現代新書）などを読んで，今，世の中や社会は何を問題視し，どう動いているのかを把握しておこう。ネット・デジタル関連の出題には注意が必要である。

対比的な２つの概念に基づいて構成された選択肢や，本文のテーマを問う設問が多い。こうした問題に適切に対処するためには，読解の時点で「対比」構造を意識し，論旨を大まかにつかむことが重要となる。さらに，問題を構成するキーワードをチェックするなどして，丁寧に，かつ要領よく読み込みたい。長文対策も必要であり，共通テスト向けのテキストなどが有効であろう。

02 知識問題

漢字の書き取り，言葉の意味の判別といった知識を問う設問も毎年ある程度出題されているので，事前の対策が必要である。日頃から問題を解くにあたって，意味や読みがわからない言葉があれば，辞書を使って確認することを習慣づけておくとよい。また，国語便覧等を利用して，慣用句や四字熟語の意味を押さえておきたい。『入試に出る漢字と語彙 2400』（旺文社）などの漢字や語彙のテキストを１冊仕上げておこう。

03 過去問を利用しよう

出題される問題文のレベルや設問形式に慣れるために，まずは過去問で演習を重ねることが大切である。また，中央大学の他学部の過去問も解いておこう。分析表で出典を確認し，各学部でよく取り上げられる分野に関連した文章を中心に解くのもよいだろう。

中央大「国語」におすすめの参考書

✓『いまを生きるための思想キーワード』（講談社現代新書）
✓『入試に出る漢字と語彙 2400』（旺文社）

2024年度

問題と解答

国際経営学部：一般方式・英語外部試験利用方式・共通テスト併用方式

問題編

▶試験科目・配点

〔一般方式〕

教科	科目	配点
外国語	コミュニケーション英語Ⅰ・Ⅱ・Ⅲ，英語表現Ⅰ・Ⅱ	200点
国語	国語総合（近代以降の文章）	100点

〔英語外部試験利用方式〕

合否判定は，一般方式の「国語」の得点（100点満点）と各外部試験のスコアを得点（200点満点）に換算し，合計得点（300点満点）で行う。

〔共通テスト併用方式〕

合否判定は，大学入学共通テストで受験した2教科3科目（300点満点）と一般方式の「外国語」の得点（100点満点に換算）の合計得点（400点満点）で行う。

英　語

(90 分)

Ⅰ　次の英文1～15の（　　　　）に入る最も適切な語句を(A)～(D)から一つずつ選び，その記号をマークしなさい。

1．With water rushing in, the crew was forced to (　　　　) the sinking ship.

(A) connect　(B) abandon　(C) pause　(D) improve

2．While most people would feel (　　　　) about it, Ted seemed disappointed when he was announced as the winner.

(A) ashamed　(B) dramatic　(C) miserable　(D) enthusiastic

3．Nowadays, there is only a small (　　　　) of young people who do not use social media.

(A) minority　(B) figure　(C) piece　(D) term

4．By the time she received a reply from the support team, the problem with her printer had already been (　　　　) by her co-worker.

(A) contributed　(B) saved　(C) organized　(D) resolved

5．The amount of tax you have to pay is calculated (　　　　) based on your income from the previous year.

(A) accidentally　(B) politely　(C) annually　(D) physically

6．I didn't know Jane was (　　　　) playing the piano so beautifully until I attended the concert.

(A) ahead of　(B) capable of　(C) waiting for　(D) caring for

7. The guest speaker is a ( ) economist who loves appearing on TV for interviews and has published many famous books.

(A) reluctant (B) careless (C) prominent (D) modest

8. My knees hurt terribly after ( ) on the floor to clean it for an hour.

(A) kneeling (B) slipping (C) bending (D) rolling

9. As we have a deal with the maker, these shoes are available ( ) at our stores. You won't find them anywhere else.

(A) effectively (B) exclusively (C) eagerly (D) essentially

10. What ( ) to the detective was how the witness kept looking down as he spoke.

(A) gave away (B) wore off
(C) narrowed down (D) stood out

11. Elaine likes to ( ) the meaning of art and discuss such opinions with friends.

(A) elaborate (B) ponder (C) insist (D) suppress

12. Two companies who cannot fix a ( ) between themselves often ask the courts to do so.

(A) dispute (B) misfortune (C) withdrawal (D) scandal

13. The ( ) in this book were drawn with careful attention to detail.

(A) illustrasions (B) illastrashions (C) illustrations (D) illastrations

14. I'm so happy that my new ( ) are all such nice people.

(A) colleagues (B) collegues (C) colleages (D) coleagues

15. When it is 4 p.m. for Tom, it is 9 p.m. the previous day for his sister Becca in

Hawaii. That means when it is ( ) for Tom, it is 4 a.m. for Becca.

(A) 9 a.m. (B) 12 p.m. (C) 11 p.m. (D) 8 p.m.

Ⅱ 次の問１～問３について答えなさい。

問１ 以下の各四つの単語のうち，他の三つの選択肢と異なる部分にアクセントがあるものを(A)～(D)から一つずつ選び，その記号をマークしなさい。

1．(A) descendant (B) industry (C) novelist (D) technical

2．(A) collaborate (B) expectancy (C) magnificent (D) superstitious

3．(A) atomic (B) qualify (C) occupy (D) ultimate

4．(A) ambassador (B) democratic (C) experiment (D) identity

問２ 下線部の発音が，他の三つの選択肢と異なるものを(A)～(D)から一つずつ選び，その記号をマークしなさい。

1．(A) breath (B) myth (C) smooth (D) throat

2．(A) dealt (B) feature (C) threat (D) sweater

3．(A) alumni (B) trivial (C) quit (D) arisen

問３ 問いかけに対する返答の中で，最も強く言う部分の下線部を(A)～(D)から一つずつ選び，その記号をマークしなさい。

1．A: Do you accept only cash, or can I use my credit card?

B: Yes, you can. We also accept (A) QR code (B) payments (C) as contactless (D) payments.

2．A: Excuse me, but will you tell me which bus to take to go to Kyoto City Hospital?

B: Sure. You can take (A) this (B) bus (C) and get off (D) at Shiyakusho-mae. It's close to the city hall.

3．A: Oh, no! My phone is dead! I cannot do anything today.

B: Don't worry. I have a charger. You can use it if my charging cable works for your phone.

A: Let me see. Yes, it works. Thank you so much!

B: Oh! You'll have to <u>wait</u>(A) for <u>a bit</u>(B), as my <u>phone</u>(C) is running out of <u>battery</u>(D) too.

Ⅲ　次の問１，問２について答えなさい。

問１　次の文章１，２について，**文法的に誤りのある箇所があれば**指摘し，解答として最も適切なものを(A)～(F)から一つずつ選び，その記号をマークしなさい。

1．

Cats are territorial animals, and <u>its</u>(1) behavior is deeply ingrained in their instincts. They mark their territory <u>with</u>(2) scent glands on their face and paws and through urine spraying. Having a familiar and secure territory is crucial for their well-being. <u>Unlike the dogs</u>(3), cats are generally more independent and self-reliant. They don't require <u>constant attention</u>(4) and can entertain themselves for extended periods. However, they still appreciate social interaction and companionship.

(A)　誤り無し　　(B)　(1)　　(C)　(2)，(3)

(D)　(3)　　(E)　(1)，(3)　　(F)　(2)，(4)

2．

Throughout history, diamonds <u>have been</u>(1) associated with love, commitment, and luxury symbols. They <u>often used</u>(2) in engagement rings and other fine jewelry pieces to represent enduring love and prestige. Particularly, De Beers has been successful in marketing diamonds as symbols of eternal love and luxury. Diamonds can also <u>be considered</u>(3) an investment asset. <u>While</u>(4) not as liquid as some other investments, high-quality and rare diamonds can hold and sometimes increase their value over time.

(A) 誤り無し　(B) (1)　(C) (2)
(D) (1), (3)　(E) (4)　(F) (2), (4)

問2　次の日本語訳に合う最も適切な英文を(A)～(D)から一つずつ選び，その記号をマークしなさい。

1．コウモリ同士の高速かつ高音のコミュニケーションについていくどころか，それを聞くことも話すことも我々にはできないが，電子センサーとスピーカーには可能である。

(A) We can't say that electronic sensors and speakers can hear or keep up with the fast, high-pitched communication between bats and that they can speak it.

(B) Electronic sensors and speakers can not only hear but also keep up with and speak the fast, high-pitched communication between bats as we can do so.

(C) We can not only hear and keep up with the fast, high-pitched communication between bats but speak it, let alone electronic sensors and speakers can.

(D) We can't hear, let alone keep up with the fast, high-pitched communication between bats, nor can we speak it, but electronic sensors and speakers can.

2．調査回答者のほとんどが，今後は，自分の席に座っているときや会議中にはマスクを外すと言った。

(A) Most survey respondents said if they are seated at their desks during meetings, they will remove masks from now on.

(B) Almost all the survey respondents who sit at their desks said they will attend meetings without wearing masks from now on.

(C) Most of the survey respondents said they will remove masks when seated at their desks or during meetings from now on.

(D) The majority of the survey respondents said they will be seated at their desks without masks from now on, but not during meetings.

3. 人類は，地球の温度を上昇させ，自然を破壊し，大地と水を持続不可能に利用し，そしてすべての生命に有害な化学物質を生み出している。

(A) Human beings are creating the global warming and nature destruction, and using unsustainable land, water and chemicals harmful to all creatures.

(B) Humans are heating the globe, destroying nature, using land and water unsustainably, and creating chemicals that are harmful to all life.

(C) People are warming up the globe and destroying nature, ill-use of sustainable land, water and chemicals that are creating harm to everything alive.

(D) Humankind are heating the earth, nature destruction, unsustainable usage of land and water, and creation of chemicals, which are harmful to all living things.

Ⅳ 次の英文を読んで，以下の1～10の解答として最も適切なものを(A)～(D)から一つずつ選び，その記号をマークしなさい。* の付いた語句には注が付してある。

Trade wars have an interesting way of revealing cultural stereotypes. Countries often propose tariffs*1 not on the most valuable items in their trading relationships—since that would be painful to them as well—but rather products closely connected to national character. A good example of this came in the European Union's revenge for U.S. steel tariffs. Among the US$3.3 billion in goods it put a tariff on in May 2018 were Harley-Davidson motorcycles, Kentucky bourbon and Levi's jeans. Now, American ketchup is being targeted, both by the EU and Canada. The EU's threat is mostly (1) because it is already a significant producer of ketchup—including by American brands like H.J.Heinz—and imports very little of the tomato condiment*2 from the U.S. Canada, however, as recently as 2016 imported more than half of all the ketchup American companies sent abroad. In either case, at least part of the reasoning behind using it as a weapon in the growing trade war seems to be that ketchup, also spelled "catsup," is one of those products that sounds distinctly American, poured generously on burgers and fries at baseball parks and Fourth of July barbecues across the U.S. But in fact, the irony is that this everyday condiment is anything but American in its origins or in those nationalities that love it the most. As a historian of food, (2), its origins shaped by centuries of trade. And different cultures have adopted a wide variety of surprising uses for the condiment we know as ketchup today.

Although ketchup is defined by Merriam-Webster as a "seasoned pureed*3 condiment usually made from tomatoes," in the past it has been created using a wide variety of ingredients. China—another country with which the U.S. is in the middle of a serious trade spat*4—was likely the original source of the condiment with something that sounded like "ke-chiap." It likely originated as a fish-based sauce many centuries ago, a condiment similar to the many fermented*5 sauces one finds throughout southeast Asia. It was primarily used as a flavoring for cooking. From there it made its way to the Malay Peninsula and to Singapore, where British colonists first encountered what locals called "kecap" in the 18th century. Like soy sauce, it was deemed exotic and perked up what was a comparatively bland British cuisine(3), such as roasts and fried foods. English cookbooks of the era reveal how it was soon transformed into a condiment made with other bases such as mushrooms or pickled walnuts, rather than only fish. E. Smith's "Compleat Housewife" includes an anchovy-based "katchup" with wine and spices, closer to Worcestershire sauce*6 than what we think of as ketchup.

A more significant transformation took place in the early 19th century in the U.S. when it was made with tomatoes, sweetened, soured with vinegar and spiced with cloves, allspice, nutmeg and ginger—pretty much the modern-day recipe. Heinz, the American company perhaps most associated with ketchup, didn't get into the game(4) until 1876, seven years after Henry John Heinz set up the company to sell horseradish*7 using his mother's recipe. After his initial company went bankrupt, he launched a new one and began bottling tomato "ketchup," spelled that way to distinguish it from other catsup brands. From here, ketchup took on a uniquely American character and began its career as not only a universal condiment but a mass-produced brand-name article of trade that could last forever on the shelf, be shipped around the world and used in ways never imagined by its creators. Like so many other products, it became representative of American culture: quick, easy, convenient and too sweet but also adaptable to any cooking context—and a bit addictive. Ketchup became the quick fix that seemed to make any dish perk up instantly, from meatballs to scrambled eggs.

While ketchup is indeed an American staple—97 percent of households have a bottle on hand—it's very popular around the world, where the condiment is used in a lot of surprising ways. Although completely unacceptable in Italy, ketchup is often used on pizza in places as far away as Trinidad, Lebanon and Poland. Similarly, ketchup is even used as a substitute for tomato sauce in pasta dishes in countries such as in Japan, which created a catsup-based dish called spaghetti Napolitan. In the Philippines there's a popular banana ketchup that was invented when tomatoes ran short during World War II but otherwise looks and tastes like tomato ketchup. In Germany the local favorite is a ketchup with curry powder that goes on sausages sold by street vendors everywhere. The modern variety of ketchup even returned home to China to become the base of many Chinese or perhaps more properly Chinese-American dishes like sweet and sour chicken.

Today, the U.S. is the biggest exporter of ketchup and other tomato sauces by country. In 2016, it exported $379,000,000 (5) worth, or 21 percent of all trade in the product category. While only 1.9 percent of that went to Europe, a massive 60 percent was exported to Canada. Heinz is among the biggest producers, with a market share of 80 percent in Europe—via factories in the U.K., Netherlands and elsewhere—and 60 percent in the U.S. Put together, (　6　), Europe actually exports the most ketchup, with 60 percent of the global trade—including countries not in the EU. What does all this mean for the tariffs? Since the EU produces plenty of ketchup within the bloc *8, its proposed tariff will probably have very little impact. For Canada, however, the effects could be more complicated since it's unclear whether it can supply enough ketchup domestically or from other countries to meet high demand. Whether Canadians will find an alternative for Heinz remains to be seen. But what is clear is that while the signature bottle proudly bearing the number 57 may be ultimately American, its roots are global and its offspring likewise.

[注]

＊1．tariff　関税

＊2．condiment　調味料

＊3．pureed　ピューレ状にされた

＊4．spat　小競り合い

＊5．fermented　発酵させた

＊6．Worcestershire sauce　ウスターソース

＊7．horseradish　西洋わさび

＊8．bloc　経済圏

1．Which word best fits blank (　1　)?

(A) symbolic　(B) horrific　(C) scientific　(D) genetic

2．Which line best fits blank (　2　)?

(A) I believe it is best to label it American

出典追記：A brief history of ketchup, The Conversation on July 23, 2018 by Ken Albala

(B) I feel it is a rather ordinary product

(C) I see it as a truly global product

(D) I think its popularity is unusual

3. What is the meaning of the underlined part (3)?

(A) Kecap was thought of as quite strange and ruined the taste of the foods that the British colonists enjoyed.

(B) Kecap was called peculiar as it added a distinct smell to the foods that the British people put it on.

(C) Kecap was judged to be an odd addition to British dishes as it took away most of their flavor.

(D) Kecap was considered unusual and added flavor to the plain tasting foods British people typically ate.

4. Which of the following is the underlined part (4) referring to?

(A) the firm starting to manufacture games instead of condiments

(B) the business establishing itself as a major horseradish producer

(C) the company becoming a part of the ketchup industry

(D) the owner using a family recipe to launch a successful career

5. What is the appropriate way to write out the underlined part (5)?

(A) three hundred seventy-nine million dollars

(B) three hundred seventy-nine million dollar

(C) three hundred seventy-nine millions dollar

(D) three hundred seventy-nine millions dollars

6. Which best fits blank (6)?

(A) indeed　(B) nevertheless　(C) therefore　(D) however

7. According to the article, tariffs

(A) can often cause people to form new and harmful stereotypes about other countries and cultures if not used properly.

(B) are not put on the most important products traded between countries because it would hurt everyone involved.

(C) have the largest effect on the countries exporting the product compared with the ones importing it.

(D) lead to wars in which they are used by countries as weapons against those they have disagreements with.

8. According to the article, ketchup

(A) was used as the target of tariffs because countries in the EU import a lot of it and U.S. ketchup companies' sales would decline.

(B) has had its recipe changed quite significantly in the U.S. from the beginning of the 1800s to present day.

(C) is not able to be produced in Canada and is therefore exported to the country in great quantities by the U.S. and Europe.

(D) is described as a condiment that commonly uses tomatoes as its base, though there are ketchup varieties made without them.

9. According to the article, which of the following is not true?

(A) The first form of ketchup was probably a sauce that was made from fish and resembled other southeast Asian sauces.

(B) There is no other country in the world that currently exports more ketchup than the United States.

(C) The total amount of tariffs put on motorcycles, bourbon, and jeans by the EU in May 2018 was US$3.3 billion.

(D) The author of this article specializes in the history of food and writes about why ketchup is now a target of tariffs.

10. Which of the following best summarizes this article?

(A) Tariffs on food must be done carefully and with respect to its cultural background. In particular, Canada is highly dependent on the U.S., and efforts should be made to reduce ketchup consumption.

(B) Due to the evolution of its manufacturing process and marketing strategies, ketchup is one of the leading condiments in modern America. Its recognition is evidenced by the fact that tariffs are being imposed on it.

(C) By imposing high tariffs on ketchup, a major U.S. export, the world risks losing the history and marketing ingenuity of the condiment. Tariffs should be eliminated immediately, and free trade should be promoted.

(D) Although the world considers ketchup the ideal American condiment, its history shows that it is somewhat more of Asian origin. Therefore, tariffs should be imposed on condiment exports from Asian countries.

V 次の問1，問2について答えなさい。

問1 次の1，2の会話の空欄に入る最も適切なものを，(A)～(D)から一つずつ選び，その記号をマークしなさい。

1．Man: Hello. I was hoping that you could help me. I'm trying to connect my smartphone to the university's Wi-Fi, but I can't get it to work.

Woman: Were you trying to connect to the main network? Only devices provided by the university, such as your notebook computer, can connect to that network.

Man: [1].

Woman: Actually, no. There is a guest network that you can use for your personal devices. Just be aware that it is not as secure since it doesn't require a password.

(A) I guess that means no Wi-Fi for my smartphone.
(B) Okay, I'll keep trying until I get it to connect.
(C) That should be told to all students during orientation.
(D) Maybe you will have better luck getting it to work.

2．Woman: How can I help you?

Man: I'd like to return this textbook. It turns out that I bought the wrong one. The one we are using in class is the sixth edition, and this one is the fifth.

Woman: Unfortunately, you've already removed the plastic wrapping, so you can't return it. [2] Then, you can just pay the difference for the other textbook.

Man: That's unfortunate, but I understand. Can you tell me how much it will be?

(A) Maybe you can give it to a student who needs it.
(B) You'll have to use that edition for your class.
(C) I'll have to charge you full price for the newest edition.
(D) You can sell it as used for a bit of cash, though.

問2　次のシンポジウムでのやり取りを読み，空欄に入る最も適切なものを，(A)～(D)から一つずつ選び，その記号をマークしなさい。

Moderator: Thank you, everyone. We are ready to begin the next portion of our program here at the Sake Symposium. Again, my name is Amanda Johnson, and I am the moderator for today's event. Now that all members of the panel have finished their individual presentations, we would like to begin the panel discussion where you, the members of the audience, can ask questions. Does anyone want to go first? Yes, you in the back, sir.

Audience Member 1: Yes, thank you. My question is about something the Minister of Finance at the Embassy of Japan said during his presentation. You mentioned that sales of Sake back in Japan are declining contrary to the trend in other countries. [(1)].

Moderator: Minister, would you like to answer first?

Panel Member 1: Yes, thank you for your question. As I mentioned earlier, the sales of Sake are slowly decreasing as a percentage of total alcohol sales in Japan. Part of the reason could be the Japanese economy. Sake is generally more expensive than beer and a few other types of alcohol, so people who are being careful about what they spend money on might be choosing those cheaper alternatives.

Panel Member 2: Not only that, but younger people in Japan are not as familiar with Sake or Sake culture. It is much easier for them to go into a convenience store and buy something in a can. When they are finished drinking it, they just throw the can away. You don't need to use any special cups or containers to enjoy a beer, after all, and there is nothing to wash or clean up afterwards.

Moderator: Thank you for that great question, sir. And thank you, panelists, for your detailed answers. Do we have another question? Yes, miss? Yes, you here in the front.

Audience Member 2: Umm … yes. My question is somewhat similar. During one of the presentations, I was surprised to see how much the sales of Sake outside of Japan have been growing year by year. What might some of the reasons be for Sake's growing popularity on the international stage?

Panel Member 3: I'd like to answer first, if that's okay. [(2)] We already know that things such as sushi and anime have been growing in popularity in other countries for decades, and that has led to more interest in other traditional Japanese arts and products, including Sake. As more and more people have a chance to experience Sake, this trend should continue well into the future.

Panel Member 1: And a lot is certainly being done to encourage people from other countries to try Sake as well. For instance, it was made tax-free for tourists in Japan back in 2017.

Moderator: Thank you for those answers. It seems like we can take just one more question. Yes, you, sir, in the green shirt over there.

Audience Member 3: Thank you. It seems Sake is following a similar pattern to wine. [(3)].

Panel Member 2: Absolutely! In fact, there are around 60 of them already. Of those, half are located in the United States. I expect others will pop up as more people come to deeply understand Sake and the process for making it.

Moderator: Well, that is all the time we have. I want to thank our panelists again for their time and for sharing such excellent information with us today.

(1) (A) What will be done to reverse this decline in sales?

(B) How is this going to affect the country's Sake producers?

(C) Why is this happening in Sake's own country of origin?

(D) Will domestic sales of Sake rise again in the future?

(2) (A) The biggest reason is that people outside of Japan are consuming more alcohol.

(B) It is because the weak Japanese yen has allowed customers abroad to buy Sake cheaply.

(C) The most likely cause is the increase in advertising aimed at non-Japanese customers.

(D) Part of the reason is the continued expansion of the export of Japanese culture.

(3) (A) Is there a chance that new varieties of Sake will be created within a few years?

(B) Can we expect a significant increase in the number of shops selling Sake overseas?

(C) Are there some websites we can visit to learn more about how Sake is made?

(D) Do you think we will see Sake producers start to appear in other countries soon?

Ⅵ　次のプレゼンテーションを読み，以下の1～5に答えなさい。

Good morning, everyone. I was asked by our Chief Experience Officer, Michael Blevins, to set up this emergency meeting to talk about the negative publicity we have been receiving on social media. For those who have never met me, my name is Chadwick Pierce, and I am the head of the customer service division for Superior City Fashion. Today, I am going to provide you with as many details as possible about what happened, what we have already done to address the (　　　　) from the customer and others, and what we plan to do next. I would appreciate it if you would hold any questions until I am finished. I'll be happy to answer them then.

First, let's look at how this all started. Here is the conversation between the customer and one of our online customer service agents that was posted on social media. The customer had found out that a shirt they purchased on our website was cheaper at one of our local stores. They asked if they could receive money back on their credit card in the amount of the difference between the two prices. However, the employee told the customer that it is our company policy not to match prices, even though it was our own stores involved and not one of our competitors. Many of the replies made by others are also focusing on the fact that the price difference was only two dollars. The incident has made it seem like we care more about a small amount of money than our customers' satisfaction.

Moving on, this second slide shows additional data from our social media team. They analyze and mark the conversations involving our company's social media accounts, including when users tag the account, as positive, negative, or neutral. As you can see from the chart on the left, most communication was marked as positive in December, which is typical for most times of the year. But the chart on the right shows a 500% increase in communication marked as negative in just the week since the customer told their story online. Among those messages, many called for customers to protest by no longer buying products from our stores or by returning any recent purchases they had made.

To handle this issue, I personally contacted the customer via email yesterday and offered to return the full cost of the shirt that they bought from our online store. In addition to my apology in that message, the company released a statement apologizing for the poor response, which can be seen here on the next slide. It was also sent out on social media and has been getting mostly positive replies so far. In it, the company stressed that it is conducting an analysis of our policies for handling certain requests as well as the training program that our customer service employees take after being hired.

And that brings me to my final slide, which concerns some of the changes we are already making. Although it will take a bit more time to include these in our training materials, all customer service employees are being informed about these changes during their morning meetings or calls today. These changes include passing all price-matching requests to a manager. This will ensure that new or less experienced employees are never the ones responsible for handling these sensitive issues. Furthermore, we will be analyzing the system that keeps a record of a product's stock and pricing. Our engineers want to program it to automatically recognize and alert us when there is a difference in price between an item in our shops and our online store.

Well, that covers everything. Thank you very much for your attention. If there are any additional concerns, I can address them now. Does anyone have any questions?

1．このプレゼンテーションのメインテーマはどれか，最も適切なものを(A)～(D)から一つ選び，その記号をマークしなさい。

(A) The new design and features of the company's online store
(B) Results of the training program for customer service employees
(C) The cause and effects of a complaint made by a customer recently
(D) Growth in followers of the company's various social media accounts

2．（　　　）に入る最も適切なものを(A)～(D)から一つ選び，その記号をマークしなさい。

(A) praise　(B) criticism　(C) remedy　(D) generosity

3．本プレゼンテーションを行った要因は何であると発表者は説明しているか，最も適切なものを(A)～(D)から一つ選び，その記号をマークしなさい。

(A) Failure to provide uniform training to all customer-service employees in handling customers' questions.

(B) Some social media influencers manipulated the customer satisfaction rate with the online store.

(C) A customer-service employee posted on their personal social media account about customer reviews.

(D) The discount systems of the online shop and the local stores were connected due to computer system problems.

4．このプレゼンテーションを通して**投影しなかった**と考えられるスライドはどれか，最も適切なものを(A)～(D)から一つ選び，その記号をマークしなさい。

(A)

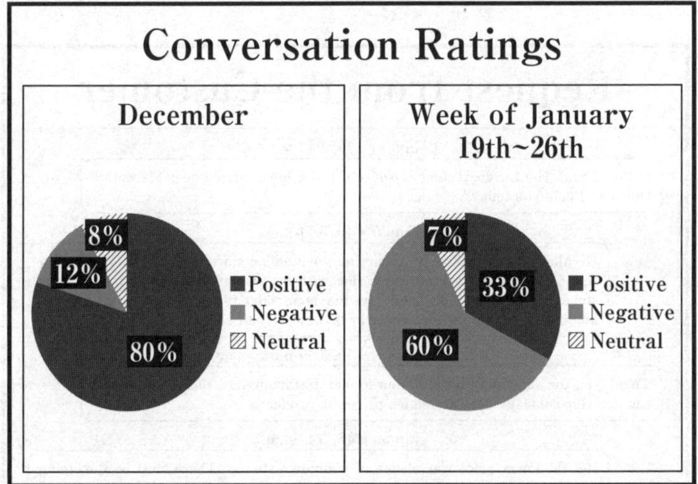

(B)

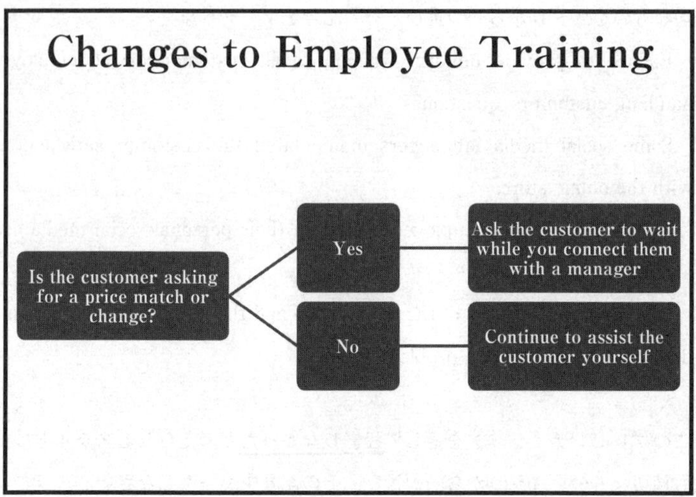
Changes to Employee Training
Is the customer asking for a price match or change?
Yes
No
Ask the customer to wait while you connect them with a manager
Continue to assist the customer yourself

(C)

Request from the Customer

January 16, 3:43 p.m.

Hello. Thank you for contacting Superior City Fashion. My name is Marcus. How can I help you today?

January 16, 3:44 p.m.

Hi, Marcus. I just bought a shirt on your online store last week. It arrived a few days ago and everything is fine with it. However, I was in one of your stores at the mall today and saw the same shirt for a cheaper price. I was hoping I could get the difference back on my credit card.

January 16, 3:46 p.m.

Thank you for explaining the situation to me. Unfortunately, there is nothing I can do. Our company does not match prices on products.

January 16, 3:47 p.m.

But the lower price was at one of your own stores. There must be something that you can do. It's only a $2 difference!

(D)

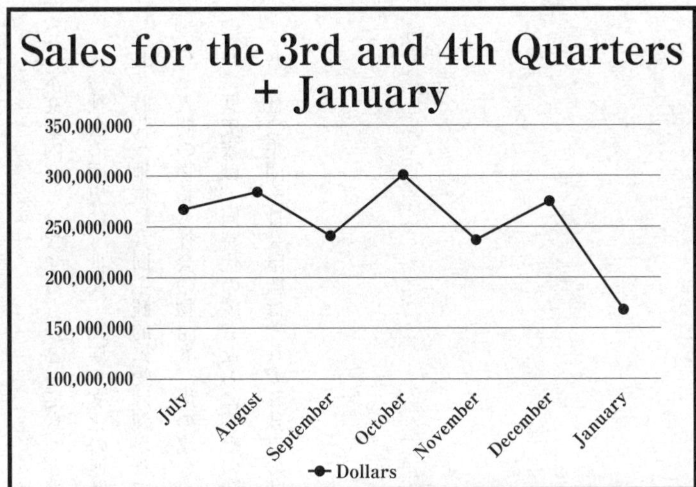

5．プレゼンテーション最後の “Does anyone have any questions?” という呼びかけに想定される質問として，最も適切なものを(A)～(D)から一つ選び，その記号をマークしなさい。

(A) Why was that shirt sold cheaper on our online store than in our physical shops?

(B) How has our revenue been affected by the negative publicity and call for protests?

(C) How much does completing the automatic detection programs for the price gaps cost?

(D) Which of our shops did the customer visit to ask for some of their money back?

A【Ⅰ】 B【Ⅱ】 C【Ⅲ】 D【Ⅳ】 E【Ⅴ】

〔問六〕本文の内容と合致するものとしてもっとも適当なものを左の中から一つ選び、符号で答えなさい。

A　社会の歴史は、世代・民族・文化の連関の中にあり蓄積されていくが、人の人生の歴史はゼロから始めるしかない。

B　時代や地域に共同主観的に受け継がれてきた歴史像も、新たな歴史叙述が書き加えられることで修正されていく。

C　人間の物語も社会の物語も、川の流れが上流から下流に流れるように、一方向に展開されるしかないものである。

D　歴史家は、同時代の読者たちに、その時代との対話の中でイデオロギー的物語を提示する責任を負った存在である。

E　社会集団や社会階級はそれぞれ独自の時間を持っているが、それらを平等に扱いながら記述するのが歴史家である。

〔問三〕　傍線部(4)「時間の拡張や行き来が許されている」とあるが、「時間の拡張や行き来」ができるのはなぜか。その説明としてもっとも適当なものを左の中から一つ選び、符号で答えなさい。

A　人間は、たえず過去への遡及とそこからの回帰を心の中で繰り返すことで、他者と時間を共有しながら生きているから。

B　万物の霊長である人間は、神が創造したものであり、神が全知全能であるのと同じく、全知全能の存在であるから。

C　歴史家は、出来事が起こるまでのいきさつを知っているだけではなく、その後に起きたこともすべて知っているから。

D　社会の歴史は、人間の一貫性のある人生の物語が多数集まり組み立てられたものであり、複雑なものであるから。

E　社会的時間は、人間の時間とは異なり、多様な時間から成り立ち、しかも、それらを一度に見渡すことができるから。

〔問四〕　空欄(5)に入れるのにもっとも適当なものを左の中から一つ選び、符号で答えなさい。

A　時間の中で起こったひとつひとつの出来事を、チェスの駒に喩(たと)えている

B　叙述の対象となる物事や行為を、ジグソーパズルのピースに喩えている

C　人びとの記憶の中に収められた内容を、トランプのカードに喩えている

D　歴史叙述を行う個々の歴史家を、ゲームのキャラクターに喩えている

E　歴史年表の中に並べられている大きな事件を、リバーシの石に喩えている

〔問五〕　次の一文を入れる箇所としてもっとも適当なものを左の中から一つ選び、符号で答えなさい。

それが一つの作品（テクスト）内での整合性のみに留意すればよいフィクションとの大きな違いである。

（注3）　A・ダント……アメリカの美術評論家、哲学者。

＊　問題の作成上の都合により、本文の一部に手を加えてある。

〔問一〕　傍線部(1)「歴史叙述は、基本的に古い時代（時間）から新しい時代（時間）に向けて記述していく」とあるが、なぜそのように記述するのか。その説明としてもっとも適当なものを左の中から一つ選び、符号で答えなさい。

A　人間の思考が過去から現在、そして未来へと向かうことで、初めて「生きられる時間」の感覚を獲得できるから。
B　歴史の中の出来事は、原因と結果の関係でとらえることができ、それ以外の関係には還元できるものではないから。
C　記述は、適切な理解や因果的関係の説明をするために頭の中で前進と遡及を何度も繰り返さなければならないから。
D　歴史叙述にとっての時間は、一方向に流れる不可逆なものであり、かつ一本の線になっていなくてはならないから。
E　生きるとは、自分のペースに従いながら身体的・精神的に過ごすことであり、誰からも侵されることがないから。

〔問二〕　空欄(2)(3)に入れるのにもっとも適当な組み合わせを左の中から一つ選び、符号で答えなさい。

A　(2)　形式的時間　(3)　合理的機能
B　(2)　精神的時間　(3)　画期的機能
C　(2)　観念的時間　(3)　前衛的機能
D　(2)　物理的時間　(3)　実践的機能
E　(2)　社会的時間　(3)　文化的機能

ある特定の形式および一貫性を与え、互いの関係を把握できるようにして意味を生み出し、他者にも理解可能にする営みであろう。【Ⅲ】物語が人間の（フィクションではなく）現実の行動や思考、およびその産物に適用され、しかも「時間」の中での原因や結果、目的や手段、条件や主体などの現れを、バラバラの糸を縒(よ)り合わせるようにして統一体として形成することを目指すとき、その物語は歴史叙述になる。【Ⅳ】

この歴史家が自分の考案した物語の中に、目的・手段・状況・予期せぬ結果・行為主体などのさまざまな異質な要素をひっくるめ、また取捨選択しつつ、全体としてまとまりのある統一化されたストーリーに編み上げるという理解様式を、ミンクは理論的様式、範疇(ちゅう)的様式と対比して、歴史叙述の「統合形象化的」特徴と述べ、［(5)］。

もう一つ、歴史叙述をする歴史家は、フィクションではなく事実を物語っているのだという誠実な信念を貫くのに加え、自分が書こうとしている叙述内容一つのみの整合性や妥当性を問題とするのではなく、その時代・地域に共同主観的に受け継がれ、たえず積み重なり拡張し、また修正されていく大きな歴史像ないし他のすべての歴史言明・歴史叙述の集合体の内部に、それらと整合的に、新たに書き加えられる歴史叙述がしかるべく位置づけられるように注意しながら書かねばならない。【Ⅴ】新しい歴史叙述が加わることで、かならずしも先行のものが無意味になるわけではない。それがまったく信用を失うまでは、おなじ出来事の別の角度からの像という位置づけで、それら複数の像の総合が、それぞれの時点における歴史的な事実ということになろう。

（池上俊一『歴史学の作法』による）

（注1）ミンコフスキー……ドイツの数学者。
（注2）シェーマ……図式、形式のこと。

わりは始まりの約束と結合し、始まりは終わりの約束と結合する。そして時代を振り返ったときの関連の必然性は、将来を見渡したときの関連の偶然性を打ち消すのである。時間的な連続性の理解とは、それを一度に両方の方向から考えることを意味し、そのとき時間はもはや私たちを運んでくる川ではなく、上流と下流を一度に見渡せる航空写真に写った川となるのだ。

しかも一人の人間がさまざまな時間（実存的生活時間、世代の時間、出来事の時間、政治的＝制度的時間、経済・景況的時間、神話的・祝祭的時間、自然的（昼夜、季節）時間、宇宙的時間など）を生きて、そのイメージや痕跡・記憶を甦（よみがえ）らせるように、社会的時間についても社会集団や社会階級ごとに種類や継続の長さが異なるものがあるし、それら集団・階級の多様な時間をヒエラルキーの中に統合させようとする「包括社会」sociétés globales（封建社会、都市社会、絶対主義／重商主義社会、自由主義／資本主義社会、全体主義社会……）の時間もある。

歴史家が行っているのは、そうした出来事や状況と一体化した、また柔軟でさまざまなスケールの集団的時間を歴史の中にも見つけ、あるいは構築して、前後に行き来しながら、多様な時間の進展リズム（長短・遅速・規則不規則……）の相互作用を見つめつつ、もろもろの現象をコンテクストに位置づけ、ヒエラルキー化することだろう。そこに、時代の豊かさ、厚み、深さが現出して、おのずと「時代区分」の際立った輪郭となる。【Ⅰ】

そもそも歴史叙述の特質とは何だろうか。歴史叙述は「物語」の一種であることはたしかだが、その物語法と叙述法は、他の文字ジャンルと何が本質的に違うのか。外部との関係が重要であるため、それを敷衍（えん）して考え進めてみよう。

A・ダント（注3）のいわゆる「理想的編年史」は、時間の中で継起するあらゆる出来事を、前後の他の出来事と関連づけることなく、それが起きたその瞬間にすべて検知して書き記す膨大な編年記・歴史年表で、人の心の内までも見通せる者、ほかならぬ神の視点から書かれている。【Ⅱ】これは事実上人間には不可能であるばかりか、歴史叙述（物語）ではない。

歴史叙述は理想的編年史とは違い、一種の物語として、それ自体としては無定形な集合体で形式の欠如したものや出来事に、ように、前後左右・垂直水平に絡め取られている。小さくはかない人生でも、世代・民族・文化の連関、世界大の文明の連関の中にある。

こうした人間の人生の物語の歴史的思考があるから、それが配置され接合する社会・共同体の物語にも、川の流れのように上流から下流へと切れ目なく流れていく「時間」のなぞり、おなじ自己構成の物語形式があると考えて、人は納得できるのであろう。人生の歴史物語が、時間的存在である人間を破綻なく生かしているように、社会の歴史（物語）も、[(3)]を発揮する。それは共同体を一つにまとめ、一体性を与える。イデオロギー的なものにもなりがちだし、政治家はそのようなイデオロギー的物語を宣揚することもあろうが、歴史家には、その時代との対話の中で最適な物語を同時代の読者たちに提示する、という社会的ないし倫理的責務がある。また人生とおなじく、あるいはそれ以上に、社会の歴史には、複線の時系列シェーマ(注2)が何本も縦断しているから、歴史家は、史料中にそうした複数の時間的継起の徴候・印を見出す必要がある。

だが、古い時代から新しい時代へと出来事を順に追っていくだけが、歴史叙述の手法ではない。歴史家は、「その後に起きたことを全部知っている」のだから、自在に時間を行ったり来たりすることもあるし、それが叙述に積極的効果をおよぼすこともある。歴史家はその歴史叙述において、記述される出来事の発生したときにはまだ未来に属することに度々言及しながら、その過去の出来事を説明する。さらに進んで、時間を出来事の前後両方向に拡大して、叙述に分け与えることが歴史叙述の特徴であるとも考えられる。どれだけ前後に伸ばせるか、しかもそれを十分意義深く理解可能な形で語れるか、その成否は、歴史家の資質と能力に懸かっている。いずれにせよ、歴史叙述にはそうした(4)時間の拡張や行き来が許されている。

これも、私たち人間が、日々の生活で時間を過去・未来・現在と行き来させていることの応用である。たえず過去への遡及とそこからの回帰を心の中で繰り返しながら、今日を生きている、私たちの日常の生き様と時間との関係は、社会の理解と意味づけにも当てはまる。L・O・ミンクという哲学者の言う歴史の「統合形象化的 configurational 理解」においては、そもそも終それはおそらく「時間的存在」としての人間のあり方がそうさせるのであろう。人間にとって、生きるとは、とりもなおさず時間に従って身体的・精神的に過ごすことだし、過去を思い出し反省し今に生かす、その過去を糧に今を生き、そして未来を待望する人間の思考のベクトルは、当然、過去から現在、そして未来へと向かおう。そうしてはじめて「生きられる時間」（注1）（ミンコフスキー）の感覚が得られるからである。時間的な経過においてはじめて歴史的意味が浮上するのである。その生きられる時間というのは、時計のような　(2)　でも、逆に内的・心理的な主観的時間でもなく、生活行動の時間、内的にして外的、主観的にして客観的な時間であり、それがそのまま歴史的時間となっているのである。

だがこの時間の一方通行の線は、単線ではなく複線・多線であることに注意しよう。日常生活のある時点での共時態は、多くの通時態の集合体の横断面であり、それら通時態はさまざまな変化速度で動く諸構造を含んでおり、それが共時態の布置に差異を生み出していくのである。

主体としての自己がさまざまな転変に見舞われながらも、その人生における一貫性（ストーリー）を手に入れる手段こそ、歴史的思考である。「あなたは一体誰？　どんな人？」と尋ねられ、答え進めていけば、かならず自分の来歴・歴史を語ることになろうし、家族、学校、職場など、さまざまなレベルでの社会との繋（つな）がりも、歴史的な語りの中で表明され、確認されていこう。履歴書や身上書はその公的なエッセンスである。そしてそうした歴史的思考は、反対方向、未来にも投射されて、その「期待の地平」の中で、自己イメージが創られていこう。一方、人には誰でも先祖がおり、（多くの場合）子孫がいる。誰でも歳（とし）を取っていき、世代はかならず交替していく。これが歴史の変化を可能にし出来事をもたらす。すなわち時間の直中（ただなか）におかれている歴史は時間的に開かれていて、前から来て後続の世界にバトンタッチしていくのである。

ゆえに私の人生の歴史（物語）はゼロから始める必要はなく、すでにある家庭、言語、文化、社会、伝統、要するに歴史に馴致（じゅんち）できる。人生の初めも終わりも個人を超えた諸関係の伝統の中に絡め取られ、あらかじめ組み込まれている。鎖や網目の

E　偶発的かつ利那に進行する供給ショック

〔問六〕本文の内容と合致するものとしてもっとも適当なものを左の中から一つ選び、符号で答えなさい。

A　世界経済が停滞する中でパンデミックが起こったが、これが収束すれば経済は直ちに回復していくであろう。

B　リショアリングが進んでいくことにより、世界貿易が以前のような動向に戻ることはむずかしいであろう。

C　地政学的要因が解消され、企業が以前の行動に戻ることによって、インフレ率は高くなっていくであろう。

D　英国のEU離脱で欧州の経済は停滞したが、米国の経済は保護主義的な政策により安定していくであろう。

E　リーマンショックよりもパンデミックのほうが、グローバル企業に与えたダメージは大きかったであろう。

三　次の文章を読んで、後の問に答えなさい。

歴史叙述の特質について語る前に、それが「時間」の制約を受けざるをえないことをまず指摘しておこう。つまり(1)歴史叙述は、基本的に古い時代（時間）から新しい時代（時間）に向けて記述していくことで、はじめて十分了解される、ということである。因果関係を記述するためには、そのような方向性が必須であるからというだけではなくて、状況や構造が出来事の母胎になったり、意味を確定するコンテクストになったりするという場合にも、状況や構造が先に前提にないと、言い換えれば背景の中に出来事を描き込むような順番でないと、その叙述は理解し難いものになるからでもある。記述にいたる前に、適切な理解や因果の説明のため、頭の中で幾度も前進と遡及を繰り返すことはあろうが、記述自体は古いものから順に新しいものへ、が基本である。

〔問四〕 傍線部(4)「急速にグローバリゼーションが進展した」とあるが、それはなぜか。その説明としてもっとも適当なものを左の中から一つ選び、符号で答えなさい。

A 経済的に影響力の強い中国が世界貿易機関に加盟したことで、グローバルな資本主義体制が確立することになったから。

B アジア、東欧、中南米などの新興国が急速に力を持ちはじめ、先進国と互角に競争することができるようになったから。

C グローバル企業の製造原価が大きく下がったことによって、先進国での商品の価格が上がりにくくなってしまったから。

D 企業は世界の同業者との競争に勝つためコストパフォーマンスのよい労働者を求めて、グローバルに分業化を進めたから。

E 先進国の経済が停滞しはじめ、中国の経済が急速に台頭したことで、インフレ率も高い水準に達することになったから。

〔問五〕 空欄(8)に入れるのにもっとも適当なものを左の中から一つ選び、符号で答えなさい。

A 断続的かつ激しく進行する供給ショック

B 相対的かつ穏やかに進行する需要ショック

C 長期的かつ静かに進行する供給ショック

D 合理的かつ力強く進行する需要ショック

A　先人のキセキをたどる
B　フキの客となる
C　ショキの目的を達成する
D　スウキな運命をたどる
E　徴兵をキヒする

(7)　キドウ

〔問二〕　空欄(2)(6)に入れるのにもっとも適当なものを左の中から一つずつ選び、符号で答えなさい。ただし、同じ符号を二度以上用いてはいけない。

A　結節点　B　羅針盤　C　正念場　D　生命線　E　新機軸

〔問三〕　傍線部(3)「企業もこの意味での行動変容を開始している」とあるが、これはどういうことか。その説明としてもっとも適当なものを左の中から一つ選び、符号で答えなさい。

A　グローバルに供給網を展開することをやめて、インフレ率を低い水準に抑えようとしはじめたということ。
B　供給網が機能不全に陥らないように、港湾施設を整備するなど物流システムを再構築しはじめたということ。
C　グローバルな分業体制を見直すことによって、コストパフォーマンスを徹底的に追求しはじめたということ。
D　敵対している国から友好関係にある国に工場を移転するなど、経済よりも政治を重視しはじめたということ。
E　生産の拠点を自国内や近隣諸国に移すことによって、供給網の安全と安定性を確保しはじめたということ。

（注1）　ワイヤーハーネス……自動車の神経・血管に例えられる電線の束のこと。
（注2）　リーマンショック……2008年に発生した世界的な金融・経済危機のこと。
＊　問題の作成上の都合により、本文の一部に手を加えてある。

〔問一〕　傍線部(1)(5)(7)の漢字と同じ漢字を含むものを左の各群の中から一つずつ選び、符号で答えなさい。

(1)　ヨギ
A　当方には当方のリュウギがある
B　今の社会はギゼンに満ちている
C　多忙にかまけてギリを欠く
D　消費者のベンギをはかる
E　法案をシンギする

(5)　イット
A　群衆が瞬く間にボウトと化した
B　西方からの品がトライしてきた
C　トホウもない要求に驚いた
D　包み隠さず胸中をトロする
E　トタンの苦しみをなめる

そうした状況下で発生したパンデミック（とロシアのウクライナ侵攻）は、供給網が常に安定的に機能するわけではないことをグローバル企業に強く意識させました。そして、米欧が経済再開に向かっても、世界貿易が直ちに安定的な回復(7)キドウに乗るということにはなっていません。

グローバリゼーションは、徹底的にコストパフォーマンスを追求しよう、そのためであれば世界のどこにでも進出しようという考え方に根差すものでした。これに対して「脱グローバル化」の背後にあるのは、供給網の安全性と安定性を重視し、そのためにコストパフォーマンスが多少犠牲になってもやむを得ないという発想です。必然的にグローバル企業の製造コストは上昇し、製品価格は上昇します。脱グローバル化は、(8)なのです。

国際的なコンサルティング会社であるA・T・カーニー社が、グローバル展開する米国企業の経営者を対象に行った調査によると、「すでにリショアリング（生産拠点を米国内または近隣国に移転）を行っている」という回答が47％にのぼりました。「3年以内にリショアリングを行うことを決定している」は29％、「まだ決定してはいないもののおそらく行うことになるだろう」は16％でした。つまり、92％の企業が、数年のうちにリショアリングを行うことを計画しています。これが現実になれば世界貿易の停滞は一段と加速することになるでしょう。そしてそのことは、パンデミックが収束しても、世界貿易がそれ以前のトレンドには戻らないことを意味しています。

供給網の混乱にともなうインフレ押し上げはほどなく終わることでしょう。しかし、それと入れ替わりに、世界のインフレ率の抑制要因であったグローバリゼーションが今後、後退することになれば、インフレ率はその分、底上げになります。パンデミックを経て、企業も行動変容し、それが先行きのインフレ率を高める可能性があるのです。

（渡辺努『世界インフレの謎』による）

ｉＰｈｏｎｅの製造工程のように、グローバルな分業化が進み、それにともなって、貿易額は膨張のイット(5)をたどったのです。２００１年に中国がＷＴＯ（世界貿易機関）に加盟したことは、世界をつなぐ自由貿易体制が確立されたことを象徴する出来事と言われていました。

モノを製造する企業は常に、世界の同業者との激しい競争にさらされています。賃金が低いわりによく働いてくれる、コストパフォーマンスのよい労働力を確保することが、競争に勝ち抜くための［(6)］となります。こうして企業は続々とアジアや東欧、中南米などの新興国に進出し、生産拠点を構築していきます。

この結果、グローバル企業の製造原価が大きく下がり、先進国では、商品の価格が上がりにくくなりました。たとえば２０００年代前半に、日本ではユニクロが高品質・低価格を評価されてまたたく間にふだん使いの衣料品の市場を席巻（けん）し、価格の基準になったと言えるほどに定着しました。このようなことが世界各地で起こっていると考えてもらえば、イメージしやすいでしょう。グローバリゼーションは、先進国のインフレ率がそれ以前よりも低い水準に抑えられるようになった、大きな要因でした。

ところが、世界貿易は突如、２００８年に伸びを急停止させます。リーマンショック(注2)による世界経済の急降下が直接のきっかけでした。

世界貿易の停滞の背景には、ポピュリズムや保護主義の台頭など政治的な要因がありました。リーマンショック以降、先進国の経済停滞を尻目に中国経済が急速に台頭しました。米国経済の不振は国民の分断を強め、これを受けてトランプ政権が誕生します。そしてトランプ大統領は中国との貿易戦争を開始します。他方では、同時に進行していた欧州の停滞はブレグジット（英国のＥＵ離脱）を招きました。

働者のあいだでも感染恐怖による離職が起こり、人手不足となりました。それらの結果、モノが港湾施設を通過するのに以前の何倍も時間がかかるようになってしまいました。海外からモノを運んでくるコンテナ船が、何週間も洋上で停泊をヨギなくされるケースが、世界のあちこちの港で発生する始末です。

ただし、こうしたグローバルな供給網で発生した一連の「負の連鎖」は、永遠に続くわけではなく、遅くても2023年までには解消に向かうと言われています。現在進行しているインフレのひとつの要因は供給網の機能不全ですが、その要因は近々解消されるということです。この点はひと安心です。

しかし、供給網の機能不全を経験した企業は、そもそも、グローバルに供給網を展開するというこれまでの戦略が間違っていたのではないかと考えはじめ、これを機にグローバルな生産体制そのものを見直そうとしています。消費者や労働者と同じく、(3)企業もこの意味での行動変容を開始しているのです。この行動変容は、今後、物価に影響を及ぼす可能性があります。

企業がグローバルな供給網を見直そうとしている理由は、たとえ今度のパンデミックによる機能不全が解決したとしても、また同じようなことが将来生じる可能性を否定できないからです。ロシアのウクライナ侵攻によって、天災だけでなく地政学的な要因で供給網の寸断が起こる可能性も意識されたことでしょう。

こうした中で、世界中に分散されている生産拠点を自国内に回帰させたり、友好関係にある近隣の国に移転させたりする動きが起こっています。たとえば米国であれば、米国内及びカナダ、メキシコに生産拠点をシフトさせるような動きが見られます。

この流れは「Deglobalization（脱グローバル化）」と呼ばれ、実はパンデミック以前からその兆しが見られ、研究者や実務家のあいだで注目されていました。この現象を理解するために、世界貿易のトレンドについて見てみましょう。1980年代半ばから2008年にかけて、世界の貿易は急ピッチで拡大していきました。この時期は、過去150年を見ても他に例がないくらい、(4)急速にグローバリゼーションが進展した時期でした。

由を束縛していたが、サブスクリプションがそれを無くしてくれた。

E 私たちが気に入るような情報を提供してくれているデジタル企業のサービスが私たちの自由を奪う面はあるものの、便利であるために利用しているのが現状である。

二 次の文章を読んで、後の問に答えなさい。

パンデミックは、この数十年間で企業が世界中に張りめぐらせた供給網（サプライチェーン）を、ほうぼうでズタズタにしました。２０２２年に入っても、中国では上海のような大都市であっても前触れなくロックダウンが行われました。工場や港湾施設の操業がストップしてしまうと、グローバル企業が日本や韓国、台湾を含めたアジアをつないで構築した供給網が、その一点で断ち切られてしまうことになります。

実際に、２０２１年から22年にかけて、供給網の寸断によって米国や日本では自動車を作ることができなくなっていました。折からの半導体不足に加え、ワイヤーハーネス[注1]やカーエアコン、カーナビなど自動車生産には欠かせない部品が中国やＡＳＥＡＮで作られているからです。このように、ひとつの国で感染拡大が起こって工場の操業が停止されると、その国の企業から部品供給を受けている別の国の企業も操業停止をヨギ(1)なくされます。

パンデミックによって物流も機能不全におちいりました。港湾は物流の［ (2) ］なので、この一点に集結するモノをさばくために、人もきわめて「密」になりやすい施設です。ひとたび荷役の担当が感染してしまえば、港湾施設内であっという間に感染が広がっていきます。そこで感染対策を徹底すると、港湾施設の操業度は大きく下がってしまいます。これに加えて、港湾労ずに「賢い」選択をできるものとして期待されているから。

B　サブスクリプションは、デジタル企業のサービスを利用することに対する、つまり機械による勝手な選択に対する不安や不満を抑え止めてくれるものとして期待されているから。

C　サブスクリプションは、「選択の選択」の権利が消費者の方にあるため、行動剰余と呼ばれるデータをデジタル企業に提供せずに利用できるものとして期待されているから。

D　サブスクリプションは、デジタル企業が提供するサービスに何らかの作為が働いていても、それが分からないなどの問題点が透明化されたものとして期待されているから。

E　サブスクリプションは、大量の商品から利用者一人一人の趣味に合った商品を選別してくれるリアル店舗と同様であるため、選択の権利を回復するものとして期待されているから。

〔問六〕　本文の内容と合致するものとしてもっとも適当なものを左の中から一つ選び、符号で答えなさい。

A　現代社会はコミュニケーションの遊び場としてのコンテンツやサービスがあふれかえり、誰もがそれらを手軽に利用できるために、その膨大な情報に翻弄されてしまっている。

B　デジタル企業は「行動剰余」と呼ばれる、私たちの選択に関わるデータを収集し、莫大な利益を上げているため、これらのデータを提供しないようにしなければならない。

C　映像や音楽、さらにはホテルや自動車などを一定期間自由に使用する権利を得るというサブスクリプションは、機械的な選択もなく安心して利用することが可能である。

D　デジタル企業のサービスは、システムのフィルターを通した選択肢しか選べないエコーチェンバーにより私たちの自

A　実質的　B　時間的　C　画期的　D　抽象的　E　強制的

〔問四〕傍線部(3)「なぜ私たちはデジタル企業のサービスをあえて利用しているのだろうか」とあるが、筆者はなぜだと考えているのか。その説明としてもっとも適当なものを左の中から一つ選び、符号で答えなさい。

A　デジタル企業から情報を無料で提供され、代わりに「行動剰余」と呼ばれる選択に関わる情報を提供することで、対価を獲得できるメリットがあるから。

B　ブラックボックスのままに情報を選別しなければならないが、デジタル企業が強制的に利用を迫ってくるわけでもなく、私たちの自由は確保されているから。

C　監視資本主義的なリスクがあるものの、膨大な数の情報や商品が提供される消費社会を生きていくためには、デジタル企業のサービスを活用せざるを得ないから。

D　自分の好みに基づき商品や情報を吟味するよりも、デジタル企業のサービスを用いる方が、安全であり、かつ安心に選択することができ、失敗がないから。

E　デジタル企業のサービスは、プログラミングや機械学習の技法を用いることで、個人情報を適切に管理し、流出や漏洩（えい）を防ぐことができているから。

〔問五〕傍線部(7)「現在注目されているのが、サブスクリプションというサービスの形態である」とあるが、なぜ注目されているのか。その説明としてもっとも適当なものを左の中から一つ選び、符号で答えなさい。

A　サブスクリプションは、選択肢が計算やアルゴリズムによって選択されており、無際限な情報の中からコストをかけ

A　セイカ商を営んでいる
B　カンカできない事態である
C　カブンにして存じません
D　スンカを惜しんで働く
E　カレツな戦いに挑む

⑾　カセン

A　市街地にリンセツする地域
B　チュウリンジョウの建設
C　画壇にクンリンする重鎮
D　ジンリンにもとる行為
E　リンギョウの衰退の危機

⒀　リンリツ

〔問二〕　空欄⑴⑸⑹⑻⑽に入れるのにもっとも適当なものを左の中から一つずつ選び、符号で答えなさい。ただし、同じ符号を二度以上用いてはいけない。

A　だからこそ　B　たとえば　C　たしかに　D　加えて　E　ただし

〔問三〕　空欄⑵⑷⑿に入れるのにもっとも適当なものを左の中から一つずつ選び、符号で答えなさい。ただし、同じ符号を二度以上用いてはいけない。

（注1）ショシャナ・ズボフ……アメリカの社会学者。
（注2）レコメンド機能……ウェブ上での閲覧履歴や購入履歴などのデータを基に、おすすめのアイテム・コンテンツを表示すること。
（注3）キュレーション……インターネット上の情報を収集し、まとめること。

＊　問題の作成上の都合により、本文の一部に手を加えてある。

〔問一〕　傍線部(9)(11)(13)の漢字と同じ漢字を含むものを左の各群の中から一つずつ選び、符号で答えなさい。

(9)　トウカンシ

A　カンパンで日光浴をする
B　カンサンとした町に一人たたずむ
C　人と人のカンゲキを縫って進む
D　諦めがカンヨウである
E　カンダイな心で罪を許す

この意味で現在のサブスクリプションの人気は、ブラックボックスのままに情報を選別するデジタルサービスとの共犯関係に多くの人が不安と不満を感じていることのよい証拠となる。広大なネットの海で、適切な情報や商品を得るために、私たちは何らかのデジタルサービスに依存しなければならない。しかし得体の知れないサービスに身を委ねることには不安が残る。だからこそ未来の選択が知らぬまに他者によって決定されることがないように歯止めをかける装置として、サブスクリプションは利用されているのである。

この意味ではネットとサブスクリプションの関係は市場それ自体に対するリアル店舗の関係によく似ている。サブスクリプションが、広大な情報の海から選ぶべき情報を限定してくれるのと同様に、リアル店舗は大量に送り出される商品のなかから選択可能なものへと商品の数を選別し、私たちに選択の権利を（少なくとも擬似的に）回復させてくれる。もちろんその選別の意図や趣味が気に入らない場合もあるが、その際は店に行くのをやめ、別の店を使うことにすればよい。こうした意味でリアル店舗は、課金の必要のない――会員費が必要なコストコなどの店もあるが――サブスクリプション的サービスを提供しているのである。

とはいえ「選択の選択」によってすべてが解決されるわけではない。ひとつにネットフリックスやスポティファイがそうだが、サービスの(11)カセン化が進み、そのサービス内にコンテンツが集積されるならば、(12)［　　］にそのサービスを選択しないことは不可能になってしまうからである。他方で逆に多様なサブスクリプションサービスが(13)リンリツすれば、この場合も「選択の選択」は困難になる。どのサブスクリプションサービスを選び、金を払うかどうかを吟味するために、今度は多くのコストがかかるようになるからである。

（貞包英之『消費社会を問いなおす』による）

ているとしばしば批判されている。この場合の最大の問題は、選択肢がいかなる計算やアルゴリズムによって決められているのか、完全にはわからないことである。デジタル企業が提供するサービスに何らかの作為が働いていたとしてもそれを完全にあきらかにすることはむずかしい。たとえばあるグルメサイトについて、星の数が投稿によらず操作されているのではないかという疑念が囁(ささや)かれたことがあった。しかし、ではいかなる操作がなされているのかは充分には判明しないまま、他のサービスより利便性が高いという理由で、多くの人はそのサービスを黙って利用し続けているのである。

こうした状況のなかで、(7)現在注目されているのが、サブスクリプションというサービスの形態である。ネットフリックス(Netflix)やスポティファイでのように映像・音楽「情報」以外にも、家具やホテル、シェア自転車やクルマなどを一定期間自由に使用する権利など、定期的にいくらかの金を払うことで、商品を受け取ったり、使用する権利を得るビジネスモデルが近年注目を集めている。

こうしたサブスクリプションを支えるのは、多くの場合、たしかに他のサービス同様に、「行動剰余」を利用した機械的なキュレーション(注3)である。選択可能な商品が無際限に提示されることは稀(まれ)で、何をいかに利用するかがあらかじめ限定されたうえで選択が促される。［(8)］そうした選択の際の金銭的コストがトウカン(9)シできることもサブスクリプションの特徴である。何を選んでも追加のコストがかからないという意味では、機械によるあらかじめの選択を慎重に再検討することさえ、ここでは必要とされないのである。

［(10)］選択を容易にしたことだけではなく、サブスクリプションにおいてより重要になるのは、こうした「機械的な選択」そのものが選択可能になっていること、すなわち「選択の選択」の権利が消費者にあくまで留保されていることである。そのサービスが提示する選択肢に不満が残れば、利用者は別のサブスクリプションに乗り換えればよく、そうして機械による勝手な選択に対して歯止めがかけられているのである。

こうした見方は［(1)］まちがいとはいえない。デジタル企業が先回りして、私たちが気に入るような情報を提供してくれるのは、ときに不気味であり、さらに近年ではそれが国家と癒着し、「信用スコア」というかたちで日常生活を縛ることもたとえば中国などでは現実化している。とはいえ、ただ［(2)］に私たちはそうしたサービスを利用しているわけではない。ユーチューブやアマゾンのレコメンド機能[注2]がときに便利であるように、私たちはデジタル企業が提供するサービスを普通は好んで活用している。その意味ではここにはたんに強制ではなくむしろ共犯関係をみるべきだろう。

(3)では**なぜ私たちはデジタル企業のサービスをあえて利用しているのだろうか**。その根本的な原因には、膨大な情報を含め、無数の商品やサービスを次々と生み出す消費社会の巨大な拡がりがある。消費社会が提供する数多くの商品や情報を個人の知識や経験だけで「賢く」選択することはむずかしい。対象を吟味するためには［(4)］、労力的コストがかかるが、供給される商品が無際限であれば、そのコストも無際限のものに膨れあがってしまうためである。

［(5)］デジタル企業のサービスが必要とされる。それはプログラミングや機械学習の技法を用いて膨大なデータを参照しつつ、私たちの代わりに「賢い」選択、あるいは少なくともそのための準備をしてくれる。いまではネットの世界でそうしたサービスに頼らずに情報を収集することは不可能に近い。検索サービスを代表としてそうしたサービスを適切に活用していかなければ、私たちは膨大な情報の海をただださまようばかりとなってしまうのである。

この意味で私たちがデジタル企業のサービスを利用している背景として、消費社会の日々の稼働を見落とせない。無数の情報やモノを送り出すこの消費社会のなかで、気楽に、そして他者と少なくとも同程度に「賢く」生きるためにこそ、私たちはデジタル企業と共犯関係を結ばざるをえなくなっているのである。

そうしたサービスが私たちの自由を奪っていることは、たしかに事実として重く受け止める必要がある。［(6)］私たちは、システムのフィルターを通した選択肢しか選べない、いわゆる「エコーチェンバー（音響室）」と呼ばれる牢獄（ろう）のなかに囚（とら）われ

国語

（六〇分）

一　次の文章を読んで、後の問に答えなさい。

現代社会にはコミュニケーションの遊び場としての膨大な情報の海が拡がっている。人はそこでほとんどお金をかけずに、コンテンツやサービスを気ままに選択している。つまり情報の海は、デフレ下にあった日本社会において誰もが遊べるなかば「擬似」的な消費の場としての役割をはたしてきたのである。

ただしこうした情報の場は、端的に巨大な自由を私たちに許しているわけでもない。そもそも多くの企業がフリーのサービスを提供しているのは、私たちがおこなう選択の結果をより高次の情報として収集することを通して利益を得ようとしてのことである。そうした仕組みをショシャナ・ズボフ(注1)は、「監視資本主義」と呼び批判する。ズボフによれば、グーグルやフェイスブックを代表とするデジタル大企業は、検索機能や投稿、動画視聴などのサービスを無料で提供する代わりに、「行動剰余」と呼ばれる私たちの選択にかかわるデータを収集している。そのデータを、ターゲット広告を中心とした行動予測のために利用することによってデジタル企業は巨万の富を稼ぐとともに、私たちの未来を予測可能な範囲に囲い込んでしまっているとズボフは批判するのである。

解答編

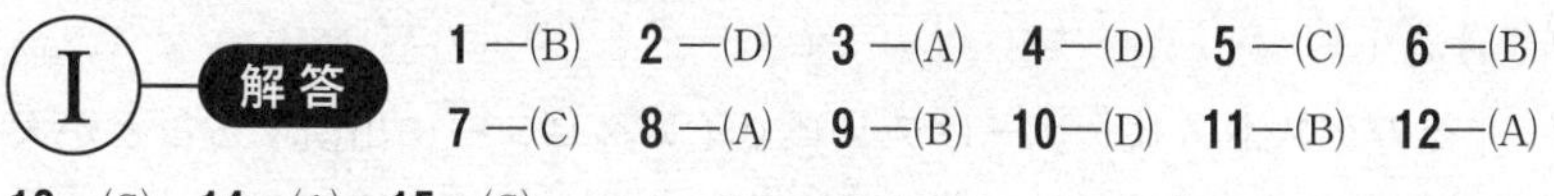

英語

I **解答** **1**—(B)　**2**—(D)　**3**—(A)　**4**—(D)　**5**—(C)　**6**—(B)
7—(C)　**8**—(A)　**9**—(B)　**10**—(D)　**11**—(B)　**12**—(A)
13—(C)　**14**—(A)　**15**—(C)

解説

1.「水が流れ込んできたので，乗船員たちは沈みゆく船を放棄しなければならなかった」

前半に「(船に) 水が流れ込んできた」とあるので，(B)「～を放棄する」を選んで「乗船員たちは沈みゆく船を放棄しなければならなかった」とするのが正解。be forced to *do*「～せざるを得ない」(A)「～をつなぐ」(C)「～をちょっと止める」(D)「～を改善する」

2.「たいていの人であれば熱狂するだろうが，テッドは勝者だと宣告されたときに失望しているようだった」

文頭に while「一方で」とあることから，空所には disappointed と対比関係になる語が入る。よって，(D)「熱狂的な」が正解。(A)「恥ずかしく思う」(B)「劇的な」(C)「みじめな」

3.「現代では，ソーシャルメディアを使わない若者は極めて少数派である」

選択肢から判断すると，ソーシャルメディアを使わない若者は(A)「少数派」だと考えるのが自然。a piece of ～ は人に対しては一般的に使わない点に注意。(B)「数字，人物」(C)「破片」(D)「用語，期間，条件」

4.「サポートチームから返信を受け取るまでに，彼女のプリンターの問題はすでに同僚によって解決されていた」

選択肢から判断すると，プリンターの問題は(D)「解決される」という意味になると考えるのが自然である。(A)「与えられる」 (B)「救われる」 (C)「組織される」

5.「支払う税金の額は前年の収入に基づいて毎年計算される」

「前年の収入に基づいて（　　）計算される」という意味になるので，(C)「毎年」が最も適切。(A)「偶然に」 (B)「礼儀正しく」 (D)「肉体的に」

6.「コンサートに出席するまで，ジェーンがそんなにも美しくピアノを弾くことができるとは知らなかった」

(B)「〜できる」を入れて，「美しくピアノを弾くことができる」という意味にするのが正解。(A)「〜の前に」 (C)「〜を待っている」 (D)「〜の世話をする」

7.「そのゲストスピーカーはテレビでインタビューに出演することが大好きで，多くの有名な本を出版した，著名な経済学者である」

「テレビに出演していて多くの有名な本を出している（　　）経済学者」という意味になるので，(C)「有名な」が正解。(A)「したくない」 (B)「不注意な」 (D)「控えめな」

8.「床をきれいにするために1時間ひざまずいた後で，私の両ひざがひどく痛んだ」

「両ひざがひどく痛んだ」理由としては，床に1時間(A)「ひざまずいている」がふさわしい。(B)「滑る」 (C)「体を曲げる」 (D)「転がる」

9.「メーカーとの契約があるので，この靴はこの店舗でのみ入手可能です。他ではどこにも見つけることはできません」

第2文に「他では見つけられない」とあるので，(B)「もっぱら，独占的に」を入れて「この店舗でのみ入手可能」とする。(A)「効果的に」 (C)「熱望して」 (D)「本質的に」

10.「刑事の目についたのは，証人が話す際にずっと下を向いていたことだ」

空所前後は「刑事にとって（　　）だったのは」という意味になるので，(D)「目立った」が最も適切。(A)「〜をただでやった」 (B)「次第になくなった」 (C)「〜を限定した」

11.「エレインは芸術の意味を熟考し，そうした意見を友人たちと議論するのが好きだ」

目的語である「芸術の意味」に合う(B)「〜を熟考する」が正解。(A)「〜

を詳しく述べる」 (C)「～を要求する」 (D)「～を鎮圧する」

12.「互いの紛争を解決できない２つの企業は，しばしば裁判所に解決を求める」

「裁判所に解決を求める」のは，企業間の(A)「紛争」が解決できないためであると考えるのが自然。(B)「不運」 (C)「撤収」 (D)「スキャンダル」

13.「この本のイラストは細部に注意を払って描かれていた」

「イラスト」を意味する単語のスペルは(C) illustrations である。

14.「新しい同僚が皆そのような素敵な人たちなので私はとても幸せだ」

「同僚」を意味する単語の正しいスペルは(A) colleagues である。

15.「トムにとって午後４時のとき，ハワイにいる姉のベッカにとっては前日の午後９時である。それは，トムにとって午後11時のとき，ベッカにとっては午前４時ということだ」

ベッカの時刻に19時間を足すとトムの時刻になるので，(C) 11 p.m. が正解。

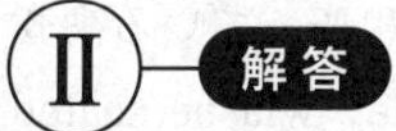

問１． **1**—(A)　**2**—(D)　**3**—(A)　**4**—(B)

問２． **1**—(C)　**2**—(B)　**3**—(A)

問３． **1**—(B)　**2**—(B)　**3**—(A)

解説

問３． 最も強く言う部分とは，最も重要な情報だと理解するとよい。

1． 支払いに使うことのできる手段が重要なので，「QR コード」を強く発音する。

2．「どの」バスに乗るかを聞かれているので，「このバス」の「この」を強く発音する。

3． (A)は真新しい情報のため，はっきりと伝えるべきなので強調すべきである。(B)の「少し」はここではそれほど意味のないフレーズで重要ではない。(C)はすでに会話で出てきた単語なので重要ではない。(D)もこれまでの会話の内容と重複するので重要ではない。

Ⅲ 解答

問1．1—(E)　2—(C)
問2．1—(D)　2—(C)　3—(B)

解説

問1．1．(1) cats という複数形の名詞を指すので its ではなく their にする。(3)一般的な犬と猫の比較をする箇所なので Unlike the dogs「その犬とは違って」ではなく，the を削除して Unlike dogs「犬と違って」とする。

2．(2)主語の They は diamonds を指すので are often used と受身形にしなければならない。

問2．1．(A)「電子センサーとスピーカーには可能」とあるので，We can't say は不適。(B)「我々にはできない」とあるので，as we can do so は不適。(C)「我々にはできない」とあるので，We can not only hear and keep up with … but speak it は不適。

2．(A) they are seated at their desks during meetings は「会議中に自分の席に座っている」という意味になるので，不適。(B) the survey respondents who sit at their desks said は「自分の席に座っている調査回答者が言った」という意味になるので，不適。(D) they will be seated at their desks without masks from now on, but not during meetings は「これからはマスクを外して席に着くが会議の間はそうしない」という意味になるので，不適。

3．(A) using unsustainable land …「持続不可能な大地…を利用する」という部分が日本文の内容と合わない。(C)「人類は…有害な化学物質を生み出している」という日本文と chemicals that are creating harm「害を作り出している化学物質」は意味が異なる。(D)主語が Humankind で補語に nature destruction とあるので「人類は自然破壊である」となり，内容的に不適。

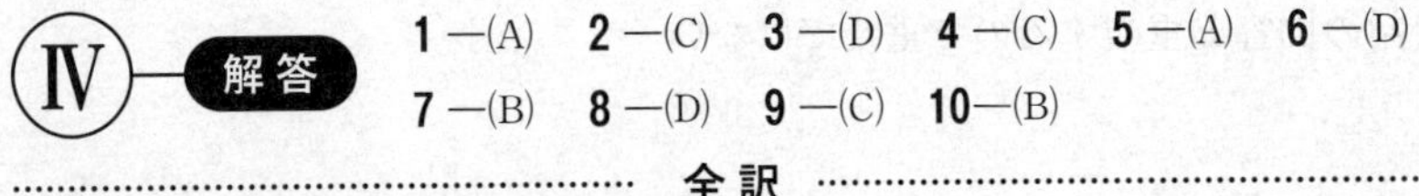

Ⅳ 解答

1—(A)　2—(C)　3—(D)　4—(C)　5—(A)　6—(D)
7—(B)　8—(D)　9—(C)　10—(B)

全訳

《ケチャップの歴史とその商業的地位》

[1] 貿易戦争は文化の固定観念を明らかにする興味深い方法を持つ。国が関

税をかけるのは，たいていは貿易関係において最も価値のある商品ではなく（それは彼らにとっても痛手になるので），むしろ国民性と密接に関係する商品である。この良い例は，アメリカの鋼鉄の関税に対するヨーロッパ連合による報復であった。2018年5月に関税が課された33億ドル相当の商品の中には，ハーレーダビッドソンのオートバイ，ケンタッキーのバーボン，リーバイスのジーンズが含まれていた。現在，アメリカのケチャップがEUとカナダの両方から対象にされている。EUの脅威は主に象徴的なものである。なぜなら，EUはすでにH. J. ハインツのようなアメリカのブランドによるものも含めてケチャップの重要な生産者であり，アメリカからのトマトの調味料の輸入は非常に少ないからだ。しかし，カナダは2016年に至るまで，アメリカの企業が海外に送ったすべてのケチャップのうち半分以上を輸入していた。いずれにせよ，拡大する貿易戦争における武器としてケチャップを使用する背後にある理由の少なくとも1つは，“catsup”とも綴られるケチャップは，アメリカ中の野球場や7月4日のバーベキューでバーガーやフライドポテトにたっぷりとかけられる，明らかにアメリカ的なもののように聞こえる製品の1つであるということだろう。しかし実際は，皮肉なことに，この日常的な調味料は，その起源という意味でも，それを最も愛する国という意味でも，決してアメリカ的なものではない。食の歴史家として，私はそれを本当にグローバルな製品とみなしており，その起源は何世紀にも渡る貿易によって形作られた。そして，様々な文化が，今日私たちがケチャップとして知っている調味料に対して様々な驚くべき使い方を取り入れてきた。

2　ケチャップはメリアム・ウェブスター辞典で「通常トマトから作られる味付けされたピューレ状の調味料」と定義されているが，過去には多種多様な原材料を使って作られてきた。中国は，アメリカとの深刻な貿易摩擦の最中にある別の国だが，「ケチャップ」のように聞こえる調味料の発祥であった可能性が高い。ケチャップはおそらく何世紀も前に魚ベースのソースとして始まり，それは東南アジア全域でみられる多くの発酵ソースに似た調味料であった。それは主に料理の風味付けとして使われていた。そこからマレー半島とシンガポールへと広がり，18世紀にイギリスの入植者たちが，現地の人々が「ケキャップ」と呼んでいたものに初めて遭遇した。醤油と同様，ケキャップは異国情緒があると考えられ，ロースト，揚げ物のような比較的薄味のイギリス料理の味を引き立てた。当時の英国の料理本は，魚だけというよりは，キノコやピクルスにしたクルミなどの他のベースを使った調味料にすぐに変わった様を明らかにしている。E.スミスの「コンプリート・ハウスワイフ」では，ワインとスパイスを加えたアンチョビベースの「カチャップ」が紹介されているが，これは，私たちがケチャップと考えているものよりもウスターソースに近いものだった。

3　アメリカでは，19世紀初頭により大きな変化が起きた。トマトを使って，砂糖で甘くして，酢で酸味を加え，クローブ，オールスパイス，ナツメグ，ショウガで味わいを添えた，現代のレシピとほぼ同じケチャップが完成した。おそらくケチャップと最も関連のあるアメリカの企業であるハインツは，ヘンリー=ジョン=ハインツが母親のレシピを使って西洋わさびを売るために会社を設立してから7年後の1876年になって初めてそのゲームに参加した。初めての会社が倒産した後，彼は新しい会社を設立し，他のケチャップブランドと区別するために“ketchup”というスペルでトマトケチャップを瓶詰にし始めた。ここから，ケチャップはアメリカ独自の性質を持ち，普遍的な調味料としてだけでなく，永遠に棚に保管することができ，世界中に出荷され，創造者たちが決して想像できなかったやり方で使われる大量生産の商標商品として，キャリアを開始した。他の多くの製品と同様，ケチャップはアメリカ文化を象徴する存在になった。手軽で，簡単で，便利で，甘すぎるがどんな料理にも適応可能でもあり，少し中毒性がある。ケチャップは，ミートボールからスクランブルエッグまで，どんな料理でも一瞬で味を引き立てるような手軽な解決策になった。

4　ケチャップは確かにアメリカの定番だ。何しろ97%の家庭にボトルがある。それは世界中で非常に人気があり，多くの驚くべきやり方で使用されている。イタリアでは完全に受け入れられていないが，トリニダード，レバノン，ポーランドのような遠く離れた場所で，ピザにケチャップがよく使われる。同様に，日本などの国ではパスタ料理でトマトソースの代わりにケチャップが使われてさえいて，スパゲッティ・ナポリタンと呼ばれるケチャップベースの料理が作られた。フィリピンでは第二次世界大戦中にトマトが不足したときに発明された，人気のバナナケチャップがあるが，他の点では見た目も味もトマトケチャップに似ている。ドイツの地元民のお気に入りは，至る所の屋台で売られている，ソーセージにカレーパウダー入りのケチャップをかけたものだ。現代版のケチャップは中国に帰って来さえして，甘酢チキンなど，中華料理，正確には中華系アメリカ料理のベースとなった。

5　今日，国別ではアメリカがケチャップや他のトマトソースの最大の輸出国である。2016年には，3億7,900万ドル，あるいはこの製品カテゴリーの全取引の21％を輸出した。そのうちわずか1.9％がヨーロッパに輸出され，大部分の60％はカナダに輸出された。ハインツは最大の生産者の1つであり，イギリス，オランダなどの工場によって，ヨーロッパの市場シェアの80％を占めており，アメリカでは60％を占めている。しかし，合計すると実際にはヨーロッパが最も多くのケチャップを輸出しており，EUに加盟していない国も含めると世界全体のシェアの60％を占めている。こうしたことすべてが関税に対してどのような意味を持つのだろうか？　EUは経済圏内で十分な量のケチャップを生産しているので，提案された関税はおそらくほとんど影響を及ぼさないだろう。しかし，カナダにとっては，その影響はより複雑になるかもしれない。これは，高い需要を満たすために，国内または国外から十分な量のケチャップを供給できるかどうか不明だからだ。カナダ人がハインツの代わりを見つけられるかどうかはまだわからない。しかし，はっきりしているのは，57という数字を誇らしげに表示する象徴的なボトルは結局のところアメリカのものかもしれないが，その起源は全世界的なものであり，その子孫も同様であるということである。

解説

1.「空所（　1　）に入る最も適切なのはどの単語か」

(A)「象徴的な」 (B)「恐ろしい」 (C)「科学的な」 (D)「遺伝子の」

空所の文の後半で，EUはアメリカからトマトの調味料をほとんど輸入していないことが述べられているので，関税の影響が実際にはほとんどないことがうかがえる。これと一致する(A)が正解。

2.「空所（　2　）に入る最も適切な文はどれか」

(A)「それをアメリカのものだというのが最もよいと私は思う」

(B)「それはかなり普通の商品だと私は感じる」

(C)「私はそれが本当にグローバルな製品だとみなす」

(D)「その人気は異常だと私は思う」

空所の後の第1段最終文（And different …）に「様々な文化が，今日私たちがケチャップとして知っている調味料に対して様々な驚くべき使い方を取り入れてきた」とあることから，これと一致する(C)が正解。

3.「下線部(3)の意味は何か」

(A)「ケキャップは極めて奇妙だと考えられていて，イギリスの入植者たちが楽しんでいた食べ物の味を台無しにした」

(B)「ケキャップは，イギリス人がそれをかける食べ物に独特の匂いを与えるので，少し変わったものだと呼ばれていた」

(C)「ケキャップは，イギリス料理の風味をほとんど奪ってしまうので，イギリス料理に加えるのは奇妙だと判断されていた」

(D)「ケキャップは珍しいものだと考えられていて，イギリス人が普段食べていた素朴な味に風味を加えた」

主語の it はケチャップのもととなる kecap を指す。deem O C で「OをCだと考える」という意味。ここでは受動態で「SはCと考えられる」が直訳。and で述語動詞が結ばれていて，perked up の主語も it である。perk up ～ は「～を活気づける，魅力あるものにする」という意味。ここでは食べ物が目的語なので「～を引き立てる」と解釈するとよい。bland は「退屈な，薄味の」という意味。通して訳すと，「それは異国情緒があると考えられ，比較的薄味のイギリス料理の味を引き立てた」となる。これと同意の(D)が正解。

4.「下線部(4)が指している内容は以下のうちどれか」

(A)「企業が調味料の代わりにゲームを製造し始めること」

(B)「企業が主要な西洋わさび生産者として地位を確立すること」

(C)「会社がケチャップ業界の一員となること」

(D)「オーナーが成功したキャリアを開始するために家庭のレシピを使うこと」

下線部を直訳すると「そのゲームに参加した」となるので，ハインツが何かを始めたのだと推測できる。下線のついた第3段第2文（Heinz, the …）と続く同段第3文（After his …）から，ハインツは元は西洋わさびを売るために設立され，倒産した後に創業者が「ketchup というスペルでトマトケチャップを瓶詰にし始めた」とあることから，ケチャップを販売し始めたのだとわかる。これと同意の(C)が正解。

5.「下線部(5)を書く際の適切なものはどれか」

数字と名詞を書く場合，数字は複数形にせず，名詞を複数形にするのが原則。つまり「379ミリオンの」は three hundred seventy-nine million となり，「ドル」は dollars と複数形になる。これと一致する(A)が正解。

6.「空所（　6　）に最もよくあてはまるものはどれか」

(A)「たしかに」 (B)「それにもかかわらず」 (C)「したがって」 (D)「しかし」

空所を含む文の直前の文（Heinz is …）に，アメリカの企業であるハインツが最大の生産者の１つである，と書かれているが，空所を含む文で「ヨーロッパが最も多くのケチャップを輸出しており…」とあり，アメリカとヨーロッパに関する対照的な内容が述べられている。この内容に合う逆接の(D)が正解。

7.「この文章によると，関税は」

(A)「適切に使用されなければ，他国や他国の文化について新たな有害な固定観念を人々に植え付ける要因となりうることが多い」

(B)「関係しているすべての人々に損害を与えるので，国家間で取引される最も重要な製品にはかけられない」

(C)「その製品を輸入している国と比べると，輸出している国に最大の影響を与える」

(D)「その国が争っている国に対する武器として用いられる戦争へと導く」

第１段第２文（Countries often …）に「国が関税をかけるのは，たいていは貿易関係において最も価値のある商品ではなく（それは彼らにとっても痛手になるので）」とあるので，これと一致する(B)が正解。(A)は，「貿易戦争（関税も含める）が文化の固定観念を明らかにする」という第１段第１文（Trade wars have …）の内容に合わない。(C)に関しては，輸入国と輸出国の比較は本文では比べられていないので不適。(D)に関しては，第１段で用いられている war は trade war「貿易戦争」という意味で，物理的に攻撃しあう意味での「戦争」という意味ではないので不適。

8.「この文章によると，ケチャップは」

(A)「EU の国々が大量に輸入して，米国のケチャップ会社の売り上げが減少するという理由で関税の対象として使われた」

(B)「1800 年代初頭から現在に至るまで，米国ではレシピが大幅に変えられている」

(C)「カナダでは生産できないため，米国とヨーロッパによってカナダに大量に輸出されている」

(D)「たいていはベースにトマトを使う調味料として説明されている。もっとも，トマトを使わないケチャップの種類もあるが」

第2段第1文（Although ketchup …）に，「ケチャップはメリアム・ウェブスター辞典で『通常トマトから作られる味付けされたピューレ状の調味料』と定義されているが，過去には多種多様な原材料を使って作られてきた」とあり，この内容に合う(D)が正解。トマトを使わないケチャップの例として，同段に魚ベース，キノコベース，クルミベース，アンチョビベースなどのケチャップが紹介されている。(A)は「米国のケチャップ会社の売り上げが減少する」とは述べられていないので不適。(B)は，第3段第1文（A more significant …）に「19世紀初頭にアメリカで現代のレシピとほぼ同じケチャップが完成した」という内容があるので，「現在に至るまでレシピが大幅に変えられている」という部分が不適。(C)は，最終段の後ろから3文目（For Canada, however, …）に「カナダは，国内または国外から十分な量のケチャップを供給できるかどうか不明だ」という内容があり，「カナダではケチャップを生産できない」とは書かれていないので，不適。

9.「文章によると，本当ではないものは以下のうちどれか」

(A)「ケチャップの最初の形態はおそらく魚から作られていて，他の東南アジアのソースに似たソースであった」

(B)「現在，アメリカよりもより多くのケチャップを輸出している国は，世界の中でもない」

(C)「2018年5月にEUがオートバイ，バーボン，ジーンズに課した関税の総額は33億ドルだった」

(D)「この文章の筆者は食品の歴史を専門としており，なぜケチャップがいま関税の対象になっているのかについて書いている」

第1段第4文（Among the …）に「2018年5月に関税が課された33億ドル相当の商品の中には，ハーレーダビッドソンのオートバイ，ケンタッキーのバーボン，リーバイスのジーンズが含まれていた」とあり，関税が課された商品が他にもあることを示唆しているが，(C)は他の商品を含まない意味になるので本文の内容と一致しない。よって正解は(C)である。(A)は第2段第3文（It likely …）の内容に一致する。(B)は最終段第1文（Today, the …）の内容に合う。(D)に関しては，第1段の後ろから2文目（As a …）に「食の歴史家として」とあり，本文にはケチャップの変遷と関税の性質に関する内容が書かれているので，本文の内容に合う。

10.「この文章の内容を最もよく要約しているものは以下のうちどれか」

(A)「食品に対する関税は注意深く，その文化背景を考慮して行わなければならない。とりわけカナダは米国への依存度が高く，ケチャップの消費量を削減するために努力すべきである」

(B)「その製造過程と市場戦略の進化により，ケチャップは現代アメリカにおける主要な調味料の1つになっている。その認識はケチャップに関税が課されているという事実によって証明されている」

(C)「米国の主要輸出製品であるケチャップに高い関税を課すことにより，世界はその歴史とその調味料のマーケティングの創意工夫を失うという危険を冒している。関税は直ちに撤廃すべきで，自由貿易が促進されるべきである」

(D)「世界ではケチャップが申し分のないアメリカの調味料だと考えられているが，その起源はややアジア寄りであると歴史が示している。したがって，アジア諸国からの調味料の輸出に対して関税を課すべきである」

本文では第2段（Although ketchup is …）で世界のケチャップの歴史が述べられ，それ以外の段落を通じてアメリカでのケチャップの歴史と現在の状況が述べられている。アメリカを代表する調味料になったために諸外国で関税をかけられているということが第1段で述べられており，これらの内容と一致する(B)が正解。(A)は，カナダのケチャップ消費量削減の必要性については本文で述べられていないので不適。(C)は「関税を撤廃すべき」と述べられていないので不適。(D)はアジア諸国に対する関税の話は述べられていないので不適。

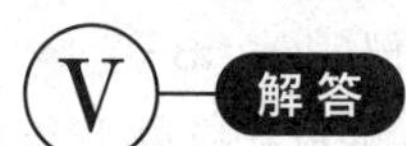

問1.　1―(A)　**2**―(D)

問2.　**(1)**―(C)　**(2)**―(D)　**(3)**―(D)

全訳

問1.　1.《大学での Wi-Fi の利用》

男性：こんにちは。お手伝いいただけると嬉しいのですが。私のスマートフォンを大学の Wi-Fi に接続しようとしているのですが，接続できないのです。

女性：メインネットワークに接続しようとしているのですか？　そのネットワークに接続できるのは，ノートパソコンなどの大学によって支給されたデバイスだけです。

男性：私のスマートフォンは Wi-Fi に接続できないことを意味するようですね。

女性：じつは，そういうわけではないのです。個人のデバイスに使用できるゲストネットワークがあります。パスワードを必要としないので，安全性が低いことに注意してください。

2.《書店での返品に関するやり取り》

女性：どうなさいましたか？

男性：この教科書を返却したいのです。間違った教科書を買ってしまったとわかったのです。私たちが授業で使っている教科書は第6版で，これは第5版です。

女性：残念ながら，ビニール包装をすでにはがしてしまっているので返品はできません。古本としてそれを売って少しの現金を得ることはできますが。それなら，もう一方との差額を払うだけで済みます。

男性：それは残念ですが，わかりました。その値段を教えていただけますか？

問2.《日本酒のシンポジウム》

司会者：みなさん，ありがとうございました。日本酒シンポジウムのプログラムの次の部門を始める準備ができているようですね。改めまして，私の名前はアマンダ=ジョンソンです。本日のイベントの司会を務めさせていただきます。パネリスト全員の個別のプレゼンテーションが終わりましたので，会場の皆さんから質問をいただくパネルディスカッションを始めたいと思います。最初の質問をしたい方はいらっしゃいますか？　後方のそちらの方，どうぞ。

聴衆1：はい，ありがとうございます。私の質問は，プレゼンテーション中に日本大使館の財務公使がおっしゃったことに対してです。他国の傾向とは逆に，日本における日本酒の売り上げが減少しているとおっしゃいましたね。なぜ日本酒の原産国でこのようなことが起きているのでしょうか？

司会者：公使，先にお答えいただけますか。

パネリスト1：はい，ご質問ありがとうございます。先ほども申し上げましたように，日本のアルコール飲料の総売上高における日本酒の売上高の割合は徐々に減少しています。1つの理由は日本経済にあるかもしれません。ビールや他のタイプのアルコール飲料と比べて，日本酒は一般的に高いので，お金の使い道に用心深い人たちはより安価な代替品を選択しているのかもしれません。

パネリスト2：それだけではなく，日本の若者は日本酒や日本酒文化にそれほど馴染みがないということもあります。彼らにとって，コンビニエンスストアに行って缶製品を買うほうがはるかに簡単です。飲み終わったときには，缶を捨てるだけでよいのです。結局，ビールを楽しむのに特別なコップや容器を使用する必要がなく，あとで洗ったり片づけたりする必要もありません。

司会者：素晴らしい質問をありがとうございました。パネリストの方々も詳しいご回答をいただき，ありがとうございました。他に質問はございますか？　はい，そちらの方，どうぞ。はい，前方のそちらの方です。

聴衆2：えっと，はい。私の質問も少し似ています。あるプレゼンテーションの際に，日本国外での日本酒の売上高が年々増加しているのを知って驚きました。国際舞台での日本酒の人気が高まっている理由として何があるのでしょうか？

パネリスト3：よろしければ，私が先にお答えさせていただきたいと思います。理由の1つは日本文化の輸出の拡大が続いていることです。寿司やアニメといったものが数十年にわたって海外で人気を増しているということはすでに周知の事実ですが，それが日本酒を含む他の伝統的な日本文化や日本製品への関心の高まりにつながっているのです。

ますます多くの人が日本酒に触れる機会を持つにつれて，この傾向は将来にも続くはずです。

パネリスト1：そして，海外の多くの人に日本酒も試してもらうために，たしかに多くのことがなされています。たとえば，2017年に日本への観光客に対して日本酒は免税化されました。

司会者：ご回答ありがとうございました。あと1つだけ質問を受け付けられそうです。はい，そこのあなた，緑色のシャツを着た方，どうぞ。

聴衆3：ありがとうございます。日本酒はワインと似た傾向をたどっているようです。近いうちに日本酒製造業者が外国に現れ始めると思いますか？

パネリスト2：その通りです！　実際，すでにそうした製造業者が60社ほどあります。そのうちの半分はアメリカにあります。日本酒と日本酒を製造する過程をより深く理解する人が増えれば，そうした製造業者がさらに現れると思います。

司会者：さて，お時間となってしまいました。貴重なお時間をいただき，このようなすばらしい情報を今日私たちと共有していただいたパネリストの方々に，ここでもう一度感謝を申し上げたいと思います。

解説

問1．1．(A)「私のスマートフォンはWi-Fiに接続できないことを意味するようですね」

(B)「わかりました。接続できるまで試し続けます」

(C)「そのことはオリエンテーション中にすべての学生に伝えられるべきです」

(D)「ひょっとすると，うまくいって機能するかもしれませんね」

空所前後は，個人のデバイスはメインネットワークには接続不可だが，ゲストネットワークには接続可，という文脈。よって，(A)を入れると自然な会話の流れとなり，適切。

2．(A)「それを必要とする学生にあげてもよいかもしれません」

(B)「授業ではそれを使用しなくてはいけません」

(C)「最新版に対して全額請求させていただかなくてはいけません」

(D)「古本としてそれを売って少しの現金を得ることはできますが」

空所直後の女性の発言に「そうすると，もう一方との差額を払うだけでよい」とあるので，(D)を入れると自然な会話の流れになる。この「差額」とは，第５版を売って得た金額と第６版の金額の差額を意味する。

問２. **(1)** (A)「この売り上げの減少を転換するために何をしたらよいでしょうか？」

(B)「これは国内の日本酒生産者にどのような影響を与えるでしょうか？」

(C)「なぜ日本酒の原産国でこのようなことが起きているのでしょうか？」

(D)「将来，日本酒の国内での売上高は再び増加するでしょうか？」

この疑問文に続いてパネリスト１・２が日本酒の国内売上高の減少の理由を述べているので，理由を尋ねる(C)が正解。

(2) (A)「最大の理由は海外の人たちの飲酒量が増加しているということです」

(B)「円安のおかげで，海外のお客様が日本酒を安く買うことが可能になったからです」

(C)「最も可能性の高い原因は，外国人向けの広告の増加です」

(D)「理由の１つは日本文化の輸出の拡大が続いていることです」

直後に寿司やアニメといった日本文化の人気の拡大の話が述べられているので，これと合う(D)が正解。

(3) (A)「新しい種類の日本酒が数年以内に作られる可能性はありますか？」

(B)「海外で日本酒を販売する店の数が大幅に増加することは期待できますか？」

(C)「日本酒の作り方について多くのことを学ぶためにアクセスできるウェブサイトはありますか？」

(D)「近いうちに日本酒製造業者が外国に現れ始めると思いますか？」

この質問に対して，パネリスト２が「すでに60社ほどあり，そのうち半分はアメリカにある」と答えているので，最も自然な流れになる(D)が正解。

Ⅵ 解答 1―(C) 2―(B) 3―(A) 4―(D) 5―(B)

全訳

《ある企業のクレーム対応》

[1] 皆さん，おはようございます。わが社の最高ユーザー体験責任者であるマイケル=ブレヴィンズから依頼されて，当社がソーシャルメディア上で受けている否定的な評判について話すためにこの緊急会議を行っております。初めてお目にかかる方のためにお伝えしておきますが，私の名前はチャドウィック=ピアースで，スーペリア・シティ・ファッションの顧客サービス部門の責任者です。本日は，何が起きたのか，お客様やその他の方々からの批判に対応するために私たちがすでに何を行ったのか，そして次に私たちが何を行う予定なのか，といったことに関しまして，できるだけ多くの詳しい情報をお伝えしようと思います。ご質問がございましたら，私の説明が終わるまでお控えいただければ幸いです。そのあとで喜んでお答えさせていただきます。

[2] はじめに，どのようにしてすべてのことが始まったのかを見ていきましょう。ここに，ソーシャルメディアに投稿された，お客様と当社のオンラインカスタマーサービス担当者の間のやり取りがございます。そのお客様はオンラインで購入したシャツが，当社の地元の店舗で購入したほうが安かったということに気づきました。そして，その2つの価格の差額をクレジットカードで返金してもらえるかどうかをお尋ねになりました。しかし，従業員はお客様に，たとえそれが私たちの競合店ではなく当社の店舗であったとしても，価格を合わせることはしないのが当社の方針であると伝えました。他の方によるリプライの多くも差額がたったの2ドルであるという事実に焦点を当てています。この件により，私たちは顧客の満足度よりも少額のお金を重視しているような印象を与えてしまいました。

[3] 次に，この2番目のスライドは，当社のソーシャルメディアチームからの追加のデータを示しています。ユーザーがアカウントにタグ付けした場合も含めて，当社のソーシャルメディアアカウントに関わる会話を分析し，肯定的，否定的，中立的なものに分類しています。左のグラフからわかるように，12月はほとんどのコミュニケーションが肯定的と分類されていましたが，これは1年を通じてほとんどの時期に見られる典型的な傾向で

す。しかし，右側のグラフは，先ほどお伝えしたお客様がオンラインで体験談を語られてからほんの１週間で，否定的と分類されているコミュニケーションが500％増加したことを示しています。そうしたメッセージの中には，当社の店舗から商品をもう買わない，または最近購入したものを返品することによって，消費者に抗議を呼びかけるものも多くありました。

4 この問題に対処するために，私は昨日電子メールでお客様に個人的に連絡を取り，オンラインストアで購入されたシャツの全額を返金することを提案いたしました。そのメッセージでの私の謝罪に加えまして，当社は，次のスライドにありますように，対応の悪さを謝罪する声明を発表いたしました。それはソーシャルメディアでも発信をいたしまして，今までのところ，おおむね肯定的な反応を得ております。その中で当社は，カスタマーサービスの従業員が採用後に受講する研修内容だけでなく，特定のご要望に対応するための当社の指針の分析を行うことを強調しております。

5 最後のスライドになりますが，こちらはすでに行っている変更の一部に関するものです。これらを研修資料に組み込むにはもう少し時間がかかりそうですが，すべてのカスタマーサービス従業員は本日の朝礼か電話でこの変更について通知されています。この変更にはすべての価格照合のご要望をマネージャーに任せることが含まれています。これによって，新人や経験の浅い従業員がこうした繊細な問題を担当する責任を負うことが確実になくなります。さらに，製品の在庫と価格を記録するシステムも分析します。当社のエンジニアは，当社の店舗とオンラインストアの商品の間に価格差があるときに，自動的に認識して警告するようにプログラムを構築したいと考えています。

6 以上です。ご清聴ありがとうございました。まだお聞きになりたいことがございましたら，直ちに私が対応させていただきます。何か質問はございますか？

解説

1. (A)「同社のオンラインストアの新しいデザインと特徴」
(B)「カスタマーサービスの従業員の研修プログラムの結果」
(C)「最近の顧客からのクレームの原因と結果」
(D)「同社の様々なソーシャルメディアアカウントのフォロワー数の増加」

メインテーマを答える問題なので，終始一貫して述べているものが正解。

この文章ではある顧客からのクレームの原因，その内容，そしてそれを受けての同社の対応が述べられていることから(C)が正解。

2． 第1段第2文（I was asked …）に「当社がソーシャルメディア上で受けている否定的な評判について話す」とあることから，(B)「批判」を入れて「顧客からの批判に対応するために何をしたか（について話す)」とするのが正解。(A)「賞賛」 (C)「解決策」 (D)「寛大さ」

3． (A)「顧客の質問に対応する上で，カスタマーサービスの全従業員に対して一律の研修を提供しなかったこと」

(B)「一部のソーシャルメディアのインフルエンサーが，オンラインストアの顧客満足度を操作した」

(C)「あるカスタマーサービスの従業員が，顧客の反応について個人のソーシャルメディアアカウントに投稿した」

(D)「コンピューターシステムの問題が原因で，オンラインショップと地域店舗の割引システムが接続されていた」

第5段第2文（Although it will …）に「顧客対応の変更についてカスタマーサービスの全従業員に通知した」とあり，続く第3文（These changes …）に，変更点の1つとして「すべての価格照合の要望はマネージャーに任せる」とある。よって，これまでは今回のような問題に対して一律の対処をしていなかったことがうかがえるので，この内容と一致する(A)が正解。

4． 売り上げの推移を表すグラフに関しては本文で述べられていないので，(D)が正解。(A)は第3段第3文（As you …)，(B)は第5段第1文（And that …)，(C)は第2段第2文（Here is …）の内容にそれぞれ一致する。

5． (A)「そのシャツはなぜ実店舗よりもオンラインストアのほうが安く販売されていたのですか？」

(B)「悪評や抗議の呼びかけによって同社の収益はどのような影響を受けましたか？」

(C)「価格差の自動検出プログラムを完成させるにはどれくらいの費用がかかりますか？」

(D)「その顧客は返金を求めるために同社のどの店舗を訪れましたか？」

第3段（Moving on, this …）にある悪評や抗議の呼びかけの結果，どのような影響を受けたかは本文では述べられていないので，聞き手が質問するものとしては(B)が適当である。(A)は実店舗のほうが安かったので不適。(C)のプログラム構築はエンジニアが担当するため，顧客サービス部門の責任者に対する質問としては(B)のほうがより適切だろう。(D)はこの顧客はクレジットカードへの返金を要求してオンラインカスタマーサービスとやり取りしているので，不適。

講評

発音問題から長文読解問題までまんべんなく出題されている。また，Ⅰ～Ⅲは知識から解く問題が多く，Ⅳ～Ⅵは内容を読み解く問題が多く出題されていて，全体的にバランスの取れた出題形式になっている。出題数はやや多めと言えるかもしれないが，難易度は標準的で，紛らわしい選択肢もないので，正確な知識と読解力があれば時間内に読み解くことができよう。

Ⅰは，空所補充による文法・語彙問題である。標準的な良問がそろっており，慣用表現や語法を問うものから，文脈理解を問うもの，あるいは正しいスペルの知識を問うものまで，バラエティに富んだ出題となっている。

Ⅱは発音・アクセント問題である。問3の会話文形式の問題では，適切な強勢の置き方を問うものであり，コミュニケーションとしての英語を意識した出題がされている。

Ⅲは英文の誤りを指摘する問題と，日本語訳に合う適切な英文を選ばせる問題である。どこが誤っているのか，英文のどこが不自然なのかを自分で判断して解答しなければならず，高度な英語力が求められている。

Ⅳは，問題用紙3ページにわたる長文問題である。主に空所補充問題と内容説明問題で構成されており，意味をしっかりと捉えながら文章を読みこなしていく力が必要となってくる。

Ⅴは欠文補充形式の会話文問題である。問2については，会話文自体が非常に長く，長文問題同様に文章の意味を正確に把握していくことがまず求められよう。

Ⅵの長文読解問題は，図表の読み取りについても問われており，実際の場面で使われる英語を強く意識した出題となっている。

三 「時間的存在」としての人間、「歴史叙述の特質」について論じた評論。抽象的な文章であり、読み取りにくい箇所もあるが、テーマは何なのかを見失わずに正確に読解してほしい。設問はやや紛らわしいものもあるが、基本的である。

問五　脱落文は「フィクションとの大きな違い」とあるので、「歴史家は、フィクションではなく事実を物語っているのだ」という最終段落の記述に着目する。

問六　A、第五段落に「私の人生の歴史（物語）はゼロから始める必要はなく」とあるので誤り。

B、最終段落に着目する。

C、傍線部(4)のある段落に「古い時代から新しい時代へと出来事を順に追っていくだけが、歴史叙述の手法ではない」とある。

D、「イデオロギー的物語を提示する」が誤り。空欄(3)のある段落に「政治家はそのようなイデオロギー的物語を宣揚することもあろうが」とあり、歴史家との差異を述べている。

E、「それらを平等に扱いながら記述する」が誤り。【Ⅰ】のある段落内に「多様な時間の進展リズム……の相互作用を見つめつつ」「ヒエラルキー化することだろう」と述べている。

講評

例年通り、評論三題の出題であり、いずれも基本的な評論の問題である。しかし、選択肢の微妙な言い回しには注意したい。解答時間は一題平均二十分として、時間に追われる展開も予想される。

一　デジタル企業の情報操作の問題が基底にあるが、そうしたサービスを利用しないと私たちは膨大な情報に流されてしまうというのがテーマである。「サブスクリプション」とはどのようなサービスの形態なのかをきちんと読み取る必要がある。

二　私たちが実際に経験した「パンデミック」と「インフレ」の問題なので取り組みやすかったと思われる。事実経過を淡々と述べており、具体例が多いので読解しやすい。丁寧に読解して、取りこぼさずに得点したい問題である。

問三 C
問四 B
問五 E
問六 B

要旨

人間は「時間的存在」であるから、歴史叙述は基本的に古いものから順に新しいものへとなる。だが、それだけが歴史叙述の手法ではなく、時間を出来事の前後両方向に拡大して、叙述に分け与えることが特徴である。歴史叙述は一種の物語として、無定形な集合体で形式の欠如したものや出来事に、ある特定の形式および一貫性を与え、互いの関係を把握できるようにして意味を生み出し、他者にも理解可能にする営みである。歴史家は事実を物語っているという誠実な信念を貫いて、その時代・地域の大きな歴史像、歴史言明・歴史叙述の内部に新たに書き加えられる叙述がしかるべく位置づけられるように注意しながら書かねばならない。

解説

問一 第一段落の内容を受けて、第二段落で「未来を待望する人間の思考のベクトルは、当然、過去から現在、そして未来へと向かう」ことで「『生きられる時間』の感覚が得られる」とあるのを押さえる。

問二 (2)は直前に「時計のような」とあるので、『数量として捉える』意のD「物理的時間」を選択する。
(3)は直後に「それは共同体を一つにまとめ、一体性を与える」とあることから判断する。

問三 同段落二文目に「歴史家は、『その後に起きたことを全部知っている』のだから、自在に時間を行ったり来たりすることもある」とあるのに着目する。

問四 同段落内に「さまざまな異質な要素」をまとめ「取捨選択し」、「全体としてまとまりのある統一化されたストーリーに編み上げる」とあるのに着目し、連想される比喩的な事象を選択する。

デミックが収束しても、世界貿易の停滞は一段と加速し、インフレ率を高める可能性がある。

解説

問二 (2)は、直後に「この一点に集結するモノをさばくために、人もきわめて『密』になりやすい施設です」とあるのに着目して〝つなぎ合わされた部分〟という意のAを選択する。

(6)は、企業が「世界の同業者との激しい競争に」「勝ち抜くための」生き残りをかけている、という文脈を押さえる。

問三 直後の段落に、将来的に「供給網の寸断が起こる可能性も意識され」とあり、二つ先の段落に「生産拠点を自国内に回帰させたり」「近隣の国に移転させたりする動き」とあるのに着目する。

問四 「グローバルな分業化が進み」（直後の段落）、企業が「コストパフォーマンスのよい労働力を確保すること」で競争に勝ち抜こうとしている（空欄(6)のある段落）、と述べているのを押さえる。

問五 「脱グローバル化」は「供給網の安全性と安定性」を重視する（空欄(8)のある段落）のであるから、B、Dは外れる。直後の段落に「92%の企業が、数年のうちにリショアリングを行うことを計画しています」とあるのが手がかりになる。

問六 最終から二つ目の段落に、数多くの米国企業が「数年のうちにリショアリングを行うことを計画して」おり、「パンデミックが収束しても、世界貿易がそれ以前のトレンドには戻らない」とあるのを押さえる。すなわちグローバリゼーションは復活しないと述べている。

出典 池上俊一『歴史学の作法』〈第二章　いかに歴史を叙述するべきか　時間的存在としての人間　歴史叙述の特質〉（東京大学出版会）

解答

問一 A

問二 D

「『賢く』生きるためにこそ、私たちはデジタル企業と共犯関係を結ばざるをえなくなっているのである」とある。

C、「機械的な選択もなく」が誤り。空欄⑽のある段落に「『機械的な選択』そのものが選択可能になっている」とある。

D、最終段落に「とはいえ『選択の選択』によってすべてが解決されるわけではない」とあるので誤り。

E、第三段落に、レコメンド機能がときに便利であるように「私たちはデジタル企業が提供するサービスを普通は好んで活用している」とあるので合致する。

二

出典　渡辺努『世界インフレの謎』〈第3章「後遺症」としての世界インフレ　6・脱グローバル化——企業の行動変容〉（講談社現代新書）

解答

問一　(1)—A　(5)—C　(7)—A

問二　(2)—A　(6)—D

問三　E

問四　D

問五　C

問六　B

要旨

パンデミックによって企業が世界中に張りめぐらせた供給網が切断された。企業は供給網の機能不全はグローバルな生産体制に要因があったのではないかと考えはじめ、世界中に分散された生産拠点を自国や近隣の国に移転し始めた。この流れは脱グローバル化と呼ばれる。かつてのグローバリゼーションは徹底的にコストパフォーマンスを追求し、インフレ率は低く抑えられたが、脱グローバル化の背後には供給網の安全性と安定性のほうを重視しようとする発想がある。パン

解説

問二 (1)は、二文先に「とはいえ」という逆接を伴う譲歩構文であることを理解する。
(5)は、前後が順接の関係にあるのに着目する。
(6)は、直後に、デジタル企業のサービスがどのような「自由を奪っている」のかについての事例が述べられているのを押さえる。
(8)は、直後にある、添加の意味のある助詞の「も」に着目する。
(10)は、直後に「『機械的な選択』そのものが選択可能になっていること」という補足説明があることから判断する。

問三 (2)は、この形式段落末尾に「たんに強制ではなくむしろ共犯関係をみるべきだろう」とあるのに着目する。
(4)は、「数多くの商品や情報」を吟味するには「労力」以外にどのようなコストがかかるのかを考える。
(12)は、空欄前後の「サービスのカセン化が進み、そのサービス内にコンテンツが集積されるならば」「そのサービス」を選択せざるを得なくなるという文脈から判断する。

問四 直後に「その根本的な原因には」とあるのに着目する。「消費社会の巨大な拡がり」のなかで商品や情報を知識や経験だけで「選択することはむずかしい」とあり、「デジタル企業のサービスが必要とされる」（空欄(5)のある段落）とあるのを押さえる。

問五 空欄(10)のある段落に、あるサービスに「不満が残れば」「別のサブスクリプションに乗り換え」られ、「機械による勝手な選択に対して歯止めがかけられている」とある。さらに次の段落にも「ブラックボックスのままに……不安と不満を感じている」と述べられている。

問六 A、「その膨大な情報に翻弄されてしまっている」が誤り。空欄(5)のある段落内に「そうしたサービスを適切に活用していかなければ」という条件がついている。
B、「これらのデータを提供しないようにしなければならない」が誤り。空欄(5)のある段落の次の段落内に「他者と」

国語

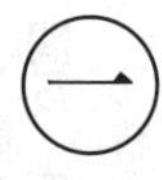

出典　貞包英之『消費社会を問いなおす』〈第二章　消費社会のしなやかさ、コミュニケーションとしての消費　2　情報の海　選択を選択する　サブスクリプションの出現〉（ちくま新書）

解答

問一　(9)―B　(11)―C　(13)―E

問二　(1)―C　(5)―A　(6)―B　(8)―D　(10)―E

問三　(2)―E　(4)―B　(12)―A

問四　C

問五　B

問六　E

要旨

デジタル大企業はサービスの無料提供の代わりに、私たちの選択にかかわるデータを収集している。そのデータを行動予測のために利用して巨万の富を稼ぎ、私たちの未来を予測可能な範囲に囲い込んでいるという批判がある。しかし、私たちはそうしたサービスを利用することで消費社会が提供する膨大な情報から「賢い」選択が可能になる。現在、サブスクリプションというサービスが注目されている。機械による勝手な選択に対する不安や不満を押さえ留めてくれるものとして期待されている。とはいえサービスの寡占化や多様なサブスクリプションサービスの林立によって「選択の選択」が困難な状況に陥ることには危惧すべきだ。

国際情報学部：一般方式・英語外部試験利用方式・共通テスト併用方式

問 題 編

▶試験科目・配点

〔一般方式〕

教　科	科　　目	配 点
外国語	コミュニケーション英語Ⅰ・Ⅱ・Ⅲ，英語表現Ⅰ・Ⅱ	150 点
国　語	国語総合（近代以降の文章）	100 点

〔英語外部試験利用方式〕

- 指定の英語外部試験のスコアおよび合格級により，中央大学独自の「外国語」の受験が免除される。
- 各外部試験のスコアおよび合格級は出願資格としてのみ使用される。
- 合否判定は，一般方式の「国語」の得点（100 点満点）で行う。

〔共通テスト併用方式〕

合否判定は，大学入学共通テストで受験した 2 教科 2 科目（300 点満点）と一般方式の「外国語」の得点（150 点満点）の合計得点（450 点満点）で行う。

英 語

（90 分）

I From the choices 'a'—'d' below, select the one whose underlined part is pronounced differently from the other three. (5 points)

1. a. beard b. heard c. pearl d. search
2. a. clear b. fear c. gear d. pear
3. a. double b. doubt c. enough d. trouble
4. a. method b. southern c. though d. worthy
5. a. architect b. chemistry c. machine d. stomach

II From the choices 'a'—'d' below, select the best answer to fill blanks (1)—(10). (30 points)

1. Natasha gradually became (1) of the importance of preserving the environment.
   a. aware b. proper c. suitable d. true

2. My daughter has been interested in trains (2) she was eight.
   a. before b. since c. though d. when

3. You should take a map with you (3) you will not get lost in the woods.
   a. for fear that b. in case c. lest d. so that

4. (4) Charlotte made a speech, the audience were fascinated and cheered her.

a. As if　b. Because of　c. Whatever　d. Whenever

5. Jasmine (5) across Mr. Smith when she was strolling along a beautiful seaside path.

a. made　b. put　c. ran　d. took

6. We have to bear (6) motor vehicles run on the left in this country.

a. for case　b. for good　c. in body　d. in mind

7. Amy is now making a presentation to her clients, but I will let you know when she becomes (7).

a. available　b. countable　c. valuable　d. washable

8. To be sure, we know the Johnsons probably live in Sydney, but (8) is a different matter.

a. so we have no trouble finding their house easily

b. it is possible for us to discover their house

c. whether we have no difficulty finding their house

d. while we are able to locate their house

9. One estimate indicates that the population of the elderly will reach a new record in 2043, with (9).

a. one in three people will be elderly

b. that one in three people will be elderly

c. the result of one in three people will be elderly

d. the result that one in three people will be elderly

10. Even with the same department name, each university has a different curriculum and course content, so you should get information such as '(10) in the economics department of our university' at open days.

a. these are the club activities which you participated in

b. these are the companies which you worked for

c. this is how you can get out of

d. this is what you can learn

Ⅲ Read the following passage, look at the results of the survey and select the best answer for each question. Options for questions 1, 2, and 5 are all rounded to the nearest whole number*. (15 points)

Japan's percentage of electricity generated by renewables in total power generation increased from (1) in FY*2011 to (2) in FY2019 thanks to the Feed-in Tariff (FIT) scheme* that was introduced in July 2012. As a result of utilizing the limited land, the solar power generation capacity per square kilometer of Japan's total land as well as its flatland ranks (3) among major nations.

The total generation capacity by renewable energy in Japan ranks (4) among major nations as of 2020 with electricity generated by renewables excluding hydropower having (5) from 2012 to 2019.

［注］ rounded to the nearest whole number　小数点以下を四捨五入
FY　年度
the Feed-in Tariff (FIT) scheme　固定価格買取制度（FIT）
電力の単位　GW（ギガワット）
1GW（ギガワット）= 1,000MW（メガワット）
1MW（メガワット）= 1,000kW（キロワット）
kWh（キロワットアワー）は1kW（1kW = 1,000W）の電力を1時間（hour）消費したときの電力量

Electricity generated by renewable energy in Japan

①

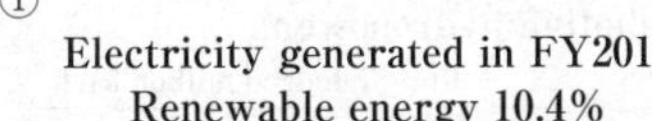

②

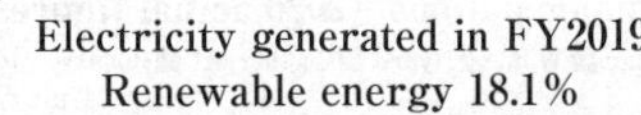

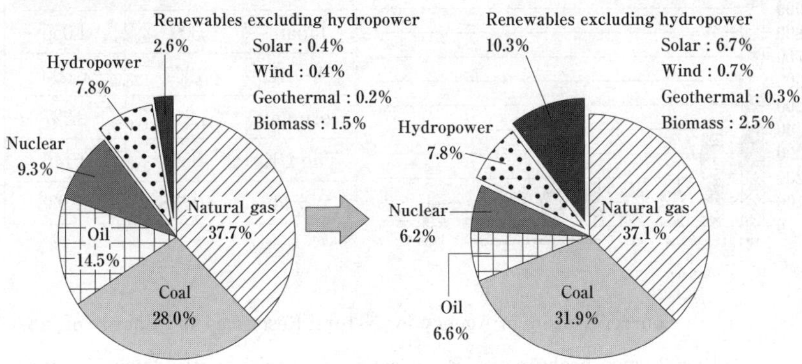

③

Solar power generation capacity per square kilometer of total land

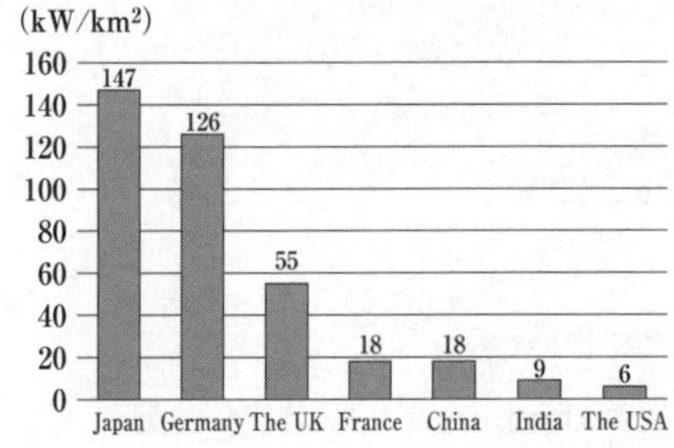

④

Solar power generation capacity per square kilometer of flatland

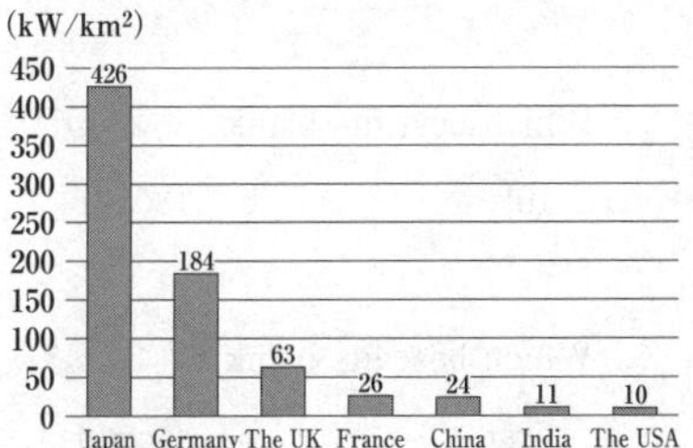

⑤
Renewable energy power generation capacity among major nations（2020 actual figures）

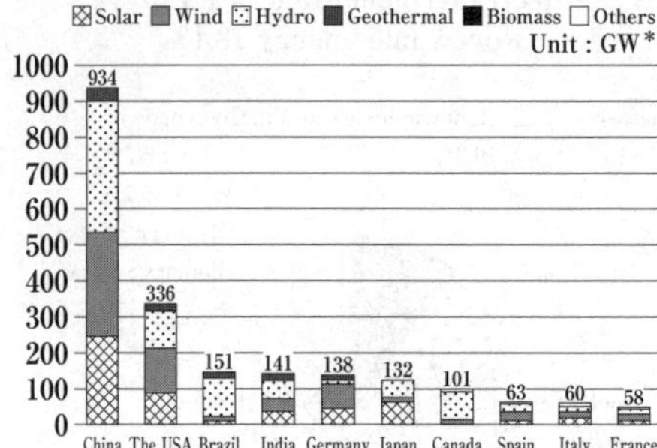

⑥
Electricity generated by renewables（excluding hydropower）

Unit : hundred million kWh*

	2012		2019
Japan	309	→ 3.4times	1,056
The EU	3,967	→ 1.7times	6,600
Germany	1,213	→ 1.8times	2,227
The UK	359	→ 3.2times	1,146
World	10,586	→ 2.8times	27,938

Source: Website of Agency for Natural Resources and Energy of Japan
（https://www.enecho.meti.go.jp/en/category/special/article/detail_173.html）

1．Which best fits blank（　1　)?

a．3%　　b．8%　　c．10%　　d．14%

2．Which best fits blank（　2　)?

a．10%　　b．18%　　c．20%　　d．24%

3．Which best fits blank（　3　)?

a．first　　b．second　　c．third　　d．fourth

4．Which best fits blank（　4　)?

a．third　　b．fourth　　c．fifth　　d．sixth

5．Which best fits blank（　5　)?

a．quartered　　b．halved　　c．doubled　　d．tripled

Ⅳ Read the following passage and select the best answer for each question.

(40 points)

Last week Microsoft Corp. said it would stop selling software that guesses a person's mood by looking at their face.

The reason: It could be discriminatory. Computer vision software, which is used in self-driving cars and facial recognition, has long had issues with errors that come at the expense of women and people of color. Microsoft's decision to halt the system entirely is one way of dealing with the problem.

But there's another, novel approach that tech firms are exploring: training AI on "synthetic*" images to make it less biased.

The idea is a bit like training pilots. (1) practicing in unpredictable, real-world conditions, most will spend hundreds of hours using flight simulators designed to cover a broad array of* different scenarios they could experience in the air.

A similar approach is being taken to train AI, which relies on carefully labelled data to work properly. Until recently, the software used to recognize people has been trained on thousands or millions of images of real people, but that can be time-consuming, invasive and neglectful of large swathes of* the population.

Now many AI makers are using fake or "synthetic" images to train computers on a broader array of people, skin tones, ages or other features, essentially flipping* the notion that fake data is bad. In fact, if used properly it'll not only make software more (2), but completely transform the economics of data as the "new oil."

In 2015, Simi Lindgren came up with the idea for a website called Yuty to sell beauty products for all skin types. She wanted to use AI to recommend skin care products by analyzing selfies*, but training a system to do that accurately was difficult. A popular database of 70,000 licensed faces from Flickr*, for instance, wasn't diverse or inclusive enough. It showed facial hair on men, but not on women, and she says there weren't enough melanin*-rich — that is, darker-skinned — women to accurately detect their various skin conditions like acne* or fine lines*.

She tried crowdsourcing* and got just under 1,000 photos of faces from her network of friends and family. But even that wasn't enough.

Lindgren's team then decided to create their own data to plug* the gap. The answer was something called GANs. General adversarial networks or GANs are a type of neural network designed in 2014 by Ian Goodfellow, an AI researcher now at Alphabet Inc.'s DeepMind. The system works by trying to fool itself, and then humans, with new faces. You can try testing your ability to tell the difference between a fake face and a real one on this website set up by academics at the University of Washington, using a type of GAN.

Lindgren used the method to create hundreds of thousands of photorealistic images and says she ended up with "a balanced dataset of diverse people, with diverse skin tones and diverse concerns."

Currently, about 80% of the faces in Yuty's database aren't of real people but synthetic images which are labelled and checked by humans, she says, who help assess her platform's growing accuracy.

Lindgren is not (3) in her approach. More than 50 startups currently generate synthetic data as a service, according to StartUs Insights, a market intelligence firm. Microsoft has experimented with it and Google is working with artificially-generated medical histories to help predict insurance fraud*. Amazon.com Inc. said in January that it was using synthetic data to train Alexa to overcome privacy concerns.

Remember when Big Tech platforms found themselves in hot water* a few years ago for hiring contractors* to listen in on* random customers, to train their AI systems? 'Fake' data can help solve that issue. Facebook also acquired New York-based synthetic data startup A.I.Reverie in October last year.

The trend is becoming so (4) that Gartner* estimates 60% of all data used to train AI will be synthetic by 2024, and it will completely overshadow real data for AI training by 2030.

The market for making synthetic images and videos is roughly divided into companies that use GANs and those that design 3D graphics from scratch.

Datagen Technologies, based in Tel Aviv, Israel, does the latter. Its CGI-style animations* train car systems to detect sleepiness.

Carmakers have historically trained their sensors by filming actors pretending to fall asleep at the wheel*, says Gil Elbaz, co-founder of synthetic data startup Datagen, but that still leads to a limited set of examples. The videos also have to be sent off to contractors in other countries to be labelled, which can take weeks.

Datagen instead creates thousands of animations of different types of people falling asleep at the wheel in different ways, like the example above. (5) the animations don't look realistic to humans, Elbaz says their greater scale leads to more accurate sensors in the cars.

［注］ synthetic　合成の　　a broad array of ～　広範囲の～
large swathes of ～　多数の～　　flipping < flip　反転させる
selfie(s)　自撮り写真
Flickr　フリッカー（写真の共有を目的としたコミュニティウェブサイト）
melanin　メラニン，黒色素　　acne　にきび
fine line(s)　小じわ
crowdsourcing　クラウドソーシング（インターネットを介して不特定または多数の人に協力を求めること）
plug　埋める，ふさぐ　　fraud　詐欺
in hot water　苦境にある　　contractor(s)　請負業者
listen in on ～　～を盗聴する
Gartner　ガートナー（IT 分野を中心とした調査・助言を行う米国の企業）
CGI-style animations　コンピューターで作成した映像を使ったアニメーション
at the wheel　車の運転中に

1. Which best fits blank (1)?

a. Because of

b. Besides

c. During

d. However

e. Instead of

2. Which best fits blank (2)?

a. unreliable

b. fashionable

c. traditional

d. suspicious

e. trustworthy

3. Which best fits blank (3)?

a. absorbed

b. alone

c. evident

d. interested

e. successful

4. Which best fits blank (4)?

a. changeable

b. common

c. obscure

d. risky

e. technical

5. Which best fits blank (5)?

a. As

b. For

c. If

d. Though

e. Unless

6. According to the article, which of the following is true about Microsoft Corp?

a. The company has been trying to improve their computer vision software.

b. The company has decided to play it safe in order to avoid any risk.

c. The company developed a new way of training AI using artificial data.

d. The company has succeeded in reducing errors in facial recognition software.

e. The company insists on a ban on the sale of discriminatory software.

7. According to the article, which of the following is true about Simi Lindgren?

a. Most of the facial images on her website are computer-generated.

b. On her website, customers can get their own photorealistic images for free.

c. She collected tens of thousands of photos of faces from her friends and family.

d. She designed a system called GANs to identify human faces.

e. She used to work for a cosmetics company that sells skin care products.

8. According to the article, which of the following is true about GANs?

a. The main purpose of the system is to collect online photos of human faces.

b. The system is based on 70,000 licensed faces from a popular database called Frickr.

c. The system is designed to prevent crime using AI-generated fake data.

d. The system was developed by Ian Goodfellow, a researcher at the University of Washington.

e. The system was necessary for Lindgren to collect enough facial data to train her AI.

9. According to the article, which of the following is true?

a. A company called Datagen Technologies uses GANs to create animations for carmakers.

b. A company called Gartner plans to convert all the real data it uses to synthetic data by 2030.

c. Companies rely on synthetic data that is less reliable than real data because it is cheaper.

d. Some startups use fake data in their advertising to deceive consumers.

e. Using synthetic data to improve the accuracy of AI helps protect people's privacy.

10. What is the best title for this article?

a. Advantages of Training AI with Synthetic Data

b. Dangers of AI-based Facial Recognition Systems

c. How AI Differentiates Real Data From Fake Data

d. Questioning the Reliability of AI Decisions Based on Synthetic Data

e. A Startup Developing New Ways to Design 3D Graphics

V Read the following passage and select the best answer for each question.

(40 points)

An 11-year-old boy in Hiroshima Prefecture who had refused to go to school because he found the environment too (1) has found a way to return to the fold* and continue with his education.

He is one of a growing number of chronically* absent students with social anxiety who are finding their academic salvation* in a virtual world known as the metaverse — a buzzword* for an online graphical space where users can meet and interact with each other through personalized avatars that serve as their virtual alter egos*.

The fifth-grader accesses it through an online platform called "room-K," a learning support center that works like a chat room but looks more like a role-playing videogame.

It is run by a nonprofit called Katariba, which offers support services for students just like him who are at (2) of falling through the cracks in the education system.

"It doesn't feel like 'studying' very much, but I enjoy learning there," he said.

The boy, who does not want his identity revealed, had started saying that he hates school halfway through his first year at elementary school because the teachers would criticize and scold him (3) he sat still and did what he was told.

Whenever he sees written words, he becomes hyper focused on reading and becomes oblivious to* everything else — which can be a big problem at school.

Once a teacher gave him a newspaper for a class cut-and-paste activity, but he became so absorbed by the articles that he forgot to do the assignment.

He was chastised* by his teachers every day because of incidents like this.

Then, just as he felt he was running out of energy, the COVID-19* pandemic hit, and he nearly dropped out around the end of his second year of elementary school.

There was no "free school" in his neighborhood for "futoko" students like him who refuse to go to school. So-called free schools are private-run educational organizations that accept students struggling with truancy*.

He enrolled at a place where children can engage in activities like crafts several times a week, but his classmates are always different, so he has been unable to make friends in his age group.

But then last fall, he discovered room-K, a virtual metaverse space designed to look like a school campus, complete with a classroom, a living room, and a game area. It also has a garden with a pond where students can stroll, hunt for treasure or play tag* with others.

"I can casually chat and play with students from across the country in the metaverse," he said. "That's what I find very good about it. That makes me feel like I want to meet them in the real world."

A typical day for the fifth-grader plays out a little like this Tuesday in early November.

He opened his laptop at 9 a.m. and accessed room-K. It had been a while since the last time he did so on a Tuesday. He was happy to spot his friend, who studied with him there before.

He participated in a "club activity" until 9:30 a.m., where he trained his brain by trying to solve a three-dimensional puzzle with several other students.

After clearing his head, he exited the virtual space and turned to studying at his desk in the real world.

One hour later, he accessed the metaverse again.

This time, he chose mathematics from a list of subjects and programs that included history and science and joined a 45-minute virtual lesson on the subject.

After lunch, he joined "reading time," a book club in the metaverse, with two other elementary school and junior high school students.

The boy read a biography of Ryoma Sakamoto (1836-1867), a famous samurai at the end of the Edo Period (1603-1867), while the other students read a novel and a story written in English.

The boy's mother said with a (4) look on her face that the experience has been good for her son's development.

"My son used to be too conscious about what other people might think about him and clam up* as a result," she said. "But this place gives him a sense of (5) that he can always casually pop in* and be accepted by people who would say, 'Hi, long time, no see!'

"No one scolds him, even if he is restless. And people listen carefully to whatever he says. That has made my son accept what other students say for what they are, too."

［注］ return to the fold 古巣に戻る，復帰する

chronically 慢性的に	salvation 救済
buzzword （業界の）流行語	alter ego(s) 分身
oblivious to ～ ～に気づかない	chastise 叱責する
COVID-19 新型コロナウイルス感染症	
truancy 不登校	play tag 鬼ごっこをする
clam up 黙り込む	pop in 立ち寄る

1．Which best fits blank (1)?

a．accurate

出典追記：The Asahi Shimbun Asia & Japan Watch, January 7, 2023

b. harsh

c. positive

d. simple

e. stable

2. Which best fits blank (2)?

a. front

b. part

c. risk

d. top

e. worst

3. Which best fits blank (3)?

a. as far as

b. because

c. however

d. in case

e. unless

4. Which best fits blank (4)?

a. critical

b. funny

c. pale

d. relieved

e. vacant

5. Which best fits blank (5)?

a. ethics

b. humor

c. responsibility

d. security

e. superiority

6. According to the article, which of the following is true about the 11-year-old boy in Hiroshima Prefecture?

a. He dropped out of school mainly because he was infected with COVID-19.

b. He entered a "free school" because he wanted to make friends outside of school.

c. He had difficulty making friends in the place he went to before he found room-K.

d. He liked his school, but he didn't like studying, or his teachers.

e. The last time he went to his school was in the first grade.

7. What was the problem with the 11-year-old boy in Hiroshima Prefecture?

a. He concentrated too much on reading letters to notice anything else.

b. He didn't like his teacher, who seemed to be partial to his students.

c. He didn't understand what his teacher was telling him to do.

d. He preferred playing video games to studying at school.

e. He was born physically weak.

8. According to the article, which of the following is true about room-K?

a. It is a metaverse platform where children attend online classes at their school.

b. It is a virtual metaverse space where children enjoy chatting and learning.

c. It is an online educational program whose main purpose is to teach children a variety of subjects.

d. It is an online learning support center that provides educational advice to children and parents.

e. It is an online platform that helps children learn mainly by playing intellectual games.

9. According to the article, which of the following is <u>not</u> true about the 11-year-

old boy in Hiroshima Prefecture?

a. He can learn in room-K what he is supposed to learn at school.

b. He doesn't study in the real world on the days he studies in the metaverse.

c. He is on good terms with his friends in room-K.

d. He likes room-K because he doesn't have to worry about other people's eyes.

e. He wants to meet his virtual friends in the real world.

10. According to the article, which of the following is not true about room-K?

a. Children can learn by moving freely between room-K and the real world.

b. Like schools, room-K offers children the opportunity to join a club activity.

c. Room-K is a kind of "free school" run by a local government.

d. Room-K is designed to make children feel as if they are in school.

e. There is an atmosphere of acceptance for every child at room-K.

Ⅵ From the choices 'a'—'d' below, select the best answer to fill blanks (1)—(5). (20 points)

1. A: Do you have any plans for Sunday?

B: I'm thinking of going hiking in the mountains.

A: (1) It's always great to get outside and enjoy nature.

a. Sounds nice.

b. That's funny.

c. Watch out.

d. What a shame!

2. A: How did your tennis match go today?

B: It was a close match, but we won!

A: That's amazing! (2) Congratulations!

B: Thanks.

a. You just wait and see.

b. You'll like it.

c. You made it.

d. You must be kidding.

3. A: What are you going to do after graduation?

B: I'm planning to study abroad. How about you?

A: I'd like to study computer science. (3)

B: That's really cool. That field is promising.

a. I'm fascinated with artificial intelligence.

b. I have a deep interest in planting a variety of roses.

c. Studying abroad is worth doing.

d. Your plan after graduation is cool.

4. A: How are you going to spend the spring vacation?

B: Well, I've decided to learn English in New Zealand. I think it would be exciting to put myself in a new culture.

A: That sounds great! (4)

B: Thank you! I'm really excited about studying in a new place.

a. A lot of tourists will visit New Zealand for sightseeing.

b. Learning English abroad may lose your identity.

c. New Zealand's mountains and valleys are fascinating.

d. Studying abroad would give you a fruitful experience.

5. A: Congratulations on being accepted to university. How do you plan to spend your university life?

B: I am still only vaguely aware of my future. I'm planning to join some sports clubs, but I think it is important to work hard at both my hobbies and my studies and find out who I want to be.

A: (5)

B: They seem to be looking for stability, and they are suggesting that I should become a civil servant.

a. After all, what does your teacher in high school say about what you are good at?

b. After all, what should you do to find out who you want to be?

c. By the way, what kind of expectations do your parents have for your future?

d. By the way, what have the results of the career aptitude test so far recommended?

B　コロナ禍はフィジカル空間にこれまでにない規制を課したが、その後のサイバー空間では現実世界の物理的な制約とは無縁に、技術発展による新しいシステムの構築が進んだ。

C　オンデマンド講義のようなサイバー空間でのコミュニケーションは、いつでも受講できるという気楽さから、フィジカル空間ならではの心理的抵抗を軽減する効果が期待できる。

D　サイバーフィジカルシステムにおいては、サイバー空間の通信技術を通じて、フィジカル空間において従来的に存在していた様式や形態が、例外なく変容を促されることになる。

E　サイバーフィジカルシステムが社会に浸透すると、情報管理にともなうリスクを同時に高めることになるため、機密情報についてはフィジカル空間で厳重に取り扱う必要がある。

テムにおいて重要な役割を果たすと言えること。

〔問五〕 傍線(7)「サイバー空間とフィジカル空間の間のインターフェースのあり方、サイバーフィジカルアーキテクチャの再検討」とは、どのようなことを言うのか。その説明としてもっとも適当なものを左の中から選び、符号で答えなさい。

A 情報技術の現在と未来についての正しい理解を人々に促すとともに、高速かつ信頼性のあるネットワークの開発や普及を進めつつ、サイバーフィジカルシステムで実現可能な領域を広げていくこと。

B 情報技術についての正しい知識を身に付け、共有していくとともに、公共としてのサイバー空間の安定性を向上させることを前提に、サイバー空間とフィジカル空間の結びつきを促進すること。

C 情報技術のあり方について考えられる社会を構成するとともに、サイバー空間をいつ何時でも利用できる基盤を整えた上で、サイバー空間とフィジカル空間との相互的な関係性に常に気を配ること。

D 情報技術を大きく発展させられる人材の育成に力を入れるとともに、サイバー空間における重要機能の維持を実現し、ネットワーク上の情報の行き交いを支えるセキュリティ機能を強化すること。

E 情報技術を専門とする人間がその未来を正確に見通すとともに、サイバー空間の非常事態にも迅速な対応が行われる環境づくりを目指しながら、サイバー空間への技術的な関心を持ち続けること。

〔問六〕 本文の内容としてもっとも適当なものを左の中から選び、符号で答えなさい。

A サイバー空間とフィジカル空間のインタラクションは、ユーザに即時的な利便をもたらすだけでなく、現実においてより望ましい社会のあり方を人々に考えさせるものである。

〔問三〕　空欄(3)(4)に入れるのにもっとも適当な組み合わせを左の中から選び、符号で答えなさい。

A　(3)　暫定的　(4)　デジタル社会の礎となる
B　(3)　突発的　(4)　きめ細かくゆきとどいた
C　(3)　飛躍的　(4)　全幅の信頼を寄せられる
D　(3)　長足的　(4)　包括的な計画に基づいた
E　(3)　比例的　(4)　物理的恩恵を享受できる

〔問四〕　傍線(6)「『もとに戻さない』ことが重要である」とあるが、このように筆者が考えるようになったきっかけとしてどのような気づきがあったか。その説明としてもっとも適当なものを左の中から選び、符号で答えなさい。

A　サイバーフィジカルシステムが、フィジカル空間で発生していた諸問題をサイバー空間内において解決することで、従来の制約を取り除けること。
B　サイバーフィジカルシステムが、サイバー空間独自の利点を生かすことで、フィジカル空間だけでは得られなかった第三のメリットを創造できること。
C　サイバーフィジカルシステムが、高速に大量の通信を行うだけでなく、オンラインで時間や空間の制約から解放されるという新たな価値を築けること。
D　サイバーフィジカルシステムが、社会の改善に向けフィジカル空間の課題に取り組むことを重視しており、サイバー空間のみの力に頼ったシステムは長続きしないこと。
E　サイバーフィジカルシステムが、フィジカル空間の限界を突破できる点において、オンライン教育が将来の教育シスようなことが引き起こされるか。その説明としてもっとも適当なものを左の中から選び、符号で答えなさい。

A　目的地と無関係の情報は排除しようとすることで、ゴールまでの経路に潜んでいる危険を察知できなくなり、道中における事故のリスクを高めてしまう。

B　目当てとする情報のみを重視することで、フィジカル空間とサイバー空間を照合する手続きが省略され、後者の技術的な欠点に気付けなくなってしまう。

C　目的を達成できる情報を即座に入手できることで、問題解決や知識獲得のプロセスが軽視され、その過程にある学びや創造の可能性が奪われてしまう。

D　希望に見合う情報を優先して求めることで、現実世界でも情報の意図的な取捨を行うようになり、自己の判断能力や問題解決能力を減退させてしまう。

E　志向をかなえる情報ばかりに依存することで、物理的な世界から直接受け取る情報が少なくなり、現実世界への対応やその能力が制限されてしまう。

〔問二〕　空欄(2)(5)(8)に入れるのにもっとも適当な組み合わせを左の中から選び、符号で答えなさい。

A　(2)　一方で　(5)　しかし　(8)　つまり
B　(2)　しかし　(5)　つまり　(8)　ただし
C　(2)　しかし　(5)　さらに　(8)　そこで
D　(2)　一方で　(5)　さらに　(8)　たとえば
E　(2)　たとえば　(5)　あるいは　(8)　つまり

う情報システムでは、大事なときにパソコンが故障するかもしれないし、広域のネットワーク障害はニュースになるかもしれないが、自宅のネットワーク回線速度は運任せである。遠隔会議システムは広く使われるようになったが、皆が安定して接続できるわけではないし、あらかじめそういうものだと思って皆が参加しているのが現状である。残念ながら、コロナ禍は、サイバー空間が必ずしも信頼できるものではない、と皆が気づく機会になってしまった。このような状況が続けば、フィジカル空間からサイバー空間に対し、重要な機能は期待しなくなり、フィジカル空間でバックアップ手段がある機能しかサイバー空間に期待しなくなる。手紙の代わりに電子メールというのはその最たる例である。

セキュリティも重要な課題である。ネットワーク上の情報は漏洩（ろうえい）の可能性があるから秘匿性の高い情報は印刷して金庫にしまう、というのではフィジカル空間からサイバー空間に対し重要な機能は期待しなくなる。また、サイバーフィジカルシステムを推し進めると、フィジカル空間とサイバー空間の間を多くの情報が行き交うことになり、セキュリティ上の脅威にさらされる機会が必然的に増えてしまう。

（中村宏「情報世界と実世界の融合」による。出題の都合上、一部中略した箇所がある）

（注1）　インタラクション……ここではサイバー空間とフィジカル空間の相互作用のこと。後述の「インターフェース」とは、カーナビやインターネットサービスのように、その相互作用が実際に行われる場のこと。

（注2）　Society 5.0……2016年に政府により掲げられた計画の中で示された、日本が目指すべき未来社会のコンセプト。サイバー空間とフィジカル空間が高度に入り交じったシステムの構築が構想されている。

〔問一〕　傍線(1)「サイバー空間とのインタラクションは、そのための手段に過ぎない」とあるが、このような現状によってどのコンピュータアーキテクチャという用語は1964年のIBM System/360ではじめて用いられた。そこでは、プログラマからみたハードウェアの属性、［(8)］、ユーザやプログラマからみた、ハードウェア全体の概念的構造と機能的動作を表す用語として使われている。言い換えると、アーキテクチャがわかれば、ハードウェアを思い通りに動作させるソフトウェアを設計できるし、ソフトウェアが思い通りに動作するハードウェアを設計できるということである。そのため、コンピュータアーキテクチャを、ハードウェアとソフトウェアのインターフェースレイヤと定義する教科書もある。

同様に、私が呼ぶところのサイバーフィジカルアーキテクチャは、サイバー空間とフィジカル空間のインターフェースのあり方であり、我々が今いるフィジカル空間からサイバー空間に対しどのような機能を期待するのか、また、サイバー空間はフィジカル空間にどのような機能を実現するのか、というのを、常に検討する必要がある。そのためには二つのことが必須と考える。

一つは、情報技術の現状と今後の進展を正しく理解できることである。今後の進展を正しく理解するとは、単に予測・予見することではなく、情報技術を自ら革新的に発展させる能力をも必要とする。そういう能力を有する人材を輩出することは今後の社会にとって大変重要であり、東京大学の情報理工学系研究科もその責務を担っていると認識している。情報技術の現状を正しく理解することは、それに比べれば比較的容易に思えるかもしれないが、一部の専門家ではなく、皆が正しく理解する必要があるので、これも簡単なことではない。たとえば、組織などでいろいろな業務の実施手順などの決定をするマネジメント層、これは必ずしも情報系のバックグラウンドを持たない人も多いと思うが、その方々が正しく理解し、サイバーフィジカルシステムがもたらす新たな価値に創造的に気づく社会になっている必要がある。

もう一つは、当たり前ではあるが、誰もがいつでも信頼して使えるインフラとしてのサイバー空間を実現することである。使えると幸運、というのでは十分ではない。電気、水道、電話と同じく、高信頼なインフラではなくてはならない。停電、断水、電話回線の不通が発生すれば、発生している地域、影響を受ける人数、復旧見込みなどがニュースになる。一方、我々が普段使るのだが、従来のフィジカル空間での講義で実現できていなかった、しかし本当は実現したかったこと、フィジカル空間での新たな価値、をわからせてくれた実例である。

このように、コロナ禍は、ソーシャルディスタンスを確保するという新しい制約を現実の世界に設定し、それを乗り越えるために、よりよいサイバーフィジカルシステムへの移行を後押しした。これを、よりよい社会の確たる実現とするには(6)「もとに戻さない」ことが重要である。そのためには、先に述べたように、サイバーフィジカルシステムがもたらす新たな価値に皆が気づき、その恩恵を享受できるようにする必要がある。

先にも述べたが、サイバー空間を単に情報を伝える手段としては使うが、フィジカル空間の手順はまったく変えないというやり方も、サイバーフィジカルシステムとしてはありうる。紙の書類の郵送はやめて電子的なファイル送付に置き換えるが、そのあと印刷して押印して手続きを完了させる、という事務手続きはその典型例であろう。オンライン授業の例でいえば、教室での対面授業を録画してそれをオンデマンドで視聴してもらう、というのもその範疇（はんちゅう）であろう。前者の事務手続きの例は、郵送代がかからない、郵送より電子的送付の方が速いといった利点はあるかもしれないが、印刷する手間もあるし、郵送以外の手続きに要する時間が大半を占めるのであれば恩恵はほとんどない。

後者のオンデマンド講義は、いつでも講義を受講できるというサイバー空間ならではの恩恵は受けられるが、新たな価値を十分に創り出しているとはいえないだろう。そのようなサイバーフィジカルシステムは持続しない、つまり、もとに戻ってしまう。

よりよい社会へシフトしもとに戻さないためには、サイバーフィジカルシステムで創出される新たな価値に我々が気づきその恩恵を享受できる必要がある。そのために重要なことは、(7)サイバー空間とフィジカル空間の間のインターフェースのあり方、サイバーフィジカルアーキテクチャの再検討、より正確には常に検討し続けることであると私は考える。

アーキテクチャというのはさまざまな分野で使われる用語であり、建築学におけるアーキテクチャは建築様式を表す。一方、ながら日本はその掛け声とは異なり、Society 5.0 ready（注2）ではなかったことが判明した。

このように、サイバー空間は［(4)］インフラではなかったが、圧倒的な情報量を伝える手段としてはその便宜を多くの人が享受できるものであり、フィジカル空間での我々のさまざまな活動を確かに支えてくれた。同時に、我々が今いるフィジカル空間で本当に実現したいことは何なのかという問いを投げかけている。

授業のオンライン化は教員個々の努力にゆだねられたが、試行錯誤を重ねながらより良い形態を追求し、幸い、結果的には学生からかなり肯定的な評価を受けているようである。講義室で従来の同じ講義をやり、それを録画して配信する、というやり方もありえたが、それではこれまでの対面での授業を再現しているにすぎず、サイバー空間を高速に大量の情報を伝える手段・道具として使うにとどまる。もちろんそれだけでも、教室の後ろからでは教員の字が読めない、声が聞こえない、といったこれまでの不満を解決している点で便利ではある。

［(5)］、それ以上に学生に好評だったのは、オンラインならではの教員と学生の間の双方向性、平たくいうと学生が感じた疑問をその場で質問し教員がその場で説明するというインタラクションを実現し、学生の理解度を深めることができた講義のようである。講義室での対面授業の方が相互のインタラクションは容易な気もするのでやや不思議にも感じる。実際、多くの教員は当初、学生の顔が見えないから理解しているかどうかわからず、講義していても単に壁に向かって話しているのと変わらないという不安があった。

しかし、対面授業、つまりフィジカル空間に閉じた講義では、質問がしにくい（誰が質問したかわかるので気恥ずかしい、とか、質問すると必ず講義が中断するのでタイミングが難しい、など）という壁を、サイバー空間を介した講義では越えられる。具体的には、誰が質問したかを教員はわかるが他の生徒はわからないので気楽に質問できる、あるいは、講義を中断することなく質問に回答するタイミングを教員が選べる、といったオンライン授業の利点が発揮された。これは、あとからの気づきではあが、最近は動画が主流となり、大量の情報が世界を駆け巡るサイバー空間が構築された。一方フィジカル空間ではコロナ禍が発生した。これは非連続な事象であり、外出自粛という行動変容が起き、その下で、テレワーク推進、大学であれば授業のオンライン化が起きた。

サイバー空間は、コロナ禍において現実世界で発生したソーシャルディスタンスを埋める役割はある程度担ったであろう。少なくとも非常事態宣言が発令された期間はテレワークが推進され、出張もかなり減少したが、経済活動はダメージを受けながらもそれなりに継続した。大学においては、授業のオンライン化が進み、学生は登校しなくても学ぶ手段が提供された。これは、サイバー空間でのこれまでの技術進展によるところが大である。

一方で、インフラとしてのサイバー空間の整備が不十分であることも露呈した。東京大学ではネットワーク環境が十分ではなくオンライン講義を受講できない学生に対しモバイルルーターを貸与した。オンライン会議では一定割合での接続不良も発生している。自宅から通学する学生から、両親の在宅勤務が始まるとネットワークがひっ迫するのでオンライン授業を受講するためにルーターの貸与を希望する声も寄せられた。これらは、水道、電気、ガス、電話のようなインフラとは違い、情報システム・ネットワークはだれもがいつでも使えるインフラではない、ということを表している。多くの人に便宜は提供しているが、皆が信頼して使えるインフラではないということである。

私事であるが、我が家はケーブルテレビ会社のインターネットサービスを利用しているのであるが、２０２０年８月、大事な会議がある日の朝にケーブルモデムが壊れた。電源ランプがつかないという状態でありモデムはレンタルだったのですぐに交換してもらえるかと思って連絡したら、コロナ禍で体制を縮小しているので、担当部署からの連絡が数日後になるといわれた。この状況下で体制縮小は致し方ないと思うが、「テレビが映らないのとはわけが違うんだから」とか「やっぱりこれはインフラではなくサービスなのね」と内心妙に納得しながら、丁寧に迅速な対応をお願いした。それはともかくであるが、つまりは、残念

三　次の文章を読んで、後の問に答えなさい。(30点)

サイバーフィジカルシステムを実現する上での技術的課題は、サイバー空間とフィジカル空間の高度なインタラクション(注1)をいかに実現するかであるが、多くの人にとっての関心は技術的課題ではなく、何を実現できるかであり、それは、「フィジカル空間(現実の世界)において、ヒトやモノと高度なインタラクションを行うこと」である。(1)サイバー空間とのインタラクションは、そのための手段に過ぎない。

たとえば、ある目的地へ行きたいとき、以前は地図上での現在の位置と目的地の位置を確認しながら道を選んでおり、すべては現実の世界だけでの話である。それに対し、今はカーナビやスマホ上で簡単に現在の位置と目的地の位置を確認できるし、経路も自動的に選択してくれる。これは、現実の世界での自分と目的地の位置を正確に素早く認識するために、情報世界とインタラクションをしているわけである。[(2)]、目的志向で情報世界とのインタラクションに頼るため、当初の目的とは直接関係ない現実世界における直接のインタラクションは減る。たとえば、周囲の風景をみながら地名を確認する、ということがなくなるので、一度行った場所、通った場所の記憶がなく、風景を楽しむということがなくなる。これはまだよいかもしれないが、目的地へたどり着くことだけを目指すので、現実世界における周囲への注意が散漫になり、交通事故にもつながりやすい。

このように、多少の弊害はあるが、サイバーフィジカルシステムはすでに我々の社会のさまざまなところで利便をもたらしている。その中で、サイバー空間とフィジカル空間で近年起こった象徴的なことは以下であろう。すなわち、サイバー空間では技術進展、フィジカル空間ではコロナ禍である。

サイバー空間では、コンピュータの処理能力、ネットワークの通信能力、ストレージの容量はいずれも[(3)]に向上しており、たとえばSNS(Social Networking Service)では、ずっと以前はテキスト、その後は写真などの静止画が使われていた

〔問八〕 本文の内容としてもっとも適当なものを左の中から選び、符号で答えなさい。

A　企業にとっては、コンピュータ技術を活用して、個々の消費者が暗黙的に抱えている嗜好(しこう)をいかに表出化させるかが、利潤獲得のために必要な施策となる。

B　個人情報は、技術の発展にともない、オンラインでの個人特定や認証も担うようになり、雇用や人事管理といった新たな目的で利用されるようになった。

C　高度情報社会では、人々の制御が及ばないところで行われる経済活動や報道によって個人の情報が流出し、プライバシーの侵害が横行するようになった。

D　ウェスティン教授の「情報プライバシー権」では、具体的な形として存在する個人の情報について、所有者が自由に扱える「処分権」が認められている。

E　新しく定義されたプライバシーの権利は、初期のプライバシーが有する根本的な意義を引き継ぎつつ、時代の状況に適応する形に改修されたものである。

「プライバシーの権利」が「『個人の尊厳』や『人格の不可侵』」を保障する根源的な理由の説明としてもっとも適当なものを左の中から選び、符号で答えなさい。

A　人間は他者とのコミュニケーションを通じて、社会の関わりの中で自律性を育み、自分自身のアイデンティティーを形成していく存在であると言えるから。

B　人間はひとりでいる時に、自分の世界観や人生観を深めていく生き物であり、孤独な時間を尊重することによって、人々の精神的な自由が保障されるから。

C　人間は自分だけの世界や領域を持つことによって、自己の尊厳や人格を守り続けることが可能であり、誰しもが自らの幸福を追求していく権利を持つから。

D　人間は自分の内面的世界の中でこそ深く思考し、自己の生き方や生きる意義を見出(みいだ)すことができ、そのような人間の営みこそ尊重に値するものであるから。

E　人間は自己の世界に没入することで独自に精神を発達させ、科学や文化を発展させていくことができる以上、個の人格は守らなければならないものだから。

〔問七〕　次の一文を挿入する箇所としてもっとも適当なものを左の中から選び、符号で答えなさい。

私たちは、日常的に多くのダイレクトメールが送られてくるが、それらは氏名や住所、性別など、私たちが教えたことのない企業からのものがほとんどである。

A　【Ⅰ】　B　【Ⅱ】　C　【Ⅲ】　D　【Ⅳ】　E　【Ⅴ】

取り扱いにおける透明性を確保したもの。

E　個人情報の収集や管理、処分について、所有者が自ら厳格な基準を設置し、データの流出や第三者による不正な取り引きに対して自衛する必要を説いたもの。

〔問五〕　傍線(8)「わが国の憲法の学説」は、一般的に「プライバシーの権利」をどのような見方で捉えているか。その説明としてもっとも適当なものを左の中から選び、符号で答えなさい。

A　プライバシーの権利における、自己の完結性を決定する権利はその人個人にあるという基本的な態度は、幸福追求権が保障している権利の一部として認められるという見方。

B　プライバシーの権利における、自己の存在にかかわる意思決定を他者との対話を通じて行うという趣旨は、幸福追求権で保障されている自己のあり方と符合するという見方。

C　プライバシーの権利における、自己の尊厳や自由を守る上で必要と考えられる環境の条件は、幸福追求権で保障されている自己のあり方を部分的に裏付けているという見方。

D　プライバシーの権利における、他者によって自己の開示の仕方を変えてもよいという考えは、幸福追求権で保障されている自己のあり方の延長上に存在しているという見方。

E　プライバシーの権利における、自己表出においていかに他者と適度な距離を保つかという観点は、幸福追求権で保障されている自己のあり方の根幹をなしているという見方。

〔問六〕　傍線(9)「『個人の尊厳』や『人格の不可侵』としてプライバシーの権利が位置づけられる」とあるが、筆者の考える、

E　(2)　そして　(5)　そもそも　(7)　たとえば

〔問三〕空欄(3)(4)に入れるのにもっとも適当な組み合わせを左の中から選び、符号で答えなさい。

A　(3)　資本的　(4)　第三者の巧妙な手口によって

B　(3)　財産的　(4)　われわれに目に見えない形で

C　(3)　公共的　(4)　以前にも増して多くの人々の

D　(3)　規範的　(4)　個人の域を大きく飛び越えて

E　(3)　交換的　(4)　技術的課題を突き付けながら

〔問四〕傍線(6)「プライバシーの権利に対する再定義が行われた」とあるが、再定義された「プライバシーの権利」はどのようなものと理解されるか。その説明としてもっとも適当なものを左の中から選び、符号で答えなさい。

A　個人が自己情報の取り扱いに対する主導権を握ることを前提とし、情報の所有者が自分の意思で他者による公的な干渉から解放されることを保障したもの。

B　個人がどこまでの情報をどのように伝えるかを決定することを提唱し、自らの意思で開示すると決めた情報については積極的に伝えることを推進したもの。

C　個人が自身の情報の所有権や管理権を持っているという点を強調し、所有者が自己の情報の取り扱いにあたって主体的に関与できることを明確化したもの。

D　個人が自己の情報の処分について意思決定を行うことを説明し、他者による利用には用途の公開を要求することで、

〔問一〕　傍線(1)「コンピュータのグローバルネットワーク化による高度情報社会の発展」とあるが、これによってもたらされた弊害の説明としてもっとも適当なものを左の中から選び、符号で答えなさい。

A　個人情報を組織の間で加工・改変するための仕組みが築かれ、情報の保存場所や保存状態が流動的になり、情報が流出するリスクが高まった。

B　個人情報が所有者以外の人々に利用されることが一般化し、情報の最新性や正確性が保証されない点で、利用者の不安をあおることになった。

C　個人情報が公共事業や利潤追求のために収集され、個人の承諾を得ずに利用されてしまうことが原因で、情報の漏洩（ろうえい）や悪用を招くことになった。

D　個人情報が純粋な記録から商品へとすり替えられ、個人情報は経済的な価値を持っているという誤った認識を、利用者に抱かせるようになった。

E　個人情報の管理がネットワークを通じて共有化され、情報を広範囲に保存する社会形態が、水面下での不正な取り引きを助長するようになった。

〔問二〕　空欄(2)(5)(7)に入れるのにもっとも適当な組み合わせを左の中から選び、符号で答えなさい。

A　(2)　すなわち　(5)　なぜなら　(7)　たとえば

B　(2)　すなわち　(5)　そもそも　(7)　ゆえに

C　(2)　たとえば　(5)　なぜなら　(7)　あるいは

D　(2)　たとえば　(5)　あるいは　(7)　ゆえに

ていくものである。そして、人は誰でも、他者に知られたくない精神世界や私的領域を持っている。親や妻ないし夫、恋人や親友といえども入ってきて欲しくない自分だけの精神世界や私的領域を確保し、そこで自分を取り巻く世界や生き方を考え、自分なりの世界観や人生観を形成しつつ、自らが幸福と考える人生を歩むべく努力する。それが人間の精神の発達がたどり着いた到達点である。そしてそのことが、唯一人間のみが、生物の中で、科学技術や学問を発達させ、文明を形成することができた源泉であると思われる。

プライバシーとは、こうした他者に知られたくない、あるいは介入して欲しくない精神世界や私的領域のことであろう。そして、以上のような人間の有り様こそが(9)「個人の尊厳」や「人格の不可侵」としてプライバシーの権利が位置づけられる理由であると考えられる。初期のプライバシーの権利の定義が「ひとりにしておいてもらう権利」とされたことは、こうした哲学的な背景に裏づけられたものであろう。

そうした他者に知られたくない自分だけの精神世界、あるいは私的領域に属する事柄が、他者に「情報（個人情報）」として伝えられるということが、プライバシーの侵害行為（あるいはプライバシーの権利の侵害）であるといえる。しかし、今日の高度情報社会では、個人情報がもはや自らコントロールできなくなったことにより自分の精神世界や私的領域を自ら守れなくなった。そして、そのことにより、個人は自らの精神世界が破壊され、健全なる精神活動を行えなくなってきたのである。

このように考えると、プライバシーを守ることは、人間を「かけがえのない個人」として尊重することであり、個人の自律を確保するための条件であるといえる。その意味で、プライバシーを守ることは、人間が精神的に自由であるための条件であると考えられる。そして、そうであるがゆえに、プライバシーの権利が、日本国憲法13条が規定する「個人の尊重」あるいは「幸福追求権」から導き出される重要な権利であるといえるのである。

（内藤光博「情報社会と個人情報保護」による。出題の都合上、一部中略した箇所がある）

まず、人間の道徳的自律の視点から、自己情報コントロール権を基礎づけた見解がある。それによると、つぎのように説明されている。

「(プライバシーの権利は、)個人が道徳的自律の存在として、自ら善であると判断する目的を追求して、他者とコミュニケートし、自己の存在にかかわる情報を開示する範囲を選択できる権利として理解すべきものと思われる。かかる意味でのプライヴァシーの権利は、人間にとって最も基本的な、愛、友情および信頼の関係にとって不可欠の環境の充足という意味で、まさしく『幸福追求権』の一部を構成するにふさわしいものといえる。」(佐藤幸治:『日本国憲法論』)

また、個人の尊厳や自己完結性の視点から位置づけ、プライバシーの権利をつぎのように捉える見解もある。

「人間は、自己の尊厳・自己完結性(インテグリティ)を確保しながら、他者と共生しつづけるのであるが、その際自己を他者に対してどう表出するかという点に関し、自分が判断し決定するものでなければ、自己の尊厳を確保し自己を完結すること(自己を自己たらしめていること)はできない。ひとは、向き合う他者それぞれのコンテクストの次第によって、自己を開いたり閉じたりする。見境なく自己のすべてを開きっ放しでも、逆に、誰に対しても自己を閉じたままであるのも、どちらとも健全とはいえない。プライヴァシーの権利は、人間が一個の個性を持つ存在であるために、他者に対して自己を開いたり閉じたりする能力を確保するために保障されてしかるべきものなのである。」(奥平康弘:『憲法Ⅲ―憲法が保障する権利』)

こうしたプライバシーの権利に関する理解は、「個人の自律性」や「個人の尊厳」、そして幸福追求権の一つとしてプライバシーの権利を捉えつつ、ウェスティン教授の「自己情報コントロール権」としての「情報プライバシー権」の定義に合致するものといえる。

人間は他者と一定の距離を持ち、他者とコミュニケートを図り、個としての自律性を育みながらアイデンティティーを形成しる。

「高度情報社会」では、もはやプライバシーの権利を「ひとりにしておいてもらう権利」という消極的な権利として捉えるのでは、個人情報の保護を図れない状況になってきた。［(5)］、自分の目に見えないところで他者により、個人情報が収集され、利用されるようになってきたからである。

こうした状況に対し、いち早く高度情報社会が出現したアメリカでは、(6)プライバシーの権利に対する再定義が行われた。アラン・F・ウェスティン（Alan F. Westin）教授は、つぎのようにプライバシーの権利の新たな定義を行った。

「プライバシー権とは、個人、グループまたは組織が、自己に関する情報をいつ、どのように、また、どの程度他人に伝えるかを自ら決定できる権利である。」

この新しい定義は、プライバシーの権利を、これまでの「ひとりにしておいてもらう権利」という消極的な権利ではなく、より積極的に自己の情報を自ら伝えること（あるいは伝えないこと）を決定する権利、いわゆる「自己情報コントロール権」とし、現実の問題状況に対応しようとしたところに大きな意義があるといえる。

このような新しいプライバシーの権利の考え方は、各国で認められ、ほぼ同様の理論構成がされている。［(7)］、ドイツにおいても、個人情報の保護を求める権利を「情報自己決定権（Informationelle Selbstbestimmung）」と呼び、「法により、自らのデータには物的支配、すなわち多少なりとも具体化されたデータには処分権（Verfugungsrecht）が保障される」と理論構成されている。そしてこの個人情報に関する処分権に基づいて、「個人が、いかなる情報を、どのような方法で、他者に伝えるかを自ら決定しうる権利」が保障されるとしている。

(8)わが国の憲法の学説でも、憲法13条の幸福追求権を根拠として、プライバシーの権利を「自己情報コントロール権」として理解する考え方が通説とされている。つぎに、その代表的な学説の見解を見ておこう。

こうしたデータバンク社会の出現および個人情報の「商品化」によりもたらされるプライバシー侵害の危険性については、具体的につぎの点が問題となろう。

第一に、個人にとって、自己に関する記録が、どこにどんな形で保存されているか不明なことは危険かつ不安であることである。

第二に、誤った情報の入力、不完全な情報、あるいは古くなった記録の残存等によって利用者に誤った認識を持たせ、さらには個人に関する誤った決定を行わしめるおそれがあることである。

第三には、特定の目的のために、それ自体は個人の同意に基づいて集められた情報が各機関相互に交換されたり、一箇所に集中されたりする場合には、情報の流用や目的外使用の可能性が生ずるという点である。

第四には、集積された個人の記録は、コンピュータネットワーク化により誰でもが入手・加工が可能になる状態が作り出されることにより、盗難や悪用のおそれがあるうえ、さらにそうした悪用が発見されにくいという点で、安全性が懸念されることである。

このような高度情報社会のプライバシー侵害の問題は、(4)脅威や不安をかきたてているといえる。

本来個人情報は、自分のものであるはずであり、それを誰にどの範囲まで伝えるかは、本人の意思と自己決定に基づくものである。つまり、個人情報は本来、自分でコントロールできるはずのものである。しかし、上述のように、高度情報社会では、個人情報が自分でコントロールできないような状況が生み出されてしまったのである。【V】ここでは、ジャーナリズムとの関係とは違った形で、個人のプライバシー侵害の問題が生じてきた。

そこでは、どこに自分の情報があるのか、どのように保存され、どのように使われているのか、あるいは誰にどのようにして伝えられているのかがわからない状況が生み出されたのである。ここに、高度情報社会がもたらした影の部分を見ることができコンピュータは大量の個人情報を集積し、加工し、伝達することを可能にした。各省庁、警察、地方自治体をはじめ、病院、学校、企業など、あらゆる社会組織が個人情報のデータバンク（個人データの銀行、すなわち個人情報が集積している組織のことを表す言葉）と化しており、われわれが知らないところで自らの個人情報が収集され、様々な目的のために使用あるいは加工され、自分が知らないうちに他者に伝達されている。これがデータバンク社会であり、つぎのような背景からこうした社会が出現した。

第一に、20世紀中葉に世界的に出現した福祉国家は、社会福祉サービスを国民に保障したり、あるいは徴税のために、人々の氏名、住所、年齢、家族構成、職業、年収など様々な個人情報の国家への集積をもたらした。【Ⅲ】あるいは国政調査は定期的に個人情報を収集・更新する機能を果たしているし、警察も膨大な個人情報を蓄積している。

つまりこのことは、国家や地方自治体自体が巨大なデータバンクと化していったことを物語るものである。さらに国家や地方自治体以外にも、企業、病院、学校など、社会のあらゆる組織が、その目的の実現のために個人情報を収集することによって、データバンクとなり、それらがネットワークを通して相互につながることにより、技術的には、社会全体が一つの巨大なデータバンクを形成したのである。それにより、自分の知らないところで、あらゆる個人情報が収集・利用・伝播（でんぱ）され、プライバシーにとって大きな脅威がもたらされた。

第二に、個人情報が、企業活動に欠くことのできない重要な要素となったことから、個人情報が［(3)］価値を持ち、「個人情報の商品化」がもたらされたことである。つまり、個人情報が企業の経済活動にとって決定的な重要性を荷（にな）うことになることにより、個人情報が商品として売買されるようになったのである。こうして、自己の個人情報が、自らが知らないところで収集されたり、利用・伝播されたりしているのである。【Ⅳ】これは、私たちの個人情報がどこかで流出し、自分の知らないところで利用されていることを意味する。

二　次の文章を読んで、後の問に答えなさい。（40点）

(1)コンピュータのグローバルネットワーク化による高度情報社会の発展に伴い、私たちは、政治情報や経済情報、社会情報から趣味や娯楽に関する情報などあらゆる情報を、インターネットを通して、世界中から、それも居ながらにして手に入れることができるようになった。eメールを使えば、時間を気にすることなく瞬時に情報を伝達することができるし、ホームページを開設すれば、情報の発信者になることもできる。【Ⅰ】このようにコンピュータの発達は、われわれの生活に大きな利便をもたらした。

また、経済の上でも、コンピュータは大きな威力を発揮するようになった。［(2)］、「もの」を生産する側である企業が、もし消費者のニーズがあらかじめ予想でき、それにあわせて「もの」を生産できれば、企業の利益は上がり、生産した「もの」の価格も安く押さえることができるであろうから、消費者にとっても利益となる。そうすれば、企業の利益は飛躍的に高まることになる。そこで、企業はさかんに市場の調査を行い（マーケティング）、消費者のニーズを獲得しようとする。自動車会社が車を作る場合、たとえば30代の男性をターゲットにした車を生産するにあたり、平均的な30代男性が、年収がどのくらいであり、家族は何人で、どのような用途のためにどんな車を求めているかがわかれば、自動車会社はそれに合わせた車を開発し、効率よく売ることができる。つまり、消費者である個人情報の収集と分析が、企業活動には経済的利益を高めるために決定的に必要なこととなったのである。すなわち、「個人情報」が企業にとっての経済的価値を持ったのである。【Ⅱ】そしてそのためのツールとしてのコンピュータは、大量の個人情報を集積・分析することを可能にした。

「高度情報社会」の出現は、前述のように、たしかに私たちの生活に大きなメリットをもたらすという光の部分を持っている。しかし、それとは裏腹に、つぎに述べるような、大きなデメリットをもたらすこととなった。

〔問四〕 次の言葉の意味としてもっとも適当なものを左の中からそれぞれ選び、符号で答えなさい。

ア 立錐(りっすい)の余地もない

イ 虻蜂(あぶはち)取らず

ウ 眉に唾をつける

A 危険なものには近づかず、慎んで行動すること
B 人や物が密集していて、きわめて混雑していること
C 多くを手に入れようと欲張ったあげく失敗すること
D 物事の判断がすばやく、抜け目がないこと
E 疑わしいものにだまされないよう注意を払うこと

〔問五〕 次の意味を表すものとしてもっとも適当なものを左の中からそれぞれ選び、符号で答えなさい。

ア 互いにあらゆる計略や手段を尽くして戦うこと

イ 理屈に合わないことを自分に都合よく無理にこじつけること

A 虚虚実実　B 快刀乱麻　C 牽強付会(けんきょうふかい)　D 乾坤一擲(けんこんいってき)　E 付和雷同

エ　ピアノの演奏にトウスイする
A　ブトウ会のドレスを選ぶ　B　同じケイトウの服を買う　C　コウトウ無稽な話だ
D　現実トウヒをする　E　趣味でトウゲイを始める

オ　病気をケイキに生活を見直す
A　神のケイジを受ける　B　地元の神社にサンケイする　C　近所付き合いをケイエンする
D　ケイヤクを締結する　E　気温が上昇ケイコウにある

〔問二〕次の漢字の読みを左の各群の中から一つずつ選び、符号で答えなさい。

ア　顧みる
A　こころみる　B　かいまみる　C　かんがみる　D　あおぎみる　E　かえりみる

イ　更迭
A　こうしつ　B　こうてつ　C　こうそう　D　こうせい　E　こうしん

〔問三〕次の慣用句の空欄に入れるのにもっとも適当なものを左の中からそれぞれ選び、符号で答えなさい。

口火を［ア］
油を［イ］
しのぎを［ウ］

A　けずる　B　うる　C　とおす　D　きる　E　けす

国　語

（六〇分）

一　次の問に答えなさい。（30点）

〔問一〕　次の傍線部の漢字と同じ漢字を含むものを左の各群の中から一つずつ選び、符号で答えなさい。

ア　食材にマンベンなく火を通す

A　動画をヘンシュウする　B　ヘンケンの目で見る　C　汚名をヘンジョウする
D　人生ヘンレキを語る　E　ヘンキョウの守りを固める

イ　美しいセンリツに心を震わせる

A　ジッセン的な学問を修める　B　飛行機がセンカイする　C　センパクな知識をひけらかす
D　余計なセンサクをする　E　時代とともにヘンセンする

ウ　荷物をフンシツする

A　会議がフンキュウする　B　試合でフントウする　C　たまったウップンを晴らす
D　不満がフンシュツする　E　フンコツ砕身の思いで臨む

解答編

英語

I 解答 1—a 2—d 3—b 4—a 5—c

II 解答 1—a 2—b 3—d 4—d 5—c 6—d
7—a 8—c 9—d 10—d

解説

1.「ナターシャは環境を保護することの重要性を徐々に認識していった」
a.「意識している」 b.「適切である」 c.「適している」 d.「本当の」

(be) aware of ～ で「～を意識している」という意味。

2.「私の娘は8歳の時から鉄道に興味を持っている」
a.「～の前」 b.「～以来」 c.「～だが」 d.「～の時」

現在完了形と共に使うことのできる since が正解。

3.「森の中で迷子にならないように地図を持っていくべきだ」
a.「～を恐れて」 b.「～の場合」 c.「～しないように」 d.「～するために」

so that S will not *do* で「Sは～しないように」という意味。他の選択肢は not がなければ文脈に合うが，not があるので不適。

4.「シャーロットがスピーチをするたび，聴衆は魅了され，彼女に歓声をあげた」
a.「まるで～のように」 b.「～が原因で」 c.「何を～しても」 d.「いつ～しても」

「シャーロットがスピーチをした」と「聴衆が魅了された」を結ぶdが

正解。c の whatever を入れるには後続に不完全文が必要。

5.「ジャスミンは美しい海辺の小道を散歩しているときにスミス氏に偶然出会った」

run across ～ で「～に偶然出会う」という意味。

6.「この国では車は左側を走るということを心に留めておかなくてはいけません」

bear in mind (that) ～ で「～を心に留めておく」という意味。

7.「エイミーは今，顧客にプレゼンテーションを行っていますが，手が空いたらお知らせいたします」

a.「手が空いている」 b.「数えられる」 c.「価値の高い」 d.「洗うことのできる」

エイミーは今プレゼンテーションを行っているので手が空いていない，という内容を理解しよう。

8.「確かにジョンソン一家はおそらくシドニーに住んでいるということはわかっているが，彼らの家を見つけるのに苦労しないかどうかは別の問題だ」

a.「だから，私たちは彼らの家を簡単に見つけるのに問題はない」

b.「私たちが彼らの家を見つけることは可能だ」

c.「私たちが彼らの家を見つけるのに苦労しないかどうか」

d.「私たちが彼らの家を見つけることができる間に」

but を起点に逆接の内容が入ると理解しよう。また，is の主語になる名詞節が必要なので，名詞節を導く whether から始まる c が正解。

9.「ある推計によると，高齢者の人口は 2043 年に新たな記録に達し，その結果，3 人に 1 人が高齢者になるということだ」

d が正解。d の that は同格節を導く that で，the result の内容を説明する。a と c は前置詞 with の後ろに S V ～ が置かれることになるので不適。b は，名詞節の that は原則的に前置詞の後ろに使えないので不適。

10.「同じ学科名でも大学ごとにカリキュラムや授業内容が異なるので，公開日に『この大学の経済学部ではこんなことが学べる』というような情報を得るべきだ」

a.「これらはあなたが参加したクラブ活動だ」

b.「これらはあなたが働いていた会社だ」

c．「これはあなたが抜けだす方法だ」
d．「これはあなたが学ぶことができることだ」
学習に関する内容が述べられているのでdが正解。

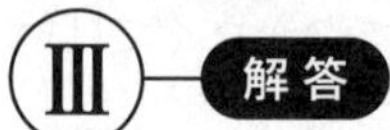
1－c　**2**－b　**3**－a　**4**－d　**5**－d

全訳

《日本の再生可能エネルギーに関するデータ》

2012年7月に導入された固定価格買取制度（FIT）によって，日本の総発電量に占める再生可能エネルギーの割合は，2011年度の10％から2019年度の18％まで増加した。限られた土地を活用した結果，日本の総面積および平地面積の1平方キロメートル当たりの太陽光発電容量は，主要国の中で1位であった。

日本の再生可能エネルギーによる総発電容量は2020年時点で主要国の中で6位であり，水力を除く再生可能エネルギーによる発電量は2012年から2019年にかけて3倍に増加している。

日本における再生可能エネルギーによって生み出される電力

（注：以下はグラフの内容）

①2011年度発電量　再生可能エネルギー…10.4％
天然ガス…37.7％　石炭…28.0％　石油…14.5％　原子力…9.3％　水力…7.8％　水力を除く再生可能エネルギー…2.6％（太陽光：0.4％，風力：0.4％，地熱：0.2％，バイオマス：1.5％）
②2019年度発電量　再生可能エネルギー…18.1％
天然ガス…37.1％　石炭…31.9％　石油…6.6％　原子力…6.2％　水力…7.8％　水力を除く再生可能エネルギー…10.3％（太陽光：6.7％，風力：0.7％，地熱：0.3％，バイオマス：2.5％）
③総面積における1平方キロメートル当たりの太陽光発電容量
④平地面積における1平方キロメートル当たりの太陽光発電容量
⑤主要国の再生可能エネルギー発電容量（2020年実績）
順に太陽　風力　水力　地熱　バイオマス　その他　単位：ギガワット
⑥再生可能エネルギーによる発電量（水力を除く）　単位：億キロワットアワー

解説

1.「空所（　1　）にあてはまる最も適切なものはどれか」

2011年度の再生可能エネルギーの割合は，①の資料のタイトルにあるように10.4％で，四捨五入すると10％になる。

2.「空所（　2　）にあてはまる最も適切なものはどれか」

2019年度の再生可能エネルギーの割合は，②の資料のタイトルにあるように18.1％で，四捨五入すると18％になる。

3.「空所（　3　）にあてはまる最も適切なものはどれか」

日本の総面積および平地面積の1平方キロメートル当たりの太陽光発電容量の，主要国の中での順位を答える箇所。③と④のグラフより1位だとわかる。

4.「空所（　4　）にあてはまる最も適切なものはどれか」

2020年の日本の再生可能エネルギーによる総発電容量の，主要国の中での順位を答える箇所。⑤のグラフより6位だとわかる。

5.「空所（　5　）にあてはまる最も適切なものはどれか」

2012年から2019年にかけての，水力を除く再生可能エネルギーによる発電量の変化率を答える箇所。⑥より，約3倍に増加しているとわかる。

a.「4分の1倍になった」　b.「半分になった」　c.「2倍になった」　d.「3倍になった」

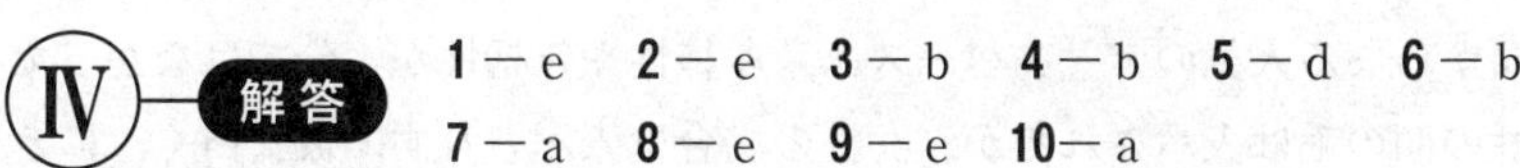

Ⅳ　解答　**1**―e　**2**―e　**3**―b　**4**―b　**5**―d　**6**―b　**7**―a　**8**―e　**9**―e　**10**―a

全訳

《合成データを使ってAIをトレーニングする利点》

1　先週Microsoft社は，人の顔を見て人の気分を推測するソフトウェアの販売を中止すると発表した。

2　その理由は，差別に当たる可能性があるということだ。コンピュータービジョンソフトウェアは，自動運転の車や顔認識に使われているが，女性や有色人種を犠牲とするエラーが発生するという長年の問題があった。そのシステムを完全に停止するというMicrosoftの決断はこの問題に対処する1つの方法である。

3　しかし，テクノロジー企業が模索している別の斬新な手法がある。「合成」画像でAIをトレーニングし，偏りを減らすということだ。

4　このアイデアはパイロットの訓練に似ている。ほとんどのパイロットが，予測不可能な現実世界の状況で訓練する代わりに，何百時間もかけて空中で経験する可能性のある様々なシナリオを幅広くカバーするように設計されたフライトシミュレーターを利用する。

5　AIをトレーニングするために，似たようなアプローチが採用されている。それは適切に機能するために慎重にラベル付けされたデータに基づいている。最近まで，人を認識するために使われるソフトウェアは，実際の人物の数千，または数百万の画像に基づいてトレーニングされてきたが，それは時間がかかり，侵略的で，多くの人口を無視する可能性がある。

6　現在，多くのAIメーカーは偽の，または「合成」画像を用いてより幅広い人々，肌の色，年齢，その他の特徴をコンピューターに学習させており，偽のデータが悪いという概念を本質的に覆している。実際，適切に使用すれば，それによってソフトウェアの信頼性が高まるだけでなく，「新しい石油」としてデータの経済的側面を完全に変革する。

7　2015年に，シミ=リンドグレンは，あらゆる肌のタイプのための美容製品を販売するYutyと呼ばれるウェブサイトのアイデアを思いついた。彼女は，AIを使って自撮り写真を分析することによってスキンケア製品を推奨したいと思っていたが，それを正確に行うためのシステムをトレーニングするのは難しかった。たとえば，フリッカーの使用許可を得た7万人の顔からなる人気のデータベースは，多様性や包括性が十分ではなかった。男性の顔の毛は表示されたが，女性の場合は表示されず，彼女曰く，にきびや小じわなどの様々な肌の状態を正確に検出するのに十分にメラニン豊富な，つまり濃い色の肌の女性の数は十分ではなかった。

8　彼女はクラウドソーシングを試し，友人や家族のネットワークから1,000枚弱の顔写真を入手した。しかし，それでも十分ではなかった。

9　そこでリンドグレンのチームはギャップを埋めるために独自のデータを作成することを決めた。その答えはGANsと呼ばれるものだった。敵対的生成ネットワーク（GANs）は，Alphabet社のDeepMindで現AI研究者であるイアン=グッドフェローによって2014年に設計されたニューラルネットワークの一種である。このシステムは，システム自体を，そして人間を新しい顔でだまそうとすることで機能する。ワシントン大学の学者が立ち上げたこのウェブサイトでは，GANsの一種を利用して，偽の顔と本物の顔を見分ける能力をテストしてみることができる。

10 リンドグレンはこの方法を使って，写真のようにリアルな何十万枚もの画像を作成し，最終的に「多様な肌の色調と多様な悩みを持つ，多様な人々から成るバランスの取れたデータセット」に行きついたという。

11 現在，Yutyのデータベースにある顔の約80％は本物の人物ではなく，彼女曰くプラットフォームの精度の向上を評価するのを助けてくれた人々によって分類されて検査された合成画像である。

12 この手法を行っているのはリンドグレンだけではない。市場戦略情報企業であるStartUs Insights社によると，現在50を超えるスタートアップ企業が業務として合成データを生成しているという。Microsoft社はこれを実験しており，Googleは人工的に生成された病歴を使って保険詐欺の予測に役立てる取り組みを行っている。Amazon.com社は，プライバシー上の懸念を克服する目的で，Alexaを訓練するために合成データを利用していると1月に発表した。

13 数年前にBig Techのプラットフォームが，自社のAIシステムをトレーニングする目的で，任意の顧客を盗聴するために請負業者を雇って苦境に立たされたことを覚えているだろうか？「偽」データはそうした問題の解決に役立ちうる。Facebookも，昨年10月にニューヨークを拠点とする合成データのスタートアップ企業であるA.I. Reverieを買収した。

14 この傾向は非常に一般的になっているので，Gartner社は，AIのトレーニングに使われる全データの60％が2024年までに合成データになり，2030年までにはAIトレーニング用として実際のデータに完全に取って代わると推定している。

15 合成画像や動画を作成する市場は，GANsを使用する会社と一から3Dグラフィックを設計する会社に大きく分けられる。イスラエルのテルアビブに拠点を置くDatagen Technologiesは後者だ。コンピューターで作成した映像を使ったアニメーションが，眠気を検出するように車両システムを訓練している。

16 合成データのスタートアップ企業であるDatagenの共同創設者であるジル=エルバスによると，自動車メーカーは歴史的に，車の運転中に居眠りをするふりをする俳優を撮影することによってセンサーを訓練してきたが，それでは十分な実例が集められない。その映像にラベルを張るために外国の契約会社に送る必要もあり，それには数週間かかることもある。

17 Datagen はそのようなことはせず，上記の例のように，様々な種類の人が運転中に様々な方法で居眠りをする数千のアニメーションを作成する。アニメーションは人間には現実的には見えないが，エルバスは，その規模が大きくなったことで車のセンサーの精度が向上したと述べている。

出典追記：AI's Next Big Thing Is 'Fake' Data, Bloomberg on June 27, 2022 by Parmy Olson

解説

1.「空所（　1　）にあてはまる最も適切なものはどれか」

a.「～が原因で」 b.「～のほかに」 c.「～の間」 d.「しかし」 e.「～の代わりに」

real-world「現実世界」と simulators「模擬実験装置」という対照的な語句を結ぶ e が正解。「現実世界の状況で訓練する代わりに，フライトシミュレーターを利用する」という文脈になる。

2.「空所（　2　）にあてはまる最も適切なものはどれか」

a.「信頼できない」 b.「流行の」 c.「伝統的な」 d.「疑わしい」 e.「信頼できる」

直前の第6段第1文（Now many …）に「偽のデータが悪いという概念を覆している」とあり，偽のデータ（ここでは加工された合成画像を指す）を肯定的に述べている。空所を含む文は In fact「実際に」という順接のつなぎ言葉から始まっていることから，偽のデータを肯定的に述べるはずなので e が正解。「(偽のデータを) 適切に使用すれば，ソフトウェアの信頼性が高まる」という内容になる。

3.「空所（　3　）にあてはまる最も適切なものはどれか」

a.「吸収される」 b.「～だけ」 c.「明らかな」 d.「興味がある」 e.「成功している」

空所直前の文（Currently, about …）でリンドグレンが合成画像を使っているとあり，空所直後の文（More than 50 …）にも「50を超えるスタートアップ企業が業務として合成データを生成している」とあることから，b が正解。「合成画像を使っているのはリンドグレンだけではない」という内容になる。

4.「空所（　4　）にあてはまる最も適切なものはどれか」

a.「変更可能な」 b.「よく見られる」 c.「不明瞭な」 d.「危険な」 e.「専門の」

空所を含む文の The trend「その傾向」とは第 9 ～13 段（Lindgren's team then … October last year.）で繰り返し述べられている「合成画像の利用」を指す。第 12 段第 2 文（More than …）にも「50 を超えるスタートアップ企業が業務として合成データを生成している」とあるように,「その傾向」が広く行き渡っていることがわかるので b が正解。

5.「空所（ 5 ）にあてはまる最も適切なものはどれか」

a.「～なので」 b.「～のために」 c.「もし～なら」 d.「～だが」 e.「～しない限り」

空所直後の「アニメーションは人間にとって現実的に見えない」という否定的な内容と「車のセンサーの精度が向上した」という肯定的な内容を結ぶ逆接の d が正解。

6.「この文章によると, Microsoft 社について正しいものは以下のうちどれか」

a.「同社は, そのコンピュータービジョンソフトウェアの改良に努めてきた」

b.「同社は, いかなるリスクも回避するために安全策をとることを決めた」

c.「同社は, 人工データを使用して AI を訓練する新しい方法を開発した」

d.「同社は, 顔認識ソフトウェアのエラーを減らすことに成功した」

e.「同社は, 差別的なソフトウェアの販売の禁止を主張している」

第 1 ～ 3 段（Last week Microsoft … it less biased.）で, 顔認識システムの差別問題への対処法が 2 つ述べられている。1 つがシステムを停止すること, もう 1 つが合成画像を用いて AI をトレーニングすることであり, Microsoft 社は前者の方針を取ったことが第 2 段最終文（Microsoft's decision …）に述べられている。この内容を言い換えた b が正解。同システムの販売が差別を生む可能性があるので, システムの停止は「安全策」と言える。

7.「この文章によると, シミ=リンドグレンについて正しいものは以下のうちどれか」

a.「彼女のウェブサイト上の顔画像のほとんどはコンピューターで生成されたものだ」

b.「彼女のウェブサイトでは，顧客は自分自身の，写真のようにリアルな画像を無料で入手できる」

c.「彼女は友人や家族から何万もの顔写真を集めた」

d.「彼女は人間の顔を認識する，GANsと呼ばれるシステムを設計した」

e.「彼女はスキンケア製品を販売する化粧品会社に勤めていた」

第11段第1文（Currently, about …）に，リンドグレンが思いついたYutyというサイトのデータベース上の顔の約80％が合成画像であると述べられているので，aが正解。

8.「この文章によると，GANsについて正しいものは以下のうちどれか」

a.「そのシステムの主な目的は，オンライン上の人の顔写真を収集することである」

b.「そのシステムは，フリッカーと呼ばれる人気のあるデータベース上の，使用許可を得た7万人の顔に基づいている」

c.「そのシステムは，AIが生成した偽のデータを使った犯罪を防ぐために設計されている」

d.「そのシステムは，ワシントン大学の研究者であるイアン=グッドフェローによって開発された」

e.「そのシステムは，リンドグレンがAIを訓練するのに十分な顔データを収集するために必要だった」

第9段第2文（The answer …）に，リンドグレンがAIのトレーニングのための顔写真を集める方法としてGANsにたどり着いたことが述べられているのでeが正解。

9.「この文章によると，以下のうち正しいものはどれか」

a.「Datagen Technologiesという会社は，自動車メーカー向けのアニメーションを作るためにGANsを使用している」

b.「Gartnerという会社は，同社が使用するすべてのデータを2030年までに実際のものから合成に変換しようと計画している」

c.「企業は，安いという理由で，実際のデータよりも信頼性の低い合成データに依存している」

d.「一部のスタートアップ企業は消費者を欺くために宣伝で偽のデータ

を使う」

e.「AIの精度を向上させるために合成データを使うことは，人々のプライバシーを保護するのに役立つ」

第12段最終文（Amazon.com …）に「Amazon.com 社はプライバシー上の懸念を克服する目的で，Alexa を訓練するために合成データを利用している」とあり，この内容に合うeが正解。bが紛らわしいが，第14段第1文（The trend …）に書かれている内容は「業界全体として，AIトレーニング用データは2030年までに従来のものから合成データになると推定される」ということで，bの「同社が使うデータを合成データに変換しようと計画している」という内容とは異なるので不適。

10.「この文章の最適なタイトルは何か」

a.「合成データを使ってAIをトレーニングする利点」

b.「AIベースの顔認識システムの危険性」

c.「AIは本物のデータと偽のデータをどのように区別するか」

d.「合成データに基づくAIの決定の信頼性に疑問を呈する」

e.「3Dグラフィックスをデザインする新しい方法を開発するスタートアップ企業」

終始述べられている語句・内容を含むものが正解となる。この文章では終始「AIの訓練のために合成データが用いられる」ということが述べられているので，この内容と一致するaが正解。

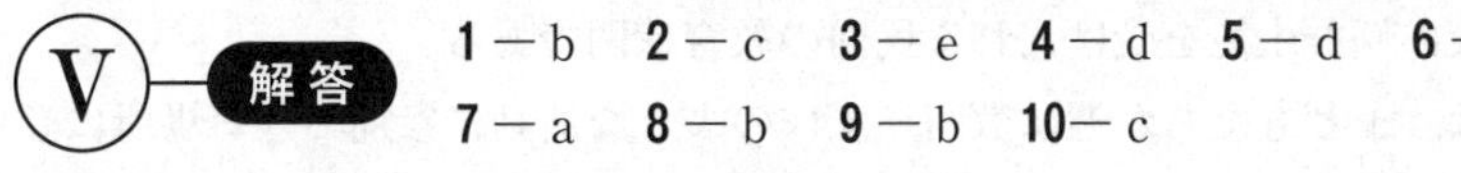

V 解答　**1**－b　**2**－c　**3**－e　**4**－d　**5**－d　**6**－c　**7**－a　**8**－b　**9**－b　**10**－c

全訳

《仮想空間（メタバース）で学ぶ学生の話》

[1]　環境があまりにも過酷だと思ったために学校に行くことを拒否していた広島県の11歳の少年は，学校に戻って学業を続ける方法を見つけた。

[2]　彼は，社会的不安を抱えた増加する慢性的不登校生の1人であり，メタバースとして知られる仮想世界の中で学習面での救いを見出している。メタバースとは，自身の仮想の分身として機能する個人用のアバターを通じて利用者同士が出会って交流することのできる，オンライン上のグラフィック空間を表す流行語である。

3　５年生のその少年は「room-K」と呼ばれるオンラインプラットフォームを通じてアクセスする。これは，チャットルームのように機能するが，むしろロールプレイングゲームのように見える学習支援センターである。

4　それは，彼と同じように教育制度から取り残される危険にさらされている学生に支援サービスを提供する，カタリバと呼ばれる非営利団体によって運営されている。

5「『勉強している』という感じはあまりしないけど，ここで学ぶのは楽しいです」と彼は言っている。

6　自分の身元を明らかにしたがっていないその少年は，じっと座って言われた通りにしないと先生に非難されたり叱られたりするので，小学校１年生の途中から学校が嫌いだと言い始めていた。

7　書かれた文字を見るたびに，彼は読むことにあまりにも集中し，他のすべてに気づかなくなる。これは学校では大きな問題になる可能性がある。

8　ある時，授業で使う切り貼りの課題のための新聞をある教師が彼に与えたが，彼は記事にあまりにも夢中になってしまい，課題をするのを忘れてしまった。

9　このような出来事のせいで，彼は毎日教師から叱責されていた。

10　そして，気力の限界を感じていた矢先に，新型コロナウイルス感染症が大流行し，小学２年生の終わり頃，彼はほとんど学校に行かなくなった。

11　彼の近所には，学校に通うのを拒否する，彼のような「不登校」の生徒のための「フリースクール」はなかった。いわゆるフリースクールとは，不登校に悩む生徒を受け入れる民間の教育機関である。

12　彼は，子どもたちが週に数回，工作のような活動に参加できる場所に登録したが，クラスメートはいつも違ったので，同世代の友達を作ることはできなかった。

13　しかし昨年の秋，彼は教室，リビングルーム，ゲームエリアを備えた，学校のキャンパスに見えるように設計された仮想メタバース空間であるroom-K を見つけた。そこには，生徒同士で散歩したり，宝探しをしたり，鬼ごっこをしたりすることができる池のある庭園もある。

14「そのメタバースでは，日本中の学生と気軽に話したり遊んだりすることができます」と彼は言った。「それが，メタバースに関してとてもよいと思うことです。そのおかげで，現実世界で彼らに会いたいと思うようになりました」

⑮ 5年生である彼にとっての典型的な1日は，11月初旬のこの火曜日のように展開する。

⑯ 彼は午前9時にラップトップを開いて，room-K にアクセスした。最後に火曜日にそうしたのはずいぶん前のことだった。彼は，前にそこで一緒に勉強した友人を見つけて喜んでいた。

⑰ 彼は午前9時30分まで「クラブ活動」に参加し，他の数人の生徒と一緒に立体パズルに挑戦することによって頭を鍛えた。

⑱ 頭を整理したあと，彼は仮想空間を出て，現実世界の机に向かって勉強した。

⑲ 1時間後，彼は再びメタバースにアクセスした。

⑳ このときは，彼は歴史や科学を含む科目とプログラムのリストから数学を選び，その科目の45分間の仮想授業に参加した。

㉑ 昼食後，彼は小学生と中学生である他の2人と一緒に，メタバースの図書クラブである「読書の時間」に参加した。

㉒ 彼は江戸時代（1603～1867年）末期の有名な武士である坂本龍馬（1836～1867年）の伝記を読み，他の生徒たちは英語で書かれた小説や物語を読んだ。

㉓ 彼の母親は，安堵した表情で，この経験は息子の成長にとってよいことだと言った。

㉔「私の息子は，以前は他の人が自分のことをどう思うかを気にしすぎて，その結果，口を閉ざしていました」と彼女は言った。「しかし，この場所はいつでも気軽に立ち寄ることができて，『こんにちは，久しぶりだね！』と言ってくれる人たちに受け入れてもらえるという安心感を彼に与えてくれます」

㉕「たとえ彼がじっとしていられなくても，誰も彼を叱りません。それに，彼が何を言っても熱心に聞いてくれます。そのおかげで，息子も他の生徒の言うことをありのままに受け入れるようになりました」

解説

1.「空所（ 1 ）にあてはまる最も適切なものはどれか」

a.「正確な」 b.「厳しい」 c.「肯定的な」 d.「単純な」 e.「安定している」

直前に「学校に行くことを拒否していた」とあることから，学校の環境を述べる形容詞としては，否定的な選択肢であるbが正解。

2.「空所（　2　）にあてはまる最も適切なものはどれか」

a.「前」　b.「一部」　c.「危険性」　d.「頂上」　e.「最も悪い」

直前，直後の前置詞と結びつき，意味も合うcが正解。at risk of ～ で「～の危険にさらされる」という意味。ここでは at risk of falling through the cracks in the education system で「教育制度から取り残される危険にさらされている」，つまり「学習等の機会を得られない危険性がある」という意味。fall through the cracks「無視される，取り残される」

3.「空所（　3　）にあてはまる最も適切なものはどれか」

a.「～する限り」　b.「～なので」　c.「しかし」　d.「～の場合にそなえて」　e.「～しない限り」

直前に「叱られる」，直後に「じっと座って言われた通りにする」という相反する内容があることから，eが正解。「じっと座って言われた通りにしない限り叱られる」という文脈になる。

4.「空所（　4　）にあてはまる最も適切なものはどれか」

a.「批判的な」　b.「おかしい」　c.「青ざめた」　d.「安堵した」　e.「空いている」

空所の後ろに「この経験は息子の成長にとってよいことだ」と述べられていることから，肯定的な表現であるdが正解。

5.「空所（　5　）にあてはまる最も適切なものはどれか」

a.「倫理規範」　b.「ユーモア」　c.「責任」　d.「警備，安心」　e.「優越」

空所を含む段の第1文（“My son …）に too conscious「気にしすぎる」という否定的な表現があるが，その後に続く空所の文が But で始まることから肯定的な内容が述べられると推測できる。よってdが正解。a sense of security で「安心感」という意味。

6.「この文章によると，その広島県の11歳の少年について正しいものは以下のうちどれか」

a.「彼は，COVID-19 に感染したことが主な原因で学校に行かなくなった」

b.「彼は，学校の外で友達を作りたかったので『フリースクール』に入学した」

c.「彼は，room-K を見つける前に行っていた場所では友達を作るのに苦労した」

d.「彼は，学校は好きだったが，勉強や教師は好きではなかった」

e.「彼が最後に学校に行ったのは1年生のときだった」

彼が room-K を見つけた話は第13段第1文（But then …）に述べられており，その前に行っていた場所については，第12段（He enrolled …）に「クラスメートはいつも違ったので，同世代の友達を作ることはできなかった」とある。よって，これらの内容と一致する c が正解。ちなみに，第10段（Then, just …）に，ほとんど学校に行かなくなったのは「小学2年生の終わり頃」と書かれているので e は不正解。

7.「その広島県の11歳の少年の問題は何だったのか」

a.「彼は，文字を読むことに集中しすぎて他のことに注意を払えなかった」

b.「彼は先生が嫌いだった。その先生は生徒に対してえこひいきをしているように見えた」

c.「彼は，先生が彼に何をするように言っているのか理解できなかった」

d.「彼は，学校で勉強をするよりもビデオゲームをすることを好んだ」

e.「彼は，生まれつき体が弱かった」

第7段（Whenever he …）に「書かれた文字を見るたびに，彼は読むことにあまりにも集中し，他のすべてに気づかなくなる」とあるので，a が正解。

8.「この文章によると，room-K について正しいものは以下のうちどれか」

a.「それは，子どもたちが学校でオンライン授業に参加するメタバースプラットフォームである」

b.「子どもたちがおしゃべりや学習を楽しむことのできる仮想メタバース空間である」

c.「それは，子どもに様々な科目を教えることを主な目的とするオンライン教育プログラムである」

d.「それは，子どもや保護者に教育上の助言を提供するオンライン学習支援センターである」

e.「それは，主に知的なゲームをプレイすることによって子どもの学習を支援するオンラインプラットフォームである」

第13段第1文（But then …）に，room-K は仮想メタバース空間であると書かれており，第14段第1文（“I can …）に「そのメタバースでは，日本中の学生と気軽に話したり遊んだりすることができる」とあり，第20段（This time …）に，そこで様々な科目を学ぶことができるということが述べられている。これらと一致するbが正解。

9.「この文章によると，その広島県の11歳の少年について間違っているものは以下のうちどれか」

a.「彼は，学校で学ぶべきことを room-K で学ぶことができる」

b.「彼は，メタバースで学ぶ日は現実世界では勉強しない」

c.「彼は，room-K の友人と仲良くしている」

d.「彼は，他人の目を気にしなくてよいので room-K が好きだ」

e.「彼は，現実世界で仮想空間での友人に会いたいと思っている」

主に第18～20段（After cleaning … on the subject.）に現実世界で学習したあと，メタバース上で学習している様子が書かれているので，bが正解。aは第20段（This time, …），cは主に第14段第1文（“I can …），dは第24段（“My son …），eは第14段最終文（That makes …）の内容にそれぞれ一致する。

10.「この文章によると，room-K について正しくないものは以下のうちどれか」

a.「子どもたちは，room-K と現実世界を自由に行き来して学ぶことができる」

b.「学校と同様，room-K で子どもたちにクラブ活動に参加する機会を提供する」

c.「room-K は自治体が運営する一種の『フリースクール』である」

d.「room-K は子どもたちが学校にいるような気分になれるように設計されている」

e.「room-K には，どんな子どもでも受け入れられる雰囲気がある」

room-K が自治体によって運営されているとは述べられていないのでcが正解。aは第18～20段（After cleaning … on the subject.），bは第

17段（He participated …），dは第13段第1文（But then …），eは第24段最終文（"But this …）の内容にそれぞれ一致する。

Ⅵ 解答 1―a　2―c　3―a　4―d　5―c

解説

1. A：日曜日に何か予定はある？

B：山にハイキングに行こうと思っているんだ。

A：いいね。外に出て自然を楽しむのはいつでも素晴らしいことだよ。

a.「いいね」 b.「それはこっけいだな」 c.「気をつけて」 d.「残念だ！」

直後に肯定的な内容が述べられているのでaが正解。ハイキングをfunnyとは通常言わないのでbは不正解。

2. A：今日のテニスの試合はどうだった？

B：接戦だったけど，勝ったよ！

A：それはすごいね！ やったね。おめでとう！

B：ありがとう。

a.「ただ待って見ていて」 b.「きっと気に入るよ」 c.「やったね」 d.「冗談だろう」

make itで「うまくやる」という意味。よってcが正解。このitは文脈上の漠然とした目標を指す。

3. A：卒業後は何をするつもり？

B：海外留学を計画しているんだ。君はどう？

A：コンピューターサイエンスを勉強したいんだ。人工知能に興味があるんだ。

B：それは本当にすごいね。その分野は有望だ。

a.「人工知能に興味があるんだ」

b.「いろいろな種類のバラを植えることにとても興味がある」

c.「留学はやる価値がある」

d.「君の卒業後の計画はすばらしい」

Bの「その分野は有望だ」の発言に合うaが正解。

4. A：春休みはどう過ごすつもり？

B：あのね，ニュージーランドで英語を勉強することにしたんだ。新しい文化の中に身を置くのは刺激的だと思うんだ。

A：それはすばらしいね！　留学は実りある経験をもたらすだろうね。

B：ありがとう！　新しい場所で勉強することに本当に興奮しているよ。

a.「多くの観光客が観光のためにニュージーランドを訪れる」

b.「海外で英語を学ぶと，アイデンティティを失う可能性がある」

c.「ニュージーランドの山と渓谷は魅力的だ」

d.「留学は実りある経験をもたらすだろう」

直後にBに礼を言われているので肯定的な内容が入るはず。話の中心は「ニュージーランド」ではなく「留学」なのでdが正解。

5. A：大学合格おめでとう。大学生活はどうやって過ごすつもり？

B：自分の将来についてはまだ漠然としかわからないな。運動部に入る予定なんだけど，趣味も勉強も頑張って，なりたい自分を見つけることが大切だと思っているんだ。

A：ところで，君の両親は君の将来にどんな期待を持っているの？

B：彼らは安定を求めているようで，公務員になるように勧めてくるんだ。

a.「結局，高校の先生は君の得意なことについて何て言っているの？」

b.「結局，なりたい自分を見つけるには何をすべきだと思う？」

c.「ところで，君の両親は君の将来にどんな期待を持っているの？」

d.「ところで，これまでの職業適性検査の結果は何を推奨していたの？」

直後のTheyで受ける複数形の名詞が必要。内容から人を指すものである。よってcが正解。Theyは「君の両親」を指す。

講評

発音問題から長文問題までまんべんなく出題されている。また，Ⅰ・Ⅱは知識から解く問題が多く，Ⅲ～Ⅵは内容を読み解く問題が多く出題されていて，全体的にバランスの取れた出題形式になっている。出題数はやや多めと言えるかもしれないが，難易度は標準的で，紛らわしい選択肢もないので，正確な知識と読解力があれば時間内に読み解くことができよう。

Ⅰは発音の異同を問う問題である。従来型のオーソドックスな出題と言ってよい。

Ⅱは，空所補充による文法・語彙問題である。標準的な難易度の出題となっている。

Ⅲは空所補充形式の読解問題である。グラフと表の読み取りが加味された出題となっている。

Ⅳは，人工知能をテーマにした長文問題である。2023年度もⅤで人工知能に関する長文問題が出題されている。空所補充問題と内容真偽問題が中心に出題されている。

Ⅴは，メタバース（仮想空間）をテーマにした長文問題である。Ⅳと同様，空所補充問題と内容に関する問題で構成されている。

Ⅵは欠文補充による会話文問題である。短めの会話で構成されており，標準的な難易度の出題と言える。

ワーク上の情報は漏洩の可能性があるから……重要な機能は期待しなくなる」とある。

講評

大問三題で、例年通り一は書き取り・読み、慣用句等の出題、二、三は評論読解問題となっている。

一 頻出する漢字の書き取りや基本的な語の読み、慣用句、ことわざ、四字熟語などの出題である。定番なので取りこぼしのないように得点したい。授業や問題集などをベースに基本的な語彙の習得を怠らないようにしたい。

二 高度情報社会の影の部分である個人情報の流出、悪用について論じ、プライバシー権を守ることの重要性について述べている。癖のない文章であり、系統立てているので読みやすい。定番化されたテーマであり、得点しやすいであろう。ただし、問一・問六は紛らわしい選択肢があり、絞り込みが難しい。

三 「サイバー空間」と「フィジカル空間」の二項対立の図式で展開している。聞き慣れないカタカナ語の氾濫に戸惑う受験生も予想される。ただ、文章自体は接続語を的確に用いていて論理的で理路整然としている。注などを参照して論理を追っていけば無理なく読解できる。問一はやや紛らわしい。

(5)は、直前の段落に譲歩構文を導く「もちろん」があるので、逆接語が続くことに着目する。(8)は、「コンピュータアーキテクチャという用語」について直後で具体的に言い換えている点から「つまり」を選択する。

問三 (3)は、直後の「テキスト」→「静止画」→「動画」という変遷から判断する。(4)は、二つ前の段落にある「サイバー空間の整備が不十分であること」と直前の段落に「Society 5.0 ready ではなかったこと」という二つの具体例から判断する。「全幅」は〝あらん限り〟の意。

問四 傍線(6)のある段落の直前の段落後半にある「これは、あとからの気づきではあるのだが、」で始まる一文に着目する。また、傍線(6)直後にある「サイバーフィジカルシステムがもたらす新たな価値に皆が気づき、その恩恵を享受できるようにする」とあるのを押さえる。

問五 傍線(7)のある段落の二つ後の段落に着目する。「フィジカル空間からサイバー空間に対しどのような機能を期待するのか」「サイバー空間はフィジカル空間にどのような機能を実現するのか」とあるのが、Cの「相互的な関係性」につながる。

問六 Aは、空欄(4)のある段落に着目すると、適当なものとなる。

Bは、「技術発展による新しいシステムの構築が進んだ」が誤り。空欄(4)のある段落の二つ手前の段落に「サイバー空間の整備が不十分であることも露呈した」とある。

Cは、「いつでも受講できるという気楽さ」が誤り。空欄(5)のある段落の直後の段落に、オンライン授業では「気楽に質問できる」という利点が書かれているが、理由は異なる。

Dは、「例外なく変容を促されることになる」が誤り。傍線(6)のある段落の直後の段落に「サイバー空間を単に情報を伝える手段としては使うが、フィジカル空間の手順はまったく変えないというやり方も」「ありうる」とある。

Eは、「機密情報についてはフィジカル空間で厳重に取り扱う必要がある」が誤り。最終段落に着目すると「ネット

三

出典　中村宏「情報世界と実世界の融合」（東京大学情報理工学系研究科編『オンライン・ファースト――コロナ禍で進展した情報社会を元に戻さないために』東京大学出版会）

解答

問一　E

問二　A

問三　C

問四　B

問五　C

問六　A

要旨

サイバーフィジカルシステムによって「フィジカル空間において、ヒトやモノと高度なインタラクションを行うこと」が課題となっている。サイバーフィジカルシステムがもたらす新たな価値に我々が気づき恩恵を享受できる必要がある。サイバー空間とフィジカル空間の間のインターフェースのあり方、サイバーフィジカルシステムアーキテクチャの再検討が重要だ。それはフィジカル空間からサイバー空間に対し、どのような機能を期待するのか、またサイバー空間はフィジカル空間にどのような機能を実現するのかを常に検討する必要がある。

解説

問一　第二段落の具体例から判断する。「目的志向」のため「当初の目的とは直接関係ない現実世界における直接のインタラクションは減る」とある。したがって、正解は「物理的な世界から直接受け取る情報が少なくなり」とするEである。Aは、「排除しようとする」が不適切。積極的に排除しようとしているわけではなく、「インタラクションは減る」「周囲への注意が散漫になり」とあるように、注意がそちらに向かないのである。

問二　(2)は、直後が具体例ではないのでEが外れる。

考え、……文明を形成することができた源泉であると思われる」に合致するDが正解。B・C・Eも似た内容であるが、精神世界や私的領域で考えを深める、という内容があるのはDのみである。
Bは単に「ひとりでいる時」「孤独な時間」としていて、「精神世界や私的領域」まで言及していない。
Cは「世界や領域を持つことによって……可能であり」と、単に「持つことによって」可能になるとしている点が不適切。その世界や領域のなかで「考え」ることが重要である。
Eは「科学や文化を発展させていくことができる以上」という理由付けが不適切。科学や文明は「人間の有り様」を源泉として発達したのであって、発展させていくことができるが「『個人の尊厳』や『人格の不可侵』」を保障するわけではない。

問七　脱落文は、個人情報の流出に関わる具体例であることを手がかりに判断する。

問八　Aは、「個々の消費者が暗黙的に抱えている嗜好をいかに表出化させるか」が誤り。消費者のニーズを予想し、それに合わせて「もの」を生産するために「大量の個人情報を集積・分析する」（第二段落後半）とある。
Bは、文中に記述がない。
Cは、「プライバシーの侵害が横行するようになった」が誤り。「大きな脅威がもたらされた」（第六段落後半）、「プライバシー侵害の危険性」（空欄(3)のある段落の次の段落）とある。
Dは、「個人の情報について、所有者が自由に扱える『処分権』が認められている」が誤り。「具体化されたデータには処分権が保障される」（空欄(7)のある段落）とある。
Eは、「ひとりにしておいてもらう権利」からより積極的に「自己情報コントロール権」として「現実の問題状況に対応しようとした」（空欄(7)のある段落の直前の段落）とあるので合致する。

十一段落には「それ自体は個人の同意に基づいて集められた情報が各機関相互に交換されたり、一箇所に集中されたりする場合には、情報の流用や目的外使用の可能性が生ずる」とあり、第十二段落にも「誰でもが入手・加工が可能になる状態が作り出されることにより、盗難や悪用のおそれがある」とあるので、「個人の承諾を得ずに利用されてしまうことが原因」ではない。承諾を得ていても、データバンク同士がネットワークを通してつながり一つの巨大なデータバンクになることによって、「漏洩や悪用を招く」のである。

Dは「誤った認識」の内容が不適切。

問二 (2)は、直後の一文が経済面でのコンピュータの大きな威力について具体化しているので、A・Bが候補になる。

(5)は、直後に理由を示す「から」が文末にあるので、A・Cが候補になる。
(7)は、ドイツの事例が展開されていくのでAが候補になる。

問三 (3)は、直後に「『個人情報の商品化』がもたらされた」「商品として売買されるようになった」とあるのに着目する。
(4)は、直後の段落に「高度情報社会では、個人情報が自分でコントロールできないような状況が生み出されてしまった」とあるのに着目する。

問四 「自己に関する情報をいつ、どのように、また、どの程度他人に伝えるかを自ら決定できる権利」と引用されていて、そのことを次段落で「自己情報コントロール権」と命名している。

問五 傍線(8)のある段落に「プライバシーの権利」について、「プライバシーの権利を『自己情報コントロール権』として理解する」とあり、直後の引用文等に、「『幸福追求権』の一部を構成する」「個人の尊厳や自己完結性の視点」とあることから判断する。

問六 「根源的な理由」を説明する、という設問の指示に注意する。「根源的な理由」は、傍線(9)直前の「以上のような人間の有り様」である。そこで、前段落から「人間の有り様」を読み取る。「人は誰でも、他者に知られたくない精神世界や私的領域を持っている。……自分だけの精神世界や私的領域を確保し、そこで自分を取り巻く世界や生き方を

要旨

グローバルネットワーク化による高度情報社会の発展は、あらゆる情報を獲得できることで私たちの生活に大きな利便をもたらした。その一方で、私たちの知らないところで個人情報がデータバンク化されて商品化され、プライバシー侵害の危険性が生じている。こうした現実の問題状況に対応してプライバシーの権利は「ひとりにしておいてもらう権利」から「自己情報コントロール権」とする考え方が広まった。プライバシーを守ることは精神的に自由であるための条件であり、プライバシーの権利は「個人の尊重」や「幸福追求権」から導き出される重要な権利である。

解説

問一　第三段落に「つぎに述べるような、大きなデメリットをもたらすこととなった」とあり、「つぎ」の第四段落では、「われわれが知らないところで自らの個人情報が収集され、様々な目的のために使用あるいは加工され、自分が知らないうちに他者に伝達されている」「データバンク社会」の出現がそのデメリットであると述べられる。さらに、第五～七段落でデータバンク社会出現の背景、第八～十二段落で「プライバシー侵害の危険性」が具体的に述べられている。最後の「プライバシー侵害の危険性」については、A、「情報が流出するリスク」、B、「利用者の不安」、C、「情報の漏洩や悪用」、D、「誤った認識を、利用者に抱かせる」はすべて第八～十二段落にある内容であり、E、「水面下での不正な取り引き」も「情報の流用や目的外使用」「盗難や悪用」をまとめた内容であるから、この部分の比較では絞り込めない。その前の「データバンク社会」について正しくまとめた選択肢が正解になる。第六段落の内容に合致するEが正解である。

Aは「加工・改変するための仕組みが築かれ」が誤り。第四段落に「加工し、伝達することを可能にした」とあるが、「改変するための仕組み」が築かれたわけではない。

Bは、「利用者の不安をあおる」理由が「情報の最新性や正確性が保証されない点」だという因果関係が不適切。

Cも「個人の承諾を得ずに利用されてしまうことが原因で、情報の漏洩や悪用を招く」という因果関係が不適切。第

国語

一

解答

問一　**ア**―D　**イ**―B　**ウ**―A　**エ**―E　**オ**―D

問二　**ア**―E　**イ**―B

問三　**ア**―D　**イ**―B　**ウ**―A

問四　**ア**―B　**イ**―C　**ウ**―E

問五　**ア**―A　**イ**―C

二

出典　内藤光博「情報社会と個人情報保護」（梅本吉彦編著『情報社会と情報倫理　改訂版』丸善出版）

解答

問一　E

問二　A

問三　B

問四　C

問五　A

問六　D

問七　D

問八　E

////////////////////// · memo · //////////////////////

//////////////////// · memo · ////////////////////

2023年度

問題と解答

■国際経営学部：
一般方式・英語外部試験利用方式・共通テスト併用方式

問題編

▶試験科目・配点

〔一般方式〕

教　科	科　　　目	配 点
外国語	コミュニケーション英語Ⅰ・Ⅱ・Ⅲ，英語表現Ⅰ・Ⅱ	200 点
国　語	国語総合（近代以降の文章）	100 点

〔英語外部試験利用方式〕

合否判定は，一般方式の「国語」の得点（100 点満点）と各外部試験のスコアを得点（200 点満点）に換算し，合計得点（300 点満点）で行う。

〔共通テスト併用方式〕

合否判定は，大学入学共通テストで受験した 2 教科 3 科目（300 点満点）と一般方式の「外国語」の得点（100 点満点に換算）の合計得点（400 点満点）で行う。

英語

（90分）

I　次の英文1～15の（　　　　）に入る最も適切な語句を(A)～(D)から一つずつ選び，その記号をマークしなさい。

1．I was (　　　　) to know that my mother's injury was nothing serious.
(A) absent　(B) grateful　(C) pleasure　(D) assure

2．I was tall as a child, so I had the (　　　　) of height when playing basketball.
(A) risk　(B) warning　(C) advantage　(D) possibility

3．I don't want to get (　　　　) in that matter as I don't know much about it.
(A) involved　(B) related　(C) associated　(D) worried

4．I heard a friend of mine went into the hospital, and I am (　　　　) his condition.
(A) eager for　(B) careful of　(C) anxious about　(D) certain of

5．I think it's better to call the restaurant to (　　　　) our reservation for dinner tomorrow.
(A) conform　(B) content　(C) contact　(D) confirm

6．You shouldn't (　　　　) someone while that person is talking.
(A) interrupt　(B) speak　(C) avoid　(D) protect

7．This old castle has been (　　　　) in very good condition over a long time.
(A) deserved　(B) preserved　(C) reserved　(D) served

8. As you have a lot of (　　　　) talent, you can become a great writer.

(A) literature　(B) literal　(C) literary　(D) literacy

9. My hobby is the (　　　　) of stars and planets with an astronomical telescope.

(A) observation　(B) obligation　(C) obtaining　(D) objection

10. You said you saw him at the station, but it's (　　　　) impossible as he was with me at my house then.

(A) psychologically　(B) partially

(C) periodically　(D) physically

11. Our company spent too much money on the sales campaign last month. We need to (　　　　) the expenses.

(A) fork out　(B) show off　(C) box up　(D) trim down

12. You'd better be quiet after midnight, otherwise you will be a (　　　　) to the neighborhood.

(A) bothered　(B) nuisance　(C) hinder　(D) crime

13. As you did your best, everything will be all right. Don't be so (　　　　).

(A) pesimisstic　(B) pesmistic　(C) pessimistic　(D) pessimestic

14. We are going to ask people to answer this (　　　　) about our new products.

(A) questioneare　(B) questionnaire

(C) questionairre　(D) questionnere

15. One mile is approximately 1,600 meters. If a car travels for one hour driving at 80 km/h, then it travels about (　　　　) miles.

(A) 200　(B) 48　(C) 120　(D) 50

Ⅱ　次の問1～問3について答えなさい。

問1　次の各四つの単語のうち，他の三つの選択肢と異なる部分にアクセントがあるものを(A)～(D)から一つずつ選び，その記号をマークしなさい。

1. (A) consider　(B) manager　(C) delicate　(D) ancestor
2. (A) introduce　(B) volunteer　(C) Japanese　(D) adequate
3. (A) political　(B) epidemic　(C) interpreter　(D) economist
4. (A) register　(B) opinion　(C) artistic　(D) deposit

問2　下線部の発音が，他の三つの選択肢と異なるものを(A)～(D)から一つずつ選び，その記号をマークしなさい。

1. (A) l<u>a</u>dy　(B) m<u>a</u>ny　(C) d<u>a</u>nger　(D) str<u>a</u>nge
2. (A) w<u>ar</u>　(B) <u>ar</u>m　(C) c<u>ar</u>d　(D) guit<u>ar</u>
3. (A) co<u>s</u>mos　(B) re<u>s</u>emble　(C) cea<u>s</u>e　(D) advi<u>se</u>

問3　問いかけに対する返答の中で，最も強く言う部分の下線部を(A)～(D)から一つずつ選び，その記号をマークしなさい。

1. A: Could I ask you if you have any foods that you can't eat or are allergic to?
   B: I'm allergic(A) to all(B) kinds of seafood(C), including shellfish(D).

2. A: Hello, this is Steve.　Can I talk to Mike?
   B: I'm sorry, but he(A) is out(B) now(C).　I'll tell him you(D) called.

3. A: I want to know where the public telephones are in case of a disaster.
   B: Well, I hardly see them nowadays.　There are none around here.
   A: Have you ever seen them anywhere else?
   B: Let me see.　I think(A) I've seen(B) one(C) at the station(D).

Ⅲ　次の問1，問2について答えなさい。

問1　次の文章1，2について，**文法的に誤りのある箇所があれば**指摘し，解答として最も適切なものを(A)〜(F)から一つずつ選び，その記号をマークしなさい。

1．

Researchers asked participants to spend (1) 15 minutes in a room without their mobile phones, computers, or anything to read. In the room, there was a device that delivered (2) a small electric shock at the press of a button (3). More than 40% of the participants decided to use the device at least once to break up their boredom despite of the pain (4) they would get.

(A)　誤り無し　　(B)　(1)　　(C)　(2)

(D)　(2), (3)　　(E)　(4)　　(F)　(3), (4)

2．

Food can define as (1) medicine, and science clearly says that food can cure and prevent diseases. Food and nutrition are the leading causes (2) of poor health in the most of every country (3) in the world. However, this fact has been largely ignored in healthcare discussions (4) and by healthcare financing.

(A)　誤り無し　　(B)　(1)　　(C)　(2)

(D)　(1), (3)　　(E)　(2), (4)　　(F)　(1), (2), (3)

問2　次の日本語訳に合う最も適切な英文を(A)〜(D)から一つずつ選び，その記号をマークしなさい。

1．海に浮かぶほとんどのプラスチックが，最終的には海岸に打ち上げられるか，海岸線に埋もれてしまうことを我々は知るべきである。

(A)　We should know that most of the floating plastics will be finally either launched to the coast or burying along our shorelines.

(B) Most plastics washed ashore or buried along our shorelines should be known to be ending up floating in the ocean.

(C) We should know that most plastics floating in the ocean will eventually get washed ashore or buried along our coastlines.

(D) Finally, the fact that most plastics will be floating in the ocean, washed ashore, or buried in the coastlines should be known.

2．果物や野菜をばら売りして，必要な分だけを買うようにすれば，かなりの量の食品廃棄物を減らすことができる。

(A) Buying only what we need by separating sold fruits and vegetables, we can reduce rather huge amount of food waste.

(B) If we sell fruits and vegetables loose and buy only what we need, we can reduce a considerable amount of food waste.

(C) To reduce much amount of food waste, we should buy only what is needed and sell the left fruits and vegetables separately.

(D) Selling loose fruits and vegetables will make us buy only needed amount of food, which can lead to much less food waste.

3．日本企業が発展途上国で事業を行う場合，発展を期待する半面，日本では想定されない現地での法律や不十分な設備の問題を克服する必要があります。

(A) A Japanese company needs to overcome the problems that a developing country has in their laws and inadequate facilities against their expectation in doing business there.

(B) When a Japanese company does business in a developing country, while anticipating development, it is necessary to overcome the problems with local laws and inadequate facilities that are not expected in Japan.

(C) While a Japanese company is expecting development of a developing country in doing business with them, local people are dealing with the unexpected problems with local laws and inadequate facilities.

(D) In the case of a Japanese company doing business in a developing country, which is not expected in Japan, it needs to get over the problems that arise from local laws and inadequate facilities there.

Ⅳ　次の英文を読んで，以下の1～10の解答として最も適切なものを(A)～(D)から一つずつ選び，その記号をマークしなさい。* の付いた語句には注が付してある。

We all know the feeling. We start a new job, and immediately we're buried under loads of paperwork asking us to make all kinds of important decisions. For many people, just one of those decisions is whether or not to enroll in a retirement plan, in which part of our salary is automatically placed in an investment fund that we'll be able to access later in life. If we decide to enroll, we're typically given many options so that we can find the one that's right for us. Even with the numerous (1) of enrolling in these programs, however, which often include tax advantages and matching employer contributions, many people don't take advantage of them. Why not? Could it be that organizations are unknowingly discouraging enrollment by offering too many options?

Behavioral scientist*1 Sheena Iyengar thinks so. She and several of her colleagues analyzed company-sponsored retirement programs for nearly 800,000 (2) workers, looking at how the participation rates varied according to the number of fund choices offered. Sure enough, the researchers found that the more choices that were offered, the less likely the employees were to enroll in the program at all. They also found that for every ten additional funds a company offered to its employees, the participation rate dropped almost two percent. To give just one comparison, they found that when only two funds were offered, the rate of participation was roughly 75 percent, but when 59 funds were offered, the rate dropped to about 60 percent.

Iyengar and fellow social scientist Mark Lepper also examined whether the damaging effect of offering too much choice held true in other areas, such as food products. They set up a display at a supermarket in a wealthy area in which people passing by could sample a variety of jams that were all made by a single manufacturer. Throughout the study, the researchers varied the number of flavors of the jam offered so that either six or 24 flavors were featured in the display at any given time. The results demonstrated a clear and astonishing difference between the two conditions: only three percent of those who approached the extensive-choice display actually purchased any jam. Contrast that with the 30 percent who bought jam from the limited-choice display.

What could possibly account for this change in sales? The researchers suggest that when so many choices are made available, consumers may find the decision-making process frustrating, perhaps due to the burden of having to know the difference between so many options. This may result in disengagement from the task at hand, leading to an overall reduction in motivation and interest in the product as a whole. (3)

Does this mean that offering many varieties and alternatives is always a bad thing? Before trying to answer this question, let's first consider one of Vancouver's most celebrated ice cream shops, La Casa Gelato. This business offers ice cream in any flavor you could possibly think of — and many that you couldn't. What began as a sports and pizza bar in the commercial district of Vancouver in 1982 has grown into what owner Vince Misceo describes as an "ice cream wonderland."

Upon entering the shop, customers are faced with a diverse collection of over 230 flavors, including wild asparagus, almond, aged vinegar, jalapeño, garlic, and curry, to name just a few. But considering the research findings, has Misceo and his shop of over 230 varieties made a mistake by offering so many choices? The store's owner obviously embraces the philosophy that providing his customers with more choices will lead to better business, and it appears from his success that he's right. For one thing, the extensive variety of flavors has generated great publicity for his business — the extremely varied offerings have become a unique, identifying feature of the brand. Second, most of his shop's customers seem to genuinely savor*2 — both literally and figuratively — the process of sampling and eventually choosing the flavors they would like to try. And third, maximizing the number of options available may be especially helpful when customers are likely to know exactly what they want and are simply looking for a shop or a business that supplies it.

(4), there are few companies that find themselves in the fortunate position of having crowds of prospective buyers literally salivating*3 at the opportunity to choose from their wide range of goods and services. Instead, it's often the case that potential customers don't know precisely what they want until they've seen what's available to them. What this means for most businesses is that by flooding the market with a large number of unnecessary varieties of their products, they could be accidentally harming their sales, and as a result diminishing their profits. (5) In such cases, a business might enhance a customer's motivation to purchase its goods and services by reviewing its product line and cutting out unnecessary or less popular items.

There are a number of major manufacturers of a variety of consumer products that in recent years have been adjusting the range of options they provide, sometimes in response to a modest rebellion by clients against the excessive choices they were offered. For example, take Procter & Gamble, which offers a wide range of products, from laundry products to prescription drugs. When the company reduced the number of versions of Head & Shoulders, one of its very popular shampoos, from a staggering 26 to "only" 15, they quickly experienced a ten percent increase in sales.

So what might this mean for you? Suppose that you work for an organization that sells many varieties of one product. Although it may seem against your instinct at first, it may be worth considering a reduction in the number of options provided by your business in order to draw maximum interest in your offerings. This could be especially true if you have clients who are uncertain of exactly what they want.

The lessons of this research can also be applied to home life. Giving children choices in what books they'd like to read or what dinner they'd like to eat can undoubtedly be beneficial, but too many choices may be overwhelming and ultimately demotivating. The old saying may well assert that variety is the spice of life, but, as the scientific research demonstrates, in some circumstances, too much variety, like too much spice, can be the ingredient that spoils the dish and, as a result, spoils your efforts to persuade.

[注]

＊1. behavioral scientist　行動科学者

＊2. savor　味わう

＊3. salivate　よだれが出る

1. Which best fits blank (1)?

出典追記：Yes! : 60 secrets from the science of persuasion by Noah Goldstein, Steve Martin, and Robert B. Cialdini, Profile Books

(A) awards (B) restrictions (C) merits (D) penalties

2. What is the appropriate way to read the underlined number (2)?

(A) eight hundred thousand (B) eighty thousand hundred

(C) eight hundred thousands (D) eighty hundred thousand

3. Which line best fits blank (3)?

(A) It depends on how many people want to buy it.

(B) The same logic goes for retirement plans.

(C) Italian business models have different rules.

(D) Thus, wealthy consumers don't hesitate to buy.

4. Which best fits blank (4)?

(A) Furthermore (B) Similarly (C) However (D) As a result

5. According to the article, workers

(A) are not interested in receiving the tax advantages and other benefits of retirement plans.

(B) avoid enrolling in retirement plans because of all the paperwork that they have to complete.

(C) are often persuaded by their organizations not to sign up for retirement plans that could help them.

(D) are more likely to participate in a retirement plan when there are fewer options for them to choose from.

6. According to the article, the result of Iyengar and Lepper's jam experiment was

(A) that purchases made were ten times greater when only six flavors were offered instead of 24.

(B) a 30 percent increase in sales from the extensive-choice display compared to the limited-choice display.

(C) three percent less purchases by customers when they had more flavors to choose from.

(D) ten percent more jam sold when the limited-choice display was used versus the extensive-choice one.

7. According to the article, La Casa Gelato

(A) began selling ice cream when its owner realized it was a more popular product than pizza.

(B) has made providing its customers with an abundance of choices part of its unique appeal.

(C) offering certain varieties of ice cream that no one had ever heard of before was a huge mistake.

(D) typically attracts customers who already know what they want and do not enjoy trying samples.

8. Which example would best match the case of the underlined sentence (5)?

(A) An automobile company narrows down its product line-up to the two best-selling cars from next year.

(B) Customers of a local Italian restaurant convince the owner to cut their least favorite pasta dishes from the menu.

(C) A smartphone maker stops producing its three cheapest but most liked phone models.

(D) The brands of perfume a company makes are reduced to four that all smell very similar.

9. According to the article, which of the following is <u>not</u> true?

(A) Having less selection in products or services can be beneficial when the customer does not know precisely what they are looking for.

(B) Recently, some companies have been changing the number of options they offer with their products in response to customers' reactions.

(C) It is helpful to provide children with a choice in what they read as long as the options are limited to just a few.

(D) Customers were confused and frustrated when they found 11 types of Procter & Gamble's Head & Shoulders shampoo in the market.

10. What is the best title for this passage?

(A) Why Do Customers Ask for More Choices for a Better Feeling?

(B) Controlling Numbers: Successful Sales for Every Company

(C) When Does Offering People More Make Them Want Less?

(D) How "Behavioral Science" Works Effectively in Trading

V 次の問1，問2について答えなさい。

問1 次の1，2の会話の空欄に入る最も適切なものを，(A)〜(D)から一つずつ選び，その記号をマークしなさい。

1. Man: Hello. I want to apply to live at the International Dormitory. Could you tell me if there are any special requirements?

Woman: Yes, of course. Students must sign a contract for at least six months, but the maximum stay allowed is one year.

Man: [1]

Woman: In that case, you should think about applying to one of the others that offers longer contracts so that you don't have to change dormitories later.

(A) I think that sounds perfect for my situation.

(B) That should be okay if the cost isn't too high.

(C) Oh, but I'll be studying here for two years.

(D) Alright, I'd like to sign a contract right away.

2. Woman: Hello, Mark. What can I do for you?

Man: Hi, Professor Simms. I have a few questions that I'd like to ask you about our report that's due next week.

Woman: I'm happy to answer them, but there's one small problem.

2

Man: What? I thought that was the reaction paper on this week's reading. I guess I won't be sleeping much tonight then.

(A) Your appointment with me isn't for another hour.
(B) I think your research topic is much too difficult.
(C) You haven't emailed me about the topic you chose.
(D) That report is due by tomorrow at the end of class.

問2 次の面接でのやり取りを読み，空欄に入る最も適切なものを，(A)～(D)から一つずつ選び，その記号をマークしなさい。

Interviewer: Thank you for coming today. I'm Janet Smith, the head of the marketing department for the company. I'll be conducting your interview today.

Interviewee: It's a pleasure to meet you. My name is Maggie Walters. I'm looking forward to discussing how I can become a positive addition to your team.

Interviewer: Great, then let's get started. First question. [(1)]

Interviewee: I saw that you were looking for someone to work on a new advertising campaign for one of the company's major brands. That's something that I am very interested in. Taking already established products that are known around the world and finding new ways to present them to people is the kind of challenge that excites me.

Interviewer: I'm glad that you aren't afraid to work with products that have been around for a long time. Most people would prefer to come up with ideas for advertising completely new ones. Then, there is no pressure to achieve better sales than the previous marketing team.

Interviewee: I don't mind working with new products, but that is a different kind of challenge. You need to think of the best way to introduce the new product to people so that they want to find out more. It has to be something memorable that makes it stand out from similar products.

Otherwise, people forget about it as soon as the commercial is over.

Interviewer: That is very true. But if you're hired, you'll be working on one of the company's top brands. [(2)]

Interviewee: Yes, of course. I would say that I have a talent for recognizing what has worked well in the past and identifying the areas where we can make improvements. If I communicate those things to the other members of my team from the beginning, then our work becomes a bit easier. We can continue to use the strengths of the brand in our advertising while focusing on a different approach for attracting more customers.

Interviewer: You seem like you already have some ideas in mind.

Interviewee: Well, I don't know which brand I would be working on if I was hired, but I have some ideas prepared for a few of them.

Interviewer: I'm sure they're great, but for my last question, I'd like to ask you something a little different. [(3)]

Interviewee: That's a bit difficult to answer. I think it's probably patience. It was always easy for me to stay motivated to work when I was having a lot of success. But when things didn't go as planned, I had to learn to slow down, think about what went wrong, and start over without becoming discouraged and giving up. That was a lesson my failures taught me.

Interviewer: Great answer. Thank you again for coming in for this interview. Once we have made a decision, we will let you know through email.

Interviewee: Thank you very much for your time. I look forward to hearing from you.

(1) (A) What motivated you to apply for this position?

(B) What kind of work are you currently doing?

(C) How did you find out about this job?

(D) What previous marketing experience do you have?

(2) (A) Can you handle having such a large responsibility soon after joining a new company?

(B) Is it easy for you to work together with a lot of other people as part of a team?

(C) Can you tell me about one skill that will help you succeed in this role?

(D) Are you familiar with all the products that our company sells?

(3) (A) Have you ever faced a difficult problem that you couldn't overcome?

(B) What is something important you have learned from your mistakes?

(C) How do you deal with stressful situations that you encounter at work?

(D) What has always been your biggest strength as a worker?

Ⅵ 次のプレゼンテーションを読み，以下の１～５に答えなさい。

Good morning, everyone. I'm Jacob Evans, the head of sales for the drink and snack machine division here at the Williams Food and Drink Company. As you know, we are here today to discuss where to put one of our new drink machines. I'm going to present the results of the location analysis my team did on three possible places where we can obtain a license for putting the machine. I'll allow time for questions after I'm finished, and then we can try to come to a decision by the end of today's meeting.

Looking at the first slide here, you can see images of the area around each of the spots that were selected as candidates: just outside of the south exit of the train station in the center of the city, on the main floor of the sports stadium downtown, and at the corner of Main Street and 15th Avenue in the heart of the business district. All these locations experience heavy foot traffic, with hundreds of thousands or even millions of people walking by them every week. However, there are several other factors that will have an impact on sales which we must also consider.

Here on the next slide, you can see that the average number of people who pass through the train station daily is around 250,000, about two-thirds of which use the south exit. As with most station traffic, very young children, who tend not to make purchases by themselves, make up about 4% of the total, so around 96% of those using the south exit are potential customers. Yet, as this table on the following slide shows, there is considerable competition on this side of the station, including existing drink machines, as well as two convenience stores and a number of shops where many of the same beverages can be purchased more cheaply. Our machine would be the closest to the station exit, less than 15 meters, though, and therefore more convenient for those going to work, school, or home by bus or taxi.

Moving on to the next slide, you can see the average daily foot traffic for the stadium, all of which passes through the main floor for admission. For most of the week, the number is around 85% lower on average compared with Friday and the weekend when the events that bring in large crowds are usually held. Thanks to it being an indoor stadium, foot traffic follows this pattern for most of the year instead of changing when the weather becomes colder or there is a lot of rain. There are also no other drink machines currently located on the stadium's main floor. Instead, the stadium operates a food stand that sells hot dogs, hamburgers, and a selection of cola products. Compared to our machines, prices are around 30% higher for the same drink, which means there is a great opportunity to attract customers who are looking to save some money.

Finally, I'd like to talk about the business district location. The foot traffic here is practically the (　　　　) of the stadium downtown. With the area made up mostly of office buildings, traffic is light on the weekends and holidays when companies are closed but heavy on weekdays. In addition, most of the businesses close by are known for paying higher salaries to their employees, so many of the potential customers here may be less sensitive about paying more for a drink from our machine compared with a cheaper one purchased from a shop. Moreover, there are no other places to purchase drinks for a cheaper price until you walk a few hundred meters and leave the business district.

That's all from me. Thank you very much for your time. Now, before we begin our discussion, does anyone have any questions?

1．このプレゼンテーションのメインテーマはどれか，最も適切なものを(A)〜(D)から一つ選び，その記号をマークしなさい。

(A) To let people purchase more drinks from a vending machine rather than a store

(B) To think of how to exceed the rival companies selling drinks in major spots in the city

(C) To make people thirstier by walking a long distance from their destinations

(D) To find the best location to set up a vending machine to get the maximum profit

2．(　　　)に入る最も適切なものを(A)〜(D)から一つ選び，その記号をマークしなさい。

(A) opposite　(B) identical　(C) contradiction　(D) photocopy

3．プレゼンテーション内で，売り上げに影響する factor として言及されなかったものはどれか，最も適切なものを(A)〜(D)から一つ選び，その記号をマークしなさい。

(A) the number of regular visitors each day

(B) the way weather affects what customers buy

(C) the amount and location of nearby competition

(D) the influence of price on customers' purchases

4．このプレゼンテーションを通して投影しなかったと考えられるスライドはどれか，最も適切なものを(A)〜(D)から一つ選び，その記号をマークしなさい。

(A)

Competition Near the South Exit

Type	Number	Distance Range
Convenience Stores	2	75~120 meters
Other Drink Machines	5	15~65 meters
Shops Selling Drinks	4	40~200 meters

(B)

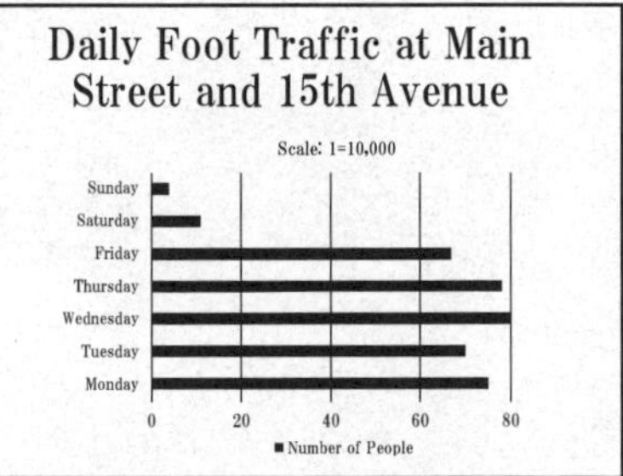

(C)

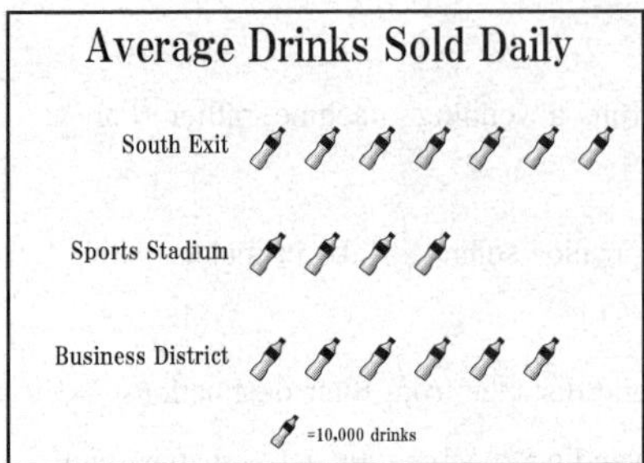

(D)

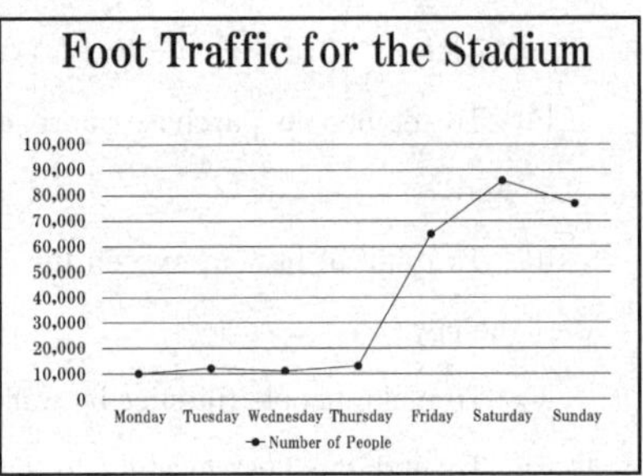

5．プレゼンテーション後に「Does anyone have any questions?」と呼びかけた場合に想定される質問として，最も適切なものを(A)～(D)から一つ選び，その記号をマークしなさい。

(A)　Why are our machine's drink prices higher than the stadium food stand's?

(B)　How long do you estimate it will take before our machine generates a profit?

(C)　Which shops sell drinks more cheaply than us in the business district?

(D)　How do our machine's drink prices compare with others at the south exit?

〔問五〕 次の一文を入れる箇所としてもっとも適当なものを左の中から一つ選び、符号で答えなさい。

ヘーゲルによれば、むしろそのようなものを考えることが誤りである。

A 【Ⅰ】　B 【Ⅱ】　C 【Ⅲ】　D 【Ⅳ】　E 【Ⅴ】

〔問六〕 本文の内容と合致するものとして、もっとも適当なものを左の中から一つ選び、符号で答えなさい。

A 硬直的なカントの考え方によってではなく、柔軟なヘーゲルの考え方によって、哲学的な議論は歴史的に積み重ねられてきた。

B 哲学的な知見に基づき「考え抜く力」を養成することができた人だけが、オールラウンダーとして日常生活において活躍できる。

C 現代は、極端な考え方に偏ることなく、バランスを取って物事を考えることができる中庸を得た人物が評価される時代である。

D 情報を鵜呑み(うの)にせず適切に付き合うことと、状況にいかに対応するかを短絡的にではなく、その都度考えることが大切である。

E インターネットが発達し力を持ったことで、マスメディアが情報に自らでバイアスをかけるという皮肉な事態が起こっている。

〔問三〕 傍線部(3)「認識論から教訓を得る」とあるが、認識論からどのような教訓を得ることができるのか。その説明としてもっとも適当なものを左の中から一つ選び、符号で答えなさい。

A 中核となる思考様式を身につけて状況に適応することと、それを適宜柔軟に構築し直すことが必要であるという教訓。

B ア・プリオリな概念とア・ポステリオリな概念を区別し、前者に基づくことで新たな状況に対応すべきであるという教訓。

C 思考様式そのものは常に変更を加え、たとえどのような状況が起こっても、即座に対応しなければならないという教訓。

D 哲学的な思考様式を適用することによって、目まぐるしく変化する状況を正しく認識しなければならないという教訓。

E 自らの思考様式は先入観となるので、哲学的な議論を経た思考様式に基づいて、適切な対応をすべきであるという教訓。

〔問四〕 空欄(4)に入れるのにもっとも適当なものを左の中から一つ選び、符号で答えなさい。

A あらゆる学生の質問に所与のプロセスに従い画一的に答える

B 消費者からの苦情を絶妙なタイミングで的確に処理する

C 機械の不具合を最新のシステムで即座に解決する

D 移民からの申請を新規のルールを適用して許可する

E 顧客からの要求を既存のパターンに当てはめて考える

〔問一〕　傍線部(1)「情報との付き合い方について考えてみよう」とあるが、どのように付き合えばよいと筆者は考えているのか。その説明としてもっとも適当なものを左の中から一つ選び、符号で答えなさい。

A　マスメディアやインターネットを媒介にした情報では、事実を正しく認識できないと考えて付き合わなければならない。

B　自分の五感を用いて集めた情報は信用できるが、他者から得る情報は信用できないものとして付き合わなければならない。

C　今も昔も何のバイアスも入っていない情報など存在しないという前提の下で、全ての情報と付き合わなければならない。

D　メディアリテラシーの考え方を身につけ、マスメディアの情報だけには、だまされないように付き合わなければならない。

E　情報を受け取る能力ではなく、情報を処理する能力を高め、自らの解釈を加えながら情報と付き合わなければならない。

〔問二〕　空欄(2)(5)に入れるのにもっとも適当な組み合わせを左の中から一つ選び、符号で答えなさい。

A　(2)　臨機応変に　(5)　変幻自在に

B　(2)　意気揚々と　(5)　急転直下で

C　(2)　変幻自在に　(5)　時々刻々と

D　(2)　急転直下で　(5)　意気揚々と

E　(2)　時々刻々と　(5)　臨機応変に

妨げることもある。この場合、思考様式そのものを変更しなければならない。【Ⅳ】

そして、私たちは実際に、思考様式の適用と、思考様式そのものの変更を柔軟に組み合わせて行いながら生きている。例えば全く新たな部署に異動する場合のことを考えてみよう。これまでの思考様式を適用できる場面と、これまでの思考様式が通用せずに全面的に考えを改める場面が両方あるだろう。これをうまく行うことができれば、様々な場面に［(5)］対応できるオールラウンダーとして高い評価を得ることが可能になる。オールラウンダーに必要な能力を、認識についての哲学的な議論を通じて言い当てることができるのである。この知見を上手に活かせば、読者の皆さんもオールラウンダーとして活躍できるはずだ。こうしてここでも、私たちの日常生活の中で哲学的な知見を役立てることができる。【Ⅴ】

「これまでの思考様式をそのまま適用するべきか、それとも思考様式そのものを変えるべきか」をその都度考えるというのもまた、「考え抜く力」の一つの形態である。過去の思考様式にこだわって硬直的な思考や行動を繰り返してはならない。他方で、新たな情報に簡単に飛びつきすぎるのもよくない。ここでも「考え抜く力」を持つ人は、安易な結論に飛びつかずに、両者の間で辛抱強くバランスを取って考え続けることができる人なのである。

（川瀬和也『ヘーゲル哲学に学ぶ　考え抜く力』による）

（注1）　カント……ドイツの哲学者（一七二四年～一八〇四年）。

（注2）　ヘーゲル……ドイツの哲学者（一七七〇年～一八三一年）。

＊　問題の作成上の都合により、本文の一部に手を加えてある。

認識論と私たちの日常生活との接点は、これだけではない。カントにおいてもヘーゲルにおいても、統覚による「振り返り」が重視されていたが、このことは(3)認識論から教訓を得る上で重要だろう。正しい認識に至るためには、新たに得られた情報と、これまで自分が持っていた様々な考えとの整合性を考えなければならない。これを通じて情報を取捨選択し、これまでの認識に誤りがあればそれを正す。これこそが、状況についての正しい認識と、巧みな対応の基礎となるはずだ。

ア・プリオリな概念とア・ポステリオリな概念についてのカントとヘーゲルの議論も示唆に富んでいる。カントは、私たちの認識の中に、私たちの思考様式を形作っているア・プリオリなカテゴリーと、それ以外のア・ポステリオリな認識があると考え、両者を分けるべきだと主張した。カントがこう考えたのは、現実を認識していく際の確実な基礎として、経験に先立ち、経験に左右されない思考様式が必要だと考えたからである。

一方、ヘーゲルは、ア・プリオリなカテゴリーがもつ思考様式としての地位を相対化することで、カントの理論を修正した。ヘーゲルによれば、ほとんどの経験を形作るような思考様式としてのカテゴリーが仮にあるとしても、それは絶対に変更され得ないものではない。他の認識と比べて相対的に変更されにくいだけである。カントが言うような確実な基礎としてのア・プリオリなカテゴリーは存在しないし、存在しなくても問題がない。【Ⅲ】

ここから私たちが得るべき教訓は二つある。一つは、「思考様式」を形作るようなコアとなる考え方と、それ以外の認識はある程度区別できるということだ。私たちが持っている考えの中には、思考様式を形作る強固なものと、それほどでもないものがある。そして、私たちは新たな状況に直面した際に、私たちのコアとなっている思考様式を適用することで、素早く状況に対応できる。例えば　(4)　ことで、迅速な対応が可能になる場合がある。

もう一つの教訓は、思考様式そのものも状況に応じて変わることがあり得るし、変えていかなければ正しい認識に至ることはできない場合があるということだ。これまでと全く異なる状況に直面した場合には、思考様式が先入観となって、適切な対応を

「マスメディアのバイアスを排除した真実」であるかのように見なされる、という逆説的な現象が頻発している（しばしば「ネットで真実」等と揶揄（やゆ）される）。【Ⅰ】

（中略）

私の考えでは、このような「メディアリテラシーの逆説」とも言うべき事態が生じるのは、人々がどこかに「一切のバイアスを排除した真実」があると信じているからである。しかし、そのような「バイアスのない真実」があると信じることは、ヘーゲルが批判した「処理の加わらない生のデータ」があると信じ込むことにほかならない。実際には、そのような「バイアスのない真実」など存在しない。正しい認識にたどり着こうとするなら、情報を受け取ることとそれを処理することが不可分であること、それゆえ、全ての情報は、自分の目で見た情報でさえ、「処理済み」の情報、何らかのバイアスが加わった情報であるということを自覚しなければならない。

二つ目の論点に移ろう。私たちは日々、新しい事態や時代の変化に直面し、それに対応しながら生きている。うまく対応できることもあれば、失敗することもあるだろう。そして、失敗から学び、成長することで、同じようなことがもう一度起こったときにうまく対処できることもある。

ヘーゲルの認識論は、いかにして正しい認識に至ることができるのかを探究した理論であった。正しい認識は、[　(2)　]変化する私たちを取り巻く状況への対応の基礎となるものだ。そして、認識は全く新たな状況に直面すればしばしば誤る。新型コロナウイルスをただの風邪のようなものだと考えたり、仲良くなれそうだと思った新しい上司があとになって馬の合わない人だとわかったりする。このような日常生活の一つ一つの場面で、「認識」は重要な役割を果たしているのである。【Ⅱ】

三　次の文章を読んで、後の問に答えなさい。

まず、(1)情報との付き合い方について考えてみよう。

カント(注1)は、情報を受け取る（「感じる」）能力やそのプロセスと、情報を処理する（「考える」）能力やそのプロセスを分けて理解しようとした。これに対してヘーゲル(注2)は、これら二つの能力やプロセスを分けることはできないと主張したのだった。その理由は、全く解釈を加えられていない「生のデータ」というものを、私たちは認識したりイメージしたりすることができないからであった。

情報の受け取りと処理が常に同時に、不可分な仕方で進行しているという考え方は、我々の日常生活にも示唆を与えてくれるだろう。我々は日々、ニュースやSNSから情報を得ている。しかしその情報は、マスメディアやSNSのユーザーによって解釈を加えられた情報である。この問題は、「メディアリテラシー」の問題としてすでによく知られるようになっている。マスメディアやSNSの情報に触れるときには、編集されて見えなくなっている情報はないか、あるいは特定の立場からの見方が強調されすぎていないか、注意する必要があるとしばしば言われる。

それだけではない。私たち自身も、その情報を受け取った瞬間に、何らかの解釈を加えている。自分自身で、情報にバイアスをかけながら受け取ってしまっている可能性があるのだ。

これを自覚することは、メディアリテラシーと同じくらい、いや、それ以上に重要である。なぜなら、既存のメディアのバイアスを疑うメディアリテラシーだけでは正しい認識にたどり着くことはできないからだ。インターネットの発展によって、この傾向は近年、より顕著になりつつある。昨今では、メディアリテラシーの考え方が浸透した結果、マスメディアの見方を否定するインターネット上のブログや動画サイトの情報が、マスメディア以上にバイアスがかかった怪しい情報であるにもかかわらず、

〔問六〕 本文の内容と合致するものとして、もっとも適当なものを左の中から一つ選び、符号で答えなさい。

A 資本主義的な社会で暮らす人々は、資本主義以外の社会で暮らす人々よりも、便利で快適な日常生活を営むことができている。

B 農業行事としての祭りや儀式は、集団と連動するリズムに基づいておこなわれるため、きわめて合理的で効率的な作業である。

C 資本主義以外の社会で暮らす人々は、資本主義社会の人々とは違い、計算ができず、自らの経験に基づいて行動するのみである。

D 資本主義的経済行為は誰もがいつの時代においても営む自明なものではなく、一定の条件下においてのみ成立するものである。

E 現代社会に生きている日本人は、円環的時間ではなく直線的時間にのみ基づいて、恒例の儀式や行事などをとりおこなっている。

〔問四〕　空欄(6)に入れるのにもっとも適当なものを左の中から一つ選び、符号で答えなさい。

A　時間をどのように利用すべきか
B　資本をどのように投資すべきか
C　社会をどのように構築すべきか
D　資本をどのように蓄積すべきか
E　時間をどのように把握すべきか

〔問五〕　傍線部(7)「前資本主義的な社会で暮らす人」とあるが、この人はどのような暮らしを送っているのか。その説明としてもっとも適当なものを左の中から一つ選び、符号で答えなさい。

A　未だ科学が発達していないため、未来に得られる収穫量を正確に計算する能力がなく、行き当たりばったりの生活を営んでいる。
B　未来をしっかり見据えた上で自らの意志で行動するのではなく、集団の他の成員に付和雷同して、同調行動を取ろうとする。
C　未来を予測した上で合理的な意思決定をおこない行動するのではなく、集団による同調という形で未来を予定した行動がとられる。
D　集団の成員がみんなで同じタイミングで農作業や儀礼などをおこなうため、時間の観念を持つことなく過ごすことができている。
E　前年に収穫した穀物を次の年にすべて消費してしまい、蓄積することがなく、資本主義が成立する余地がない日々を送っている。

(3)　キヒ

A　ヒクツな笑みを浮かべた
B　人間関係で神経がヒヘイする
C　法務大臣をヒメンした
D　屋根にヒライシンを立てる
E　人知れず財貨をヒトクしていた

〔問二〕　傍線部(4)「資本主義と時間の関係」とあるが、この関係の説明としてもっとも適当なものを左の中から一つ選び、符号で答えなさい。

A　時間は円環時間と直線時間に分かれるが、両者を使い分けることにより資本主義を持続的に成立させることができる。
B　時間は個体がもつ記憶の範囲や粒度により捉え方が変わるため、資本主義の形は個人に依存する度合いが高くなる。
C　時間は過去についての記憶があることによって知覚されるが、それとともに資本主義が社会に定着するようになった。
D　時間の観念が生じたのは、ユダヤ・キリスト教文化においてであるため、資本主義は宗教との繋(つな)がりが強いものである。
E　時間が存在していれば、ただちに資本主義が成立するわけではなく、時間を直線的に捉えることが前提となっている。

〔問三〕　空欄(5)(8)に入れるのにもっとも適当なものを左の中から選び、符号で答えなさい。ただし、同じ符号を二度用いてはいけない。

A　絶対的　　B　恣意的　　C　先駆的　　D　敷衍(ふえん)的　　E　将来的

（注1）スコープ……範囲。
（注2）ブルデュー……フランスの社会学者、哲学者。
（注3）アム＝カレフ……違反する者。

＊問題の作成上の都合により、本文の一部に手を加えてある。

〔問一〕傍線部(1)(2)(3)の漢字と同じ漢字を含むものを、左の各群の中から一つずつ選び、符号で答えなさい。

(1)　サンショウ

A　伝統芸能をケイショウしていく
B　公表するには時期ショウソウである
C　外国から技術者をショウライする
D　町の緑化をテイショウする
E　ニッショウ時間が短くなってきた

(2)　キト

A　織田信長はハントを拡大した
B　努力がトロウに終わった
C　思いのたけをトロする
D　会社がカト期を迎えている
E　この道具はヨウトが広い

ザクロが増加するとしても、そうはせずに消費に回すということが行われます。

もともと農民たちは、未来に得られるであろう収穫から逆算して消費量を決定するわけではなく、過去、つまり前年の収穫に従って消費を行っていました。また彼らは未来を見越して消費のために穀物を蓄えておくことはあっても、未来の収量を増やすために穀物の消費を減らし、種籾(もみ)に回すということはしなかったとされます。すなわち、前資本主義における未来を見据えた行動は、予測や計算に基づくのではなく、「経験において直ちに把捉(はそく)されてしまうか、あるいは、蓄積されて伝統と化している、あらゆる経験」に基づいていました。

また、アルジェリアの伝統的な農耕社会では、時間は刻々と未来へと向かって刻まれる直線的な存在ではありません。時間は、集団と連動する「リズム」なのです。彼らが集団の中で生きていく上で、他者と同じリズムで働いたり、農業行事としての祭りや儀式を決まった日取りで執り行ったりすることが要請されます。そしてこれを守らない者は「アム＝カレフ」(注3)と呼ばれます。かくして、前資本主義的なエートスは集団による同調という形で未来を予定し、確かなものにしようとするのです。つまり、集団の成員には皆と同じタイミングで農作業や儀礼に参加することが当然にして求められ、時間とはそうした集団作業をいつどのように行うかというサイクルであったというわけです。そこにおいて、過去と未来は現在を中心として対称であると言えるかもしれません。

時間が独立した単位として計算の対象になるのではなく、集団で行わなければならない行事や労働の中にリズムとして組み込まれていたことと、未来についての計算が拒まれ、将来のより多い富のために投資が行われることがなかったこととは、決して独立した事象ではありません。

（大川内直子『アイデア資本主義　文化人類学者が読み解く資本主義のフロンティア』による）

教文化によって生じ、広がったと考えられています。ユダヤ・キリスト教においては、世界は神によって創造されたものであるため、天地創造のタイミングを始点として、現在そして未来に至る直線的な時間がイメージされるのです。

なお、この直線的時間に対して、円環的時間という観念があります。日本でも、人々は円環的な時間の観念を抱いていたとされます。こうした円環的時間の観念は、特に農耕社会において重要になる、春夏秋冬が繰り返すという四季の感覚や、仏教における輪廻転生および輪廻からの離脱としての涅槃という思想に関連しています。

蓋し、直線的であれ円環的であれ、時間を知覚できるのは我々に記憶があるからではないでしょうか。時間は［(5)］な尺度のように感じられますが、過去についての記憶があるからこそ現在と過去の差異が、そして現在が過去と異なる時点にあるということが知覚されるのです。時が流れているという感覚、そしてそれに基づく時間という観念そのものが、その個体がもつ記憶の範囲や粒度に依存しているのです。このように、時間を我々がどのように知覚するかというのは決して［(5)］なものではないということをおわかりいただけたかと思います。

ここまで述べたように、直線的な時間の観念が未来についての予測を促し、それがさらに未来における利潤の計算を可能にするからこそ、人は［(6)］を判断できるようになります。逆に言えば、直線的な時間感覚と計算可能性を欠いた状態では、資本主義は持続的には成立し得ないのです。

補足すると、(7)前資本主義的な社会で暮らす人が未来について何も考えないというわけではありません。しかし、その考え方が「科学や経済的計算とは反対」であるとブルデュー(注2)は指摘しています。アルジェリアの農民たちの例を引くと、1年の中で牛を最初に耕地に出す日には、カメス（小作人）や隣人たちにザクロ入りのクスクスを饗さねばなりませんし、祭りのためには塩漬けの肉を蓄えておかなければなりません。このように、ザクロの実を（消費することなく）植えたほうが［(8)］に得られる資本主義と計算とが結びついていることはイメージしやすいかと思います。資本を増やそうとするキト(2)は、ある金額を投資したときにいくらのリターンが得られるのか、また、ある行為に伴うリスクはどの程度かといった計算なしには成り立ち得ないためです。加えて、複式簿記の開発やアラビア数字の導入が商取引の高度化・複雑化を下支えしたことをご存じの方も多いことでしょう。このように、資本主義の成立にとって計算可能性は非常に重要な役割を果たしています。

ただし、ここで言う「計算可能性」は計算の能力だけを意味しているのではありません。資本主義と計算とが密接に関わっているからといって、資本主義以外の社会に暮らす人々に計算ができないというわけではないのです。それでいながら資本主義の要件の一つに計算可能性があるというのはどういうことでしょうか。実は、資本主義以外の社会においては、計算を表立って行うことがキヒ(3)されたり、計算されたとしても私たちが買い物をするときのような緻密な計算とは全く異なる形でなされたりすることがあるのです。

（中略）

次に、(4)資本主義と時間の関係について検討してみたいと思います。ある金額を投資したときのリターンがいくらなのかというように、計算が可能であるということが資本主義の一つの要件でした。

こうした計算の前提として、時間についてのある感覚が必要になります。それが、――現代社会に生きる我々にとってはあまりに当たり前のことでかえって意識しにくいのですが――時間がこれまでも、そしてこれから先も直線的に過ぎていくという感覚です。

実は、こうした直線的な時間の観念を人類が常に身につけてきたわけではありません。直線的な時間観念はユダヤ・キリスト

二　次の文章を読んで、後の問に答えなさい。

将来のより多い富のために現在の消費を抑制し投資しようとする行為とは、具体的にはどんな行為でしょうか。例えば、娯楽のためのマンガ本ではなく資格取得のための参考書を買うことや、いつでも下ろせる普通預金ではなく、多少なりとも利率の良い定期預金を行うこと、あるいはより長い時間軸では、子どもが将来良い学校へ進み、良い職に就くようにという親心から、日々の生活を節制して子どもの学費を積み立てることなども該当します。こうしたことはごく普通の行動のように思われるかもしれませんが、全く自明ではないのです。資本主義的な経済行為を生み出す必要条件は、次の二つです。

1　計算可能性…………計算の方法を身につけていること、そして、計算が許されること

2　直線的な時間感覚……時間が、繰り返すのではなく、未来に向かってまっすぐ進んでいくという感覚

資本主義の成立にとって、計算と時間とがいかに重要かについて、文化人類学の研究もサンショウ(1)しながら見ていきましょう。

有名な社会学者であるマックス・ヴェーバーの議論が、資本主義と計算の関係性について考える上で参考になります。ヴェーバーは西洋の近代化という比較的広いスコープ(注1)で資本主義を捉えた人物ですが、彼によれば、資本主義的経済行為は、競争と交換、市場価格による行動決定、資本の投下、利潤の追求によって特徴づけられます。そしてこの一連の行為を可能にするものとして重要なのが、「形式的な合理性」なのです。形式合理性とは、未来を予測した上で、計算に立脚した意思決定を行うことに伴う合理性のことです。

E　見える化という思考様式は、日々刻々と起こっているさまざまな問題を解決できるが、すでに起こってしまった過去の問題に対処することはできないと楠木は捉えている。

〔問六〕　本文の内容と合致するものとして、もっとも適当なものを左の中から一つ選び、符号で答えなさい。

A　この一〇年のあいだに、コンサルタントの世界において、経験に基づいた実感から得た戦略は評価されるが、数字化しただけの戦略は評価されないという変化が起きている。

B　人間は感情の動物であり、何事にもモチベーションを大切にするので、イシューやデータを単に並べるだけでは、内容を理解してもらうことも、関心を持ってもらうこともできない。

C　SF的プロトタイピングという手法を用いたコンサルティングが台頭し、「ロジカルシンキング」などの形式的なフレームワークを用いたコンサルティングは駆逐されてしまった。

D　時代の先端を行くデジタル／IT領域におけるコンサルティングは、製造業や金融・保険業などの他の業種の場合とは異なり、ロジックやデータを用いた手法が好まれる傾向にある。

E　いまだ顕在化していないものを言語化することによって戦略を構想し、組織の人々のあいだで共有し、人々の心を束ねていくことができるのが、ストーリーの持つ利点である。

〔問三〕 空欄⑶⑹⑻⑽⑾に入れるのにもっとも適当なものを左の中から一つ選び、符号で答えなさい。ただし、同じ符号を二度用いてはいけない。

A だから　B しかも　C たとえば　D あるいは　E 一方で

〔問四〕 空欄⑷⑺⑿に入れるのにもっとも適当なものを左の中から一つ選び、符号で答えなさい。ただし、同じ符号を二度用いてはいけない。

A 修辞的　B 画期的　C 効果的　D 経験的　E 体系的

〔問五〕 傍線部⒀「見える化という思考様式」とあるが、楠木はこれをどのように捉えているのか。その説明としてもっとも適当なものを左の中から一つ選び、符号で答えなさい。

A 見える化という思考様式は、経営者にとっては現状を的確に把握できる有効なものではあるが、経営の意思決定を実行する者の心を動かすことはできないと楠木は捉えている。

B 見える化という思考様式は、過去に起こった事実については数字で表すことができるのだが、未来に向けてのビジョンや事業戦略を描くことはできないと楠木は捉えている。

C 見える化という思考様式は、会社のさまざまな問題点を洗い出すことには長(た)けているが、経営者が自らのリーダーシップを発揮できるわけではないと楠木は捉えている。

D 見える化という思考様式は、オペレーションレベルにおいて武器になり、戦略の実行を可能にするが、因果論理を用いて深く思考することはできないと楠木は捉えている。

(9) コブ

A 周囲の事情をコリョする
B 敵に武力をコジする
C 胸のコドウが高まる
D コタンの境地に至る
E 候補者の名をレンコする

〔問二〕 傍線部(1)「SFプロトタイピングに興味を持った」とあるが、それはなぜか。その説明として、もっとも適当なものを左の中から一つ選び、符号で答えなさい。

A テクノロジーを活用した事業は無機的で冷たく、はかばかしい成果を上げることが難しいため、もっと温かみがあり、ストーリーを持った事業の必要性を感じたから。
B 既存のフレームワークを用いたストーリーではありきたりで面白みがなく、人々の感情を突き動かすことができないため、奇想天外なストーリーの必要性を感じたから。
C 未来のビジョンや事業戦略を練るためには、頭の中でストーリーを描きながら感情豊かに物事を捉えた上で、それを論理的に構築し維持していく必要性を感じたから。
D 大きな成功を収めるためには、論理的な戦略や、それを裏付けるデータがそろっているだけではだめで、人々を興奮させるようなストーリーの必要性を感じたから。
E ビジネスを創出し、推進するためには、人々の心を動かさなければならず、従来の文学的なストーリーではなく、科学に基づいたストーリーの必要性を感じたから。

＊　問題の作成上の都合により、本文の一部に手を加えてある。

〔問一〕　傍線部(2)(5)(9)の漢字と同じ漢字を含むものを、左の各群の中から一つずつ選び、符号で答えなさい。

(2)　カンしていた

A　雑誌のカントウを飾る文章
B　トンネルがカンツウした
C　上役のカンシンを買おうとする
D　ジャッカン二十歳のチャンピオン
E　所期の目的をカンスイする

(5)　トげていく

A　ブスイなことを言う人だ
B　忠実に職務をスイコウする
C　率先スイハンを意識する
D　陸海軍をトウスイする
E　文学にシンスイする

ている経営者は決して少なくありません。これでは見える化どころか「見え過ぎ化」です。因果論理についての深い思考は全くありません。もし本当に戦略がこんなものであれば、子どもでも経営者が務まります。

戦略構想は定義からして将来を問題にしています。起こったことを数字で ⑿ に見える化しても、その延長上には戦略は生まれません。あらゆる数字は過去のものだからです。日々事実を積み上げていくオペレーションにとっては見える化は武器になりますが、将来の戦略構想ではあまり役に立ちません。まだ誰も見たことがない、見えないものを見せてくれる。それが優れた戦略です。そのためにはストーリーを描くしかありません。戦略をストーリーとして構想し、それを組織の人々に浸透させ、共有するしかないのです。

⒀見える化という思考様式は戦略にとっては役に立たないどころか、ものの考え方が戦略ストーリーの本質からどんどん逸脱してしまいます。戦略にとって大切なのは、「見える化」よりも「話せる化」です。戦略をストーリーとして物語る。ここにリーダーの本質的な役割があります。

ここには、わたしが約一〇年間コンサルタントとして働いてきたなかで得られた実感とほとんど同様の内容が書かれています。わたしは本書に強い影響を受けており、わたしもまた、本書の言う「ストーリーとしての競争戦略」というありかたこそが、戦略の本質だと考えています。

（樋口恭介『未来は予測するものではなく創造するものである　考える自由を取り戻すための〈ＳＦ思考〉』による）

（注１）　ステークホルダー……企業に利害関係をもつ人や組織。

（注２）　インセンティブ・システム……目標への意欲を高めるための仕組み。

戦略の実行にとって大切なのは、数字よりも筋の良いストーリーです。過去を問題にしている場合であれば、数字には厳然たる事実としての迫力があります。しかし、未来のこととなると、数字はある前提を置いたうえでの予測にすぎません。戦略は常に未来にかかわっています。 (8) 、戦略には数字よりも筋が求められるのです。

これまではあまり強調されることはありませんでしたが、ストーリーという戦略の本質を考えると、筋の良いストーリーをつくり、それを組織に浸透させ、戦略の実行にかかわる人々を(9)コブさせる力は、リーダーシップの最重要な条件としてもっと注目されてしかるべきだというのがわたしの意見です。インセンティブ・システム(注2)などさまざまな制度や施策も必要でしょうが、そんな細部に入り込む前に、人々を興奮させるようなストーリーを語り、見せてあげることが、戦略の実効性にとって何よりも大切だというのがわたしの見解です。

このところ会社のさまざまなことごとについての「見える化」が大切だ、という話が強調されています。オペレーションのレベルの話で、 (10) それが過去に起こったことのファクトについての話であれば、わたしも見える化に大いに賛成です。しかし、話がオペレーションよりも戦略レベルになると、見える化が本末転倒になってしまいます。

(11) こういう話です。ある経営者が新興市場への投資を決断しようとしています。現時点でのオプションとしては中国とインドとロシアがあるのですが、時間と資源が限られているために、まずどこから攻めるか、優先順位の意思決定をしなければなりません。そこでその経営者は戦略企画部門のスタッフを呼んで指示します。「それぞれの市場への投資の期待収益率を出してくれ」。指示を受けた「戦略スタッフ」はリアル・オプションの手法を駆使しつつ、いろいろな前提や仮定を置いて期待収益率をはじき出します。で、社長に報告します。「期待収益率を計算しましたところ、中国は一五%、インドは一〇%、ロシアは五%でした！」。社長は決断します。「そうか、中国にしよう……」。

これは話を極端にしているのですが、実際のところ、戦略的な意思決定をするのに暗黙のうちにこの種のアプローチをとっそれはなぜかと考えたとき、人間は感情の動物であり、モチベーションの動物であり、ロジックやイシューやデータだけで、ビジネスに関係するすべてのステークホルダー(注1)を束ね、大きな事業を成し(5)トげていくのは難しいからだ、とわたしは思うに至りました。形式的なフレームワークはどこか冷たい印象を与え、そこには、人の「感情」や「モチベーション」に訴えかける何かが欠けており、それだけでつくられた戦略は、時間が経(た)つにつれ、少しずつ形骸化していってしまい、最初に思い描いた理想のようなものはいつのまにか消え失せ、戦略に込められた願いのようなものは、誰にも思い出されなくなってしまいます。

(6)、SFプロトタイピングは、SFのストーリーを描くことで、未来のビジョンや事業戦略を考えるきっかけとするアプローチです。SFとはフィクションであり、物語であり、言うまでもなくそこでは、人の感情を突き動かす「ストーリー」が重要になってきます。そのためSFプロトタイピングは、既存のフレームワークでは決して成し得ることのなかった、これからのビジネスを創出し、推進するための、一つの「武器」になりうるのだと言えるのです。

以上がSFプロトタイピングの必要性に関する、コンサルタントとしてのわたしの経験に基づく概観ではあるのですが、まだ半信半疑の方のために、以降は、ある一冊の本の内容を紹介してみます。

ビジネスにおいてなぜ「ストーリー」が重要なのか？　それが本当に重要だと言えるのか？　そうした問いと問いへの答えについては、楠木(くすのき)建『ストーリーとしての競争戦略』という本の中で、かなり詳しく語られています。この本には、わたしがコンサルタントとして働くなかで(4)に理解してきたほとんどの事柄が、伸びやかな思考と言葉、それを支える豊富な事例とともに紹介されています。フレームワークやメソッドへの信仰が根深いビジネスシーンに一石を投じる内容で話題になり、ベストセラーにもなった本なので、既に読んだことのある方も多いかもしれません。

少し長くなりますが、「ストーリーでないものが(7)でない理由」と「ストーリーが(7)な理由」がそれぞれわかりやすく書かれているので、ここから引用してみましょう。

国語

（六〇分）

一　次の文章を読んで、後の問に答えなさい。

最初にわたしが(1)SFプロトタイピングに興味を持ったのも、それが「SF」という、SF作家としてのわたしが興味をそそられる言葉だけでなく、「プロトタイピング」という、コンサルタントとしてのわたしが興味をそそられる言葉をも(2)カンしていたためなのです。

わたしは、SF作家としてSF小説を書く一方、普段はコンサルティング会社に勤め、デジタル／IT領域におけるコンサルタントとして活動しており、一〇年ほど、企業に向けて、テクノロジーを活用した事業戦略の企画や事業推進の支援を行ってきました。

そこでは、（少しずつデザインシンキングの考えが広がりつつあるとはいえ）基本的には古典的な「ロジカルシンキング」などのフレームワークを用いたコンサルティングや、課題を定義し、課題に対して施策を検討する「イシュー・ドリブン」型のコンサルティング、［(3)］ビッグデータを解析して施策に結びつける「データ・ドリブン」型のコンサルティングなどが、いまも主な手法として用いられますが、そうした手法だけで戦略をつくるのは難しいということが、［(4)］にわかってきました。

解答編

英語

I

解答 1—(B)　2—(C)　3—(A)　4—(C)　5—(D)　6—(A)
7—(B)　8—(C)　9—(A)　10—(D)　11—(D)　12—(B)
13—(C)　14—(B)　15—(D)

◀解　説▶

1.「母の怪我が大したことがないとわかって感謝した」
母の怪我が大したことがなかったと言っていることから，be grateful to know ～「～とわかって感謝している」とする。

2.「私は子どもとしては背が高かったので，バスケットボールをする際には背の高さが利点だった」
I was tall as a child「子どもとしては背が高かった」と言っているので，have the advantage of ～「～という利点がある」とすれば自然な文になる。

3.「私はそのことについてよくわからないので，その問題に巻き込まれたくない」
空所の前後に get と in が用いられていることから，get involved in ～「～に巻き込まれる」とするのがよい。

4.「私は友人のひとりが病院に担ぎ込まれたと聞き，そして私は彼の状態を心配している」
前半部分で友人が病院に担ぎ込まれたと言っているのだから，be anxious about ～「～のことを心配する」とする。

5.「私は私たちの明日の夕食の予約を確認するために，レストランに電話した方がよいと思う」
レストランの予約についての発言であるから，confirm「～を確認する」を用いるのが場面として自然だろう。

6.「他人が話している時に，あなたはその人をさえぎってはいけない」

他人が話している時にしてはいけないことを述べていると考えるのが自然なので，interrupt「～をさえぎる」とするのが適切である。

7.「この古い城は長期間とてもよい状態で保存されてきた」

古城（old castle）が長期間よい状態にある（in very good condition over a long time）と言っているのだから，preserve「～を保存する」の過去分詞形が正解であろう。

8.「あなたは文学の才能が大いにあるから，あなたは偉大な作家になることができる」

偉大な作家になると言っているのだから，literary「文学の」を入れるのがよい。なお，literal は「文字通りの」という意味なので解答としては適当ではない。

9.「私の趣味は天体望遠鏡で天体観測をすることだ」

趣味の話をしているのだから observation of stars and planets「天体観測」とするのが自然である。

10.「あなたは彼を駅で見たと言ったが，その時間彼は私の家で私と一緒にいたのでそれは物理的に不可能だ」

駅で見かけたと言われる時間に彼は自分の家にいたと言っているのだから physically impossible「物理的に不可能」とするのがよい。

11.「我が社は昨月の販売キャンペーンにお金を使い過ぎた。私たちは出費を削減する必要がある」

販売キャンペーンにお金を使い過ぎたと言っているのだから，trim down the expenses「出費を削減する」とするべきである。

12.「あなたは夜12時を過ぎたら静かにした方がよい。さもないと，近所迷惑になる」

夜中に静かにしないのはマナー違反であるのは明らかであるから，nuisance to the neighborhood「近所迷惑」とするのが妥当であろう。

13.「君はベストをつくしたから全て上手くいくだろう。そんなに悲観的になるなよ」

頑張った人を慰めているのだから，Don't be so pessimistic「そんなに悲観的になるなよ」とするのが正解である。

14.「私たちは，私たちの新商品についてのアンケート調査に答えてもらうよう人々に頼む予定だ」

「アンケート調査」を意味する単語の正しいスペルは questionnaire である。

15.「1マイルはおおよそ1,600メートルだ。もし車が時速80キロメートルで1時間走行したらその車は50マイル移動する」

1マイルは1,600メートルとして，時速80キロで走行する車が1時間に何マイル走ったことになるかという計算を求める英文である。単位をメートルに合わせて，80000÷1600＝50という計算をすればよい。

Ⅱ 解答

問1．1—(A)　2—(D)　3—(B)　4—(A)
問2．1—(B)　2—(A)　3—(C)
問3．1—(C)　2—(B)　3—(D)

◀解　説▶

問3．いずれもAが最も聞きたいことは何かを理解すると，Bが強く言っている部分がわかる。

1．食べられないものを聞いているのだから，seafood「魚介類」が強く言う部分である。shellfish「貝」は食べられないものの例を示しているだけなので強く言うべきところではない。

2．電話でのやり取りだということを理解することが前提である。Mikeが電話に出られない理由を述べているのだから out「外出している」の部分を強く言うべきである。

3．公衆電話をどこかで見たことがあるかと聞かれているのだから，場所を示す station を強く言うのが妥当である。

Ⅲ 解答

問1．1—(E)　2—(D)
問2．1—(C)　2—(B)　3—(B)

◀解　説▶

問1．1．(4)「～にもかかわらず」という場合は，of をとって despite ～とする。

2．(1)については，food という無生物が主語であるから，動詞の部分は can be defined と受身形にしなければならない。(3)では，「ほとんどの～」という意味で most を用いる場合には定冠詞の the は不要。また，every country ではなく countries と複数形にする。

問2．1．(A)は，「埋もれてしまう」に当たる部分は，bury は本来「〜を埋める」という意味なので，主語が無生物（plastics）であれば，burying ではなく buried と受身形にしなければならない。(B)は「最終的には」に当たると考えられる to be ending up の部分は進行形にする必要はなく，単に to end up とすべきところであろう。(D)は，文頭に Finally がきているが，これは「ついに，ようやく」という意味になる。日本語の「最終的には」という意味と異なるため，適切ではない。

2．(A)の separating sold fruits and vegetables の部分は，「果物や野菜をばら売りして」の訳としては不適。(C)は the left fruits and vegetables の部分が「残った果物や野菜を」となるため日本語と合わない。(D)の前半を直訳すれば，「ばら売りで果物や野菜を売ることは，私たちに必要な量だけを買わせるだろう」となっている。ただし，ばら売りだからといって必ずしも必要な量だけを買うとは限らないので，これも不適。

3．(A)は their expectation が，日本文では「（発展を）期待する」の部分と推測できるが，期待するのは a Japanese company であるから their で受けるのは文法的に適切でない。(C)では，local people are dealing with the unexpected problems としているが，問題を克服するのは日本企業でなければおかしい。(D)は，which is not expected in Japan の部分が「日本では想定されない」にあたるとすれば，関係代名詞 which の先行詞は problems になるべきなので不自然である。

Ⅳ 解答

1―(C)　2―(A)　3―(B)　4―(C)　5―(D)　6―(A)
7―(B)　8―(A)　9―(D)　10―(C)

◆全　訳◆

≪多すぎる選択肢の弊害≫

私たちはみなその感覚を知っている。私たちは新しい仕事を始め，すぐにあらゆる種類の重要な決断を求める大量の書類に埋もれる。多くの人にとって，そういった決断のひとつに過ぎないのが，退職金制度に加入するかどうかというものである。退職金制度では，給料の一部が自動的に，後年入手可能になる投資資金に積み立てられる。もし加入を決断すれば，一般的には私たちが自分にうってつけのひとつを見つけられるように，多くの選択肢が与えられる。だが，たとえば税制上の優遇措置や企業拠出年金などのこうした数多くのプログラムに加入する利点があっても，多くの人はそれを利用しない。どうして利用しないのだろうか。あまりに多くのオプションを提供することで，経営陣が無意識のうちに加入を思いとどまらせているのだろうか。

行動科学者のシーナ=アイエンガーはそうだと思っている。彼女と何人かの同僚は，およそ 80 万人の従業員を対象とする，会社提供の退職金制度を分析し，提供される基金の選択肢の数に応じて加入率がどのように異なっているかを調べた。案の定，この研究者らは，提供される選択肢が多いほど，従業員が退職金制度にまったく加入しない傾向がより強くなることを突き止めた。彼らはまた，従業員に対して会社が提供する追加の基金が 10 増えるごとに，加入率は 2％近く減少することに気づいた。ひとつだけ実例を挙げれば，基金が 2 つだけ提供された時加入率はほぼ 75％であったのが，59 の基金が提供されると，加入率は約 60％まで下がったのだ。

アイエンガーと同僚の社会科学者マーク=レッパーは，あまりに多くの選択肢を与えることによる損傷効果が，食料品のような他の分野にも当てはまるかどうかについても検証を行った。彼らは，富裕層が住む地域のスーパーマーケットに陳列コーナーを設置した。そこを通る人々は，ひとつの製造業者が作った様々な種類のジャムを試食することができた。この研究の間，この 2 人の研究者は，いつでも 6 種類あるいは 24 種類の味が陳列コーナーに並べられるように，提供されるジャムの味の数を変えた。その結果，この 2 つの条件下で明白で驚くべき違いが示された。つまり，選択肢が過度に多い陳列コーナーに近づいた人のわずか 3％しか実際にジャムを購入しなかった。選択肢の限られた陳列コーナーからジャムを購入した人が 30％いたことと比較してみるとよい。

この売り上げの変化はどう説明できるのだろうか。この研究者らは，あまりに多くの選択が可能になる時，おそらくはそれらの選択肢の違いを理解しなければならないことが重荷となり，消費者は意思決定の過程を苛立たしく感じるのかもしれないと示唆する。このことで目の前の課題から逃れる結果となり，製品全体に対する動機付けや興味が全体的に失われてしまうことにつながる。この同じ論理が退職金制度にも当てはまる。

これは多くの種類と選択肢を与えることが常によくないということを意

味しているのだろうか。この疑問に答える前に，まずは，バンクーバーで最も名の知れたアイスクリームショップ，ラ・カーサ・ジェラートについて考えてみよう。このアイスクリームショップは，考えられ得るすべてのアイスクリームを――そして考えつくことのできない多くのアイスクリームを――提供している。スポーツとピザのバーとしてバンクーバーの商業地区に 1982 年に始まった店が，オーナーであるビンス=ミシェオが「アイスクリームのおとぎの国」と称するビジネスに成長したのである。

店に入るとすぐ，客は，いくつか例を挙げれば，ワイルドアスパラガス，アーモンド，熟成酢，ハラペーニョ，ニンニク，カレーなどを含む，230 以上の異なる品ぞろえに直面する。だが，あの研究成果を考慮すると，230 以上の種類を持つミシェオと彼の店は，それほどまでに多くの選択肢を提供することで間違いを犯したのだろうか。この店のオーナーは明らかに，客により多くの選択肢を提供することはよりよいビジネスにつながるという哲学を持っており，そして彼の成功を見れば彼は正しいように見える。1つ目には，広範囲に及ぶ多様な風味は，彼のビジネスにとって大きな宣伝効果をもたらした――非常に多くの種類を提供することで，このブランドがユニークで識別しやすい特徴を持ったのである。2つ目には，彼の店のほとんどの客が，試食をして最終的に食べてみたい風味を選ぶという過程を――文字通りにもそして比喩的にも――味わっているように思える。そして，3つ目には，可能な選択肢の数を最大限にすることで，自分がどの風味を食べたいのかを客が正確に知りたい時や，単に自分が食べたい風味を提供してくれる店や企業を求めている場合には特に役に立つのかもしれない。

だが，幅広い製品やサービスから選ぶという機会に文字通りよだれが出ている有望な買い手を持っているという幸運な立場にいると思っている企業はほとんどない。その代わりに，潜在的な客は，購入できる品物を目にしなければ何が欲しいのかわからないような場合もしばしばあるのだ。このことがほとんどの企業にとって意味していることは，市場に不必要なほど多くの種類の自社製品を氾濫させることで，各企業はうっかり売り上げを失い，その結果として利益が損なわれている可能性がある。そういう場合，企業は，自社の生産ラインを見直し，不必要なあるいは人気のない商品を削減すれば，自社の製品やサービスを購入する客の動機を強めるかもしれない。

近年，時として，過度の選択肢を提供されている客からの穏やかな反逆への対応として，提供する選択肢の範囲を調整している，様々な消費財を生産する大手メーカーが多数存在する。たとえば，洗濯用品から処方薬まで幅広い商品を提供しているプロクターアンドギャンブル社の例を挙げてみよう。同社が，非常に人気のシャンプーのひとつであるヘッドアンドショルダーを膨大な数の26種類から「たったの」15種類に減らした時，同社はたちまち10％の売り上げの増加を経験した。

それでは，このことはあなたにとっては何を意味しているのだろうか。あなたは，多くの種類があるひとつの製品を販売している組織で働いていると仮定しよう。最初のうちは，直観に反しているかもしれないが，あなたたちが売り出している商品に対する興味を最大限に引き出すために，会社が提供している選択肢の数を減らすことを検討するのは価値のあることかもしれない。この方法は，特に，何が欲しいのかはっきりとわかっていない客を持っている場合は正しいかもしれない。

この研究から得られる教訓は，家庭生活にも応用可能だ。子どもに読みたい本や食べたい食事の選択肢を与えることは疑いもなく有益だが，あまりに多くの選択肢があると子どもは圧倒されてしまい，最終的にはやる気をなくすかもしれない。古くからの言い習わしが，多様性は人生のスパイスだと主張するのももっともだが，あまりに多くのスパイスがそうであるように，あまりに多種多様すぎると，料理をダメにしてしまい，その結果，その気にさせようというあなたの努力をダメにしてしまう要因になる可能性がある。

◀解　説▶

1．空所を含む文の however 以降に，tax advantages「税制上の優遇」や matching employer contributions「企業拠出年金」といったプラスの要素が列挙されていることから，(C) merits「利点」を入れるのがよいだろう。(A)「賞」 (B)「制限」 (D)「罰則」

2．hundred や thousand など，単位を示す語は通例複数形にはしないため(A)が正解。

3．オプションが多すぎる退職金制度の説明のためのジャムの例であるから，(B)「同じ論理が退職金制度にも当てはまる」を入れるのが適切であろう。

(A)「それは，どれだけ多くの人がそれを買いたがっているか次第だ」

(C)「イタリアのビジネスモデルには違うルールがある」

(D)「したがって，裕福な客は買うことをためらわない」

4．空所の後で few companies と，「ほとんどない」と否定的に記述していることから，逆接の(C) However「しかしながら」を入れるのが文脈として適切であろう。

5．「本文によると，労働者は」

(A)「退職金制度の税制上の優遇や他の恩恵を受けることに興味がない」

(B)「彼らが仕上げなければならないすべての書類仕事が理由で，退職金制度に加入することを避ける」

(C)「自分の会社に，彼らの助けとなる可能性のある退職金制度にサインしないように説得されていることが多い」

(D)「選ばなければならない選択肢がより少ない時に退職金制度に加入する可能性がより高い」

第2段第3文（Sure enough, …）が手がかりとなる。選択肢が多いほど退職金制度の加入数は少なくなるとの調査結果が示されていることから，(D)が正解と判断できる。

6．「本文によると，アイエンガーとレッパーのジャムの実験の結果は…であった」

(A)「購入された数は，6種類の味が提供された時のほうが24種類の味を提供された時よりも10倍多かったということ」

(B)「選択肢の非常に多い陳列コーナーからの売り上げは，選択肢の限られた陳列コーナーからの売り上げに比べて30％増加したということ」

(C)「選択すべき味がより多い時には，客による購入が3％減少したということ」

(D)「非常に選択肢の多い陳列コーナーに対して選択肢の限られた陳列コーナーでは10％多くのジャムが売れたということ」

第3段第4・5文（The results … limited-choice display.）から，たくさんの種類を陳列した場合には3％の客がジャムを購入し，種類を少なく陳列した場合は30％の客がジャムを購入したことがわかるので，(A)が正解。

7．「本文によると，ラ・カーサ・ジェラートは」

(A)「オーナーがピザよりも人気の商品だと気づいた時に，アイスクリームの販売を始めた」
(B)「客に豊富な選択肢を与えることを独自のアピールのひとつとした」
(C)「誰も聞いたことのないようなアイスクリームの種類を提供することは大きな誤りだった」
(D)「概して，すでに欲しいものがわかっていて試食することを楽しまない客を惹きつける」

第6段第4文（For one …）に，多彩な選択肢を提供することがブランドの売りになったとの記述があることから，(B)が正解と判断できよう。

8.「下線部(5)の文の例として最適なのは次のどれか」
(A)「自動車メーカーが自社製品のラインナップを，来年から最も売れている2台の車に縮小する」
(B)「地元のイタリアンレストランの客が，オーナーにメニューから一番好みではないパスタ料理を削るように説得する」
(C)「スマートフォンのメーカーが，最も安価だが最も人気のある3台のスマートフォンの生産を中止する」
(D)「あるメーカーの製造する香水のブランドが，みな似た香りのする4つのブランドに縮小される」

下線部が示しているのは，会社自身が製品ラインを見直して，不必要な製品や人気がない製品を削減するということであるから，(A)が妥当な例だと考えられる。

9.「本文の内容に一致しないものは次のどれか」
(A)「何を探しているのかを客が正確にはわかっていない時は，製品やサービスの選択肢がより少ないほうが有益でありうる」
(B)「最近では，客の反応に応えて，製品とともに提供する選択肢の数を変える会社もある」
(C)「選択肢がごくわずかな数に限定されるのならば，子どもに読む本の選択肢を与えることは有益なことだ」
(D)「客は，11種類のプロクターアンドギャンブル社のヘッドアンドショルダーシャンプーを店で見つけた時，混乱しイライラした」

(A)については第9段最終2文（Although it … what they want.）に，(B)は第8段第1文（There are a …）に，(C)については第10段第2文

(Giving children …) に，それぞれ同一の内容と考えられる記述があるが，(D)については，本文に記述がない。よって正解は(D)。

10.「本文のタイトルとして最適なのは次のどれか」

(A)「なぜ客はより気持ちよくなるためにより多くの選択肢を求めるのか」

(B)「数を制御すること：すべての企業のための売り上げの成功」

(C)「人に多くを提供すると欲しがらなくなるのはどんな場合か」

(D)「『行動科学』は取引でどのように効果的に機能するのか」

本文では，退職金制度やジャムの販売などの具体例を通して，選択肢が多すぎることの弊害について論じているので，(C)が正解。

V 解答

問1．1―(C)　2―(D)

問2．(1)―(A)　(2)―(C)　(3)―(B)

◆全　訳◆

問1．1．≪入寮申込≫

男性：こんにちは。国際寮への入寮を申し込みたいのですが。何か特別な条件はありますか。

女性：もちろん。学生は少なくとも6カ月間の入寮契約にサインをしなければなりませんが，最長でもいられるのは1年です。

男性：えっ。 でも私はここで2年間勉強する予定なんです。

女性：その場合，あとで寮を移らなくてもいいように，もっと長期の入寮契約を提供してくれる寮を探したほうがいいですね。

2．≪レポートについての質問≫

女性：こんにちは，マーク。どうしたの。

男性：こんにちは，シムズ教授。来週締め切りのレポートについて少し質問があるのですが。

女性：喜んでお答えするけど，ひとつちょっとした問題があるわね。そのレポートの提出期限は明日の授業終了までのはずよ。

男性：えっ。今週の講読の授業の感想を出せばいいと思っていました。今夜はあまり眠れそうにないな。

問2．≪面接でのやり取り≫

面接官：本日はおいでいただいてありがとうございます。私は，当社のマーケティング部の部長のジャネット=スミスです。私が今日の面接をさせていただきます。

面接を受ける人：お会いできて光栄です。私はマギー=ウォルターズと申します。私が貴社のマーケティング部のいかに有益な新人になれるかをお話しするのを楽しみにしております。

面接官：素晴らしい。それでは始めましょう。最初の質問です。このポストに応募するに至った動機は何ですか。

面接を受ける人：貴社の主要ブランドのうちのひとつで新しい広告キャンペーンに携わる人材を探していらっしゃると知りました。それは，私が大いに関心を寄せている分野です。すでに定評があって世界中に名を知られている製品を取り上げ，人々に宣伝する新たな方法を見つけることは，私にとってわくわくするような挑戦です。

面接官：長い間出回っている商品に携わることをためらっておられないのでうれしく思います。ほとんどの人はまったくの新製品の広告のアイデアを発案するほうを好むでしょうから。それから，以前のマーケティングチームよりもよい売り上げを達成しなければならないというプレッシャーはありませんよ。

面接を受ける人：新製品に携わるのは気になりませんが，それは別の種類の挑戦です。人々がもっと知りたいと思えるように新製品を紹介する最良の方法を考えなければなりません。類似の製品よりも目立つような覚えやすいものでなければなりません。そうでなければ，広告が終了したとたんに人々は忘れてしまいます。

面接官：本当にそうですね。でも，採用されたら当社のトップブランドのひとつに携わることになります。この役割においてあなたの助けとなるような技術をひとつ挙げていただけますか。

面接を受ける人：はい，もちろんです。私は，過去にうまく機能したことを見極め，改善の余地がある分野を確認する才能があるのではと思っています。私がそういったことをチームの他のメンバーに最初から伝えれば，私たちの仕事は少しやりやすくなります。より多くの客を惹きつけるための異なる手法に焦点を当てながら，私たちの広告の中でブランドの強みを使い続けることもできます。

面接官：もう何らかのアイデアが頭の中にあるようですね。

面接を受ける人：ええ，採用された時にどのブランドに携わるのかはわかりませんが，２，３のブランド用のアイデアはいくつか準備してあります。

面接官：きっとそのアイデアは素晴らしいのでしょうね。さて，最後の質問です。少し異なることを伺いたいと思います。あなたが誤りから学んだ大切なことは何ですか。

面接を受ける人：それは少し答えるのが難しい質問です。多分それは忍耐強さだと思います。私にとって，大きな成功を収めた時にやる気を維持するのはいつも簡単なことでした。ですが，物事が計画通りにいかなかった時は，ペースを落とし，どこがうまくいかなかったのか考え，がっかりしたりあきらめたりすることなくもう一度始めなければなりませんでした。それが私に失敗が教えてくれた教訓でした。

面接官：素晴らしいお答えです。改めて面接に来ていただいてありがとうございました。決定次第，メールでお伝えします。

面接を受ける人：お時間を割いていただき本当にありがとうございました。メールをお待ちしております。

◀解　説▶

問１．１．(A)「私の状況にとっては完璧のようです」

(B)「寮費がそれほどでもなければ大丈夫そうです」

(C)「えっ。でも私はここで２年間勉強する予定なんです」

(D)「わかりました。すぐに入寮契約書にサインします」

空所の前後の女性の発言に注目すると，国際寮の入寮規定を説明したあと，男性の発言を受けて長期入寮できるところを探したほうがよいと助言をしていることから，男性の発言は(C)が妥当だろう。

２．(A)「私との面会はさらに１時間は無理よ」

(B)「あなたの研究テーマは難しすぎると思うわ」

(C)「あなたが選んだテーマについてメールをくれなかったわね」

(D)「そのレポートの提出期限は明日の授業終了までのはずよ」

男性の最後の発言で，今夜はあまり眠れないとあることから，明日までに仕上げなければならなくなったことが推測できる。(D)が正解。

問２．(1)(A)「このポストに応募するに至った動機は何ですか」

(B)「今はどんな仕事をしていますか」

(C)「この仕事をどうやって見つけましたか」
(D)「以前にはどんなマーケティングの経験をお持ちですか」

空所の直後の面接を受ける人の発言から，志望動機を聞かれていることは容易に判断できるだろう。(A)が正解。

(2)(A)「新しい会社に入社してすぐにそのような大きな責任を負うことに対処できますか」
(B)「チームの一員として，他の多くの人と仕事をするのは容易ですか」
(C)「この役割においてあなたの助けとなるような技術をひとつ挙げていただけますか」
(D)「弊社が販売する全製品をよくご存じですか」

空所の問いに対して，面接を受ける人が talent「才能」という言葉を使って自分自身のことを説明していることを手がかりに考えると，(C)が適切だろう。

(3)(A)「乗り越えられなかった困難な問題に直面したことがありますか」
(B)「あなたが誤りから学んだ大切なことは何ですか」
(C)「仕事でストレスのかかる状況に直面したらどう対処しますか」
(D)「今までに，労働者としてのあなたの最大の強みは常に何だったと思いますか」

面接を受ける人が「忍耐強さ」と答えていることや，過去に失敗した時のことを述べていることから，失敗から学んだことを尋ねられていると推測できる。(B)が適切。

Ⅵ　解答　1 ―(D)　2 ―(A)　3 ―(B)　4 ―(C)　5 ―(D)

◆全　訳◆

≪販売促進会議でのプレゼンテーション≫

皆さん，おはようございます。私は，ウイリアムズフードアンドドリンク社で飲料と軽食の自動販売機の営業部長をしているジェイコブ=エバンスです。ご存じのように，私たちは，当社の新しい飲料の自動販売機のひとつをどこに設置するかを議論するために，今日，ここに集まっております。私は，販売機設置の免許が取得可能な 3 つの候補地について，私たちのチームが行った配置分析の結果を発表したいと思います。発表の後は質問の時間をとってありますので，本日の会議の終わりまでには方針を定めたいと思っております。

こちらの最初のスライドをご覧下さい。私たちが候補地として選定した場所の周辺の映像がご覧になれると思います。候補地は，町の中心部の鉄道駅の南口を出てすぐの場所と，繁華街にある競技場のメインフロア，そしてビジネス街の中心にあるメイン・ストリートと 15 番街が交差する角地です。これらの場所はすべて，毎週何十万人，あるいは何百万人という徒歩の移動者があります。しかし，売り上げに影響を与えるであろう要因を他にもいくつか私たちは考慮しなければなりません。

さて，次のスライドでは，駅を通り抜ける人の 1 日あたりの平均は約 25 万人で，この約 3 分の 2 が南口を利用していることがおわかりかと思います。ほとんどの駅と同様に，自分で買い物をする傾向のない小さな子どもが全体の約 4％を占めているので，南口を利用する人の約 96％が潜在的な客であるということになります。しかしながら，次のスライドにある表が示すように，駅のこちら側には，より安価に同じ飲み物の多くを購入することが可能な多くの商店と 2 つのコンビニエンスストアがあるだけでなく，既存の飲み物の自動販売機があり，かなりの競争となっています。とはいえ，私たちの自動販売機は南口から 15 メートル以内と最も近く，バスやタクシーを利用して通勤，通学，あるいは帰宅する人にとってはより便利なものになるかと思います。

次のスライドをご覧いただくと，競技場方面へ向かう徒歩の人の，1 日あたりの平均の交通量がわかります。その人々のすべてが入場するためにメインフロアを通過します。多数の入場者が見込まれるイベントが通常開催されている金曜日と週末とを比較すると，週のほとんどは歩行者数は平均して 85％下がります。競技場は屋内ですので，歩行者の通行は，1 年のほとんどを通じてこのパターンで推移し，寒くなったり大雨が降ったりしても変わることはありません。また，この競技場のメインフロアに現在設置されている他社の飲料の販売機はありません。その代わり，競技場はホットドッグ，ハンバーガー，何種類かのコーラを揃えた売店を運営しています。私たちの販売機と比較すると，同じ飲料で価格は 30％ほど高いのですが，このことはお金の節約に気を使っている客を惹きつける大きなチャンスがあることを意味しています。

最後に，ビジネス街の候補地についてお話ししたいと思います。歩行者の交通量は，繁華街の競技場とは実質的に反対になります。このエリアはほとんどがオフィスビルですので，各企業が休みとなる週末や祝日には交通量は少なく，平日は多くなります。加えて，近隣のほとんどの企業が，従業員に対してより高額な給料を支払っていることで知られていますので，この地域の潜在的な客の多くは，お店で購入するより安価な飲み物と比べて，私たちの販売機でより多くの代金を支払うことにあまり敏感でない可能性があります。その上，数百メートル歩いてビジネス地域を出なければ，より安価な飲み物を買える場所はありません。

私からは以上です。お時間をいただきありがとうございました。それでは，議論に移る前に，質問のある方はいらっしゃいますか。

◀解　説▶

1．(A)「人々にお店よりも自動販売機からより多くの飲料を買ってもらうこと」

(B)「この町の主要な場所で飲料を販売しているライバル企業をどう凌ぐかを考えること」

(C)「目的地から長い距離を歩くことで人々にのどの渇きを感じさせること」

(D)「最大限の利益を上げるために自動販売機を設置する最良の場所を見つけること」

第1段第3文（As you know …）には，新しい飲料の自動販売機をどこに設置するか（where to put one of our new drink machines）についてプレゼンテーションを行うとあるので，(D)が正解である。

2．空所のある段落の前の第4段第1文（Moving on to …）では競技場の歩行者の交通量について言及されている。それを受けて，第5段第1文（Finally, I'd …）でわかるように，第5段ではビジネス街について論じていることに注目する。常識的に考えてビジネス街で人が多いのは平日であることから，休日に混雑することが通例の競技場とは反対の状況である。したがって，(A)を入れて opposite of ～「～とは反対の」とするのが正しい。

3．(A)「毎日の通常の訪問者の数」

(B)「天候が客の買う商品にどう影響するか」

(C)「近隣の競争相手とその場所」
(D)「価格が客の買い物に与える影響」

(A)(C)(D)については，第3段（Here on the …）での鉄道駅，第4段（Moving on …）での競技場，また，第5段（Finally, I'd …）でのビジネス街について述べられる中でふれられていると判断できるが，(B)の天候の話題について具体的に言及されている部分はない。よって(B)が正解。

4．プレゼンテーションの中で，各候補地における飲料の1日あたりの売り上げの平均について論じている場面はないので(C)が正解。

5．(A)「なぜわが社の販売機の飲み物の値段は競技場の売店よりも高いのですか」
(B)「わが社の販売機が利益を上げるのにどのくらいの時間がかかると見込んでいますか」
(C)「ビジネス街では，どの店が私たちよりも安く飲み物を販売しているのですか」
(D)「南口の他社の販売機とわが社の販売機の飲み物の価格はどのように比較できますか」

プレゼンテーションのテーマは自動販売機をどこに設置して利益を上げるかということである。この点をふまえながら，プレゼンテーションの内容に即した質問を選ぶ。(B)を選んだ人もいるかもしれないが，この議論に進むためにはプレゼンテーションの内容よりももっと詳細な分析が必要になってくるため不適。(A)は第4段最終2文（Instead, the … save some money.）で「自動販売機の飲み物は売店で買うよりも約30％安い」とあるため不適。また(C)も第5段最終文（Moreover, there are …）に，ビジネス街に安く飲み物を買える店がないとあるため不適。一方で(D)については，第4段最終文（Compared to our machines, …）および第5段最終文（Moreover, there are …）で，競技場とビジネス街の2つのエリアにおいて価格が比較されているが，第3段第1文（Here on the …）では，駅南口エリアにある他店については述べられているものの，他社の自動販売機との比較はなされていない。したがって，その点について質問することは自然であろう。(D)を正解とするのが妥当である。

❖講　評

Ⅰは，空所補充による文法・語彙問題である。標準的な良問がそろっており，慣用表現や語法を問うものから，正しい意味の語を問うものまで，バラエティに富んだ出題となっている。

Ⅱは発音・アクセント問題である。問３の会話文形式の問題では，相手の質問に対する答えの適切な強勢の置き方を問うものであり，コミュニケーションとしての英語を意識した出題がされている。

Ⅲは英文の誤りを指摘する問題と，日本語訳に合う適切な英文を選ばせる問題である。どこが誤っているのか，英文のどこが不自然なのかを自分で判断して解答しなければならず，高度な英語力が求められている。

Ⅳは，問題用紙３ページにわたる長文問題である。主に空所補充問題と内容説明問題で構成されており，意味をしっかりと捉えながら文章を読みこなしていく力が必要となってくる。

Ⅴは欠文補充形式の会話文問題である。問２については，会話文自体が非常に長く，長文問題同様に文章の意味を正確に把握していくことがまず求められよう。

Ⅵの長文問題は，図表の読み取りについても問われており，実際の場面で使われる英語を強く意識した出題となっている。

充は四字熟語の理解も影響してくる。カタカナ語が多いが、よく使用されているものである。「メディアリテラシー」「ア・プリオリ」「ア・ポステリオリ」などは基本語彙であり、知っておくべきである。

めて考える」が該当する。

〔問五〕 直前にヘーゲルとは相容れない理論が述べられている箇所を探す。すると、【Ⅰ】と【Ⅲ】が候補になるが、【Ⅲ】に入れると、「そのようなもの」の指示内容が「確実な基礎としてのア・プリオリなカテゴリー」に決まり、ここが最適である。

〔問六〕 A、Cは文中に記述がないので誤り。Bは「養成することができた人だけが」と限定しているので誤り。Dは（中略）の直後の段落に「全ての情報は、自分の目で見た情報でさえ、『処理済み』の情報、何らかのバイアスが加わった情報であるということを自覚しなければならない」とある。これは「情報を鵜呑みにせず適切に付き合うこと」が「大切である」と言い換えられる。また、「状況に……その都度考えること」も最終段落の内容と合致する。Eは【Ⅰ】のある段落に「ブログや動画サイトの情報が」「怪しい情報」なのに、「『マスメディアのバイアスを排除した真実』であるかのように見なされる」とあるので誤り。

❖講　評

例年通り評論三題の出題であり、いずれも経済・経営分野に根差した問題となっている。その意味では、将来的な進路に対する意欲を問うものにもなっている。基本的な問題であるが、解答時間は一題平均二十分とするとそれほど余裕はない計算になる。

一　カタカナ語が多いので、なかには違和感を抱く受験生がいると思われるが、全体の論旨をきちんと把握することが大切であり、二項対立の評論になっているのでそれほど読みにくくはない。

二　資本主義における時間と計算の関係性を問うている。論理的で整然とした文章である。専門知識は不要だが、「資本主義」とはどういうものなのかという基礎知識があったほうが読解は早く進むだろう。

三　主題は明らかにされているように「情報との付き合い方」であり、現代社会での大切な視点を問うている。空所補

〔問六〕　D

◆要　旨◆

メディアやSNSの情報に触れるときにはバイアスがかかっていないか注意する必要があるが、自分自身でバイアスをかけてしまう可能性もある。正しい認識にたどり着こうとするなら、全ての情報は何らかのバイアスが加わっているということの自覚が必要だ。そして、新たに得られた情報とこれまで抱いていた考えとの整合性を考えて、情報を取捨選択し、これまでの認識の誤りがあればそれを正すことである。これまでの思考様式をそのまま適用するべきか、変えるべきかをその都度考えるのは「考え抜く力」の一つの形態である。「考え抜く力」を持つ人は、過去の思考様式と新たな情報のバランスを取って考え続けることのできる人である。

◆解　説◆

〔問一〕　筆者は「全く解釈を加えられていない『生のデータ』」を「認識したりイメージしたりすることができない」（直後の段落）というヘーゲルの主張を取り上げ、「全ての情報は、自分の目で見た情報でさえ」「何らかのバイアスが加わった情報である」と「自覚しなければならない」（中略の直後の段落）と述べているのに着目する。Cの「今も昔も」は、ヘーゲルの時代から「インターネットの発展」した「昨今」においてはなおさらという意味である。

〔問二〕　⑵は直後に「新型コロナウイルス」と「新しい上司」の「認識」の変化の例から判断する。
⑸は同段落の「思考様式そのものの変更を柔軟に組み合わせて行いながら生きている」例として挙がっている箇所であることから判断する。

〔問三〕　空欄⑷のある段落と【Ⅳ】のある段落に、それぞれ「一つは」「もう一つの教訓は」で始まる二つの文がある。そこに、二つの教訓が示されているのを押さえる。また、空欄⑸のある段落の冒頭に「私たちは実際に、思考様式の適用と、思考様式そのものの変更を柔軟に組み合わせて行いながら生きている」とあるのに着目する。

〔問四〕　空欄直前の「コアとなっている思考様式を適用する」に該当する選択肢を選ぶ。Eの「既存のパターンに当ては

〔問三〕(5)、二つの空欄の間にある「過去についての記憶があるからこそ……記憶の範囲や粒度に依存しているのです」は、時間の知覚が実は相対的なものである、ということを示している。したがって相対的と反対の意味のA「絶対的」が入る。(8)、直後の段落に「未来に得られるであろう収穫」とあることからE「将来的」が入る。

〔問四〕直前に着目しつつ、（中略）直後の段落に「ある金額を投資したときのリターン」とあるのを押さえる。

〔問五〕直後の段落に「前資本主義における未来を見据えた行動は、予測や計算」ではなく「経験」に基づいていたとあり、最終から二つ目の段落には、「前資本主義的なエートスは集団による同調という形で未来を予定し、確かなものにしようとする」とあるのを押さえる。「時間とは」「集団作業をいつどのように行うかというサイクルであった」とあり、Bのように「付和雷同」しているのではない。

〔問六〕Aは「便利で快適な日常生活を営むことができている」が、Bは「きわめて合理的で効率的な作業である」が文中には記述がないので誤り。Cは「計算ができず」が誤り。「計算ができないというわけではないのです」（中略）の直前の段落）とある。Dは「一定の条件下」が「計算可能性」「直線的な時間感覚」（冒頭の段落）を指すので合致する。Eは文中に記述がないので誤り。

三

出典　川瀬和也『ヘーゲル哲学に学ぶ 考え抜く力』〈第五章 「認識」を考え抜く 四 認識論から得られる思考のヒント〉（光文社新書）

解答

〔問一〕C

〔問二〕E

〔問三〕A

〔問四〕E

〔問五〕C

は空欄⑿のある段落と傍線部⒀のある段落に着目する。「いまだ顕在化していないもの」は「まだ誰も見たことがない、見えないもの」に相当し、「言語化」は「話せる化」「戦略をストーリーとして物語る」に相当する。

二

出典　大川内直子『アイデア資本主義　文化人類学者が読み解く資本主義のフロンティア』〈第1部　資本主義のフロンティアの消滅　1　資本主義の歴史の紐解きかた〉（実業之日本社）

解答

〔問一〕⑴－E　⑵－A　⑶－D

〔問二〕E

〔問三〕⑸－A　⑻－E

〔問四〕B

〔問五〕C

〔問六〕D

◆要　旨◆

資本主義の持続的な成立のためには、計算可能性と直線的な時間感覚が重要である。すなわち、直線的な時間の観念が未来の予測を促し、未来における利潤の計算を可能にする。そこで資本をどのように投資すべきかを判断できるようになる。ところが、前資本主義的な社会では未来を見据えた行動は予測や計算に基づくのではなく、蓄積され伝統と化しているあらゆる経験や、農作業や儀礼への参加といった集団による同調という形で行われた。未来についての計算が拒まれ、将来のより多い富のために投資が行われることはなかった。

▲解　説▼

〔問一〕　同段落、直後の段落に着目する。資本主義の要件は「計算が可能である」ことだが、「計算の前提として」、時間が「直線的に過ぎていくという感覚」が必要だとする文脈を押さえる。

えかける何か」が重要とあるのに着目する。また、楠木建『ストーリーとしての競争戦略』の引用文には「人々を興奮させるようなストーリーを語り」とある。

〔問三〕 (3)は同類の事柄が前後に列挙されていることから判断する。

(6)は「SFプロトタイピング」が、直前の「形式的なフレームワーク」と対になる内容である点を押さえる。

(8)は「未来のこと」には、数字での予測ではなく「筋が求められる」とあり、戦略は常に未来にかかわるという文脈から判断すると、順接の接続語があてはまる。

(10)は「オペレーションのレベルの話」に「過去に起こったことのファクトについての話」が添加されていることから判断する。

(11)は具体例が続くことから判断する。

〔問四〕 (4)は、二回目に登場する(4)の直前にある「わたしがコンサルタントとして働くなかで」とあるのに着目する。その前の段落に「コンサルタントとしてのわたしの経験に基づく」も決め手になる。

(7)は引用文に「人々を興奮させるようなストーリー」が、「戦略の実効性にとって何よりも大切だ」とあり、「実効性」という類義語があるのに着目する。

(12)は直前に「数字で」とあり、二つ前の段落にある「期待収益率」が個々の数字を「いろいろな前提や仮定を置いて」系統的にまとめたものであることから判断する。

〔問五〕 「過去に起こったことのファクトについての話」（空欄(10)のある段落）であれば有効だが、「将来の戦略構想ではあまり役に立ちません」（直前の段落）とあるのを押さえる。

〔問六〕 A・Dは文中に記述がないので誤り。Bは後半が誤り。第四段落にイシューやデータなどの形式的なフレームワークには「人の『感情』や『モチベーション』に訴えかける何かが欠けて」いて、「時間が経つにつれ、少しずつ形骸化していってしま」うと述べている。Cは第三段落に「いまも主な手法として用いられます」とあるので誤り。E

国語

一

出典　樋口恭介『未来は予測するものではなく創造するものである　考える自由を取り戻すための〈SF思考〉』〈パート1〈SF思考〉とは何か？〉（筑摩書房）

解答

〔問一〕　(2)－D　(5)－B　(9)－C

〔問二〕　D

〔問三〕　(3)－D　(6)－E　(8)－A　(10)－B　(11)－C

〔問四〕　(4)－D　(7)－C　(12)－E

〔問五〕　B

〔問六〕　E

◆要　旨◆

ＳＦプロトタイピングは、ＳＦのストーリーを描くことで、未来のビジョンや事業戦略を考えるきっかけとするアプローチである。大きな事業を成し遂げるには、ロジックやデータといった既存のフレームワークでは難しい。人の感情を突き動かすストーリーが重要である。戦略の実効性にとって大切なのは、「見える化」よりも「話せる化」であり、戦略をストーリーとして構想し、組織の人々に浸透させ、共有する必要がある。戦略をストーリーとして物語るところにリーダーの本質的な役割がある。

▲解　説▼

〔問二〕　第四段落に「ロジックやイシューやデータだけで……難しいからだ」「人の『感情』や『モチベーション』に訴

■国際情報学部：
一般方式・英語外部試験利用方式・共通テスト併用方式

問題編

▶試験科目・配点

〔一般方式〕

教　科	科　目	配 点
外国語	コミュニケーション英語Ⅰ・Ⅱ・Ⅲ，英語表現Ⅰ・Ⅱ	150点
国　語	国語総合（近代以降の文章）	100点

〔英語外部試験利用方式〕

- 指定の英語外部試験のスコアおよび合格級により，中央大学独自の「外国語」の受験が免除される。
- 各外部試験のスコアおよび合格級は出願資格としてのみ使用される。
- 合否判定は，一般方式の「国語」の得点（100点満点）で行う。

〔共通テスト併用方式〕

合否判定は，大学入学共通テストで受験した2教科2科目（300点満点）と一般方式の「外国語」の得点（150点満点）の合計得点（450点満点）で行う。

英語

（90分）

Ⅰ From the choices ‘a’—‘d’ below, select the one whose underlined part is pronounced differently from the other three. (5 points)

1. a. bl<u>oo</u>m b. f<u>oo</u>d c. p<u>oo</u>l d. w<u>oo</u>l
2. a. <u>a</u>ncestor b. <u>a</u>ncient c. m<u>a</u>te d. v<u>a</u>gue
3. a. all<u>ow</u> b. arr<u>ow</u> c. dr<u>ow</u>n d. sh<u>ow</u>er
4. a. my<u>th</u> b. smoo<u>th</u> c. <u>th</u>orough d. <u>th</u>rough
5. a. astonish<u>ed</u> b. guess<u>ed</u> c. nak<u>ed</u> d. smok<u>ed</u>

Ⅱ From the choices ‘a’—‘d’ below, select the best answer to fill blanks (1)—(10). (30 points)

1. John is hasty by (1), and he doesn’t enjoy a slow train trip.
   a. feeling b. intelligence c. nature d. sense

2. My grandfather asked my friends a lot of questions, most of (2) they could not answer.
   a. that b. them c. what d. which

3. Some slices of bread were served in (3) to soup at our school canteen.
   a. addition b. comparison c. course d. return

4. We are sure there is (4) for improvement.
   a. change b. end c. room d. subject

5．No one (　5　) to her climbing Mt. Fuji during the summer holiday.

a．objected　　b．proposed　　c．suggested　　d．supported

6．If it had not been for her kind advice, you (　6　) a promotion.

a．did not get　　b．will not get

c．will not have got　　d．would not have got

7．The Italian restaurant serves great meals, to (　7　) nothing of special wine.

a．cook　　b．have　　c．point　　d．say

8．The disease is common in many tropical countries in Asia, and its cases outside of the region (　8　).

a．are often linked to travel to the area

b．linked to travel to are often the area

c．to the area are often linked to travel

d．to travel to the area are often linked

9．It is a rare disease which is not so serious and (　9　) in a couple of days.

a．from which most people recover

b．from which people most recover

c．which people recover from most

d．which recover from most people

10. The disease (　10　) to people is said to be so low in general.

a．and the risk between people does not spread easily

b．between people and the risk does not spread easily

c．does not spread easily between people and the risk

d．does not spread the risk easily between people and

Ⅲ Read the following passage, look at the results of the survey and select the best answer for each question. (15 points)

Research Agency *Ipsos* carried out an online survey of people's opinions on Japan in Australia in 2021. The agency asked six questions of 400 people aged 18-69. The following is the summary of the results of the survey.

Asked about relations between Australia and Japan, 78% of the respondents acknowledge friendly relations with Japan. In addition about three quarters rate Japan as a (1) friend of Australia. As for the question of whether or not Japan is a nation which loves peace, 76% positively (2) Japan as a peace-loving nation. In answering the question of how important Japan's role is in stabilization and growth of world economy, (3) of the respondents make a positive evaluation of Japan's role. About three quarters (4) that Japan's contribution to the peace and stability of the world would be valuable for maintaining global peace and order. The respondents think that Japan is the (5) most important partner for Australia in the future.

Summary of the results of an Opinion Poll on Japan in Australia in 2021

① Relations with Japan ② Reliable Relationship

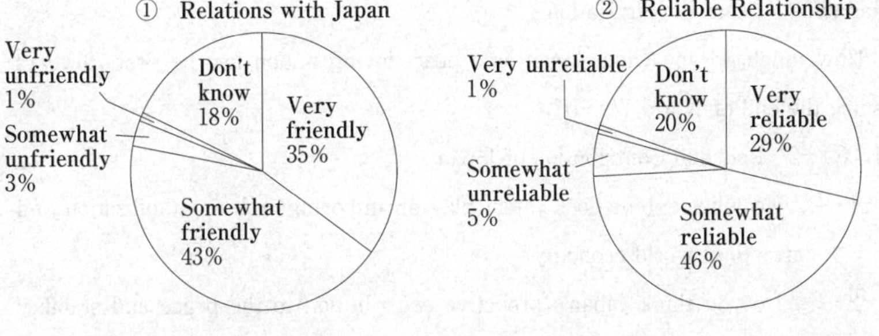

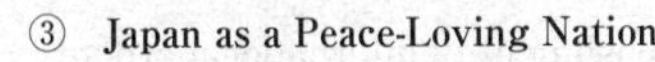

③ Japan as a Peace-Loving Nation ④−1 Role and Contribution of Japan

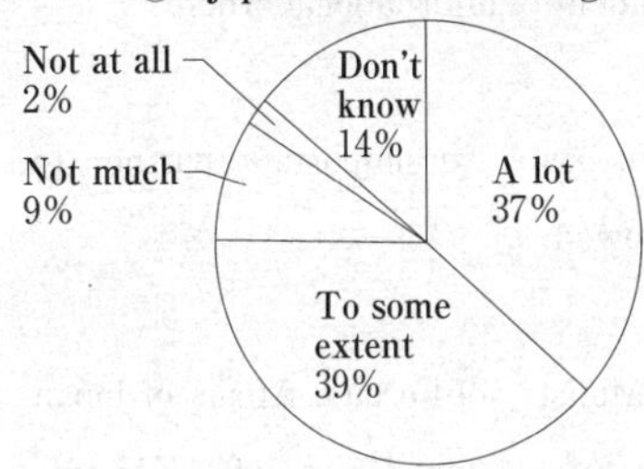

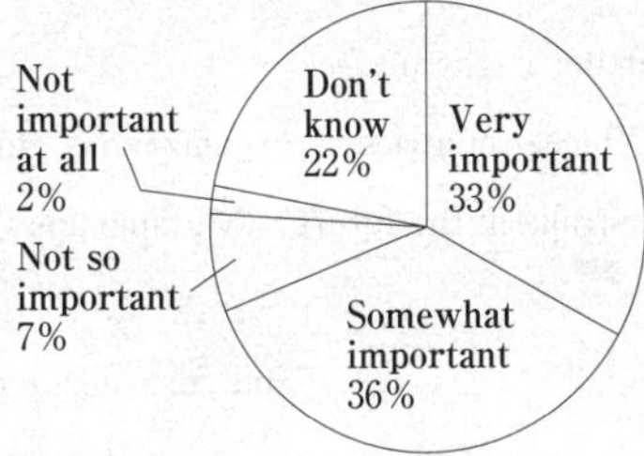

④−2 Role and Contribution of Japan ⑤ Partner in the future

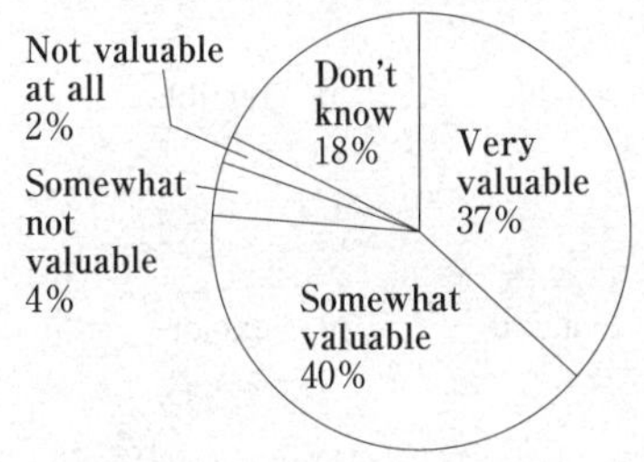

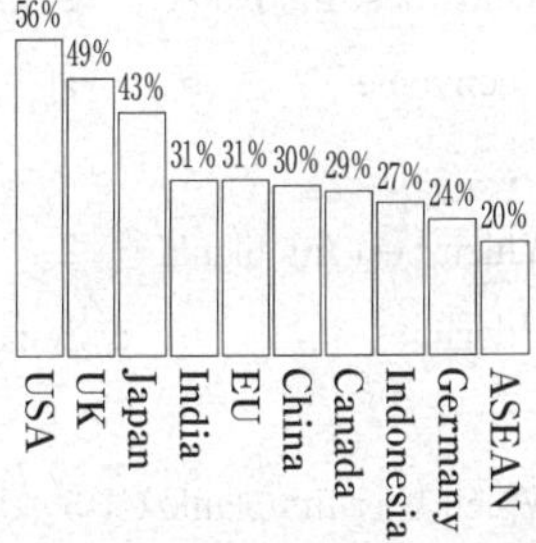

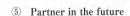

(Figures may not add to 100% in total as they are rounded.)

Questions about each graph are as follows.

① Relations with Japan

Q. What do you think about the current state of relationship between your country and Japan?

② Reliable Relationship

Q. How do you rate Japan as a reliable friend of your country?

③ Japan as a Peace-Loving Nation

Q. How much do you value Japan as a peace-loving nation for the past 75 years since the end of World War II?

④−1, ④−2 Role and Contribution of Japan

④−1 Q. To what extent does Japan play an important role in stabilization and growth of world economy?

④−2 Q. Do you think Japan's proactive contribution to the peace and stability of the region and the international community would be valuable for maintaining global peace and establishment of international order?

⑤ Partner in the future

Q. Which countries / organizations do you consider an important partner to Australia in the future? (Multiple answers allowed)

Source: Website of the Ministry of Foreign Affairs of Japan
(https://www.mofa.go.jp/mofaj/files/100348515.pdf)

1. Which best fits blank (1)?
a. convenient　b. loyal　c. reliable　d. terrible

2. Which best fits blank (2)?
a. decline　b. disregard　c. evaluate　d. explore

3. Which best fits blank (3)?
a. 9%　b. 33%　c. 36%　d. 69%

4. Which best fits blank (4)?
a. doubt　b. judge　c. mistrust　d. obtain

5. Which best fits blank (5)?
a. first　b. second　c. third　d. fourth

Ⅳ Read the following passage and select the best answer for each question.
(40 points)

NEW DELHI — It began in February with a tweet by pop star Rihanna that sparked widespread condemnation of Indian Prime Minister Narendra Modi's handling of massive farmer protests near the capital, souring an already troubled relationship between the government and Twitter. Moving to contain the backlash*, officials hit Twitter with multiple injunctions* to block hundreds of tweets critical of the government. Twitter complied with some and resisted others. Relations between Twitter and Modi's government have gone downhill ever since.

At the heart of the standoff* is a sweeping internet law that puts digital platforms like Twitter and Facebook under direct government oversight. Officials say the rules are needed to quell* misinformation and hate speech and to give users more power to flag* objectionable content. Critics of the law worry it may lead to outright censorship* in a country where digital freedoms have been shrinking since Modi took office in 2014.

Police have raided Twitter's offices and have (1) its India chief, Manish Maheshwari, of spreading "communal hatred" and "hurting the sentiments of Indians." Last week, Maheshwari refused to submit to questioning unless police promised not to arrest him.

On Wednesday, the company released a transparency report showing India had submitted most government information requests — legal demands for account information — to Twitter. It (2) for a quarter of worldwide requests in July-December last year. It was the first time since Twitter started publishing the report in 2012 that the U.S. was displaced as the "top global requester," it added.

"India's plans for the internet appear to be like that of a closed ecosystem like China," said Raheel Khursheed, co-founder of Laminar Global and Twitter India's former head of Politics, Policy and Government. "Twitter's case is the basis of a touchstone* on how the future of the internet will be shaped in India."

Tech companies are facing similar (3) in many countries. China has been aggressively tightening controls on access to its 1.4 billion-strong market, which is already largely sequestered* by the Communist Party's Great Firewall and by U.S. trade and technology sanctions. India is another heavyweight, with 900 million users expected by 2025. "Any internet company knows that India is probably the biggest market in terms of scale. Because of this, <u>the option of leaving India is like the button they'd press if they had no options left</u>," said tech analyst, Jayanth Kolla.

The new rules, in the works for years and announced in February, apply to social media companies, streaming platforms and digital news publishers. They make it (4) for the government to order social media platforms with over 5 million users to take down content that is deemed* unlawful. Individuals now can request that companies remove material. If a government ministry flags content as illegal or harmful, it must be removed within 36 hours. Noncompliance could lead to criminal prosecutions.

Tech companies also must assign staff to answer complaints from users, respond to government requests and ensure overall (5) with the rules. Twitter missed a three-month deadline in May, drawing a strong rebuke* from the Delhi High Court. Last week, after months of haggling with the government, it appointed all three officers as required. "Twitter continues to make every effort to comply with the new IT Rules 2021. We have kept the Government of India apprised* of the progress at every step of the process," the company said in a statement to the Associated Press.

Apar Gupta, executive director of the Internet Freedom Foundation, says he worries the rules will lead to numerous cases against internet platforms and deter* people from using them freely, leading to self-censorship. Many other critics say Modi's Hindu nationalist government is imposing what they call a climate of "digital authoritarianism*." "If it becomes easier for user content to be taken down, it will amount to the chilling of speech online," Gupta said.

The government insists the rules will benefit and empower Indians. "Social media users can criticize Narendra Modi, they can criticize government policy, and ask questions. I must put it on the record straight away ... But a private company sitting in America should refrain from lecturing us on democracy" when it denies its users the right to redress*, the ex-IT minister, Ravi Shankar Prasad, told the newspaper, The Hindu last month.

［注］ backlash 反発
standoff 対立
flag ～に印をつける
touchstone 試金石，基準
deem ～とみなす
apprise ～に知らせる
authoritarianism 権威主義
injunction 差し止め命令
quell ～を鎮める
censorship 検閲
sequester ～を隔離する
rebuke 叱責，非難
deter ～を抑止する
redress 賠償

1．Which best fits blank（ 1 ）?

a．accused
b．blamed
c．charged
d．informed
e．praised

2．Which best fits blank（ 2 ）?

a．accounted
b．asked
c．consisted
d．provided
e．reached

3．Which best fits blank（ 3 ）?

a．appearances
b．challenges
c．developments
d．qualities
e．sales

出典追記：Associated Press

4. Which best fits blank (4)?

a. a rule

b. able

c. easier

d. harder

e. sure

5. Which best fits blank (5)?

a. application

b. ban

c. compliance

d. information

e. request

6. What does the underlined expression "the option of leaving India is like the button they'd press if they had no options left" mean?

a. India would be in trouble if the companies left its market.

b. Many companies are waiting for their chance to leave India.

c. None of the companies would like to choose to leave India.

d. The companies are worried about whether they should leave India.

e. The companies have no choice but to leave India.

7. According to the article, which of the following is true?

a. A pop star's tweet affected the friendly relationship between the government and Twitter.

b. The government filed a lawsuit against a pop star and Twitter for criticizing them.

c. The relationship between the government and Twitter had already worsened before a pop star's tweet.

d. Twitter criticized the government for violating a pop star's freedom of speech.

e. Twitter didn't follow any orders to remove tweets that were critical of the government.

8. According to the article, which of the following is true?

a. According to critics, Prime Minister Modi has been restricting digital freedoms since he took office.

b. According to the government, the purpose of the internet law is to censor online information.

c. Twitter has been receiving the largest number of information requests from the Indian government since 2012.

d. Twitter requested that the government improve transparency in decision-making.

e. Twitter's Indian chief was arrested for spreading misinformation and hate speech.

9. According to the article, which of the following is true?

a. Chinese internet companies are enjoying a steady increase in global sales.

b. Fewer Chinese have been using the internet because of strict regulations.

c. Indian internet companies are expected to achieve international success.

d. Internet companies expect that India's market will grow to be comparable to China's.

e. Raheel Khursheed criticized both the Indian and Chinese governments.

10. According to the article, which of the following is <u>not</u> true?

a. According to the ex-IT minister, people aren't charged if they criticize the government.

b. Apar Gupta is concerned about more legal trouble between internet users and platforms.

c. If illegal information remains online for three days, people concerned could be prosecuted.

d. Now Indian people can request internet companies to remove their online information.

e. Twitter dismissed three officers who failed to follow government requests.

V Read the following passage and select the best answer for each question.

(40 points)

The United Nations Human Rights chief on Wednesday called for a moratorium* on the sale of and use of artificial intelligence technology that poses human rights risks — including the state use of facial recognition software — until adequate safeguards are put in place.

The plea* comes as artificial intelligence develops at a rapid clip*, despite myriad* concerns ranging from privacy to racial bias plaguing* the emerging technology. "Artificial intelligence can be a force for good, helping societies overcome some of the great challenges of our times. But AI technologies can have negative, even catastrophic, effects if they are used without (1) regard to how they affect people's human rights," U.N. High Commissioner for Human Rights, Michelle Bachelet said in a statement Wednesday.

Bachelet's warnings accompany a report released by the U.N. Human Rights Office analyzing how artificial intelligence systems affect people's right to privacy — as well as rights to health, education, freedom of movement and more.

"Artificial intelligence now reaches into almost every corner of our physical and mental lives and even emotional states," Bachelet added. "AI systems are used to determine who gets public services, decide who has a chance to be recruited for a job, and of course they affect what information people see and can share online."

The report (2) of the dangers of implementing the technology without due diligence*, citing cases of people being wrongly arrested because of flawed* facial recognition tech or being denied social security benefits because of the mistakes made by these tools.

(3) the report did not cite specific software, it called for countries to ban any AI applications that "cannot be operated in compliance with international human rights law." More specifically, the report called for a moratorium on the use of remote biometric recognition* technologies in public spaces — at least until authorities can demonstrate compliance with privacy and data protection standards and the absence of discriminatory or accuracy issues.

The report also slammed* the lack of transparency around the implementation of many AI systems, and how their reliance on large data sets can result in people's data being collected and analyzed in opaque* ways as well as result in faulty or discriminatory decisions. The long-term storage of data and how it could be used in the future is also unknown and a cause for concern, according to the report. "(　4　) the rapid and continuous growth of AI, filling the immense accountability gap in how data is collected, stored, shared and used is one of the most urgent human rights questions we face," Bachelet said.

"We cannot afford to continue playing catch-up* regarding AI — allowing its use with limited or no boundaries or oversight, and dealing with the almost inevitable human rights consequences after the fact," Bachelet said, calling for immediate action to put "human rights guardrails on the use of AI."

Digital rights advocacy groups welcomed the recommendations from the international body, especially as many nations lag* in implementing federal laws surrounding artificial intelligence. Evan Greer, the director of the nonprofit advocacy group, Fight for the Future, told ABC News that the report further proves the "existential* threat" posed by this emerging technology.

"This report echoes the growing consensus among technology and human rights experts around the world: artificial intelligence powered surveillance systems like facial recognition pose an existential threat to the future of human liberty," Greer told ABC News. "Like nuclear or biological weapons, technology like <u>this</u> has such an enormous potential for harm that it cannot be effectively regulated, it must be banned."

"Facial recognition and other discriminatory uses of artificial intelligence can do immense (　5　) whether they're deployed* by governments or private entities like corporations," Greer added. "We agree with the UN report's conclusion: there should be an immediate, worldwide moratorium on the sale of facial recognition surveillance technology and other harmful AI systems."

Multiple studies have indicated that facial recognition technologies powered by artificial intelligence have the potential of racial bias and false negatives. Just last summer, a Black man in Michigan was wrongfully arrested and detained* after facial recognition technology incorrectly identified him as a shoplifting suspect.

A sweeping 2019 study from the U.S. Department of Commerce's National Institute of Standards and Technology found a majority of facial recognition software on the market had higher rates of false positive matches for Asian and Black faces compared to white faces. A separate 2019 study from the U.K. found that 81% of suspects flagged by the facial recognition technology used by London's Metropolitan Police force were innocent.

［注］ moratorium 一時停止　　plea 嘆願
at a rapid clip 猛スピードで　　myriad 無数の
plague ～を悩ます　　due diligence 適切な注意
flawed 欠点のある　　biometric recognition 生体認証
slam ～を激しく非難する　　opaque 不透明な
play catch-up 遅れを取り戻す，挽回する
lag 遅れる　　existential 存続にかかわる
deploy ～を配備する　　detain ～を拘留する

1．Which best fits blank (1)?
a．many
b．polite
c．scarce
d．sufficient
e．superficial

2．Which best fits blank (2)?
a．afraid
b．importance
c．informs

d. points

e. warns

3. Which best fits blank (3)?

a. Because

b. If

c. Unless

d. Until

e. While

4. Which best fits blank (4)?

a. Give

b. Given

c. Giving

d. Having given

e. To give

5. Which best fits blank (5)?

a. effects

b. harm

c. mistakes

d. roles

e. trouble

6. What does the underlined word "this" refer to?

a. an existential threat

b. facial recognition

c. human liberty

d. nuclear or biological weapons

e. surveillance systems

7. According to the article, which of the following is true?

a. Companies tend to hire people who are familiar with AI technology.

b. Facial recognition systems have helped a lot in arresting criminals.

c. It is not clear whether AI technologies affect our mental health.

d. Michelle Bachelet is an expert on AI technology.

e. The U.N. report refers to the effects of AI technologies on human rights.

8. According to the article, which of the following is true?

a. The U.N. report called for a temporary suspension of a specific AI system.

b. The U.N. report called for a total ban on the use of AI applications.

c. The U.N. report criticized governments for depending too much on AI systems.

d. The U.N. report mentions how to keep personal information safe and secure.

e. The U.N. report says that privacy violation is caused mainly by human error.

9. Which of the following is <u>not</u> mentioned in the article?

a. Digital rights advocacy groups evaluated the U.N. report positively.

b. Evan Greer insists that the use of artificial intelligence powered surveillance systems should be prohibited.

c. Facial recognition software is usually better at identifying white faces than non-white ones.

d. The use of facial recognition systems could be accompanied by racial prejudices.

e. The London police force misused facial recognition technology to arrest a Black man.

10. Which of the following is the main topic of the article?

a. How facial recognition technologies have developed.

b. Positive and negative effects of advanced artificial intelligence.

c. Potential risks of artificial intelligence systems.

d. The activities of the U.N. Human Rights Office.

e. The promising future of artificial intelligence technology.

Ⅵ From the choices 'a'—'d' below, select the best answer to fill blanks (1)—(5). (20 points)

1. A: (1)

B: Sure. What is it?

A: Would you help me to carry these bags upstairs?

a. Would I pack these bags?

b. Would I return a favor?

c. Would you carry these bags outside?

d. Would you do me a favor?

2. A: The deadline for the report in mathematics is April 16th, right?

B: Yes. (2) Are you halfway through it?

A: No, not at all. I've just set about it.

a. April 20th is the deadline.

b. Far from it.

c. No way.

d. That's right.

3. A: Do you think of a career as a teacher at a school?

B: I look at my career quite differently. I'd like to work on a farm.

A: (3)

B: I feel like coming into contact with nature through farm work.

a. How come you like to work at a skyscraper?

b. How come you think in that way?

c. Why do you opt for an IT corporation?

d. Why do you settle on an IT corporation?

4. A: Who's that tall girl in a yellow hat?

B: She is Mayee. Didn't you meet her at the party last night?

A: No, I couldn't make it to the party. (4)

B: Oh! Yes, I forgot that. So let me introduce you to her now.

a. I had a lot of fun with all of you.

b. My mother fully recovered from the disease.

c. My mother was not well at that time.

d. The memory of the picnic is vivid even now.

5. A: I've just finished an important meeting with clients.

B: My three-month tightly-scheduled project will end the day after tomorrow.

A: Then, let's make our plan and enjoy ourselves. What do you say?

B: Sure, why not? (5)

a. I felt relieved when I succeeded in it.

b. I have had a lot of free time for some time.

c. I have to launch another joint project from today on.

d. I'll give you a call when I am done with it.

た番組である。

D　東京に住む人びとは、テレビを通して僻地という外部の世界を見ることによって、知らない世界を見たいという願望を満たしていた。

E　東京が多くの人びとの羨望を集めるのは、戦後のテレビを通じて、日本の中心地として不特定多数に認識されてきたからである。

〔問五〕　傍線（8）「さまざまなメディアの役割」とあるが、本文から読み取れる「メディアの役割」の説明としてもっとも適当なものを左の中から選び、符号で答えなさい。

A　対象とするものの従来の特徴を映し出すのではなく、メディア独自の角度から新たな一面を取り上げることによって、人びとが抱くイメージを操作すること。

B　対象とするものをありのまま映し出すことは目的とせず、メディア独自の特性を生かして対象を特徴づけながら、共通したイメージを人びとに抱かせること。

C　対象とするものの認知度を高めるために、メディア独自の方法によってその様相を客観的に捉えることで、対象に備わる特徴を人びとに強く印象づけること。

D　対象とするものの情報を共有するだけでなく、メディア独自の手段を用いて対象を意識した生活を人びとに要求することによって、その行動様式を変化させること。

E　対象とするものの情報を伝達するにとどまらず、メディア独自の観点からその特徴を体系的にまとめることによって、対象の存在意義を人びとに知らしめること。

〔問六〕　本文の内容としてもっとも適当なものを左の中から選び、符号で答えなさい。

A　人口膨張や労働者階級の増加といった一九世紀パリの抱えていた問題を考察する上で、戦後東京の復興の過程は重要な材料となる。

B　戦後の東京は、破壊と再生を繰り返しながら発展してきたため、単一のメディアによってその変遷を読み解くことは困難である。

C　『山の分校の記録』とは、遅れをとった僻地の教育の実情を、都会と比較しながら記録し、その深刻さに焦点を当て

〔問三〕 空欄（3）（6）（7）に入れるのにもっとも適当な組み合わせを左の中から選び、符号で答えなさい。

A （3） あるいは　（6） それゆえ　（7） そして
B （3） むしろ　（6） なぜなら　（7） けれども
C （3） むしろ　（6） なぜなら　（7） そのため
D （3） また　（6） なぜなら　（7） けれども
E （3） さらに　（6） それゆえ　（7） むしろ

〔問四〕 傍線（5）「NHK『テレビの旅』という社会科の番組」とあるが、この番組から子どもたちが受けた影響の説明としてもっとも適当なものを左の中から選び、符号で答えなさい。

A これまで関わりのなかった世界に意識を向ける中で、自分たちの生活を見る視点が大きく変化するとともに、身近な環境を変えようとする意識が芽生えた。
B テレビで用いられている課題解決の手法を真似ることで、これまで知ることもなかった世界に関心が生まれ、現状を打開しようとする積極性が身についた。
C 外の世界に目を向けるだけでなく、外部からこちらに向けられる視線をも意識し始める中で、自分たちの生活水準の低さに問題意識を抱くようになった。
D 外部に広がる多様な世界を手本にしながら、従来とは異なった生き方を模索する中で、身近で起きている問題に主体的に関わろうとするようになった。
E 世界の広大さを知った上で、改めて自分たちの生活を顧みたところ、その閉鎖性が際立って感じられ、外部に向けて現状を訴える必要性に気づいた。

〔問一〕　傍線（1）「一九世紀パリは、『写真』というメディアから記述されることで都市が把握された」とは、どういうことか。その説明としてもっとも適当なものを左の中から選び、符号で答えなさい。

A　都市計画により新しく生まれ変わったパリは、遠近的な構造を目立たせる写真によって近代的な位置付けを獲得し、空間的な観点から解釈や考察が行われるようになったということ。

B　都市の過密化によって複雑な様相を呈していたパリは、写真によって空間の遠近的な表現が可能になったことを機に、整備された近代都市として周知されるようになったということ。

C　オスマンの事業で空間的な変貌を遂げたパリは、写真の登場によって遠近法的な都市という新たな一面が照射され、近代的な空間として社会的に注目されるようになったということ。

D　支配者の視線に沿って改造されたパリは、写真に撮られることで都市の構造や様式の特徴があらためて見出（みいだ）され、遠近的な都市空間として人々に認識されるようになったということ。

E　近代都市を目指して改造されたパリは、空間的な目新しさを効果的に演出することを目的として、同時期に登場したメディアである写真によって記録されるようになったということ。

〔問二〕　空欄（2）（4）に入れるのにもっとも適当な組み合わせを左の中から選び、符号で答えなさい。

A　（2）依存的　（4）禁じえなかった

B　（2）代替的　（4）予期できなかった

C　（2）補完的　（4）拒み続けてきた

D　（2）比例的　（4）肯（がえ）んじなかった

E　（2）対照的　（4）許容しなかった

かつて一九世紀パリが写真のもつ遠近法の都市として認知されたように、戦後東京はテレビのもつ遠視法によって認知された。この意味で言えば、テレビというメディアは、戦後、単に番組を作っていただけでなく、戦後日本の空間秩序を編制し、〈東京〉を成立させてきた。そして、その形式によって生まれる「世界」とは、絶えざる〈東京〉との比較によって人びとの間に共有されていく「東京の一極集中」という共同意識だった。テレビは〈東京〉を中央に押し上げ、人びとに〈東京〉を語り続けた。なぜおびただしい数の人びとが東京に憧れをもち、上京するのか。それは戦後日本社会にテレビが存在し、テレビを通して東京を望遠してきたことが影響していたことは間違いない。ここに日本におけるテレビ都市の論理があるのである。

（松山秀明『テレビ越しの東京史——戦後首都の遠視法』による）

（注1）　多木浩二……日本の写真評論家、建築批評家。
（注2）　伊藤俊治……日本の写真評論家。
（注3）　高柳健次郎……日本の工学者。
（注4）　序論で述べたように……筆者は本書の序論において、テレビが電波という広範性をもち、東京を中心としたネットワークを築いていったことを述べている。
（注5）　小津安二郎……日本の映画監督、脚本家。
（注6）　第1章から第4章まで見てきたように……筆者は第1章から第4章にかけて、一九五〇年代から二〇一〇年代にかけてテレビがどのように東京を映し出してきたかについて論じている。時に都市下層に焦点を当て、時にオリンピックに伴う華やかさに焦点を当て、テレビは東京を多様な視点から取り上げてきた。また、ドキュメンタリーやテレビ・ドラマなど、描くジャンルも様々であった。

自らがいる世界を相対化する」方法論であるということである。そして何よりも重要なのは、戦後日本社会において、多くの場合、視聴者の外部に広がる世界とは東京であったということである。戦後、テレビは多くの人びとに〈東京〉を見せるだけでなく、視聴者のいる世界を〈東京〉と比較させ、相対化し続けてきた。（6）、(注4)序論で述べたように、テレビは、東京を中心として構築されたネットワークをもち、電波という広範性を用いながら、東京発の番組を全国に供給し続けてきたからである。テレビとは、東京にキー局が立地し、東京の情報を全国に配信し続け、視聴者の棲む世界を視覚的に相対化し続けた戦後最大のメディアであった。言い換えれば、テレビとは、遠視法によって「戦後日本の空間秩序を編制するメディア」であった。戦後東京はテレビのまなざしに支えられることによって、存在したのである。

これは東京に住む子どもたちにとっても基本的には変わらない。この番組と同時期、(注5)小津安二郎は映画『お早よう』（一九五九）のなかで、東京郊外に住む子どもたちのテレビの渇望を物語にした。林家の兄弟は、近所の住人がテレビをもっていることを知り、自分たちの家にもテレビが欲しいとねだる。（7）両親にかたく反対され、テレビを買ってもらうまで一言も口をきかないと意地を張り、家庭でも学校でも話さなくなってしまう。この微笑ましい物語で小津が描こうとしたのは、東京の子どもたちも熱望したテレビという箱のもつ魔力であった。僻地に住む子どもたちは学習に、東京に住む子どもたちは娯楽に重きを置く相違はあったものの、知らない世界を見せてくれるテレビという箱を所有したいという願望は共通していた。テレビとは僻地でも都会でも外界との接点を作りだし、人びとの経験を同一化する魔法の装置であった。

戦後、その画面の中心点であり続けたのが〈東京〉であった。僻地にいようが、東京にいようが、テレビはつねに日本の中央としての〈東京〉を意味づけてきた。(注6)第1章から第4章まで見てきたように、時代によってテレビはまなざしを変化させながら、あるいは描くジャンルを巧みに変化させながら、戦後日本において東京を中央へと押し上げ、その中心点を人びとに知らせ続けてきたのである。かつて多木浩二は次のように述べていた。

> おそらく(8)さまざまなメディアの役割はたんに情報を媒介するにない手ではなくそれ自体の形式によって世界を変えていくものだと理解することができる。（多木浩二［1982］2008:160）

あるとき、先生は六年生を連れ、都会（宇都宮市）の小学校の理科の授業を見学に行く。そこでは「はい！　はい！」と手を挙げて競うように発言をする都会の子どもたちの姿があった。この宇都宮の小学校では、テレビを使った学習があったのである。村の子どもたちが体験する、初めての学校放送であった。村に帰った子どもたちは、ある日、黒板に「テレビほしい」と文字を書き残す。それを見た先生はＮＨＫに頼み、やがて分校に巡回テレビがやって来る。興味深いのはテレビが分校にやって来ることで変化する、子どもたちの視線である。

　テレビが学校に来てから子どもたちの生活は精神的にも肉体的にも変化した。それまで注意散漫だった子どもたちは真剣になり、テレビで船の作り方を見た翌日には船の模型を作ってくる子どもまで現われた。とくに重要なのが、(5)ＮＨＫ『テレビの旅』という社会科の番組を視聴した子どもたちの反応で、この学校放送を見た子どもたちは自主的に日本各地の地図を作り始めた。まさにここで子どもたちは、テレビという「窓」を通して外部の世界に触れたのである。僻地という閉鎖的な空間を超え、テレビを通して日本各地とつながることで、世界の広がりを知ったのである。

　この瞬間こそ、テレビと都市の関わりの瞬間だった。テレビは生活空間に居ながらにして、外部世界をまなざす装置となったのである。とくに僻地の子どもたちにとって、テレビは知らない外部世界を見せてくれる魔法の箱だった。テレビの返却が決まった日、ある女の子はテレビの画面をきれいに掃除しながら独白する。「家で飼っている馬が売られていくようだ。テレビがなくなったら、私はスイッチを入れる真似をする。ああ、あのときは良かったなあと思うだろう。まるで愛のようだった」。

　この番組はここからが重要である。ある日、ある子どもの父親が炭焼き中に転落する事故を起こしてしまう。この事故現場では以前も同様の事故が起きていた。そのことを知った子どもたちは、土呂部部落の産業の現状と改善点について学校の発表会で語りだす。「テレビの旅」を真似て「土呂部の旅」と題した発表を聞いた村人たちは、涙を流した。この発表会における子どもたちの立ち振る舞いは、テレビを通して外部世界に触れたことで、そのまなざしが反転し、自らの置かれた環境と比較し始めたことを意味していた。外部の世界を見たことで、自分たちの劣悪な生活を疑い始め、相対化するようになったのである。つまり、テレビで遠くを視たことによって、世界の見え方が変わったのである。

　この番組を通じて分かるのは、「遠視法」とは、第一に「外部に広がる世界を視聴者に見せる」ことによって、第二に「視聴者京の街並みはパリのそれと同型であるとは言いがたく、パリのように「遠近法」の都市として論じることはできない。たしかに東京を写真から読み解く試みはあったが、無秩序に発展してきた東京を写真のもつ遠近法から論じることには限界があった。東京は遠近法によってまなざされることを［（4）］都市にほかならないからである。東京はもっと別のメディアのまなざしに支えられた都市であった。

一九世紀パリが写真という新しい「眼」によって再記述されたように、二〇世紀東京、とりわけ戦後東京も新しい「眼」によって再記述されなければならない。それが本書で辿ってきたテレビによる「遠視法」であった。パリが「遠近法」に彩られた都市であるとするならば、東京は「遠視法」に彩られた都市である。都市の記述の仕方は「遠近法」から「遠視法」へと変わったのである。

戦後、東京がテレビに求めた機能が「遠視法」だった。（注3）高柳健次郎が開発時に名付けた「無線遠視法」は、テレビが「遠くを視る」ためのメディアであることを的確に表わし、東京はテレビの遠視法に支えられることで存在した。先の伊藤の言葉を借りれば、テレビのなかに東京を成立させる機構がおさめられていたのである。ここでいま一度、テレビのもつ「遠視」機能と「東京」との関わりを掘り下げてみる必要がある。この両者の関わりを端的に示した、一本のドキュメンタリー番組がある。ここにテレビが遠視法によって作ってきた〈東京〉の本質を見ることができる。

ＮＨＫ『山の分校の記録』は、一九六〇年四月二一日に放送されたドキュメンタリー番組である。この番組は「恵まれない僻地」の子どもたちが、テレビに触れることでどう変わるかを捉えた傑作である。栃木県栗山村土呂部部落は東京から約三五〇キロメートル、二七戸、一七〇人の小さな集落である。村の主な収入源は炭焼きで、木を伐採して木炭を製造することで人びとは生計を立てている。番組の舞台となるのは標高一〇〇〇メートルにある、全校生徒三一名の土呂部分校栗山小学校である。番組ではまず、この小さな分校を僻地における「取り残された教育」としてその劣悪さを強調し、授業でも先生は図を使って説明するも分かりにくく、大人たちも仕事で子どもたちの教育まで手が回らず、結果として、村にはいつもおどおどしている子や、めったに口をきかない子、勉強に集中できない子が多くなったことを解説する。

りにくくし、軍隊をただちに出動できる「視線」を作りだしたのである。一九世紀のパリは、支配者の視線に貫かれ、遠近法的なまなざしに支えられた都市となった。

(注1)多木浩二（たきこうじ）は、このパリの都市空間の変貌を、一九世紀に登場した新しい「眼（め）」の体験との関わりのなかで論じていく（多木浩二 1982）。一つは、気球の発明による都市を上から見下ろす鳥瞰（ちょうかん）的なまなざし。もう一つは、パノラマ、ジオラマからタゲレオタイプ、写真へといたる光学映像のまなざしである。とくに写真という新しい視覚体験は、一九世紀パリの遠近法的なまなざしと（2）な関係にあった。オスマンの近代都市計画と写真メディアとの間には、実は「視覚の近代化」という同じ原理が隠されていたのである。(注2)伊藤俊治（いとうとしはる）は、この二つの相互性について次のように論じている。

> ここでは写真が都市の描写のための道具となったというより、（3）都市の構造や様式そのものとなっていったというほうが正確だろう。写真はまさに近代都市の変遷の枠組みから生みだされ、人々のなかに都市の感性としてすべりこみ、都市の形態となって刻まれていった。写真のなかに都市を成立させる機構がおさめられている。（伊藤俊治 1988：22）

写真の誕生は人びとの空間の見方を変え、一九世紀パリの都市空間への視線を生んだ。一方、パリもまたその遠近的な構造ゆえに写真を必要とした。パリは写真によって発見され、写真はパリによって発見されたのである。一九世紀パリとは、言うなれば写真都市であった。かつてヴァルター・ベンヤミンがパリの街路を撮った写真から「都市の無意識」を読みとったように（Benjamin 1935）、ここで写真は単なる情報伝達の媒体を超え、それ自体の形式によって世界の見方を構成する視線のあり方として、都市を可視化するメディアとなった。こうして一九世紀パリは新しい「眼」で構成された都市として、写真というメディアから再記述されたのである。

ここでわれわれはいま、戦後の東京と比較してみなければならない。戦後東京は敗戦以降、オリンピックの開催、列島改造、規制緩和をめぐる土地投機、バブルの崩壊、というような激動の時代を過ごし、破壊と再生を繰り返してきた都市であった。この東かつての機械化に比肩するものがある。

B 情報倫理の問題は、技術的に「できること」と社会的に「やってよいこと」の乖離をいかに解消するかという点を、多様な角度から検証していく必要がある。

C 社会における最低限の規範や作法を守ることと情報倫理への取組みを同等に扱うことは、人々の思考を単純化させ、私たちを視野狭窄へと導いてしまう。

D 技術そのものが社会や経済の形を決定するという視点は、行為主体の責任を隠してしまうため、技術ではなく利用者を解釈の対象としなければならない。

E 世代間倫理の様相を帯びる情報倫理は、世代から世代へと意思決定のプロセスを受け継いで共有し、未来の社会や経済の方向性を決めてゆくことになる。

三 次の文章を読んで、後の問に答えなさい。(30点)

思えば、時代によって、都市が求めるメディアは変化してきた。メディアと都市をめぐって一定の成果を挙げたのが、一九世紀パリをめぐる考察だった。(1)一九世紀パリは、「写真」というメディアから記述されることで都市が把握された。パリを「写真」から読み解く仕方と、東京を「テレビ」から読み解く仕方から、都市の読み方の変化について考えてみたい。

一九世紀パリは、戦後東京と同じく、人口膨張と労働者階級の増加によって、都市の過密化が問題視されていた。この過密都市パリの改造を担ったのが、ナポレオン三世下のジョルジュ・オスマンである。オスマンの目指した近代都市は、パリを直線状の街路が伸びた「遠近法」の都市空間に変えることであった。よく言われるように、このオスマンの都市計画は、表向きはパリを美しくすることであったが、内実は都市の叛乱を防ぐ狙いがあった(Benjamin 1935)。大通りをぶち抜くことで叛徒のバリケードを作

〔問六〕　傍線（9）「世代を超えた社会責任の重大性」とあるが、筆者がこのような「重大性」を指摘するのはなぜか。その説明としてもっとも適当なものを左の中から選び、符号で答えなさい。

A　物事を歴史的な変化の相で捉えることが難しい共時的な決定方式では、時の流れを考慮しない制約のもと、社会や経済のコンテクストを築いていく必要があるから。

B　情報倫理の実践は固定された時間軸においてしか実現し得ないために、将来世代の生活や社会、自然などの長期的なビジョンが不明な中で判断せざるを得ないから。

C　現在の世代による合意形成でＩＣＴに関する意思決定を行う上では、今後の世代の責任も引き受ける形で、将来の社会と経済のあり方を決めていくことになるから。

D　ＩＣＴに関わる意思決定は同世代のみで将来を決定することを意味し、情報倫理に取り組む人々は、自分の知識のなさを自覚した上で責任を果たす必要があるから。

E　集団による意思決定において民主主義が最善の手段である以上、今後の趨勢（すうせい）を正確に見極めて動くことが前提であり、人々は歴史的な責務を背負わねばならないから。

〔問七〕　次の一文を挿入する箇所としてもっとも適当なものを左の中から選び、符号で答えなさい。

この点においても、情報倫理に関わる問題を討議するための、開かれた場と作法の確立が社会的重要性を持つことになる。

A　【Ⅰ】　B　【Ⅱ】　C　【Ⅲ】　D　【Ⅳ】　E　【Ⅴ】

〔問八〕　本文の内容としてもっとも適当なものを左の中から選び、符号で答えなさい。

A　ＩＣＴは社会的に影響力の強い技術であり、社会変容要因であると言うことができ、その浸透力や展開力の勢いは、

C　ＩＣＴ関連の問題に対して広い視野を持ち、それらの問題を一定の手続きや法則として見るのではなく、時代に付き従って進展する可変的なものとして捉えようとする態度。

D　情報倫理リテラシーを十分に涵養し、倫理感、責任感を持って、ＩＣＴの開発や実態について自分が認識し得る限りの情報を周囲の人々に対して積極的に開示しようとする態度。

E　真に豊かな社会の実現に向けて、断固とした決意を持ち、発生した問題や今後発生しうる問題に対して適切に対応できる能力を養いながら情報倫理へ取り組もうとする態度。

〔問五〕　傍線（６）「技術中立論」とあるが、これは結果的にどのような事態をもたらすのか。その説明としてもっとも適当なものを左の中から選び、符号で答えなさい。

A　技術の価値は使い方次第であるという考え方から、技術を開発するに当たってエンジニアたちが社会に対して負うべき責任が問われにくくなる。

B　技術の問題を引き起こすのはつねに人間であるという考え方から、技術と開発者を強引に関連付けて問題を捉えようとするような見方が広まる。

C　技術は善悪に該当しないという考え方から、ＩＣＴや情報システムによる問題の発生時に、エンジニアの間で共有される職業的な倫理が揺らぐ。

D　技術は人間の思考に影響を与えないとする考え方から、技術によるいかなる倫理問題が起ころうと、つねに利用者だけの責任が追及される。

E　技術のあり方は社会の方向性を決める要因になるという考え方から、技術の最先端に立つ人々ばかりが、技術による社会の変容を体験する。

〔問二〕 空欄（2）（5）（8）に入れるのにもっとも適当な組み合わせを左の中から選び、符号で答えなさい。

A （2） しかし （5） いっぽう （8） たとえば
B （2） しかし （5） また （8） したがって
C （2） そして （5） いっぽう （8） さらに
D （2） ただし （5） ゆえに （8） さらに
E （2） ただし （5） まして （8） したがって

〔問三〕 空欄（3）（7）に入れるのにもっとも適当な組み合わせを左の中から選び、符号で答えなさい。

A （3） 非現実的 （7） 他者のものとして等閑視する傾向
B （3） 非協力的 （7） 当然のものとして言及しない傾向
C （3） 非現実的 （7） 無用なものとして軽視する傾向
D （3） 非協力的 （7） 無用なものとして軽視する傾向
E （3） 非現実的 （7） 当然のものとして言及しない傾向

〔問四〕 傍線（4）「現代情報社会に生きるあらゆる人々」に求められるのはどのような態度だと考えられるか。その説明としてもっとも適当なものを左の中から選び、符号で答えなさい。

A 目まぐるしく移り変わるＩＣＴの状況を受け、情報倫理への取組みに完成はないことを理解したうえで、柔軟な発想のもとに既存のルールを常に更新していこうとする態度。
B 社会的な規則や作法を受動的に守るだけでなく、ＩＣＴの利用に伴うリスクの評価や倫理問題の本質解明のために、率先して専門的な知識や技術を身につけようとする態度。

（注2）コンテクスト……状況や背景。

（注3）第3章で指摘したように……筆者は第3章において、人間を特別視しようとする「素朴な人間中心主義」が「ナショナリズムや自民族中心主義、そしてエゴイズムへと容易に結びつく」と批判し、情報倫理の議論において、このような認識に陥らないように注意すべきだと指摘している。

〔問一〕　傍線（1）「ＩＣＴの社会・経済への浸透がなければ発生しなかったであろうさまざまな問題が顕在化してきている」とあるが、このような状況を筆者はどのように考えているか。その説明としてもっとも適当なものを左の中から選び、符号で答えなさい。

Ａ　情報化の進展が社会に与える影響を予測することは困難であるからこそ、有識者や専門家以外の人々にも積極的な発言を促す方法を検討するオープンな討議の場を設定するべきである。

Ｂ　ＩＣＴは人々の日常生活に広く深く浸透してその思考や行動のあり方を規定してしまうため、さまざまな立場の多様な視点に触れて「情報社会の虜」となることを避けねばならない。

Ｃ　複雑かつ新奇な情報倫理の問題に対して、人々の多様な知を集合させ、社会的な規範にもとづいた対策方針をあらかじめ打ち立てることが、より善い情報社会を建設する第一歩となる。

Ｄ　ＩＣＴに関連する諸問題は、現代の情報社会を生きるすべての人々に関わるものであり、一人でも多くの有志が多様な視点から意見を発するという形で、問題解決に関与する必要がある。

Ｅ　情報倫理において、対処すべき問題の所在や内容を確定していくためには、多方面の分野に通じた個人が発言オプションを適切に行使し、学際的なアプローチを試みることが求められる。

となる。【Ⅳ】

ＩＣＴが社会や経済の諸機能の基幹部分に存在している今日、ＩＣＴの開発と利用に関わる個人や組織の意思決定は、現在の、そして将来の社会と経済のあり方を決める要因となりうる。社会や経済の(注2)コンテクストは所与のものでも、固定されたものでもなく、社会・経済における行動主体が言動を通じて作り上げていくものである。したがって、情報倫理への取組みにおいては、ＩＣＴがこれからの社会の構築にとって不可欠な要素であることを認識した上で、ＩＣＴの開発と利用に関わる適切な社会的コンテクストを将来にわたってどのように作り上げていくかを考えていくことが、歴史的存在として現在を生きる人間にとっての責務となる。この点で、情報倫理は世代間倫理の様相を帯びる。すなわち情報倫理の実践は、社会の構成メンバーとしての、また同時に歴史的存在としての人間の役割に関わるものであり、前世代が築いた社会を正しく受け継ぎ、同時代の人々のために健全な社会の維持と発展を図り、よりよい社会を次世代へと受け渡す責任を果たすための取組みである。したがって、(注3)第3章で指摘したように、情報倫理の実践に参加する人々は「素朴な人間中心主義」に陥らないよう留意しなければならない。【Ⅴ】

また、合意形成あるいは集団的意思決定を行う際の制度化された方法として広く採用されている民主主義の限界を理解する必要がある。民主主義は、現時点では他に代わるものがないという意味で、多数主体が参加する合意形成のための最善の意思決定方式である。しかし、これはいわば「共時的」な決定方式であり、たとえ将来世代の生活・社会環境や生態系のあり方に多大な影響を与える意思決定であっても、そのプロセスには現在の世代しか参加することができない。このことは、そうした意思決定に参加する者に課される(9)世代を超えた社会責任の重大性を意味するものであり、したがって情報倫理の実践的取組みに参加する人々が「無知の知」という言葉で典型的に表される知的謙虚さを持ちつつ将来世代への責任を果たすことの重要性を示唆している。

（村田潔「情報倫理の特質」による）

（注1）インタラクション……相互作用。

情報倫理の諸問題の解決に向けた建設的な議論に主体的・積極的に参加することができる。ただし、情報倫理リテラシーを1人の人間が持つと想定することは必ずしも現実的ではないであろう。むしろ、多くの人々の多様な知識と知恵を融合させた集合知として情報倫理リテラシーが形成される仕組みを整えたほうがよいと考えられる。【Ⅰ】

ＩＣＴはドッグイヤーと形容されるほどの目まぐるしいスピードでその開発や利用が進められており、それによって常に新しい倫理問題状況が生み出される可能性がある。そのため、ＩＣＴの開発と利用に関する明確で安定的な倫理基準を設定することは今後とも困難であり、情報倫理への取組みは終わることのない営為であると理解されなければならない。情報倫理への取組みにコミットする人々には、情報倫理リテラシーの涵養に加えて、より善い社会の実現をあきらめることなく目指す意志と、海図のない長い航海に乗り出す覚悟を持つことが必要とされるのである。【Ⅱ】

情報倫理への取組みを行う上で、特に留意あるいは認識しなければならないのは、単純な技術決定論と(6)技術中立論のいずれに与（くみ）することも、無意味であり、有害であるということである。

技術決定論のように技術そのものが社会や経済のあり方を決めると考えることは、人間が技術を道具化するという意味で、技術が解釈の対象であり、したがって技術の開発、導入、利用に当たってその影響が組織や社会・経済に及ぶとき、判断主体あるいは行為主体としての人間や組織の責任が問題とされなければならなくなるという点を見失わせるばかりでなく、倫理問題の解決に向けての努力を［(7)］を生み出す。【Ⅲ】

逆に、技術それ自体は中立であり、倫理問題を引き起こすのはそれを利用する人間であると主張することは、技術にはその開発者の価値が埋め込まれていることを無視し、また、人間の思考が目の前に存在している具体的なものに即して行われる傾向があることから目をそむけることにつながる。このことは、ＩＣＴやＩＣＴベースの情報システムの開発に当たってのエンジニアの倫理責任を過小評価する結果を招くであろう。ＩＣＴやＩＣＴベースの情報システムが組織や社会に対してどのような影響を及ぼしうるのかについて、ある程度までの予測を持ち、その予測の範囲内で、短期的・長期的に問題が発生しないよう影響力を行使することができるのは、それらを開発するエンジニアに他ならないのである。［(8)］エンジニアには、その職業上の責任として、こうした影響力の行使について社会的に正当化可能な配慮をすることが求められることれるのは、ただ単にICTに関する確立された法律やルール、マナー、エチケットを学び、それを遵守するという態度ではない。言うまでもなく、法律を遵守することは法治国家に住む者の当然の責務であり、また他者との（注1）インタラクションの中で生きなければならない人間にとってルールやマナー、エチケットを知り、それを守ることは社会生活を送る上での必要条件である。しかし、これらの遵守と情報倫理への取組みとを同一視することは、「倫理的に考え、倫理的に行動すること」や「責任ある行動」、「善い判断」の意味を見失わせるリスクを伴う。具体的には、以下のような状況が生み出されうる。

① 情報倫理の対象として取り上げられる問題が、すでに確立されている法律、ルール、マナー、エチケットに反するのか、反しないのかを判断するものに限定される。

② 情報倫理に関わる問題をとらえる視点が、日常の個人行動レベルで、他者とのトラブルをいかに避けるかというものに矮小化される。

③ 倫理問題に対する認識、考察、判断が、既存の法律、ルール、マナー、エチケットに従いさえすればよいという形で思考停止される。

④ 倫理問題がマニュアルあるいはアルゴリズムに従うことによって解決されるという誤解が生じる。

情報倫理がその考察の対象とする問題には、多くの場合、複雑さと新奇性とがまとわりついている。したがって、既存の規範が適用できないばかりか、ルールやマナーを定めることそのものが困難であったり、それらの設定と遵守に還元できない問題も存在する可能性がある。

情報倫理への取組みに向けて人々が身につけるべきものは、ICTや倫理問題の本質を理解できるための必要かつ十分な知識に加え、理性的な議論を行う能力、真に豊かな社会を構想できる創造性、常識を疑うことのできる健全な批判精神、権威におもねらない自立の精神などからなる情報倫理リテラシーである。こうしたリテラシーを十分に涵養することで、人は言い当てることは至難の業である。そのため、ＩＣＴの開発と利用に関連する社会的リスクの評価や倫理問題の認知とその本質の解明、そして問題解決のためのポリシーリコメンデーション、すなわち方策あるいは対応策の提案・提示が、社会にとって真に有用であることを確保するためには、これらのプロセスに学識経験者やコンピューティングのエキスパートだけではなく、多様な視点を持つさまざまな立場の人々が積極的にコミットすることが必要とされる。

　ＩＣＴがビジネスや日常生活に深く広く浸透している結果、今日の情報社会におけるほとんどの個人や組織は、少なくとも先進国における平均的な生活水準やサービス、利便性の水準を保とうとする限り、情報社会から抜け出すことはできなくなっており、いわば「情報社会の虜（とりこ）」となっている。したがって、情報社会のあり方に不満や異議・疑問を持つときに、人々にとってそこから「退出」することは［（３）］であり、不満や異議・疑問の解消に向けて積極的に「発言」することが実質的に唯一選択可能な行動オプションである。

　こうした点で、ＩＣＴの開発と利用に関わる倫理問題に対処するためのポリシーリコメンデーションをその目的の１つとする情報倫理の実践は、(4)現代情報社会に生きるあらゆる人々にとっての課題となっており、多くの善意の人々が正当な発言をすることを通じてそこに参加することが、情報社会の繁栄のために有効であり、必要なのである。そして、さまざまな視点を持つ人々の発言がより善い情報社会の構築のための建設的なポリシーメイキングに結びつくためには、対処すべき問題の所在と内容を精査し、問題解決に向けた合意形成を実現するための、広く開かれた討議の「場」と「作法」を確立する必要がある。

［（５）］、情報化という社会の機械化・自動化に伴って発生する社会変容は不可逆であるため、ＩＣＴの開発と利用に関わる倫理問題の潜在的なものも含めた存在が認知された場合、できる限り早く、人々が発言オプションを行使できなければならない。このため、ＩＣＴベースの情報システムの開発と利用・運用の主たる担い手である組織は、その社会責任の一環として、自らが行っているＩＣＴの開発と利用の実態について積極的に情報開示し、情報化に関する人々の「知る権利」の確保を図らなければならない。

　ＩＣＴの開発と利用ならびに社会・経済への普及・浸透に関わる倫理問題・社会問題の解決にコミットする人々に求めら

二　次の文章を読んで、後の問に答えなさい。（40点）

ＩＣＴは社会的影響力の強い技術であり、社会変容要因である。ＩＣＴが現在の情報社会における人間行動や組織行動、さらには人間存在や社会のあり方を規定しているといっても、あながち誇張ではない。社会・経済の隅々にまで入り込んできているＩＣＴベースの情報システムのアーキテクチャが人々の思考や行動のあり方を規定しているのである。たとえば、何かを知りたいと思えば、多くの人々は迷うことなくネット検索を行い、その検索結果上位のウェブサイトから得られる情報を「正しいもの」として認識する。

その一方で、(1)ＩＣＴの社会・経済への浸透がなければ発生しなかったであろうさまざまな問題が顕在化してきている。ＩＣＴの開発と導入のスピードは人間がそれ以前に経験してきた機械化のスピードをはるかに上回るものである。またその影響は人間存在と社会のあり方を変えるほどに深く、影響が及ぶ範囲もまさに「グローバル」や「ボーダーレス」という表現がぴったりとくるほどの広さを持っている。こうした中で、ＩＣＴの開発と利用、普及に伴って、多様な立場の人々の、さまざまな権利、責任、利害関係が絡まり合う複雑で新奇な価値の対立状況や、価値の喪失状況が引き起こされてくることになる。このようにして発生する倫理問題への対処は、その複雑性と新奇性に由来する的確な問題認識ならびに問題の本質解明の困難さ、適用可能な法律やルールが存在しないこと、適切で迅速な法律やルールの制定のための手続きの不備、問題の発生と技術的対応とのスピードギャップといった、さまざまな要因のために難しいものとなる。とりわけ適切に問題を認識し、認識された問題の本質を正しく理解するためには、情報倫理問題が有する複雑性と新奇性に対抗できるだけの、多様な分野の知識と知恵が必要とされる。このため、情報倫理においては学際的なアプローチを採ることが必然的なものとなる。

情報化の進展とともに複雑で新奇な倫理問題・社会問題が発生してきていることは、「できることと、やってよいことは違う」、すなわち技術的に実行可能なことが、社会的に見たときに必ずしも容認できるものはないということを示唆している。 (2) 、ＩＣＴの開発と利用に伴って、どのような影響が社会に及ぶのかについては、短期的なインパクト（immediate impact）を正しく予測することですら誰にとっても容易ではなく、ましてや長期的帰結（long-term consequence）を正確に

〔問四〕　次の言葉の意味としてもっとも適当なものを左の中からそれぞれ選び、符号で答えなさい。

ア　石に漱（くちすす）ぎ流れに枕す

イ　鼎（かなえ）の軽重を問う

ウ　木に竹を接ぐ

A　負け惜しみが強く、屁理屈（へりくつ）で言い逃れをすること

B　十分な材料がなく、その場のもので間に合わせること

C　目先の違いばかりにとらわれ、物事の本質を見失うこと

D　権力者の実力を疑い、代わりに地位を奪おうとすること

E　前後のつじつまが合わず、筋が通っていないこと

〔問五〕　次の意味を表すものとしてもっとも適当なものを左の中からそれぞれ選び、符号で答えなさい。

ア　すぐれた才能や徳を隠して、世間に目立たないように暮らすこと

イ　最後まで運命や行動をともにすること

A　金枝玉葉　　B　刻舟求剣　　C　猿猴（えんこう）取月　　D　和光同塵（どうじん）　　E　一蓮托生（いちれんたくしょう）

エ ロッカーをテッキョする

A 前言をテッカイする　B テッコウ業が発達する　C センテツの教えを胸に刻む

D 大臣をコウテツする　E テツヤで作業する

オ ドアを閉めてシャオンする

A 相手の好意にカンシャする　B シャフツ消毒を行う　C 茶畑がシャメンに広がる

D 交通をシャダンする　E 新しいエキシャに建て替える

〔問二〕次の漢字の読みを、左の各群の中から一つずつ選び、符号で答えなさい。

ア 定款

A じょうきん　B じょうかん　C ていきん　D ていかん　E ていがん

イ 賄う

A へつらう　B そこなう　C まかなう　D おとなう　E あげつらう

〔問三〕次の慣用句の空欄に入れるのにもっとも適当なものを左の中からそれぞれ選び、符号で答えなさい。

横車を［ア］

因果を［イ］

ほぞを［ウ］

A ふくめる　B とおす　C かためる　D かける　E おす

国語

（六〇分）

一　次の問に答えなさい。（30点）

〔問一〕　次の傍線部の漢字と同じ漢字を含むものを、左の各群の中から一つずつ選び、符号で答えなさい。

ア　人生のキロに立たされる

A　運動会のキバ戦に参加する　　B　選択肢がタキにわたる　　C　実力をハッキする

D　ジョウキを逸した行動　　E　契約をハキする

イ　ヒンパンに遭遇する

A　使用するヒンドが高い　　B　ライヒン席に案内する　　C　主君のヒンカクを備える

D　カイヒンの旅館に泊まる　　E　ヒンコンにあえぐ

ウ　西洋絵画に対するシンビガン

A　新しいシングで眠る　　B　橋のフシンが完了する　　C　自宅キンシンを命じられる

D　医師のシンダンを受ける　　E　提出された書類をシンサする

解答編

英語

I 解答 1－d　2－a　3－b　4－b　5－c

II 解答 1－c　2－d　3－a　4－c　5－a　6－d
7－d　8－a　9－a　10－c

◀解　説▶

1．「ジョンは生来せっかちで，ゆったりした電車の旅は楽しまない」
by nature「生来，本質的に」という慣用表現を用いると英文の意味が通る。

2．「私の祖父は私の友人たちにたくさんの質問をして，そのほとんどに彼らは答えられなかった」
questions を先行詞と考え，関係代名詞 which を入れることで文法的に正しい英文になる。

3．「私たちの学校の学食では，パンの何枚かのスライスはスープに加えて提供される」
空所の前後にある前置詞を手がかりに，in addition to ～「～に加えて」を用いればよい。

4．「私たちは改善の余地があると確信している」
空所の直後にある for をヒントに，room for improvement とすれば「改善の余地」という表現ができる。room「（空間的）余裕，余地」

5．「誰も彼女の夏休みの富士山登山に反対しなかった」
空所の直後に前置詞 to があることから，object to ～「～に反対する」とすればよい。

6．「もし彼女の親切な助言がなかったら，あなたは昇進しなかっただろう」

if it had not been for ～で「～がなかったとしたら」の意。空所は仮定法過去完了の主節の動詞部分であるから，助動詞の過去形＋have＋過去分詞の形にすればよい。

7.「そのイタリア料理店は，特別なワインは言うまでもなく，素晴らしい料理を提供する」

空所の前後にある語から，to say nothing of ～「～は言うまでもなく」という慣用表現が適切であると判断できる。

8.「その病気はアジアの多くの熱帯諸国で一般的であり，その地域外での症例はその地域への旅行と関連していることが多い」

カンマ以降で，its cases outside of the region「その地域外での症例」を主語として文が成立していなければならない。選択肢の中では a を用いると正しい文になる。be linked to ～「～と関連がある」

9.「これはそれほど深刻ではなく，ほとんどの人が 2，3 日で回復する珍しい病気です」

関係代名詞の which を用いて前置詞＋関係代名詞の形に正しくなっているもの，加えて most を意味が通るように正しく置いているものは a である。

10.「この病気は人と人との間に簡単には広まらず，一般的に人へのリスクはとても低いと言われている」

文法的に正しく書かれているのは c である。spread between ～「～の間で広まる」 risk to *A*「*A* に対するリスク」

Ⅲ **解答** 1－c 2－c 3－d 4－b 5－c

◆全 訳◆

≪オーストラリア国民の日本人観≫

調査機関イプソスは，日本についての人々の意見に関するオンライン調査を 2021 年にオーストラリアで実施した。この機関は 18 歳から 69 歳までの 400 人に 6 つの質問をした。以下は調査結果の要約である。

オーストラリアと日本の関係について尋ねられた時，回答者の 78％が日本と友好的な関係にあると認識していた。加えて，およそ 4 分の 3 が日本をオーストラリアの信頼できる友人であると評価していた。日本が平和を愛する国かどうかという問いに対しては，76％が日本は平和を愛する国であると肯定的に評価していた。世界経済の安定と成長における日本の役割はどのくらい重要かという問いに答えた際には，回答者の69％が日本の役割について肯定的な評価をしていた。およそ4分の3が，世界の平和と安定に対する日本の貢献が，国際平和と秩序の維持にとって価値のあるものであろうと判断している。回答者は，日本は，未来のオーストラリアにとって3番目に重要なパートナーであると考えている。

2021年にオーストラリアで実施された日本に関する世論調査の結果の概要

（注：以下は円グラフの内容）

①　日本との関係

非常に友好的である… 35％　どちらかというと友好的である… 43％　どちらかというと非友好的である… 3％　非常に非友好的である… 1％　わからない… 18％

②　信頼できる関係

非常に信頼できる… 29％　どちらかというと信頼できる… 46％　どちらかというと信頼できない… 5％　非常に信頼できない… 1％　わからない… 20％

③　平和愛好国としての日本

非常にそう思う… 37％　ある程度そう思う… 39％　あまりそうは思わない… 9％　全くそうは思わない… 2％　わからない… 14％

④－1　日本の役割と貢献

非常に重要である… 33％　どちらかというと重要である… 36％

あまり重要ではない… 7％　全く重要ではない… 2％　わからない… 22％

④－2　日本の役割と貢献

非常に価値がある… 37％　どちらかというと価値がある… 40％　どちらかというと価値がない… 4％　全く価値がない… 2％　わからない… 18％

⑤　未来のパートナー

アメリカ… 56％　英国… 49％　日本… 43％　インド… 31％　欧州連合… 31％　中国… 30％　カナダ… 29％　インドネシア… 27％　ドイツ… 24％　アセアン諸国… 20％

(数値は四捨五入しているため合計が100％にならない場合がある。)

それぞれのグラフについての質問は次の通りである。

① 日本との関係

問. あなたの国と日本との関係の現在の状態についてどう思いますか。

② 信頼できる関係

問. あなたの国の信頼できる友人として日本をどのように評価しますか。

③ 平和愛好国としての日本

問. 第二次世界大戦の終結以来過去75年間の平和愛好国家としての日本をどのくらい評価しますか。

④－1, ④－2 日本の役割と貢献

④－1 問. 世界経済の安定と成長に日本はどの程度重要な役割を演じていますか。

④－2 問. この地域や国際社会の平和と安定に対する日本の積極的な貢献は世界平和の維持と国際秩序の確立にとって価値があると思いますか。

⑤ 未来のパートナー

問. 未来のオーストラリアにとってどの国／組織が重要なパートナーだと思いますか。(複数回答可)

◀解 説▶

1. 空所(1)は②のグラフについての言及である。本文の about three quarters「およそ4分の3」というのは,「非常に信頼できる」と「どちらかというと信頼できる」のパーセンテージを足した数と同じと考えられるので, c. reliable を入れるのが適切である。

2. ③のグラフについて述べている部分である。本文の76％とは,「非常にそう思う」の37％と「ある程度そう思う」の39％を足した数だと考えられるので, c を入れて positively evaluate「肯定的に評価している」とするのが自然だろう。

3. ④－1のグラフについての説明と考えられる。positive evaluation「肯定的な評価をしている」ということであるから,「非常に重要である」と答えた33％と,「どちらかというと重要である」と答えた36％を足した d. 69％が正解ということになろう。

5. ⑤のグラフについての文である。この棒グラフを見れば, 日本は上から3番目だということが読み取れる。

Ⅳ　解答

1―a　2―a　3―b　4―c　5―c　6―c
7―c　8―a　9―d　10―e

◆全　訳◆

≪インド政府のインターネット規制≫

ニューデリー――それは2月に，ポップスターのリアーナのあるツイートで始まった。それは，首都近くで発生した農民の大規模な抗議活動に対するインドの首相ナレンドラ=モディの対応への広範囲な糾弾の火付け役となり，すでに困難な関係にあったインド政府とツイッターの関係を悪化させた。その反発を封じ込めようと，当局者はツイッターに対して，政府に批判的な何百というツイートをブロックするために多数の差し止め命令を出した。ツイッターが従った差し止め命令もあれば，反発した差し止め命令もあった。それ以来，ツイッターとモディ政権の関係は，悪化している。

この対立の核心にあるのは，ツイッターやフェイスブックといったデジタルプラットフォームを政府の直接的な管理下に置く包括的なインターネット法である。当局者は，誤った情報やヘイトスピーチを鎮め，使用者には好ましくない内容に印をつけるためのより大きな権限を与えるためにこの法律が必要なのだと語る。この法律を批判する人は，モディが政権を握った2014年以来デジタルの自由が委縮している国において，この法律があからさまな検閲をもたらしてしまうのではないかと懸念している。

警察はツイッターのオフィスに強制捜査に入り，同社のインド支社長マニッシュ=マヘシュワリを，「地域社会の憎悪」を広め，「インド国民の感情を傷つけた」と非難した。先週，マヘシュワリは，警察が逮捕しないと約束しない限り尋問には応じないとした。

水曜日に，ツイッターは，インドが，政府情報の要請のほとんど――アカウント情報に対する法的な要請――をツイッターに対して提示していたことを示す透明性レポートを公開した。それは，昨年の7月から11月の世界中の要請の4分の1を占めていた。そのレポートは，ツイッターが，レポートを2012年に公開し始めて以来，アメリカが「世界第1位の要請者」を取って代わられたのは初めてのことだと付け加えた。

「インドのインターネットに対する計画は，中国のような閉鎖生態系の計画のようだ」と，ラミナー・グローバルの共同設立者でありツイッターインディアの政治・政策・行政部の前部長であるラヒール=クルシードは述べた。「ツイッターの例は，インドにおける今後のインターネットがどのように形作られるのかを示す試金石の基盤になる」

テック企業は，多くの国で同様の難問に直面している。中国は，共産党の「万里のファイアウォール」と，米国の貿易と科学技術における制裁措置によってすでに大規模に隔離されている総勢14億の市場へのアクセスに対して厳しく管理を強めてきた。インドはもう一方の巨人で，2025年までにはユーザーが9億人に達すると予測されている。「どのインターネット企業も，規模という点ではインドがおそらく最大の市場だということを知っている。そのため，インドを離れるという選択肢は，他の選択肢がない場合に押すボタンのようなものだ」と，テクノロジーアナリストのジャヤント=コラは語った。

長年準備をし，2月に発表されたこの新しい法律は，ソーシャルメディア企業，ストリーミングプラットフォーム，デジタルニュースの発信者に適用される。この新法は，政府が5百万人以上のユーザーを擁するソーシャルメディアプラットフォームに対して，違法であるとみなされたコンテンツを削除するように命じることを容易にする。今や個人も企業に対してデータを削除するように要請することが可能だ。もしも政府が，コンテンツが違法である，有害であると警告をしたら，36時間以内に削除されなければならない。履行しないと刑事訴追される恐れがある。

テック企業はまた，ユーザーからの苦情や政府からの要請に対応し，この法律を全面的に順守することを保障するスタッフを置かなければならない。ツイッターは5月に3カ月の期限を守ることができず，デリーの高等裁判所から強い非難を受けた。先週，何カ月にも及ぶ政府との話し合いの末，ツイッターは3人の職員をすべて，要求通りに選任した。「ツイッターは新しいIT法2021を順守するためにあらゆる努力をし続ける。私たちは，この過程のすべての段階において進捗状況をインド政府に知らせてきた」と，ツイッターはAP通信に対する声明の中で述べた。

インターネット・フリーダム・ファウンデーションの事務局長であるアパール=グプタは，この法律がインターネットプラットフォームに対する多数の訴訟を生む結果になり，人々がインターネットプラットフォームを自由に使うことを抑止し，自主検閲をするようになってしまうのではないかと懸念していると述べている。他の多くの評論家たちは，モディ率いるインド人民党政権がいわゆる「デジタル権威主義」という風潮を押しつけているのではないかと語っている。「もしもユーザーのコンテンツの削除がしやすくなったら，オンライン上の言論が冷え込んでしまうことになるだろう」と，グプタは語った。

政府は，この法律がインド人民のためになり，力を与えるだろうと主張している。「ソーシャルメディアのユーザーはナレンドラ=モディを批判することができる，政府の政策を批判することができる，そして質問をすることができる。私はそれをすぐさま記録に残さなければならないだろう…しかしアメリカに拠点を置く民間企業は」ユーザーの賠償を求める権利を否定する時には，「私たちに民主主義について講義することを控えなければならない」と，前IT担当大臣ラヴィ=シャンカー=プラサドは先月，ザ・ヒンドゥー紙に語った。

◀解　説▶

1．空所の直後の its India chief, Manish Maheshwari を目的語と推定し，その直後にある of を手がかりに，a．accused を入れて accuse *A* of *B*「*A* を *B* という理由で非難する」とするのが文法的にも意味的にも正しいと言える。

2．空所の直後の for に着目して意味を考えると，a．accounted を入れて account for ～「～を占める」とするのがよい。

3．第5段まではインドのインターネットに対する規制について述べられており，空所を含む文はその内容を踏まえた文だと判断できる。加えて，tech companies「テック企業」を主語として用いており，また，空所の直前に similar「類似の」という形容詞が用いられているので，b．challenges「難問」を入れるのが内容的に最適であろう。

4．空所を含む文の主語である they は，前文の the new rules を指している。また，make＋目的語＋*do*「…に～させる」という構文を用いており，かつ，空所の直後を見ると for the government となっており，「(インド) 政府」が意味上の主語となっている。これらを勘案すると，c．easier を入れて make it easier for the government to order「政府が命令するのを容易にする」とするのが正解だろう。

5．空所の直後に with という前置詞が置かれていることや，この文の主語が tech companies「テック企業」であること，さらには with のあとに the rules が置かれていることなどを考えると，c．compliance を入れて compliance with the rules「この法律の順守」とするのが妥当だろう。

6．「下線の表現“the option of leaving India is like the button they'd press if they had no options left” の意味は何か」

a．「テクノロジー企業がその市場から去ったらインドは困るだろう」

b．「多くの企業がインドを去る機会をうかがっている」

c．「どのテクノロジー企業も，インドを去ることを選択したがってはいない」

d．「テクノロジー企業はインドを去るべきかどうか心配している」

e．「テクノロジー企業にはインドを去るという選択肢しかなかった」

下線部の the button … no options left「選択肢が残されていなかった時に押すはずのボタン」とは，最後のやむを得ない決断ということを表す，比喩的な表現と考えられる。したがって，c が適切な説明となろう。

7．「本文によると，正しいのは次のどれか」

a．「ポップスターのツイートが政府とツイッターの間の友好的な関係に影響した」

b．「政府を批判したという理由で，政府はポップスターとツイッターを告訴した」

c．「政府とツイッターの間の関係は，ポップスターのツイート以前にすでに悪化していた」

d．「ツイッターは，ポップスターの言論の自由を侵害したとして政府を批判した」

e．「ツイッターは，政府に批判的なツイートのいかなる削除命令にも従わなかった」

第1段第1文（It began …）には，ツイッターとインド政府の関係について an already troubled relationship「すでに困難な関係」であったとの記述があることから，c が正解と判断できる。

8．「本文によると，正しいのは次のどれか」

a．「評論家によると，モディ首相は政権に就いて以来，デジタルの自由を制限し続けている」

b．「政府によると，インターネット法案の目的はオンライン上の情報を検閲することである」

c.「ツイッターは，2012 年以来インド政府から最大数の情報要請を受け続けている」

d.「ツイッターは，政府は意思決定における透明性を改善すべきだと要求した」

e.「ツイッターのインド支社長は，誤った情報とヘイトスピーチを拡散したとして逮捕された」

第 2 段第 3 文（Critics of …）には，評論家の懸念として，モディ政権になって以来デジタルの自由が制限されていることが記述されていることから，a が正解と言えよう。

9.「本文によると，正しいのは次のどれか」

a.「中国のインターネット企業は，世界規模の売り上げにおいて堅実な増加を享受している」

b.「厳しい制限のため，インターネットを利用している中国人はわずかしかいない」

c.「インドのインターネット企業は国際的な成功を収めると予測されている」

d.「インターネット企業は，インド市場が中国市場に匹敵するくらい成長すると期待している」

e.「ラヒール=クルシードは，インド政府と中国政府の両方を批判した」

第 6 段第 1・2 文（Tech companies are … technology sanctions.）では中国の市場の大きさについて述べられており，続く第 3 文（India is another heavyweight, …）には「インドはもう一方の巨人」として中国と比較されていることから d が正解と考えられるだろう。

10.「本文によると，正しくないのは次のどれか」

a.「前 IT 大臣によると，人々は政府を批判しても告発されない」

b.「アパール=グプタは，インターネットのユーザーとプラットフォームとの間のより大きな法的なトラブルを懸念している」

c.「もしも違法な情報が 3 日間オンライン上に残っていたら，関係者は訴追される可能性がある」

d.「今や，インド国民はインターネット企業に対して，彼らのオンライン上の情報の削除を要求できる」

e.「ツイッターは，政府の要求にこたえられなかった３人の職員を解雇した」

第８段第３文（Last week, …）には３人の職員を任命したとはあるが，解雇したとの記述はないので，ｅが正解である。

V　解答

1－d　2－e　3－e　4－b　5－b　6－b
7－e　8－a　9－e　10－c

◆全　訳◆

≪人工知能技術の危うさ≫

国際連合人権委員会の委員長は，水曜日，人権を危険にさらす人工知能技術の販売と使用――国家による顔認証ソフトの使用を含む――を，適切な安全対策が施されるまで一時停止するよう求めた。

この嘆願は，この新興テクノロジーを悩ますプライバシーの問題から人種的偏見に至る無数の懸念にもかかわらず，人工知能が猛スピードで発展しているために出されているものである。「人工知能は善いことを促進する力となり，社会が今の時代の大きな難問を克服する助けとなり得ます。しかし，AI 技術は，もしも人権にどのように影響するかを十分に考慮せずに用いられると，悪影響，さらには悲惨な影響さえもたらす可能性があります」と，国連人権高等弁務官のミシェル=バチェレは水曜日の声明の中で語った。

バチェレの警告は，国連人権高等弁務官事務所が発表した，人工知能システムが人間の――健康，教育，移動などの自由の権利と同様に――プライバシーの権利にどう影響するかを分析した報告書と同時に出されている。

「人工知能は今や，私たちの物理的な生活や精神的な生活，果ては感情の状態のほとんどすべての隅々にまで浸透しています」とバチェレは付け加えた。「AI システムは誰が公共サービスを受けるのか，誰が仕事をもらう機会を得るのかを決定するために使われています。そしてもちろんどんな情報を人々がオンライン上で目にして共有するのかにも影響するのです」

報告書は，欠陥のある顔認証技術のために誤認逮捕されたケースや，そういったツールが誤りを犯したために社会保障給付金を受け取れなかったケースを引用しつつ，適切な注意をせずにこの技術を実行することの危険性について警告をしている。

報告書では，特定のソフトウェアを引用してはいないものの，各国に対して「国際人権法を順守して動作できない」いかなるAIアプリも禁止するように求めた。さらに具体的に言うと，報告書は，公共の空間における遠隔生体認証技術の使用を――少なくとも関係機関がプライバシー保護やデータ保護の基準を順守しており，差別の問題や精度の問題が存在していないことを明示できるまで――一時停止するように求めた。

報告書はまた，多くのAIシステム導入のいたるところで透明性に欠けていることを，そして大規模データへの依存がいかに誤ったあるいは差別的な決定と同様に，人々のデータが不透明な方法で収集され分析される結果に陥っているかということを厳しく非難した。報告書によると，データの長期保存や，それが将来どのように使われるかということも知らされておらず心配の種となっている。「急速で継続的なAIの成長を考慮すると，データがどのように収集され，保存され，共有され，そして利用されるかという点におけるアカウンタビリティ・ギャップを埋めることは，私たちが直面しているもっとも緊急度の高い人権問題なのです」とバチェレは語った。

「私たちは，AIに関しては遅れを取り戻すこと――制限をかけて，あるいは境界や監視のないまま利用することを容認することや，ほぼ不可避的な人権上の帰結を事後に扱うこと――を続けるゆとりなどないのです」とバチェレは述べ，「AIの利用に関する人権問題のガードレール」を設置するための迅速な行動を求めた。

デジタル著作権の圧力団体は，特に多くの国で人工知能をめぐる連邦法の実施が遅れていることから，この国際機関からの勧告を歓迎した。非営利圧力団体『ファイト・フォー・ザ・フューチャー』の代表であるエヴァン=グリアはABCニュースに対して，この新興テクノロジーによって提示されている『存続にかかわる脅威』を報告書はさらに証明している」と述べた。

「この報告書は，世界中の科学技術の専門家や人権の専門家の間の総意の高まりと響き合うものです。顔認証のような人工知能を活用した監視システムは，人間の自由の未来に対して存続にかかわる脅威を示すものです」と，グリアはABCニュースに語った。「核兵器や生物兵器同様，このような科学技術は有害となる非常に大きな可能性を秘めているので適切に規制することはできません。禁止すべきです」

「それが政府によって配備されようと企業のような民間によって配備されようと，顔認証や他の人工知能の差別的な使用は，大きな害を及ぼす可能性があります」とグリアは付け加えた。「私たちは，顔認証監視技術や他の有害なAIシステムの販売をただちに世界規模で一時停止すべきだとする国連の報告書の結論に賛成です」

多くの研究が，人工知能によって作動する顔認証技術が，人種的な偏見や検出漏れの可能性を秘めていることを示した。つい昨年の夏も顔認証技術が万引き犯だと誤って同定したことでミシガン州の黒人男性が不当に逮捕，拘留された。

2019年の米国商務省の国立標準技術研究所による全面的な研究では，市場に出回っている顔認証ソフトの大多数が，白人の顔と比較して，黒人やアジア人の顔を誤って一致と判断する率の方が高いことが判明した。2019年に実施された英国の別の研究では，ロンドン警視庁によって使用された顔認証技術によって印をつけられた容疑者の81％が無実だったということが判明したのだ。

◀解　説▶

1．空所を含む文が，AI技術が好ましくない結果をもたらす場合について述べていることから，dを入れてsufficient regard「十分な考慮」とするのがよいだろう。

2．報告書がAI技術の危険性について述べていることと，空所の直後にofがあることから，e．warnsを入れてwarn of *A*「*A*を警告する」とするのが適当であろう。

3．AI技術の導入の禁止について書かれている文であることから，e．Whileを入れて「名指しこそしていない一方で」という趣旨の文にするのがよいだろう。

4．内容的に考えると，前置詞のb．Givenを用いて「～を考慮すると，～と仮定すると」とすると自然である。

5．グリアはAI技術の実用化に批判的な立場にあることから，b．harm「害」を入れるのがよいだろう。

6.「下線部の語“this”が指しているのはどれか」

下線部の直前の文で this が指す可能性のある単数の名詞をまず確認すると，artificial intelligence や facial recognition が考えられる。さらに，*A* like *B*「*B* のような *A*」という具体例を示す構文が共通して用いられていることから，facial recognition を指していると考えるのが適当であろう。

7.「本文によると，正しいのは次のどれか」

a.「企業は AI 技術に精通している人材を雇用する傾向にある」

b.「顔認証システムは犯罪者の逮捕に多大な助けになっている」

c.「AI 技術が私たちの心の健康に影響しているかどうかは明らかではない」

d.「ミシェル=バチェレは AI 技術の専門家である」

e.「国連の報告書は AI 技術が人権に与える影響について言及している」

第 3 段第 1 文（Bachelet's warnings …）において，国連の報告書が人間のプライバシー等の権利に与える影響についてのものであるとの説明があることから，e が正解と考えてよいだろう。

8.「本文によると，正しいのは次のどれか」

a.「国連の報告書は特定の AI システムの一時的な停止を要求した」

b.「国連の報告書は AI アプリケーションの全面的な使用禁止を要求した」

c.「国連の報告書は政府が AI システムに過度に依存していることを批判した」

d.「国連の報告書は，個人情報をどのように安全かつ確実に保つかということに言及している」

e.「国連の報告書は，プライバシーの侵害が主に人為的なミスによって引き起こされると述べている」

第 1 段第 1 文（The United …）には，人権を危険にさらすような AI 技術の使用は一時的に停止すべきだと国連が要求したとの記述があることから，a が正解と判断できる。

9.「本文で言及されていないのは次のどれか」

a.「デジタル著作権の圧力団体は，国連の報告書を肯定的に評価している」

b.「エヴァン=グリアは，人工知能によって動作する調査システムの使用は禁止すべきだと主張している」

c.「顔認証ソフトは通常，非白人よりも白人の同定の方が得意だ」

d.「顔認証システムの使用には人種的な偏見が伴う可能性がある」

e.「ロンドン警視庁は，顔認証技術を誤用し，黒人男性を逮捕してしまった」

第12段第2文（Just last …）より，黒人男性の誤認逮捕は米国のミシガン州での事件だとわかるので，eが正しくない記述である。

10.「本文の主要なテーマは次のどれか」

a.「顔認証技術がどのように発展したか」

b.「高度な人工知能の功罪」

c.「人工知能システムの潜在的な危険」

d.「国連人権高等弁務官事務所の活動」

e.「人工知能技術の約束された未来」

本文が人工知能をテーマにしていることは問題ないと思われるが，肯定的な側面には全くと言っていいほど触れられていないので，cを正解とすべきだろう。

Ⅵ　解答　1－d　2－d　3－b　4－c　5－d

◀解　説▶

1．A：お願いがあるんだけど。

B：もちろん。どんな事？

A：このバッグを上まで運んでくれない？

a.「このバッグを梱包してくれない？」

b.「お礼をしてもいい？」

c.「このバッグを外に運んでくれない？」

d.「お願いがあるんだけど」

Bに運んでほしいと頼んでいるのだから，dが適切である。

2．A：数学のレポートの締め切りは4月16日だよね？

B：うん。その通りだよ。半分くらい終わった？

A：全然だよ。とりかかったばかりだ。

a.「4 月 20 日が締め切りだよ」

b.「それどころじゃないよ」

c.「まさか」

d.「その通りだよ」

4 月 16 日が締め切りだということに対しては Yes. と答えているのだから d を選ぶ。

3．A：学校の教師を仕事として考えたことはある？

B：全然違う方面の仕事を考えているんだ。農場で働きたいんだ。

A：どうしてそう考えるようになったの？

B：農場での仕事を通じて自然と触れ合いたいんだ。

a.「どうして超高層ビルで働きたいの？」

b.「どうしてそう考えるようになったの？」

c.「どうして IT 企業を選択するの？」

d.「どうして IT 企業に決めたの？」

直後で B は農場で働きたい理由を述べているのだから，b が正解である。

4．A：黄色い帽子をかぶったあの背の高い女の子は誰？

B：メイイーだよ。昨日の夜，パーティで会ってない？

A：いや，パーティへは行けなかったんだ。夕べ母の具合が悪かったから。

B：ああ！　そうだった，忘れてた。じゃあ，今紹介させてよ。

a.「みんなと一緒でとても楽しかったよ」

b.「母が病気から全快したんだ」

c.「夕べ母の具合が悪かったから」

d.「ピクニックの思い出は今でも鮮明だよ」

パーティに行けなかった理由を述べていると考えられるので c が正解であろう。

5．A：クライアントとの大事な会議がちょうど終わったよ。

B：私の 3 カ月間の過密スケジュールだったプロジェクトも明後日には終わるわ。

A：そしたら，僕たちの計画を立てて楽しもうよ。どう？

B：もちろんよ。プロジェクトが終わったら電話するわ。

a.「うまくいった時にはほっとしたわ」

b.「しばらくの間自由な時間がたくさんあったわ」

c．「今日から別の共同プロジェクトを始めなくちゃならないの」
d．「プロジェクトが終わったら電話するわ」

レジャーの計画を立てようという場面だが，Bの仕事が終わるのは明後日だからdの受け答えが自然である。

❖講　評

Ⅰは発音の異同を問う問題である。従来型のオーソドックスな出題と言ってよい。

Ⅱは，空所補充による文法・語彙問題である。標準的な難易度の出題となっている。

Ⅲは空所補充形式の文章問題である。グラフの読み取りが加味された出題となっている。

Ⅳは，インターネット規制の問題をテーマにした長文問題である。空所補充問題と内容説明問題が中心に出題されている。

Ⅴは，人工知能の問題を扱った英文による長文問題である。Ⅳ同様，空所補充問題と内容に関する問題で構成されている。

Ⅵは欠文補充による会話文問題である。短めの会話で構成されており，標準的な難易度の出題と言える。

発音問題から長文問題までまんべんなく出題されており，総合的な英語力を見る問題であると言える。難易度は標準的であるが，出題数はやや多めで，限られた時間の中でしっかりと取り組むことのできる英語力が求められていると言ってよい。

❖講　評

大問三題で、例年通り一は書き取り・読み、慣用句等の出題、二、三は評論読解問題となっている。

一　頻出する漢字の書き取りや基本的な語の読み、慣用句、ことわざ、四字熟語などの出題である。入試標準レベルなので取りこぼしのないように得点したい。問題集などをベースに基本的な語彙の学習を習慣化していこう。

二　二〇二二年度同様ウェブ・ＩＣＴ関連の問題であり、「アーキテクチャ」（＝人間の行為を制約したり、ある方向へ誘導したりするようなウェブサイトの構造）は二年連続の登場となった。まさに時事問題であるウェブサイトの情報倫理を取り上げている。文章はやや抽象的で、密度が濃い。選択肢には紛らわしいものもあるが、問題文は繰り返しも多いので解答の助けになるだろう。

三　写真都市・パリからテレビ都市・東京への変遷を述べた文章であり、オーソドックスな入試問題の典型である。具体例も豊富で取り組みやすいと思われる。標準レベルの問題なので得点源としてミスのない解答が望まれる。

れ」たとあるのを押さえる。

〔問二〕（2）は直後に「実は『視覚の近代化』という同じ原理が隠されていた」「この二つの相互性」とあるのに着目する。

（4）は直前に「無秩序に発展してきた東京を写真のもつ遠近法から論じることには限界があった」とあるのに着目する。

〔問三〕（3）は直前に「というより」とあるので比較を表す語を選択する。

（6）は直後の文末が「からである」とあるのを押さえ、理由を問う語を選択する。

（7）は前後が逆接の関係になっているのを手がかりに判断する。

〔問四〕同段落から空欄（6）のある段落までを押さえる。「テレビを通して外部世界に触れたことで、そのまなざしが反転し、自らの置かれた環境と比較し始めた」「自分たちの劣悪な生活を疑い始め、相対化するようになった」「世界の見え方が変わった」とあるのに着目する。

〔問五〕直後に「たんに情報を媒介するにない手ではなくそれ自体の形式によって世界を変えていくもの」とあることから判断する。Aは「メディア独自の……ことによって」、Cは「認知度を高めるために」、Dは「対象を意識した生活を人びとに要求する」、Eは「その特徴を体系的にまとめる」がそれぞれ本文にないため誤り。

〔問六〕Aは文中にこのような記述はないので誤り。Bは「東京はテレビの遠視法に支えられることで存在した」（本文中程の「戦後、東京がテレビに求めた機能が」で始まる段落）とあり、「単一のメディアによってその変遷を読み解く」ことが可能なので誤り。Cは「テレビを通して外部世界に触れたことで」「自らの置かれた環境と比較し始め」「自分たちの劣悪な生活を疑い始め、相対化するようになった」（空欄（6）の直前の段落）とあるので誤り。Dは「東京に住む子どもたちは娯楽に重きを置く」（空欄（7）のある段落）とあるので誤り。Eは最終から二つ目の段落の内容から適当となる。

Dは「技術決定論」について述べている空欄(7)のある段落に着目すると、「技術ではなく利用者を解釈の対象としなければならない」が誤りとわかる。Eは「意思決定のプロセスを受け継いで共有」が誤り。

三

出典 松山秀明『テレビ越しの東京史――戦後首都の遠視法』〈結語　東京がテレビを求めた戦後　写真都市・パリからテレビ都市・東京へ　テレビ都市・東京――遠視法の論理〉（青土社）

解答

〔問一〕 D
〔問二〕 C
〔問三〕 B
〔問四〕 A
〔問五〕 B
〔問六〕 E

◆要　旨◆

時代によって都市が求めるメディアは変化してきた。一九世紀パリは写真に記述されることで遠近法的なまなざしに支えられた都市になり、写真は都市を可視化するメディアとなった。一方、戦後東京は破壊と再生を繰り返し、テレビによる遠視法に支えられた都市である。人々はテレビを通して東京を望遠し、視聴者のいる世界を相対化し続けた。テレビは戦後日本の空間秩序を編成し、東京を中央へと押し上げ、「一極集中」という共同意識を共有させていった。都市の記述の仕方は「遠近法」から「遠視法」へと変わったのである。

▲解　説▼

〔問一〕 第二～四段落に着目する。オスマンの事業により、一九世紀パリは「『遠近法』の都市空間」に改造された。「支配者の視線に貫かれ、遠近法的なまなざしに支えられた都市となった」パリは、遠近法を持つ「写真によって発見さあるのを受けて、直後でエンジニアには「社会的に正当化可能な配慮をすることが求められる」とされているので、「したがって」が入る。

〔問三〕(3)は直前に「ほとんどの個人や組織は」「情報社会から抜け出すことはできなくなっており」とあることから判断する。

(7)は直前に「人間や組織の責任が問題とされなければならなくなるという点を見失わせるばかりでなく」とあるので、さらにひどい状況を想定している点に着目する。

〔問四〕【Ⅰ】のある段落に「情報倫理リテラシー」を「十分に涵養」し、「多くの人々の多様な知識と知恵を融合させた集合知として情報倫理リテラシーが形成される仕組みを整えたほうがよい」とあることから判断する。Aは「既存のルールを常に更新し」、Bは「専門的な知識や技術を身につけようとする」、Cは「時代に付き従って進展する可変的なもの」が、それぞれ誤り。Dは「積極的に開示しようとする」のは、情報システムの開発等を担う組織であり、「あらゆる人々」ではない。

〔問五〕【Ⅲ】直後の段落の初めに「逆に、技術それ自体は……埋め込まれていることを無視し」「エンジニアの倫理責任を過小評価する結果を招くであろう」とあるのを押さえる。

〔問六〕「情報倫理の実践的取組み」について述べている、最後から二つ目と最終段落に着目する。そこでは、「民主主義の限界」である「『共時的』な決定方式」を乗り越えて、「よりよい社会を次世代へと受け渡す責任を果たす」必要性について述べている。

〔問七〕脱文中の「この」が、【Ⅰ】の直前の二文を指示することから判断する。

〔問八〕Aは第二段落に「機械化のスピードをはるかに上回るものである」とあるので誤り。Bは第三段落に「技術的に実行可能なことが、……ということを示唆している」とあるので誤り。Cは第七段落に「これらの遵守と情報倫理への取組みとを同一視することは、……意味を見失わせるリスクを伴う」とあることと合致するのでこれが正答である。

◆要　旨◆

ＩＣＴの社会・経済への浸透により、複雑で新奇な価値の対立状況や価値の喪失状況が引き起こされた。そのため、多様な分野の知識と知恵が必要とされ、情報倫理においては学際的なアプローチを探ることが必然となった。しかし、ＩＣＴの開発と利用に伴う社会への影響は正しく予想できないため、多様な視点を持つさまざまな立場の人が積極的に発言することが必要だ。すなわち、情報倫理リテラシーは多くの人々の集合知として形成する仕組みを整えるべきだ。情報倫理の実践は前世代が築いた社会を正しく受け継ぎ、よりよい社会を次世代へと受け渡す責任がある。意思決定のプロセスには現在の世代しか参加できないため、情報倫理の実践的取組みに参加する人々が知的謙虚さを持ちつつ将来世代への責任を果たすことが重要だ。

▲解　説▼

〔問一〕　傍線(1)の後に、ＩＣＴの「影響は人間存在と社会のあり方を変えるほどに深く、影響が及ぶ範囲も……広さを持っている」とあり、段落末には「多様な分野の知識と知恵が必要とされる」とある。さらに、傍線(4)以降に「現代情報社会に生きるあらゆる人々にとっての課題となっており、多くの善意の人々が正当な発言をすることを通じてそこに参加することが、情報社会の繁栄のために有効であり、必要なのである」とある。これに合致するのはＤである。Ａは「発言を促す方法を検討する」が不適。討議の場が必要なのは「問題解決に向けた合意形成を実現するため」（第五段落）である。

〔問二〕　(2)は直前の「情報化の進展とともに複雑で新奇な倫理問題・社会問題が発生してきている」という現実にもかかわらず、「ＩＣＴの開発と利用」が社会に及ぼす影響は予測できないというのだから、「しかし」が入る。

(5)は直前に「広く開かれた討議の『場』と『作法』を確立する必要がある」とあり、直後にも「人々が発言オプションを行使できなければならない」と述べている点から、並列関係を示す語を選択する。

(8)は直前で「問題が発生しないよう影響力を行使することができるのは」「エンジニアに他ならないのである」と

国語

一

解答

〔問一〕ア―B　イ―A　ウ―E　エ―A　オ―D

〔問二〕ア―D　イ―C

〔問三〕ア―E　イ―A　ウ―C

〔問四〕ア―A　イ―D　ウ―E

〔問五〕ア―D　イ―E

二

出典　村田潔・折戸洋子編著『情報倫理入門――ICT社会におけるウェルビーイングの探求』〈第Ⅰ部　情報倫理とは何か　第4章　情報倫理の特質〉（ミネルヴァ書房）

解答

〔問一〕D

〔問二〕B

〔問三〕C

〔問四〕E

〔問五〕A

〔問六〕C

〔問七〕A

〔問八〕C

2022年度

問題と解答

■国際経営学部：
一般方式・英語外部試験利用方式・共通テスト併用方式

問題編

▶試験科目・配点

〔一般方式〕

教　科	科　　目	配　点
外国語	コミュニケーション英語Ⅰ・Ⅱ・Ⅲ，英語表現Ⅰ・Ⅱ	200点
国　語	国語総合（近代以降の文章）	100点

〔英語外部試験利用方式〕

合否判定は，一般方式の「国語」の得点（100点満点）と各外部試験のスコアを得点（200点満点）に換算し，合計得点（300点満点）で行う。

〔共通テスト併用方式〕

合否判定は，大学入学共通テストで受験した2教科3科目（300点満点）と一般方式の「外国語」の得点（100点満点に換算）の合計得点（400点満点）で行う。

英語

（90分）

Ⅰ　次の英文1～15の（　　　）に入る最も適切な語句を(A)～(D)から一つずつ選び，その記号をマークしなさい。

1．I went to the dentist yesterday and finally had my (　　　) tooth pulled out.
(A) lost　(B) lose　(C) loss　(D) loose

2．Professor Smith's (　　　) on global marketing this morning was very interesting.
(A) sermon　(B) curriculum　(C) lecture　(D) syllabus

3．The ticket I have (　　　) two people to the museum.
(A) lets　(B) invites　(C) enters　(D) admits

4．Could you tell me what (　　　) of your job you like most?
(A) aspect　(B) regard　(C) affect　(D) respect

5．I'll (　　　) in and see you next time to have a cup of tea together.
(A) visit　(B) call　(C) appear　(D) turn

6．Our company is planning to hire a specialist to (　　　) our sales department.
(A) shell out　(B) pin down　(C) beef up　(D) horse around

7．It is very hard to (　　　) my emotions when my dog died.
(A) describe　(B) continue　(C) feel　(D) locate

8. When you write an e-mail message to your client, we recommend using (　　　) such as "Dear Mr. Johnson" or "Greetings Ms. Sato" to greet them.

(A) salutations　(B) subjects　(C) substitute　(D) honorific

9. (　　　) is the common characteristics of a group of people regarding their culture, language, and national experiences.

(A) Anthropology　(B) Ethnicity　(C) Patriotism　(D) Individuality

10. The cat saw an angry dog and ran away from it (　　　).

(A) flamboyantly　(B) simultaneously

(C) fortunately　(D) instinctively

11. You should keep good (　　　) and stand up straight when you practice ballroom dancing.

(A) procedure　(B) proposition　(C) posture　(D) possession

12. I tried to (　　　) my fears as it was windy that night, but I failed.

(A) estimate　(B) rationalize　(C) compromise　(D) concentrate

13. He is a man who is too (　　　) to change his mind.

(A) stabborn　(B) stuborn　(C) staborn　(D) stubborn

14. A (　　　) is a reference to the source of information used in your report or research paper.

(A) citation　(B) sightation　(C) sitation　(D) psytation

15. Jack bought a new fish tank with a lid, which measures 40 cm long, 20 cm wide, and 20 cm high. The surface area of Jack's new fish tank is (　　　) square centimeters.

(A) 2,000　(B) 4,000　(C) 16,000　(D) 4,800

Ⅱ　次の問1～問3について答えなさい。

問1　次の1～4の単語について最も強いアクセントの箇所を(A)～(D)から一つずつ選び，その記号をマークしなさい。

1．Ar(A) - gen(B) - ti(C) - na(D)

2．un(A) - pre(B) - ce(C) - den(D) - ted

3．e(A) - con(B) - o(C) - mist(D)

4．ar(A) - is(B) - toc(C) - ra(D) - cy

問2　下線部の発音が，他の三つの選択肢と異なるものを(A)～(D)から一つずつ選び，その記号をマークしなさい。

1．(A) r<u>ou</u>gh　(B) d<u>ou</u>ble　(C) t<u>ou</u>gh　(D) c<u>ou</u>gh

2．(A) s<u>e</u>quence　(B) l<u>e</u>gend　(C) v<u>e</u>hicle　(D) r<u>e</u>gion

3．(A) <u>sc</u>issors　(B) con<u>sc</u>ious　(C) pa<u>t</u>ient　(D) ma<u>ch</u>ine

問3　問いかけに対する返答の中で，最も強く言う部分の下線部を(A)～(D)から一つずつ選び，その記号をマークしなさい。

1．A: You look very nervous, Eddy.　What's up?

B: Oh, I always(A) feel like this(B) before I take a business trip(C).　I hate flying(D).

2．A: Do you know who is going to make a speech in English class today?

B: I(A) did mine in the last class, so I think it's you(B) as your name(C) is listed after mine(D).

3．A: Oh, you don't seem well.　Are you alright?

B: Actually, I have a stomachache and feel a bit sick.

A: Sit down and have a rest.　Do you have any idea what made you sick?

B: Well, I had(A) a huge(B) piece of cake(C) after my usual(D) lunch meal.

Ⅲ　次の問1，問2について答えなさい。

問1　次の文章1，2について，**文法的に誤りのある箇所があれば**指摘し，解答として最も適切なものを(A)～(F)から一つずつ選び，その記号をマークしなさい。

1．

It is common assumed(1) by analysts that all countries — developed or developing — have(2) a strong interest in economic growth. After all, it is supposed(3) to be the most effective solution for escaping a recession and ensuring steady employment. However, this conventional wisdom turn out(4) to be not exactly representative of the reality in several industrialized countries.

(A)　誤り無し　　　(B)　(1)　　　(C)　(2)

(D)　(1)，(3)　　　(E)　(3)，(4)　　　(F)　(1)，(4)

2．

How do migrating birds find their way? What possible clues(1) are there? If birds are flying over land, where there are features below what are distinct and stay(2) the same for year after year then, of course, they can use their eyes. There is plenty of evidence(3) that birds do just this. Many, for example, follow coastlines and find(4) their way through mountain passes.

(A)　誤り無し　　　(B)　(1)　　　(C)　(2)

(D)　(2)，(3)　　　(E)　(2)，(4)　　　(F)　(1)，(3)，(4)

問2　次の日本語訳に合う最も適切な英文を(A)～(D)から一つずつ選び，その記号をマークしなさい。

1．約束を守ることで，あなたは自分が協力相手として信頼できる人間だということを示す。

(A)　By keeping your word, you signal that you are a trustworthy person who would be good to work together with.

(B) Keeping your word shows that you are a trustworthy person who would be good at working together with us.

(C) You prove that you are a trustworthy person to work together with in order to keep your word.

(D) To keep your word, you show that you are a trustworthy person as a good partner to work with.

2．経済成長は昔からの要因というよりも心理状態により左右されるかもしれないと主張する専門家が増えている。

(A) More and more experts insist that economic growth should not be dependent on the traditional factors but on a state of mind.

(B) Economic growth may be less dependent on a state of mind than on the traditional factors, according to an increasing number of experts.

(C) The number of experts who strongly say that the traditional factors are weakened by a state of mind is growing.

(D) A growing number of experts argue that economic growth may be more dependent on a state of mind rather than on the traditional factors.

3．同じ機能なのに価格帯が大きく異なる２つの商品を比較した場合，価格が高い商品ほど，どのような気分にさせるかを強調する方法で販売される傾向があることが分かる。

(A) If you compare two products with the same function, but in very different price ranges, the more the sales price rises, the more tendencies are shown to emphasize what sort of feeling it lets you have.

(B) If you compare two products with the same function, but in very different price ranges, it is understandable that the way of emphasizing the price of the product more and more thinking how to let people feel.

(C) If you compare two products with the same function, but in very different price ranges, the more expensive the product is, the more tendency is seen in the way of sales to think how you emphasize your feeling.

(D) If you compare two products with the same function, but in very different price ranges, you will tend to find that the more expensive the product is, the more likely it is to be sold in a way that emphasizes how it makes you feel.

Ⅳ 次の英文を読んで，以下の1～10の解答として最も適切なものを(A)～(D)から一つずつ選び，その記号をマークしなさい。* の付いた語句には注が付してある。

When the Japanese economy performed much better than the rest of the world in the late 1980s, an almost taboo thought was muttered throughout the (Christian) West: Could it possibly be that the Japanese religion, Shintoism, was a reason for the country's economic superiority? Not that European or US managers would ever want to build a shrine for their company god or make all of their workers worship every morning, but if religion really were a key element in Japan's success, the country's economic dominance would be here to stay.

Whatever part Shintoism played in Japan's business boom — or didn't, as the case may be — it is still worth asking the question: Does religion matter? One of the hottest debates regarding the significance of religion for economic development was started in 1904 by Max Weber. The German sociologist argued that the Protestant work ethic was an important (1) for the birth of capitalism in Northern Europe. The Calvinist*1 branch of Protestantism, in particular, believes that individual economic success on Earth is blessed by God. Work is like a prayer, investment is like worship — and that's the mindset that kick-started capitalism.

Weber's thesis that religion matters became one of the most influential papers in social sciences and has been heavily discussed ever since. Indeed, there is a connection: The oldest capitalistic region in the world, England, is mostly Protestant, in countries such as Switzerland and France, the Protestants were especially skilled in thrift and attracted to business, and the economic rise of the United States of America was driven, for the most part, by Protestant immigrants from Europe.

But finding a connection to religion does not necessarily make it the main cause of economic success. In 2015, 111 years after Weber, another German economist named Ludger Wößmann found something which indicates an underlying effect of religion that caused the Protestant "economic miracle": education. The belief that all Christians should be able to read the Bible for themselves led to an education boom and improved literacy across all Protestant regions. This valuing of education became a competitive advantage. The data Wößmann analyzed from 19th-century Prussia showed a much higher level of education in Protestant regions than in Catholic ones. (2), the Protestants had higher incomes and were more likely to work in modern sectors of the Prussian economy such as trade.

Another example for the long-term economic effects of education can be studied in Judaism*2, which enforced a religious standard requiring fathers to educate their sons from the end of the 2nd century AD. Economists Maristella Botticini and Zvi Eckstein are convinced that this had a major influence on Jewish economic and social history. The Jewish farmers who invested in education gained the comparative advantage and motivation to enter skilled occupations during the urbanization in the Abbasid empire*3 and they did select these occupations. As merchants, the Jews invested even more in education — literacy and mathematics were the key.

<u>If the decisive factor for the economic success of believers is not the belief itself but the appetite for education, then the prize for the most economically successful religion in a region can change hands</u>. A 2016 study by Pew Research Center on religion and education around the world (3) Judaism in a strong lead (with more than 13 years of schooling on average) followed by Christians (nine years), Buddhists (eight years), and Muslims and Hindus (both with less than six years). Among the younger generations, however, Buddhists have reached almost the same schooling level as Christians.

However, this picture can look very different if you focus on a specific region instead of the whole world. In the US at the start of the 21st century, for example, the world religion with the highest number of college graduates were Hindus: 67% had gotten (at least) a college degree. They were followed by Jews, Muslims, and Buddhists, all of them still above the US average of 33%. Far below average was the number of college degrees among certain smaller Christian groups. With education as an early indicator for economic trends, (4), from predominantly Christian countries to regions with many Buddhists and Hindus.

In business, religion can also be encouraging. The unifying effect of one strong belief can lead to more organized, focused, and motivated workers, and can be a decisive factor in beating the competition as the company represents more than just an opportunity to earn money. Devdutt Pattanaik, an Indian leadership expert and former "Chief Belief Officer" of a large Indian retail chain, even calls for a mythologization*4 of companies. For him, mythology is something that "tells people how they should see the world" — something a company with a strong mission can offer its employees. "When institutional beliefs and individual beliefs are in agreement, there is harmony in the corporate climate," Pattanaik says. He doesn't recommend that leaders brainwash their staff, however. Quite the contrary: "When people are treated like switches in a circuit board, that's when disharmony appears."

There is a thin line between harmony and division whenever religion enters into business affairs. What looks like heaven on earth when the beliefs of all workers are the same can turn into a hell of a nightmare as soon as employees and/or management belonging to different religions join the company. This increase in diversity will definitely happen when a company starts to grow beyond the cultural sphere of its origin — and then it's too late to take religion, faith, and/or mythology out of a company's DNA. So even if religion can be a driver of growth for smaller companies, it will likely limit growth for bigger ones.

[注]

*1. Calvinist カルヴァン主義

*2. Judaism ユダヤ教

*3. Abbasid empire アッバース朝（イスラムの王朝）

*4. mythologization 神話化

1. Which best fits blank (1)?

(A) period (B) factor

(C) consequence (D) evidence

2. Which best fits blank (2)?

(A) After all (B) Nevertheless

(C) Fundamentally (D) In addition

3. Which best fits blank (3)?

(A) followed (B) made (C) saw (D) insisted

4. Which best fits blank (4)?

(A) a shift in economic success is predictable

(B) a gap between the religions is underestimated

(C) the trend of academic success is unlimited

(D) the number of young believers is increasing

5. According to the article, Shintoism was

(A) adopted by European and US managers in the late 1980s in order to improve their companies' performance.

(B) praised by managers of foreign companies for making company employees worship every morning at work.

(C) suspected of being the reason for Japan's economic success at the end of the 1980s.

(D) to blame for Japan not maintaining its economic dominance after the late 1980s.

6. According to the article, all Protestants were

(A) harder workers than believers of other religions and were more economically successful as a result.

(B) blessed by God, which led to them becoming the most successful capitalists.

(C) able to read, so they could use the teachings of the Bible to help them achieve business success.

(D) more educated than believers of other religions, leading them to have more economic success.

7. Which example would best match the case of the underlined part?

(A) Hindus become the most economically successful religious group in the US.

(B) Judaism remains the leader in economic success among world religions for many years.

(C) Members of smaller Christian groups become the most successful economically while still having the fewest college degrees.

(D) Muslims fall in economic status, though the percentage of Muslims with college degrees continues to rise.

8. According to the article, Devdutt Pattanaik believes that

(A) having the same beliefs can bring workers together and help motivate them.

(B) workers should not be treated like switches in a circuit board when trying to brainwash them.

(C) disharmony is caused by introducing religion into the workplace.

(D) succeeding against other companies requires employees who want to make money.

9. According to the article, which of the following is <u>not</u> true?

(A) Because Judaism has taught the value of education for more than 1,800 years, it has been one of the most economically successful religions.

(B) The United States becoming an economic power was due to Protestants who immigrated there.

(C) As of 2016, Buddhists and Christians had almost the same amount of education among their youth.

(D) When a company expands beyond its original cultural sphere, embracing religious diversity allows it to grow more rapidly than before.

10. What is the best title for this passage?

(A) How Education Is Changing Among Religious Groups

(B) Religion: Praying for Business Success

(C) Religion's Impact on Business Prosperity

(D) Why a Competitive Business Advantage Requires Religion

V 次の問1，問2について答えなさい。

問1 次の1，2の会話の空欄に入る最も適切なものを，(A)～(D)から一つずつ選び，その記号をマークしなさい。

1．Woman: Hi, Jamie. Did you manage to speak to Professor Tanaka about the problem you had with yesterday's assignment?

Man: Hi, Lindsey. Yes, I did, but he suggested that I reread the article again and that was it.

Woman: [1]

Man: Maybe you're right. I'll try that. Thank you!

(A) I think the problem should be settled then.

(B) You should research the topic more if it's difficult to understand.

(C) You should read a more interesting article instead.

(D) You should ask Professor Tanaka through email next time.

2．Man: Hello, I'm interested in learning more about the marketing internship at your company. Could you give me the details?

Woman: Certainly. The internship is for one week and is unpaid, though a hotel and meals are provided for free.

Man: That sounds great. Thank you for the information. [2]

Woman: You still have a few days, but you'd better hurry. The deadline is this Friday.

(A) When do applications have to be submitted by?

(B) Who is in charge of the internship program?

(C) When does the internship officially begin?

(D) How should I submit my application?

問2　次のオンライン会議でのやり取りを読み，空欄に入る最も適切なものを，(A)〜(D)から一つずつ選び，その記号をマークしなさい。

Chairperson: Now that everyone is here, I'd like to get started since we have a busy agenda for today. First of all, I want to introduce our Vice President of Sales for the Asia-Pacific region, Robert Sanford, who is joining us for today's meeting.

Robert Sanford: Thank you for including me on today's video conference. As the chairperson said, my name is Robert Sanford, but you can call me Bob. I'm here today to talk about the launch of our new clothing line in Japan set for next month and to answer any questions that you members of the management team might have.

Chairperson: [(1)]

Peggy Lang: Yes, I'd be happy to. I know that this is an important launch for our brand, but I wanted to ask about the advertising. Compared to our last launch, it seems that our stores have very few signs and posters that show off the new products coming next month. Why is that?

Robert Sanford: That's an excellent question. Compared to our last product launch, we are living in a much different world. During the pandemic, many customers shifted their shopping habits from in-store to online. Our marketing team found that clicks on the banners and other advertisements on our website more than tripled in the past year compared to the previous one. That was why we decided to focus our marketing budget on similar advertisements across the internet rather than printed ones in our stores.

Peggy Lang: Oh, I see. I hadn't thought about it like that. Our retail stores in Tokyo are certainly experiencing a decline in sales compared to before the pandemic.

Yuriko Hasegawa: What about rural areas such as Fukui that I manage?

Chairperson: What do you mean by that, Yuriko? [(2)]

Yuriko Hasegawa: Well, in my area, which was less affected by the pandemic than urban centers like Tokyo and Osaka, we still see more or less the same number of customers in our stores. I'm worried that relying on online advertising to get customers to stores in our area won't work as well.

Robert Sanford: Not to worry. Much of the advertising is focused on social media that everyone uses. Even if they do not visit our website, customers in areas like yours are certain to see online ads for our new products on there.

Chairperson: That is very reassuring to hear. [(3)]

Yuriko Hasegawa: That's fine with me.

Peggy Lang: No problem.

Robert Sanford: Thank you for your time, everyone. If you don't mind, I'd like to stay and listen in to the rest of the meeting.

Chairperson: It would be our pleasure to have you, Bob.

(1) (A) What questions do you all have for Bob about the sales campaign?
  (B) Did you have something to ask Bob about the launch, Peggy?
  (C) Peggy, why don't you start us off with the first question?
  (D) Can you tell us a bit about the new products, Peggy?

(2) (A) Could you provide us with some more details?
  (B) Can you repeat the question a little more loudly?
  (C) Should we do something to help the situation in Fukui?
  (D) How much have the sales declined at the stores in Fukui?

(3) (A) Is there anything else that anyone wants to address with Bob?
  (B) Before we move on, could you all take yourselves off of mute?
  (C) Does that answer your question, or was there something else, Yuriko?
  (D) If that is all, can we move on to the next item on today's agenda?

Ⅵ　次のプレゼンテーションを読み，以下の１～５に答えなさい。

Good afternoon, shareholders and members of the Board of Quality Motors. I'm the head of Sales and Marketing, Yusuke Hashimoto. As part of today's shareholders meeting, I am here to discuss the dramatic shift in purchasing trends of our company's vehicles over the last year. I will also present the results of a survey we conducted on customers who purchased both hybrid and electric models that can help explain this change.

The chart here on the first slide is a comparison of our gasoline-powered and hybrid models. You can see that the number of gasoline-powered models sold used to be more than double that of hybrid models as recently as two years ago. However, their share of our overall sales has decreased quite a bit. Hybrid vehicles have always been our number two, but they now account for around 34 percent of all vehicles sold by Quality Motors while gasoline-powered vehicles make up only 55 percent. Looking at the customers who bought one of our hybrid vehicles in the past 12 months, the survey showed there were two main factors that led to their decision.

The first was that the cost of our hybrid vehicles has been declining in recent years and is now much closer to the cost of similar gasoline-powered models. This has been the direct result of parts such as batteries and electronic components becoming cheaper over time. (　　　　), our production processes have become more efficient, allowing us to sell our vehicles at lower prices. You can see here that the average cost of producing our hybrid vehicles has continued to decrease year by year, corresponding with a similar decrease in the average price of our hybrid models.

The second factor is the high cost of gasoline and a desire to save more money at the gas station. With many developed countries looking to cleaner alternative energies, the cost of oil, and thus gasoline, has seen periods of sudden spikes in cost. This unexpected change in customers' monthly expenses led many customers to look for ways to save money on gasoline, and to rethink the purchase of their next vehicle. This also helps to explain the sharp rise in sales of our electric models in the last fiscal year.

Here on the third slide, you can see that sales of our electric models have been growing rapidly. What used to be just 2,000 of our total cars sold ten years ago now accounts for five times that amount overall. According to the results of the survey, the number one factor related to their purchase of an electric model was the difference in monthly cost between gasoline and the electricity used to charge electric vehicles. While the initial cost of an electric vehicle is higher, the lifetime cost is similar when considering gasoline prices. Customers also indicated an expansion in the number of charging stations available in their area as the second biggest factor in their decision.

While gasoline-powered models are still our best sellers, their share of our overall sales has decreased quite a lot. As production costs of both our hybrid and electric vehicles continue to decrease, we are looking to focus our energy on producing a greater variety of both types of vehicles while reducing the number of gasoline-powered models in the coming years. More and more people are gaining access to charging stations, which makes our electric models an attractive choice, and consideration for the environment is also on the minds of most of today's consumers. Therefore, we are looking forward to capitalizing on these trends to increase our sales across the board.

Thank you all very much for your attention. I would be glad to answer any questions at this time.

1．このプレゼンテーションのメインテーマはどれか，最も適切なものを(A)～(D)から一つ選び，その記号をマークしなさい。

(A) The decrease in production costs of hybrid vehicles

(B) Concerns about gasoline-powered vehicles' lower sales

(C) The changes in sales of Quality Motors' vehicles

(D) The reason electric vehicles are selling out quickly

2．(　　　　)に入る最も適切なものを(A)～(D)から一つ選び，その記号をマークしなさい。

(A) Conversely　　(B) Unchangingly

(C) Likewise　　(D) Therefore

3．プレゼンテーション内で，現在の purchasing trends の要因となっていることとして言及されていないものはどれか，最も適切なものを(A)～(D)から一つ選び，その記号をマークしなさい。

(A)　elderly people are driving more than before

(B)　the drop in prices of hybrid vehicles

(C)　concern for vehicles' environmental impact

(D)　the increase in available charging stations

4．このプレゼンテーションを通して投影しなかったと考えられるスライドはどれか。最も適切なものを(A)～(D)から一つ選び，その記号をマークしなさい。

(A)

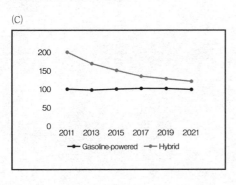

2011

2021

… 1,000

(B)

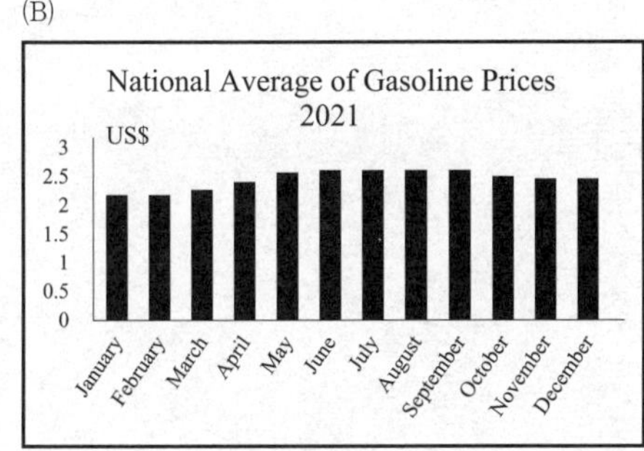

(C)

200
150
100
50
0
2011　2013　2015　2017　2019　2021
Gasoline-powered　Hybrid

(D)

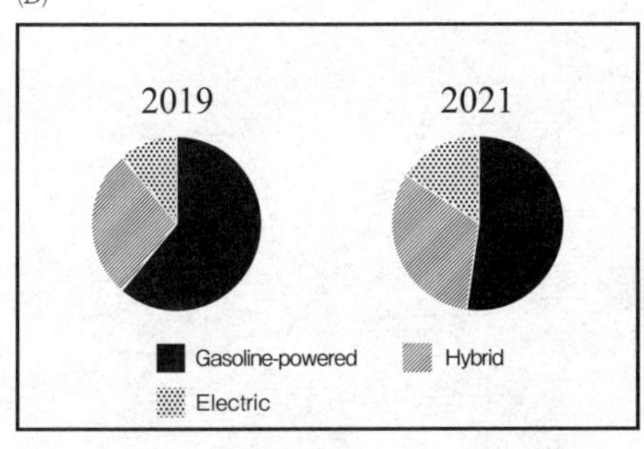

5．プレゼンテーション後に「Do you have any questions?」と呼びかけた場合に想定される質問として，最も適切なものを(A)～(D)から一つ選び，その記号をマークしなさい。

(A)　What can we expect to happen with gasoline prices in the future?

(B) In how many years will hybrid vehicles become the company's best sellers?

(C) When will the company raise prices of electric vehicles to increase profits?

(D) How will the company lower customers' concerns about the environment?

D 多様性のある社会を構築するのだという自覚

E 確固とした自己意識を探しだそうという自覚

〔問六〕 本文の内容と合致するものとして、もっとも適当なものを左の中から一つ選び、符号で答えなさい。

A 人工知能がいくら発達したとしても、人間が行う仕事の種類は変わるかもしれないが、人間が働くことをやめることはない。

B 正解が決まっているような問題に答えを出す早さは人工知能に劣るが、人間は総合的には人工知能よりもいまだ勝っている。

C 人間一人ひとりの尊厳や個性を成立させる要素を人工知能が複製することはできないので、人間の尊厳が揺らぐことはない。

D ディープフェイクの技術が実用化されるようになった現代社会では、人間であることの意義が問われることになってきている。

E 人工知能が生み出した富によって、人間はベーシックインカムを享受して、楽しんで人生を送ればよいと楽観的に構えている。

ている。

B 私たちはいまも確固としたアイデンティティを確立しているために、自己意識を「今、ここ」に存在していると捉えている。

C 私たちは論理的判断によっているわけではないが、自己意識を宇宙の全歴史の中で一回だけ現れるものであると捉えている。

D 私たちは人為的にフェイクのリアリティを作成できるようになったため、自己意識を信用できないものであると捉えている。

E 私たちは生物学のセントラルドグマに従うことで、自己意識を一度喪失してしまえば二度と復活しないものだと捉えている。

〔問四〕 つぎの一文を入れる箇所としてもっとも適当なものを左の中から一つ選び、符号で答えなさい。

それは、これからの私たちにとっての最も重要な課題の一つである。

A 【Ⅰ】 B 【Ⅱ】 C 【Ⅲ】 D 【Ⅳ】 E 【Ⅴ】

〔問五〕 空欄(5)に入れるのにもっとも適当なものを左の中から一つ選び、符号で答えなさい。

A かけがえのない人生を大切にしようという自覚

B 定められた運命を着実に歩んでいくという自覚

C 身の程をわきまえた行動をとるのだという自覚

〔問一〕 空欄(1)(3)に入れるのにもっとも適当な組み合わせを左の中から一つ選び、符号で答えなさい。

A (1) もてあそばれている (3) いぶかる

B (1) もてはやされている (3) におわせる

C (1) もちこたえている (3) そそのかす

D (1) もてあましている (3) ほのめかす

E (1) もちなおしている (3) けしかける

〔問二〕 傍線(2)「人間が人間であることの証し」とあるが、このような証しを求めなければならないのはなぜか。その説明としてもっとも適当なものを左の中から一つ選び、符号で答えなさい。

A 人工知能が発達することで、人間が行っていた仕事を奪われてしまうのではないかという不安を覚えはじめたから。

B 人工知能が出現し、人間に要求される能力がどのようなものであるのかがわからず、自己規定が難しくなったから。

C 人工知能よりも正解を早く答えるためには、どのようにすればよいかという方法が見つからず、困惑していたから。

D 人工知能時代に入り、人間は「今、ここ」にいることの意義にあぐらをかいていてもよいのかと疑い始めたから。

E 人工知能が人間の能力を上回るかもしれない事態に直面し、自己の存在基盤が脅かされているように感じたから。

〔問三〕 傍線部(4)「『私が私である』という『自己意識』（self-consciousness）のあり方」とあるが、これを私たちはどのように捉えているのか。その説明としてもっとも適当なものを左の中から一つ選び、符号で答えなさい。

A 私たちは音声や映像から「私」を再構成することができるため、内面的である自己意識を外面的なものであると捉え係についての科学的知見に支えられている。すなわち、「私」という人間は、意識を持った存在としてこの宇宙の歴史の中でたった一度だけ生まれる。そして、「私」という存在がやがて死んでなくなってしまえば、「私」という意識は、二度と戻ってこないという考え方である。【Ⅴ】

生物学においては「ＤＮＡがＲＮＡをつくり、ＲＮＡがたんぱく質をつくる」(DNA makes RNA, and RNA makes protein)という考え方が「セントラルドグマ」(central dogma)と呼ばれている。同じように、私たちの自己意識が、この宇宙の全歴史の中で一回だけのものであり、一度死んでしまえば二度と戻らないという考え方を、自己意識に関する「セントラルドグマ」と呼ぼう。

もちろん、「死後の世界」や「生まれ変わり」を信じている人たちもいる。そのような人たちにとっては、今、この人生が終わり、自分の「意識」がなくなったとしても、何らかのかたちで「私」は存続し、あるいは別の命として生まれ変わると信じられるかもしれない。

しかし、今日の科学的世界観の下で、脳活動からどのように意識が生まれるかということについての基本的なモデルを信じている人にとっては、「私」の「意識」はこの宇宙の中でたった一度の事象として「今、ここ」にある。だからこそ、(5)も生まれる。

(茂木健一郎『クオリアと人工意識』による)

(注1)　ジャン＝ポール・サルトル……フランスの哲学者、文学者。
(注2)　コモディティ化……汎用化。

＊　問題の作成上の都合により、本文の一部に手を加えてある。

音声だけでない。映像表現でもまた、現実ではない「フェイク」の映像をつくる技術ができ始めている。【Ⅲ】

例えばモナリザの顔の静止画が一枚あるだけで、モナリザを主人公にした動画をつくることができる。このような「ディープフェイク」（deepfake）の技術が実用化されて、有名俳優を用いた架空のビデオがつくられている。人気ドラマの主人公の顔を、自分自身の顔で置き換えるサービスもできているという。

音声だけでなく、映像においても現実とは異なるものをつくることができるとなると、何が起こったかということを実証することは、ますます困難になると考えられる。かつても、歴史の中である特定の人物を「消して」しまったり、そこにいなかった人物を付け加えたりなどの操作が行われたことがあった。

そのような操作が、人工知能によって、より精緻にできるようになる。しかも、それが「点」だけでなく「線」や「面」でできるようになる。

人工知能を通して、人為的にフェイクのリアリティを生み出すことができる世界において、人間はどのようにして価値観や世界観を再構築していくのか。【Ⅳ】

ディープフェイクがコモディティ化するような時代に、私たち人間はどこに自分の存在意義、アイデンティティを求めていけばいいのだろうか。

何よりも、私たちの「個性」はどうなってしまうのだろう？

もっとも、音声や映像から「私」が再構成されるのは、あくまでも他人の視点から見た場合である。「私」という存在の根幹がさらに深い基盤から揺れるのは、「私」の内面から見て、つまり、(4)「私が私である」という「自己意識」（self-consciousness）のあり方が揺り動かされる時であろう。

私たちは、人間の意識について、次のような直観を持っている。そして、このような直観は、現在知られている脳と意識の関場してくるかもしれない。

しかし、そのようなある意味で楽観的な見通しと、私たちの魂の深いところでの自己肯定感、自己規定は別の問題である。【Ⅰ】

一般に、人工知能時代には、何かが「できる」ということに存在証明を求めるのではなく、ただ「在る」ということに人間が人間であることの意義を求める日が来るのではないかと考えられる。

言い換えれば、(2)人間が人間であることの証しが、「今、ここ」(here and now)にいるという意識の流れ自体に依拠するということである。

そもそも、「私」が「私」であるということの証しは、「私」が賢いこと、知性を持っていることによるのではなく、ただ「私」が「今、ここ」に意識を持った存在として在ることに求められる。そのような意味で意識と知性はとりあえずは分離可能であるはずだ。

人工知能の発達によって、正解が決まっているような問いに早く答えるような能力はコモディティ化(注2)して価値が減る。むしろ、ワンアンドオンリーな個性の方が重要になってくる。

しかし、そのような人間の「個性」もまた、人工知能によって脅かされようとしている。私たち人間一人ひとりの「尊厳」、「個性」を成立させている要素が、人工知能によって複製可能、交換可能なものになろうとしているからだ。【Ⅱ】

短時間声のデータを入力しただけで、その人の声で任意の文をしゃべることができる技術はすでに実現している。市井の一般人から首相、大統領まで、あたかもその人がしゃべっているような声で任意の言葉を話させることができるのである。

そのような時代には、不祥事や犯罪の「証拠」としての音声データの意義が根底から揺らいでしまう。例えば、汚職を(3)[　　]ような音声データがあったとしても、それが本当に起こったことか、わからなくなってしまう。実際、各国の情報機関は、すでに音声情報がフェイクであるかどうかを検知する方法を研究し始めているという。

べきである。

D　二一世紀に入り、経済構造が変化してきたが、それに伴い労働者も、主体的な判断に基づき仕事を行う時代になってきている。

E　目端が利く企業の経営幹部や幹部候補生たちは、直接的に利益に結びつくアートや哲学などを学ぶことに、力を注ぎ始めている。

三　次の文章を読んで、後の問に答えなさい。

人間が人間であることのユニークな意義とは何か？　そもそも、私たち人間にしかできないことなどあるのか？　私たちの個々の具体的な能力は、これからすべて人工知能に凌駕(りょうが)されてしまうのか？　だとすれば、私たちはこれから人工知能に従い、人工知能が生み出した富によってベーシックインカムを享受しつつ、遊びで時間を浪費するくらいの道しか残されていないのだろうか。ジャン＝ポール・サルトル(注1)（Jean-Paul Sartre）でさえ予想しなかったであろう人工知能時代のこのような「存在論的不安」は、しばしば言われる、人工知能に職を奪われるといった懸念よりも中長期的に見ればよほど深刻で、またある意味ではリアルだと考えられる。

実際、過去の歴史上の経験に照らせば、人工知能が発達しても、人間の仕事はその内容が変化することはあっても、なくなることはなさそうだ。ただ、今までとは異なる能力を獲得するための努力や工夫は必要になりそうだ。また、現在［(1)］能力の持ち主たちがそれほど社会的に影響力を持たなくなり、これまではさほど評価されていなかったタイプの人たちが表舞台に登

D　高品質で安価な製品を大量に生産して、販売し続けるためには、熟練した技術を持っている非正規労働者が必要とされるから。

E　消費者の欲望を刺激する商品が分かりにくく、巨大な資本を投下しにくいので、雇用を調整しやすい態勢を取りたいから。

〔問五〕　空欄(8)に入れるのにもっとも適当なものを左の中から一つ選び、符号で答えなさい。

A　年功序列に基づき役割分担するという労働のあり方

B　定年まで一つの会社に勤め続けるという労働のあり方

C　与えられた仕事を繰り返すという労働のあり方

D　全員が同じ条件のもとで働くという労働のあり方

E　同一労働には同一賃金を支払うという労働のあり方

〔問六〕　本文の内容と合致するものとして、もっとも適当なものを左の中から一つ選び、符号で答えなさい。

A　『大学時報』の二度目の「リベラルアーツ」特集に私企業の会社役員が執筆者として入っていることは、とても由々しき事態である。

B　最近の企業向けの「リベラルアーツ教育」は課題があるものの、一大産業になるくらい好評を博していることには注目すべきである。

C　生産者は消費者のニーズに対応するため、モデルチェンジを不必要なまでに行っているが、もっと長期的展望に立つ

C　フレキシビリティーとコミュニケーションをもって、企業の経営を行うためには、本格的な教養を備える必要があるから。

D　市場の予測不確実性が非常に高い社会においては、高度な判断力をもって、さまざまな事態に対応していく必要があるから。

E　企業の経営幹部や幹部候補生たちは、二一世紀型の労働環境を整備して、この困難な時代を乗り越えていく必要があるから。

〔問三〕　空欄(4)(6)に入れるのにもっとも適当なものを左の中から選び、符号で答えなさい。

A　象徴的　　B　観念的　　C　再帰的　　D　段階的　　E　所与的

〔問四〕　傍線部(5)「非正規雇用へのニーズが高まる」とあるが、それはなぜか。その説明としてもっとも適当なものを左の中から一つ選び、符号で答えなさい。

A　コミュニケーション能力を養成するのは難しく、その能力を備えた人材を必要な時に必要なだけ雇用するのが効率的であるから。

B　経済構造の変化に伴い労働のあり方も変化してきており、従来の雇用形態では労働者を安定的に雇用しにくくなってきたから。

C　リキッドな社会の二一世紀型の労働環境で求められる能力は変化しており、それにいち早く対応することが求められているから。

(3)　レンメイ

A　メイガラを指定する
B　メイボを提出する
C　かたい誓いで結ばれたメイユウ
D　メイロから抜け出す
E　大山メイドウして鼠(ねずみ)一匹

(7)　エンカツ

A　群雄がカッキョする
B　一声でイッカツする
C　カッキョウを呈している
D　ホウカツして扱う
E　ゆうゆうとカックウする

〔問二〕　傍線部(1)「『リベラルアーツ教育』の活発化」とあるが、なぜこのようなことが起こっているのか。その説明としてもっとも適当なものを左の中から一つ選び、符号で答えなさい。

A　液状化する社会においては、企業が一丸となって日々刻々と変化する市場に対応し、経済活動を活発化する必要があるから。

B　商談相手と良好な人間関係を構築し、商談を上手く進めるためには、趣味を持ち、豊かな人間性を身につける必要があるから。

そらく現代の市場が要請する能力の育成には役立たないと思われているわけです。またこの論考の本筋からは離れてしまいますが、この傾向が労働者の明確な二分化を志向していることにも注意を促しておきたいと思います。企業向けの「リベラルアーツ教育」は基本的に幹部や幹部候補を対象としています。「リベラルアーツ教育」に基づいた能力は一部の幹部が持っていればよいということでしょう。残りの労働者はそこからの指示に基づいて、変化し続けるタスクを次々とこなしていくことが求められているわけです。

（國分功一郎「問いを発する存在―リベラルアーツと哲学の始まり」による）

（注1）フレキシビリティー……柔軟性、融通性。

（注2）リジッド……厳格な、固定した。

＊問題の作成上の都合により、本文の一部に手を加えてある。

〔問一〕傍線部⑵⑶⑺の漢字と同じ漢字を含むものを、左の各群の中から一つずつ選び、符号で答えなさい。

⑵ ホウシュウ

A 木材のシュウサンの地

B 相手のやじにオウシュウする

C シュウカ敵せずと知るべし

D 自らのキョシュウを決する

E 関係をシュウフクする

不確実性が高いということは生産手段にあらかじめ高額の投資を行えないということです。したがって、長期に及ぶ生産計画を立て、その長期計画に則って労働者を雇用し、彼ら／彼女らを熟練労働者に成長させることは生産者にとって望ましくありません。だから、必要な時に必要なだけの労働者を確保するようになります。つまり(5)非正規雇用へのニーズが高まるわけです。日本では、それまで法律によって課されていた派遣労働への様々な規制が、一九九〇年代後半から [(6)] に緩和されていきました。二一世紀型の労働環境の整備がその頃から始まったのです。

このような転換の中で称揚されるようになっていった能力がフレキシビリティー(注1)とコミュニケーションスキルです。日々刻々と変化する市場のニーズにフレキシブルに対応し、新しい商談相手とエン(7)カツかつ迅速にコミュニケーションできることが経済活動にとって必須の条件となっていきました。

つまり [(8)] がその価値を大いに減じたわけです。これを社会全体の傾向として考えるならば、動かそうにも動かせないリジッド(注2)な構造があった社会から、日々刻々と液体のように変化する社会への変化と言うことができます。社会学者のジークムンド・バウマンは既に古典となった『リキッド・モダニティ――液状化する社会』（森田典正訳、大月書店、二〇〇一年）という著書の中で、そのような社会をリキッドな（液状の）社会と呼びました。

リキッドな社会においては見通しを立てることが難しくなります。ですので、非常に高度な判断力が求められるようになるわけです。高度な判断力をもって、フレキシブルに事態に対応し、必要な相手と速やかになめらかにコミュニケーションする。いま盛んに行われている企業の幹部や幹部候補への「リベラルアーツ教育」に期待されているのは、おそらくそのような能力の育成でしょう。

このことは企業向けの「リベラルアーツ教育」がアートや哲学を重視する一方、基礎科学を含んでいないところによく現れています。もし教養を身につけることを目的としているなら基礎科学が重要であることは論を俟たないわけですが、基礎科学はおもちろんこれは傍証に過ぎません。しかし［(4)］な事実ではあると思われますし、大学関係者はこの変化に納得するところがあるのではないでしょうか。

すこし話を大きくして経済構造の変化とこの現象の関係について考えて見ましょう。この経済的な要請は経済構造の大きな変化に対応しています。

現在の経済体制はしばしばポストフォーディズムと呼ばれます。フォーディズムの後という意味です。これは労働のあり方を一変させました。

フォーディズムとはまさしく米国自動車メーカーのフォード社がそうしたように、同じ製品を大量生産し続けることで、製品の品質向上・価格低下と雇用安定・賃金上昇とを同時に実現するというモデルです。労働者は、自らに与えられた仕事を繰り返すことで製品の品質向上・値下げに貢献することが求められ、また、同じ仕事を精密に繰り返すことで賃金上昇という見返りを得ることもできました。

このモデルは、高品質の製品を安価で売り出せば確実に売れ続ける、そういう社会を前提としています。それに対し、いま二一世紀を生きる我々が見ているのは、どれだけ高品質・安価な製品であろうとも、それを売り続ける限り必ず売れなくなる、そういう社会です。

それを典型的に表す現象が、製品の不必要なモデルチェンジでしょう。たとえばスマートフォンは数年前のものでも十分に使えるにもかかわらずモデルチェンジを繰り返しています。家電のような家庭用の大型商品ですら毎年新しいモデルが出る。モデルチェンジを繰り返さないと売れなくなるからです。

もちろんモデルチェンジをしなければ売れなくなるとはいえ、モデルチェンジをすれば売れるわけでもありません。つまり市場の予測不確実性が非常に高いのが現在の社会なのです。

二　次の文章を読んで、後の問に答えなさい。

最近、「リベラルアーツ」という言葉をよく耳にするようになりました。その必要性は社会のあちこちで語られています。まず、この現象の背景に、企業の経営幹部および幹部候補者たちへの(1)「リベラルアーツ教育」の活発化があること、すなわち、この現象が経済的な要請と無関係でないことを押さえておく必要があるでしょう。

インターネットで「リベラルアーツ」「幹部」などと検索してみると、企業向けリベラルアーツ教育を提供する厖(ぼう)大な数のプログラムが出てきます。現在ではこのサービスが一大産業をなしているのです。いわゆる知識人や文化人と呼ばれる人たちが高額の(2)ホウシュウをもらって講師を務めるものがほとんどです。

こうした近年の傾向について、経済学的・社会学的な調査研究が行われるべきだと思いますが、私の知る限りそうした調査研究はほとんどなされていないようです。しかしこれは実に注目すべき現象です。

大学の側もリベラルアーツ教育を考えるにあたって、経済的な要請を強く意識しはじめているように思われます。その証拠を提示するのはなかなか難しいのですが、こんな例を見てみましょう。一般社団法人日本私立大学(3)レンメイが発行する『大学時報』という刊行物があります。大学の先進的な取り組みや高等教育に関する情報の提供を目的としており、隔月刊で通巻四〇〇号を超える伝統のある刊行物です。

『大学時報』は二一世紀に入ってから、二度、「リベラルアーツ」を特集しています。その二つの特集を比較してみるとあることに気付きます。二〇〇七年九月発行刊（nr. 316）の特集「リベラル・アーツ教育のこれから」では、記事の執筆者七人全員が大学教員でした。それに対し、二〇一七年三月発行刊（nr. 373）の小特集「小特集リベラル・アーツ教育は普遍か～一〇年間の振り返り～」では、執筆者四人のうちの一人は私企業の会社顧問です。

にビジネス・スピリットを持ち出してきてピントのずれた判断をするから。

E 自らの地位を賭けるというリスクを背負ってまで、イノベーションのアイデアを生みだし、新しいビジネスを始めようとする上司がおらず、部下たちの士気がまったく上がらないから。

〔問六〕 本文の内容と合致するものとして、もっとも適当なものを左の中から一つ選び、符号で答えなさい。

A 日本の組織や会社は、帰納法や演繹法を用いたビジネスのやり方にいまだ慣れていないために、ビジネス・モデルは生まれてきても、ビジネス・スピリットが生まれてこない。

B かつてはうまく行っていたかもしれないが、日本の組織や会社のあり方もそろそろ変わる時期が来ているので、まずシリコンバレーに視察に行くことから始めなければならない。

C 今までのやり方を踏襲する事業計画や類似事業との比較書類作成などに時間をかけるのは無駄なことなので、そのようなことは組織や会社のことを考えると即刻やめるべきである。

D これからの日本の組織や会社にとって、ビジネス・スピリットではなく、ビジネス・モデルという発想は諸悪の根源であるので、いち早くこの発想から抜け出さなければならない。

E もちろん市場調査を実施する意味はあるのだが、市場調査を絶対視することによって、イノベーションのアイデアを埋没させてしまうことになりかねないので、気をつけなければならない。

D ビジネス・モデルとは、どのような方向性の下で商品を開発し、ビジネスとするのかではなく、どのように商品から収益を上げていくのかという方法論のことである。

E ビジネス・モデルとは、どのように組織や会社を具体的に経営していくのかではなく、どのように組織や会社の理念を実現していくのかという方法論のことである。

〔問四〕 空欄(5)(7)(8)(12)(13)に入れるのにもっとも適当なものを左の中から一つ選び、符号で答えなさい。ただし、同じ符号を二度用いてはいけない。

A 確かに　B つまり　C たとえば　D 一方　E さて

〔問五〕 傍線部(10)「イノベーションに欠かせないビジネス・スピリットがどんどん削られたところで決着がつく」とあるが、それはなぜか。本文から読み取れる説明としてもっとも適当なものを左の中から一つ選び、符号で答えなさい。

A 安定した経営を行っている組織や会社は、新規事業を立ち上げる必要性がなく、新たに莫大(ばくだい)な経費が掛かるイノベーションを、熱意をもって行おうとするチャレンジ精神を持つ社員がいないから。

B ピラミッド型の組織や会社では、上司から部下への一方通行のコミュニケーションしか存在せず、しかも上司は部下を信頼していないため、部下の新しいアイデアをすぐに否定してしまうから。

C 失敗するかもしれないイノベーションは危険であるだけではなく、新しいビジネスには成功を証明するだけの資料が乏しく、効率を考えると、一歩踏み出すことにためらいがあるから。

D 上司がビジネス・モデルとビジネス・スピリットの違いを明確に把握しておらず、新しいアイデアを出しても、すぐ

⑾　ジャマ―

A　噂（うわさ）をマ―に受けてしまった
B　―マスイを打って手術する
C　―マテンロウのある風景
D　百戦レンマ―の強者（つわもの）ども
E　ついマ―が差してしまった

〔問二〕　空欄⑵⑹⑼に入れるのにもっとも適当なものを左の中から一つ選び、符号で答えなさい。ただし、同じ符号を二度用いてはいけない。

A　規範的　　B　数字的　　C　効率的　　D　原理的　　E　必然的

〔問三〕　傍線部⑶「言葉としては似ているが全然意味が違う」とあるが、ビジネス・スピリットとは異なるビジネス・モデルの説明として、もっとも適当なものを左の中から一つ選び、符号で答えなさい。

A　ビジネス・モデルとは、どのようにすれば大きな収益を上げることが可能かではなく、どのようにすれば安定的な収益を上げることが可能かという方法論のことである。
B　ビジネス・モデルとは、どのようなアイデアを生みだし、それを商品化していくのかではなく、どのようにイノベーションを実現していくのかという方法論のことである。
C　ビジネス・モデルとは、どのようにして組織や会社をつくり上げていくのかではなく、どのようにして組織や会社を大きくしていくのかという方法論のことである。

＊　問題の作成上の都合により、本文の一部に手を加えてある。

〔問一〕　傍線部(1)(4)(11)の漢字と同じ漢字を含むものを、左の各群の中から一つずつ選び、符号で答えなさい。

(1)　キドウ

A　そろそろキが熟してきた
B　ジョウキを逸した行動
C　キフクにとんだ地形
D　キジョウの空論に過ぎない
E　キをてらった振る舞い

(4)　ケイヤク

A　大いにケイハツされた
B　ここでシッケイする
C　一族のケイフをたどる
D　事件をケイキに改善する
E　福引のケイヒンをもらう

(12)、安定した経営を求める組織としては効率化を同時に考えていかなければならず、最も効率的な事業を取捨選択させようとするバイアスがかかる。つまり、最も失敗する可能性が少ないものを選択させようとする圧力だ。

この抵抗圧力にかかると、イノベーションはひとたまりもない。なぜなら、上意を説得するために必要な裏づけとなるデータがいっさい存在しないものを提案しているからだ。証明できる前例がなければ、上司にとって判断のしようがなくなる。判断できないものは、事業として選択することができない。新しいアイデアの提案をしても、「それのビジネス・モデルはあるのかね？」と訊かれたらそこでおしまいだ。

(13)イノベーションは冒険だと思う。失敗するかもしれないことを上司に相談すれば、上意下達の組織では、なかなかやっていいとは言ってくれないだろう。よほど自身で判断する気骨のある上司でない限り。だからといって体制に従っているだけでは、殻はいつまでたっても破れない。

ビジネス・スピリットはイノベーションを起こすための原動力（魂）だ。その原動力は日頃から大事に育て、時には修正していかないとならない。常に新しいことにもチャレンジする精神も持たなくてはいけないし、いつまでも同じビジネス・モデルでは通用しなくなってくるから、ビジネス・モデルを変化させるためには、その基となるビジネス・スピリットを正しく理解してそれを修正していかないとならないのだ。

（春日知昭『面白いことは上司に黙ってやれ』による）

（注1）井深さん……ソニーの創業者の一人である井深大（まさる）のこと。

（注2）シリコンバレー……アメリカ、カリフォルニア州のサンフランシスコ南東にあり、コンピュータ関連企業や半導体メーカーなどが密集している地域。

(5) 顧客のニーズを把握し、製品・サービスの「カイゼン」を行うことに向く。新ビジネスを提案する時も、事業現場から収集された顧客ニーズの理解が重要だ。失敗を回避する目的で、市場調査などを入念に行い、観察した事実が企業の持つ経験や勘と合致するかが重要で、社内のコンセンサスを得ることが第一だ。

帰納法の問題点は、市場のニーズに応えようとする発想なので、未知の商品を創造しようとすることには向かない。まったく新しい商品は創造できないのだ。

一方、演繹法では、仮説やルール、観察事項からロジックに基づき (6) な結論を導く。その方法なら新しい商品を創造することも可能だ。シリコンバレー(注2)ではこの方法に基づいてビジネスを考えているという。

(7)、新しいビジネス・商品を創造したいのであれば、考え方そのものを変えなくてはいけないのだが、日本の多くの企業ではその考え方を今まで経験していないから創造しようがないのだ。その根底を変えずにシリコンバレーを視察し、イノベーションを論じても意味がない。

(8)、今の日本の組織体系を考えた時、「よいビジネス・スピリットを考え出して、それを新規事業として実践しよう!」と動く企業はあるだろうか。100%あり得ないことは、企業に属し、会議に参加したことのある人なら誰にでもわかるだろう。結局は (9) な事業計画に立ち返ってしまって、(10)イノベーションに欠かせないビジネス・スピリットがどんどん削られたところで決着がつく。それは、長い目で見れば組織自体の成長を止めてしまう本末転倒な問題だ。

どうしてこのようなことが起こるのだろう。

日本のほとんどの会社は上意下達で、ピラミッド型の上部に位置する上司が責任を持つことで、バランスが保たれているようにできている。どれだけ現場で熱意のあるイノベーションのアイデアが生まれても、その熱意は上意のフィルターを経るごとに、数字を伴う事業計画やら、類似事業との比較書類作成とやらに時間を割かれジャ(11)マされて、冷めていってしまう。

たとえば、ソニーのオーディオはもともとアナログでスタートした。レコード盤やテープレコーダーだ。それがデジタルの時代になった時、あの井深(注1)さんでさえ、デジタルはソニーには向かないとおっしゃったと聞いている。危うくCDの開発プロジェクトもつぶされそうだったとか。今考えれば信じられないことだが、そういうことが起こりうるのだ。ビジネス・スピリットを変化させることに失敗するととんでもないことになる。

似た単語に「ビジネス・モデル」がある。(3)言葉としては似ているが全然意味が違う。

投資家の方々と話していてよく訊かれる。

「このプロジェクトのビジネス・モデルは？」

ソニーを辞めて初めて〝ビジネス・モデル〟という言葉を聞いた時、それは何だ？ と疑問に思った。ソニーではビジネス・モデルという言葉を聞いたことはなかった。それよりビジネス・スピリットを大事にしていたからだと思う。

「ビジネス・モデル」とは、製品やアイデアを使ってどうやって収益を上げるかの方法論を指す。たとえば、ある製品があったとして、それを開発した会社と販売する卸業者と販売店がどういうルートでその商品を流通させ、顧客に対しどういうサポートをし、どういう割合で費用負担し、収益を分かち合うかなどのルールを明らかにしたものだ。それはビジネスの考え方の根本となるビジネス・スピリットとはかなり性質が異なり、より具体的な組織の働き方を定めた(4)ケイヤク内容に近いものだ。

僕は日本で議論していてビジネス・スピリットを誰かとともに話した経験はほとんどない。正直すごくフラストレーションだ。ビジネス・スピリットをまず心いくまで議論して、それがはっきりしてから「ビジネス・モデル」を話すべきで、ビジネス・スピリットより先にビジネス・モデルが問われるのはどう考えてもおかしい。

日本企業がビジネスを考える時、その考え方には帰納法が使われるという。帰納法とは、多くの観察から相似点を分析し、必要な結論を導く方法だ。

国語

（六〇分）

一　次の文章を読んで、後の問に答えなさい。

ビジネス・スピリットとは、会社などの組織がどうビジネスに取り組むべきかの根本となる「ビジネスの魂」をシンプルに表現したもの。その組織がビジネスを成り立たせるための一番基本となる考え方、手法や分野を定義したもので、ビジネスを(1)キドウに乗せるための魂（原動力）だ。

魂がなければ肉体も存在し得ない。

肉体というのがそのビジネスを実現するための組織＝会社であり、その組織が働くためのロジックを定めたプログラムがビジネス・モデルだ。

ビジネス・スピリットがあるから組織という肉体に存在価値が出てくる。ビジネス・スピリットの考え方に沿って肉体を動かすことで、肉体の動きが［(2)］になる。

このビジネス・スピリットは、時代とともに生まれてくる製品や技術によって変わってくるものだから、時間とともに変化していくのは当然だ。ビジネスの初期にうまく機能していたビジネス・スピリットも、時代とともに世の中とアンマッチになっていく可能性があるのはこのためだ。

解答編

英語

I

解答 1—(D) 2—(C) 3—(D) 4—(A) 5—(B) 6—(C) 7—(A) 8—(A) 9—(B) 10—(D) 11—(C) 12—(B) 13—(D) 14—(A) 15—(B)

◀解　説▶

1.「昨日歯医者に行って，ようやく，ぐらぐらの歯を抜いてもらった」

場面設定から，loose tooth「ぐらぐらの歯」という名詞句を用いるのが適切である。have *A done*「*A* を～してもらう」

2.「今朝のスミス教授の国際市場についての講義はとても面白かった」

Professor Smith「スミス教授」という主語の設定から，lecture「講義」が最も自然である。(A) sermon「(教会で行われる) 説教」 (B) curriculum「履修課程」 (D) syllabus「教授細目」

3.「私が持っているチケットで，その博物館に2人入場できる」

admit には「(チケットなどが) 入場可能だ」という意味がある。(A) let「～させる」 (B) invite「～を招待する」 (C) enter「入る」

4.「あなたの仕事のどんな点が一番好きか教えてくれませんか？」

「側面」という意味のある aspect を入れるのが最も適切である。(B)の regard や(D)の respect にも「特定の点」という意味があるが，通例は in this regard / in this respect「この点で」という形で用いることが多く，疑問文の中で what regard / respect という形では普通は用いられない。(C) affect「影響」

5.「今度お訪ねしたときには紅茶をご一緒します」

空所に in という副詞が後続している点に注目すると，正しい文にするためには，call in ～「～を訪問する」という慣用表現を用いるほかにはないことがわかる。

6.「わが社は，営業部門を増強するために専門家を雇う計画だ」

beef up ～「増強する」を用いるのが最も自然である。(A) shell out「大金を払う」(B) pin down「押さえつける」(D) horse around「バカ騒ぎをする」

7．「飼い犬が死んだときの私の気持ちを説明するのはとても難しい」

describe「説明する」を入れると最も自然な意味になる。(B) continue「続ける」(C) feel「感じる」(D) locate「突き止める」

8．「顧客に電子メールのメッセージを送る際には，“Dear Mr. Johnson” や “Greetings Ms. Sato” のような，冒頭の挨拶の言葉を使うことをお勧めします」

英文の手紙などで，冒頭に用いる挨拶の定型表現のことを salutation という。(B) subject「題目」(C) substitute「代用」(D) honorific「敬称」

9．「民族性とは，文化，言語，国としての経験に関して，ある集団の人々に共通する特徴のことだ」

問題文を定義文として考えると，Ethnicity「民族性」が最適である。(A) Anthropology「人類学」(C) Patriotism「愛国心」(D) Individuality「個人性」

10.「その猫は怒った犬を見ると，本能的に逃げ出した」

犬と猫の典型的な関係性を考えれば，instinctively「本能的に」が最も自然である。(A) flamboyantly「派手に」(B) simultaneously「同時に」(C) fortunately「幸運なことに」

11.「社交ダンスを練習するときには，よい姿勢を保ち背筋を伸ばして立たなければいけない」

keep good posture で「よい姿勢を保つ」という表現になり，適切な英文が完成する。(A) procedure「手続き」(B) proposition「命題」(D) possession「財産」

12.「その夜は風が強かったということにして私の恐怖を正当化しようとしたが，だめだった」

rationalize「正当化する，理屈づける」を入れれば，自然な意味の英文になる。(A) estimate「見積る」(C) compromise「妥協する」(D) concentrate「集中する」

13.「彼は，頑固すぎて決心を変えることができない男だ」

stubborn「頑固な」という形容詞の正しいスペルを問う問題である。

too 〜 to *do*「〜すぎて…できない」

14.「引用とは，レポートや論文で使われている情報源への言及のことである」

citation「引用」の正しいスペルを問う問題である。

15.「ジャックは蓋つきの新しい水槽を買った。それは，長さ 40 センチ，幅 20 センチ，高さ 20 センチだ。ジャックの新しい水槽の表面積は 4,000 平方センチだ」

直方体の表面積を求める問題である。つまり，20 cm × 20 cm の面が 2 つ，40 cm × 20 cm の面が 4 つあることになるので，表面積を足せば 4,000 cm^2 となる。

II 解答

問 1．1 —(C)　2 —(B)　3 —(B)　4 —(C)

問 2．1 —(D)　2 —(B)　3 —(A)

問 3．1 —(D)　2 —(B)　3 —(B)

◀解　説▶

問 3．1．A：すごくイライラしているね，エディ。どうしたの？

B：ああ，出張前はいつもこんな感じさ。飛行機が苦手でね。

2．A：今日，英語の授業で誰がスピーチをする予定か知ってる？

B：この前の授業のときは私だった。あなたの名前は私の次だから，あなたの番だと思うよ。

3．A：あれ，具合悪そうだね。大丈夫？

B：実は，お腹が痛くてちょっと気持ちが悪いんだ。

A：座って休みなよ。どうして気持ち悪くなったの？

B：うん，いつものお昼を食べた後に大きなケーキを食べたんだ。

それぞれ疑問文に対する答えの文の強勢を問う問題である。答えとなる文のどの部分が核心となる部分かを考えると，1 は飛行機に乗ること（flying），2 はスピーチの順番が A さんであること（you），3 はケーキを食べすぎたこと（huge）に強勢が置かれると判断できる。

III 解答

問1．1―(F)　2―(C)
問2．1―(A)　2―(D)　3―(D)

◀解　説▶

問1．1．(1) assumed「想定されている」という過去分詞を修飾する形なので，副詞の commonly「一般的に」を用いなければならない。(4)主語の this conventional wisdom「この従来からある知恵」が3人称単数なので，動詞の部分は turns out もしくは will turn out とすべきである。

2．(2)このままでは文中でどのような働きを担っているのかが不明である。関係代名詞の what ではなく，features を先行詞とする that にすべきである。

問2．1．(A)が正解。「約束を守ることで」は，(C)の in order to keep your word や(D)の To keep your word では，「約束を守るために」という目的を表す表現になる。「協力相手として」は，(B)の be good at working together では，「協力するのが上手だ」という意味になる。

2．(D)が正解。「左右されるかもしれない」は，(A)の should not be dependent では，「左右されてはならない」という意味になる。(B)の less dependent … traditional factors では，「昔からの要因より心理状態のほうが左右されない」という通常の劣等比較の文になり，問題文にある「昔からの要因というよりもむしろ心理状態による」という意味とはずれてしまう。(C)は，the traditional factors … state of mind が「心理状態により昔からの要因が弱められている」という意味となるため，不適。

3．(D)が正解。(A)は，tendencies と複数形を用いている点が，問題文のある1つの傾向について言及している点と食い違う。(B)は it is understandable 以降の部分にVの要素が見当たらず，英文として成立していない。(C)は，to think how you emphasize の部分が文法的に成立していない。

IV 解答

1―(B)　2―(D)　3―(C)　4―(A)　5―(C)　6―(D)
7―(A)　8―(A)　9―(D)　10―(C)

◆全　訳◆

≪宗教が事業の繁栄に与える影響≫

1980年代後半に日本経済が世界の他の国々よりもはるかに景気がよか

ったとき，ほとんどタブーとなっていたある考えが（キリスト教圏の）西洋のいたるところでささやかれていた。日本の宗教である神道が，この国の経済的な優越性の理由ということがありうるのだろうか？　これは，ヨーロッパやアメリカの経営者が，彼らの会社の神のために神社を建立したり従業員全員に毎朝礼拝をさせたりしたいと望んでいるということではないが，もしも宗教が本当に日本の成功のカギとなる要素なのであれば，この国の経済的な優勢は定着しているのだろうということだ。

神道が日本の好景気にどんな役割を演じているにせよ――あるいは場合によっては演じていないにせよ――この質問はするに値する。宗教は重要なのか？　経済発展における宗教の重要性に関する最も白熱した議論のうちの１つは，1904 年にマックス=ウェーバーによって開始された。このドイツの社会学者は，プロテスタントの労働倫理というものが北ヨーロッパの資本主義の誕生の重要な要因だと主張した。特にプロテスタントのカルヴァン主義の一派は，地上での個人の経済的な成功が神に祝福されると信じている。労働とは祈りのようなものであり，投資は礼拝のようなものである――そして，それが，資本主義に弾みをつけた考え方なのだ。

宗教が重要であるというウェーバーの論文は，社会科学における最も影響力のある論文の１つになり，それ以来ずっと，激しく議論されてきている。実際，関連性があるのだ。世界で最も古い資本主義地域であるイングランドは，ほとんどの人がプロテスタントであり，スイスやフランスといった国では，プロテスタントは特に倹約に長けていて事業に魅力を感じる人々であり，そしてアメリカの経済発展は，大部分は，ヨーロッパからのプロテスタントの移民によって推進されたのだ。

だが，宗教との関連性を見つけたからといって，それが必ずしも経済的成功の主因にはならない。ウェーバーから 111 年後の 2015 年，別のドイツ人経済学者であるルドガー=ヴェスマンは，プロテスタントの「経済的な奇跡」を引き起こした，宗教における根本的な影響を示すものを見つけた。教育である。すべてのキリスト教徒は自力で聖書を読むことができなくてはならないという信念が教育のブームをもたらし，すべてのプロテスタントの地域での識字能力が改善した。この教育を尊重する考えが，競争力のある強みとなったのだ。ヴェスマンが分析した 19 世紀のプロイセンのデータでは，カトリック地域よりもプロテスタント地域のほうがはるかに教育レベルが高かったということが示された。加えて，プロテスタントのほうが収入が多く，貿易といったプロイセン経済の近代的な部門で働く傾向が強かった。

教育の長期的な経済的効果のもう1つの例が，ユダヤ教において研究可能だ。ユダヤ教は，紀元2世紀の終わりから，父に息子を教育するよう要求する宗教的規範を守らせた。経済学者のマリステラ=ボッティチーニとツヴィ=エクスタインは，このことがユダヤの経済史と社会史に大きな影響をもたらしたと確信している。教育に投資をしたユダヤの農民は，アッバース朝の都市化の間，熟練を要する職業に就くかなりの強みと意欲を得て，実際にそういう職業を選択した。商人として，ユダヤ人はさらに多くの投資を教育に行った――識字能力と数学がカギであった。

仮に信仰を持つ者の経済的成功の決定的な要因が信仰そのものではなく教育への意欲であるなら，ある地域における最も経済的に成功した宗教に与えられる褒美の持ち主は変わり得る。2016年のピュー研究所による世界の宗教と教育についての研究では，ユダヤ教徒が断然1位（平均して13年を超える学校教育）で，次いでキリスト教徒（9年），仏教徒（8年），そしてイスラム教徒とヒンズー教徒（どちらも6年未満）と続く。だが，より若い世代で見ると，仏教徒はキリスト教徒とほぼ同じ学校教育のレベルに到達していた。

だが，この図式は，世界全体ではなく特定の地域に焦点を当てるとまったく違って見える。たとえば，21世紀初頭のアメリカでは，大学の卒業生数が最も多い世界宗教はヒンズー教で，67％が（少なくとも）学位を有していた。これに続くのがユダヤ教，イスラム教，仏教で，これらは依然どれもアメリカの平均の33％を上回っている。平均をはるかに下回っているのが，ある種のより小さなキリスト教のグループ内で学位を持っている人の数である。教育という経済的な傾向の早期の指標から，経済的な成功における順位の変動は予見できることであり，主にキリスト教国であったものから，多くの仏教徒やヒンズー教徒のいる地域へと変わっていったのである。

ビジネスにおいては，宗教は励みともなり得る。1つの強力な信仰が持つ一体化の効果は，より組織化され，目的意識があり，意欲のある労働者を生み，その会社が単にお金を稼ぐ機会以上のものを示すので，競争相手に打ち勝つ際の決定的な要因になり得る。インドのリーダーシップ研究の専門家であり，インドの大手小売りチェーンの前「最高信仰責任者」であるデーヴァダッタ=パトナーヤクは，企業の神話化を提唱すらしている。彼にとっては，神話とは「人々にどのように世界を見るべきかを教えてくれる」もの——強い使命をもつ企業が被雇用者に提供することのできるものである。「組織の信仰と個人の信仰が一致したとき，企業風土に調和が生まれます」と，パトナーヤクは言う。だが彼は，経営者が社員を洗脳することを勧めているのではない。まったく反対だ。「人々が回路基板のスイッチのように扱われたら，その時不調和が現れます」

宗教が仕事に入り込んでくるときはいつでも，調和と分断の間にきわどい境界線がある。すべての従業員の信仰が同じときに地上の天国のように見えるものは，異なる宗教に属する従業員および／または経営者が会社に加わったとたんに悪夢という地獄に変わる。企業が創業時の文化的領域を越えて成長を始めるとき，この食い違いの増大は間違いなく起こる——そしてそのときには，宗教，信仰および／または神話をその企業のDNAから取り除こうとしても手遅れだ。だから，宗教がより小さな企業の成長の原動力になり得るとしても，より大きな企業の成長は制限するだろう。

出典追記：Extracted with permission from "Different religious views around the world may translate into a competitive business advantage", authored by Detlef Gürtler. Think：Act Magazine issue 25, July 2018（Publisher：Roland Berger）

◀解　説▶

1．(B)が正解。空所後の第2段第4文（The Calvinist branch …）に，プロテスタントの一派の労働倫理と経済的成功との関連を示す具体例が書かれていることから，factor「要因」を入れるのが最適である。(A) period「期間」 (C) consequence「結果」 (D) evidence「証拠」

2．(D)が正解。空所直前と空所を含む第4段第5・6文（The data Wößmann … such as trade.）が，教育レベルの高さ（第5文）と収入の多さや近代的な職種を得る傾向の強さ（第6文）を示しており，またどちらも19世紀のプロイセンのデータから得られた研究結果と考えることができることから，In addition「加えて」を用いるのがよい。(A) After all「結局」 (B) Nevertheless「それにもかかわらず」 (C) Fundamentally「根本的に」

3．(C)が正解。空所直後（Judaism in a …）が，研究により判明したことを示していると考えられることから，「～ということがわかる」という意味のあるsee（saw）を入れるのが適切である。(A) follow「～に続く」(D) insist「主張する」

4．(A)が正解。第6段第1文（If the decisive …）に，教育への意欲が経済的成功につながるという考えが提示されており，第6段では各宗教の全世界的な教育事情が示されている。第7段ではアメリカ国内に絞って宗教間の大学の学位取得実績が比較されていることから，空所を含む第7段最終文（With education as …）で，教育を経済的成功の指標として見ればその変動は予見可能であるという流れになると考えられる。

(B)「宗教間のずれが過小評価されている」

(C)「学問的な成功の傾向には制限がない」

(D)「若い信仰者の数が増加している」

5．「本文によると，神道とは」

(A)「1980年代後半に，ヨーロッパや米国の経営者によって，彼らの企業の業績を改善するために導入された」

(B)「従業員に毎朝仕事場で礼拝をさせたことで外国企業の経営者に賞賛された」

(C)「1980年代終わりの日本の経済的な成功の理由ではないかと思われた」

(D)「1980年代後半以降，日本がその経済的な優位性を維持できないことで非難された」

第1段第1文（When the Japanese …）で示されているように，神道のおかげで日本が経済成長を遂げることができたのかどうかがテーマとして提示されていると考えられるので，(C)が正解である。

6．「本文によると，すべてのプロテスタントは」

(A)「他の宗教の信者よりも勤勉に働き，その結果経済的により成功を収めていた」

(B)「神によって祝福され，そのことが彼らを最も成功した資本主義者にした」

(C)「文字を読むことができたので，聖書の教えを事業の成功の助けとするために使うことができた」

(D)「他の宗教の信者よりも教育程度が高く，その結果より大きな経済的成功を収めることができた」

第4段第2文（In 2015, 111 …）以降に，プロテスタントにおける教育と経済的成功に相関があることが示されていることをもとに判断すると，(D)が正解である。

7.「下線部の事例に最も合っている例はどれか」

(A)「ヒンズー教徒が米国で最も経済的に成功した宗教集団になる」

(B)「ユダヤ教は何年もの間，世界宗教の中で経済的な成功の先導者にとどまっている」

(C)「より小さなキリスト教信者のグループは，最も経済的に成功を収めるようになる一方で，いまだに学位を取得している数は最も少ない」

(D)「イスラム教徒の学位取得者の割合は上昇を続けているが，イスラム教徒は経済的な地位については落ち込む」

下線部は，信仰ではなく教育が経済的な成功の決定的な要因だとすると，地域で最も経済的に成功を収める宗教が変化することがあるということを指摘している。第7段において，米国では教育に重点を置いている宗教の筆頭はヒンズー教だということが示されていることから，(A)が端的にその内容を示していると考えられる。下線部は教育と宗教の相関による変化に重点を置いているため，そのような変化に触れていない(B)は不適と判断できる。

8.「本文によると，デーヴァダッタ=パトナーヤクは…ということを信じている」

(A)「同じ信仰を持っていると，労働者が団結し意欲を持つ助けになる」

(B)「洗脳しようとするときに，労働者を回路基板のスイッチのように扱うべきではない」

(C)「不調和は，宗教を職場に導入することによって引き起こされる」

(D)「他社に打ち勝つには，お金を稼ぎたいと思っている従業員が必要だ」

第8段は宗教を職場に持ち込むと職場の一体感も出てくるし従業員の意欲も高まるということについて述べられている。さらに同段第5文（“When institutional beliefs …）で，パトナーヤクは「組織の信仰と個人の信仰が一致したとき，企業風土に調和が生まれる」と信じているとあることから，(A)が最適である。

9.「本文によると，次のうちのどれが正しくないか」

(A)「1,800 年以上教育の価値について教えているから，ユダヤ教は，ずっと最も経済的に成功した宗教の1つである」

(B)「アメリカ合衆国が経済大国になったのは，アメリカに移住したプロテスタントのおかげだった」

(C)「2016 年の時点で，仏教徒とキリスト教徒は，若者の間ではほとんど同じ程度の教育を受けていた」

(D)「企業がもともとの文化的本分を越えて拡大するとき，宗教的な多様性を受け入れることで，以前よりも急速に成長することが可能になる」

(A)は第 5 段第 1 文（Another example for …），(B)は第 3 段第 2 文の最後の部分（the economic rise … from Europe.），(C)は第 6 段第 2・3 文（A 2016 study … level as Christians.）に，それぞれ同様の内容が書かれているが，(D)については，最終段第 3 文（This increase in …）に，もともとの企業文化の本分を越えて成長する際に宗教に重点が置かれていると，多様性を受け止められず企業内の不調和が助長され，その企業の成長を阻害する旨のことが書かれていることから，(D)は誤りと判断できる。

10.「本文の表題として最適なのはどれか」

(A)「宗教的集団の中で教育はどのように変化しているか」

(B)「宗教：事業の成功のために祈るということ」

(C)「宗教が事業の繁栄に与える影響」

(D)「競争力のある仕事上の強みとしてなぜ宗教が求められるのか」

本文全体の内容として，神道が日本の経済成長の秘密ではないかという推論の提示に始まり，主として宗教と経済的な成功の関連性について論じられていることから，(C)が最適と判断できる。

V 解答

問 1．1 ―(B)　2 ―(A)

問 2．(1)―(C)　(2)―(A)　(3)―(D)

◆全　訳◆

問 1．1．≪課題についての対処法≫

女性：こんにちは，ジェイミー。昨日の課題であなたが抱えていた問題のことでタナカ教授と話はできた？

男性：やあ，リンジー。うん，できたよ。でも，先生は論文をもう一度読み返したほうがいいって提案してくれて，それだけなんだ。

女性：理解が難しいならそのテーマについて調べてみたらいいんじゃない。

男性：多分その通りだね。やってみるよ。ありがとう！

2．《実務研修についての質問》

男性：こんにちは。私は貴社のマーケティングの実務研修に興味がありま す。詳しく教えていただけませんか？

女性：もちろん。この研修は１週間で，給料は出ません。ですが，ホテル と食事は無料で提供されます。

男性：それはすばらしい。情報をありがとうございます。応募はいつまで にしなければなりませんか？

女性：まだ数日ありますが，急いだほうがいいですよ。締め切りは金曜日 です。

問２．《服飾企業のオンライン会議》

議　長：皆さんお揃いですね，本日は議題が立て込んでおりますので始め させていただきます。最初に，今日の会議に参加して下さってい る，アジア太平洋地域担当営業副部長のロバート=サンフォード をご紹介したいと思います。

ロバート=サンフォード：本日のビデオ会議に参加させていただき，感謝 いたします。議長のご紹介のように，私はロバート=サンフォー ドと申しますが，ボブと呼んでください。本日私は，来月日本で 販売開始が予定されているわが社の服飾の新製品についてお話を し，経営陣の皆様がお持ちであろうどんな質問にもお答えしたい と思います。

議　長：ペギー，最初の質問をして会議を始めてくれませんか？

ペギー=ラング：ええ，そうさせていただきたいと思います。これは私ど ものブランドにとって重要な売り出しだとは理解していますが， 広告についてお聞きしたいと思っておりました。前回の売り出し と比べると，来月発売予定の新製品を目立たせる看板やポスター が，店舗には非常に少ないと思われます。これはなぜでしょう か？

ロバート=サンフォード：すばらしい質問です。前回の商品の売り出しと 比較すると，私たちはまったく異なる世界で生活しています。感 染爆発の間，多くのお客様は，お買い物の習慣を実店舗に行くこ とからオンラインに変えました。私どものマーケティングチーム が調査したところによると，前年と比較すると，過去１年間で私どものウェブサイトのバナーや他の広告をクリックした数は3倍以上でした。これが理由で，我々は実店舗の印刷物の広告よりもインターネット上の同様の広告にマーケティング予算を集中しようと決断したのです。

ペギー=ラング：ああ，なるほど。そのように考えてはみませんでした。私たちの東京の小売店は，確かに感染爆発以前と比較すると売り上げが落ちています。

ユリコ=ハセガワ：私が担当の福井のような農村地域についてはどうでしょうか？

議　長：どういう意味でしょう，ユリコ。もう少し詳しく説明してくれませんか？

ユリコ=ハセガワ：わかりました。私の担当地域は，東京や大阪のような都心ほど感染爆発には影響されておらず，いまだに大体同じ数のお客様が店舗にいらっしゃいます。我々の地域においては，お客様に店舗へ来ていただくためにオンラインの広告に頼るのはうまくいかないのではないかと心配しております。

ロバート=サンフォード：ご心配にはおよびません。広告の多くは誰もが使うソーシャルメディアに集中しております。お客様がわが社のウェブサイトを閲覧しなくても，あなたが担当のような地域のお客様は確かに新製品のオンライン広告をソーシャルメディアでご覧になります。

議　長：それを聞いて安心しました。それで終わりでしたら，本日の次の議題に移ってもよろしいですか？

ユリコ=ハセガワ：私はかまいません。

ペギー=ラング：問題ありません。

ロバート=サンフォード：お時間を取っていただきありがとうございます，皆さん。もしよろしければ，残りの会議にも参加させていただきたいと存じます。

議　長：参加していただいてうれしく思います，ボブ。

◀解　説▶

問1．1．(A)「それなら問題解決ね」

(B)「理解が難しいならそのテーマについて調べてみたらいいんじゃない」

(C)「代わりにもっと面白い論文を読んだほうがいいんじゃない」

(D)「次は電子メールでタナカ教授に聞いてみたらいいわね」

タナカ教授は論文をもう一度読み返すように指示をしているので，その際の適切なアドバイスとしては，(B)が適切である。

2．(A)「応募はいつまでにしなければなりませんか？」

(B)「研修プログラムの担当者は誰ですか？」

(C)「正式には研修の開始はいつですか？」

(D)「応募はどのようにすべきですか？」

最後の女性の言葉で締め切り日が示されているので，(A)が適切である。

in charge of ～「～を担当している」 submit「～を提出する」

問2．(1)(A)「販売キャンペーンについて皆さんはボブにどんな質問がありますか？」

(B)「今回の売り出しについて，ボブに聞きたいことがありましたか，ペギー？」

(C)「ペギー，最初の質問をして会議を始めてくれませんか？」

(D)「新製品について少し教えていただけませんか，ペギー？」

議長の発言を受けてペギーが最初の質問を発しているという流れであるから，(C)が最も自然である。

(2)(A)「もう少し詳しく説明してくれませんか？」

(B)「もう少し大きな声で質問を繰り返してくれませんか？」

(C)「福井の状況を援助するために何かすべきでしょうか？」

(D)「福井の店舗ではどのくらい売り上げが落ち込んだのでしょうか？」

空所直前の言葉から，議長がユリコの発言の意味を十分理解できていない状況であると考えられることから，(A)が適切である。

(3)(A)「どなたでも，他にボブと一緒に話をしたい事柄がありますか？」

(B)「次の議題に移る前に，皆さんミュートを解除していただけませんか？」

(C)「それでご質問の答えになりましたか。あるいは何かほかにありますか，ユリコ？」

(D)「それで終わりでしたら，本日の次の議題に移ってもよろしいですか？」

空所の次の部分で，ユリコもペギーも，それで問題はないと意思表示をしていると判断できるので，(D)が最も適切な発言である。

VI　解答　1 —(C)　2 —(C)　3 —(A)　4 —(B)　5 —(B)

◆全　訳◆

≪クオリティモーターズ社の将来構想≫

クオリティモーターズ社の株主並びに取締役会の皆様，こんにちは。私は営業部長のユウスケ=ハシモトでございます。本日の株主総会の一環として，私は昨年のわが社の車両の購買傾向の劇的な変化について考察するためにまいりました。この変化の説明に役立つと思いますので，私どもが行いましたハイブリッドモデルと電動モデルの両方を購入したお客様に関する調査の結果についても提示いたします。

最初のスライドのこの図表は，わが社のガソリン車とハイブリッド車の比較です。ガソリン車の販売台数は，つい 2 年前までは，ハイブリッド車の 2 倍以上でした。ですが，売り上げ全体に占めるガソリン車の割合は大きく落ち込んでおります。ハイブリッド車はいつも販売台数第 2 位ですが，今や，クオリティモーターズ社の販売台数全体のおよそ 34 %がハイブリッド車となっている一方で，ガソリン車の割合は 55 %に過ぎません。過去 12 カ月の間にわが社のハイブリッド車を購入したお客様を見てみると，調査から購入を決断するに至った 2 つの主な要因があることがわかります。

第一に，わが社のハイブリッド車の価格が近年下がり続けており，今や同類のガソリン車の価格に非常に近づいているということです。これは，バッテリーや電子コンポーネントなどの部品が徐々に安くなっていることの直接的な結果でした。同様に，わが社の生産工程がより効率的になっており，わが社の車をより低価格で販売することが可能になっております。この図表から，わが社のハイブリッド車の平均生産コストが年々下がり続けていることが見てとれ，これはわが社のハイブリッドモデルの平均販売価格の同様の低下に対応しております。

第二の要因は，ガソリン価格の高騰と，ガソリンスタンドで支払うお金を節約したいという願望です。多くの先進国がよりクリーンな代替エネルギーに目を向けている中，石油，つまりガソリンのコストが突然急騰の時期を迎えています。お客様の月々の出費における予想もしないこの変化が，多くのお客様がガソリンにかかる費用を節約する方法を模索し，次の車の購入について再考することにつながったのです。このことは，昨年度におけるわが社の電動モデルの販売台数の急激な上昇の説明にも役立ちます。

さて，3枚目のスライドでは，わが社の電気モデルの売り上げが急速に伸びていることがわかります。10年前には総販売台数の内のたったの2,000台だったものが，今や全部でその5倍になっています。この調査の結果によりますと，お客様の電気モデルの購入に関係する第1位の要因は，ガソリンと電気自動車の充電に用いられる電気の月額コストの違いでした。電気自動車の初期コストは割高な一方，ガソリン価格を考慮した場合，生涯コストは同じようなものです。お客様はまた，お住まいの地域で利用可能な充電スタンドの数の拡大を，購入決定の2番目に大きな要因として示しておりました。

ガソリン動力のモデルがいまだにわが社のベストセラーである一方，全体の売り上げに占める割合は大きく減少しております。わが社のハイブリッド車と電気自動車の生産コストは減少し続けておりますので，わが社は，今後はガソリン動力のモデルの台数を減らす一方で，よりバラエティに富んだハイブリッド車と電気自動車の生産にエネルギーを集中する予定であります。ますます多くの人が充電スタンドを利用できるようになりつつあります。これはわが社の電気モデルを魅力的な選択肢にすることであり，環境に対する配慮も今日の多くの消費者の心の中にあることであります。したがいまして，我々は，全社を挙げて，売り上げを増加させるため，こういった方向に資本を投入することを期待しております。

皆様，ご清聴いただき誠にありがとうございました。この機会に，何かご質問がありましたら喜んでお答えいたしたいと存じます。

◀解　説▶

1．(A)「ハイブリッド車の生産コストの減少」

(B)「ガソリン動力車のより少ない売り上げについての懸念」

(C)「クオリティモーターズ社の売り上げの変化」

(D)「電気自動車がすぐに売り切れる理由」

本文全体の内容として，ガソリン車，ハイブリッド車，そして電気自動車に関して，クオリティモーターズ社の車種ごとの売り上げの変化について述べていることが読み取れるので，(C)が正解である。

2．(A)「反対に」 (B)「変化せずに」 (C)「同様に」 (D)「したがって」

空所の前後の内容が，どちらも，第3段第1文（The first was …）で示されているハイブリッド車の生産コストが下がっている原因について異なる要因をそれぞれ指摘していると考えられることから，同種の内容の事柄を併記する際に用いる(C)が適切である。

3．(A)「年配の人が以前よりも運転をしている」
(B)「ハイブリッド車の価格の低下」
(C)「車の環境への影響に関する懸念」
(D)「利用可能な充電スタンドの増加」

(B)については第3段第1文（The first was …），(C)と(D)については第6段第3文（More and more …）にそれぞれ指摘があるが，(A)についての指摘は本文ではされていない。

4．(A)については第5段第2文（What used to …），(C)については第3段第4文（You can see here …），(D)については第2段第2文（You can see that …）と同段第3文（However, their share …）にそれぞれ具体的に説明をしている記述が確認できる。(B)については第4段に石油価格についての言及があるものの，第5段第1文でHere on the third slide「3枚目のスライドでは」と言って(A)を示しており，それまでに(D)・(C)のスライドが示されていることから，(B)のスライドは用意されていなかったと考えられる。

5．(A)「将来のガソリン価格について何が期待できますか？」
(B)「何年くらいでハイブリッド車はこの会社のベストセラーになりますか？」
(C)「利益を増やすために，いつこの会社は電気自動車の価格を値上げしますか？」
(D)「環境についてのお客様の懸念をこの会社はどうやって低減しますか？」

本文は，ガソリン車，ハイブリッド車，電気自動車について，生産コストや販売価格などの側面から比較し，将来的にはハイブリッド車や電気自動車を主力にしていきたいという趣旨のプレゼンテーションであると考えられることから，このことにより関連性の強い質問とすれば，(B)が正解である。

❖講　評

Ⅰは，空所補充による短文完成問題である。主に単語や熟語の知識を問う設問となっているが，15 のように直方体の表面積を計算させる，ユニークな設問もある。

Ⅱは発音・アクセント問題である。全体としてはオーソドックスな問題だが，問３のように，会話文での自然な強勢の置き方についても問われているのが特徴的である。

Ⅲは，誤り箇所を指摘させる問題である。基本的な文法知識が求められている。

Ⅳは宗教と経済成長の関係を論じた英文を題材とする読解問題である。空所補充問題と内容説明問題が中心に出題されている。本文が問題用紙３ページにわたっており，しっかりとした英文読解力が求められている。

Ⅴは欠文補充による会話文完成問題である。比較的会話文自体の分量が多く，読解問題の要素も若干加味された出題となっている。

Ⅵは，ある自動車会社の株主総会でのプレゼンテーションという場面設定による読解問題である。プレゼンテーション中に使用されたスライド資料を読み解く設問やプレゼンテーションに対する適切な質問を問う問題があり，コミュニケーション重視の傾向のうかがえる出題がなされている。

全体的には，発音から語彙・文法，長文までバランスよく出題されている。加えて，コミュニケーションとしての英語力を求める姿勢のうかがえる新傾向の問題であると言えよう。

二　「リベラルアーツ教育」は経済的な要請であり、そのことは経済構造の大きな変化に対応している、と説いている。論旨ははっきりしているので取り組みやすい。一とともに学部の特性を生かした実践的な文章となっている。選択肢が一部紛らわしい。誤りではなくとも、設問の趣旨からみて正解なのかどうかを見極めたい。

三　人工知能時代における人間が人間であることの意義を説いている。基本的な読解問題であるから、取りこぼしのないようにしたい。〔問三〕の選択肢が紛らわしい。本文と選択肢を注意深く読んでミスリードしないようにしてほしい。人工知能がらみの問題はこれからも出題が見込まれるだろう。

する。

〔問三〕　Cが傍線部(4)の次の段落に合致する。Eは「生物学のセントラルドグマに従うことで」が不適。【Ⅴ】の直後の段落では、生物学のセントラルドグマと「同じように」「自己意識に関する『セントラルドグマ』と呼ぼう」と言っているのであって、自己意識について生物学のセントラルドグマに従っているわけではない。

〔問四〕　脱落文に「最も重要な課題の一つである」とあるのを押さえ、【Ⅳ】の直前の一文が「価値観や世界観を再構築していくのか」と疑問文になっていることから判断する。

〔問五〕　最終から三つ目の段落に「私たちの自己意識が、この宇宙の全歴史の中で一回だけのものであり、一度死んでしまえば二度と戻らない」とあり、最終段落にも「『私』の『意識』はこの宇宙の中でたった一度の事象として『今、ここ』にある」とあるのを踏まえると、どのような意識がもたらされてくるのかは明らかである。

〔問六〕　【Ⅳ】のある段落に「人為的にフェイクのリアリティを生み出すことができる世界において、人間はどのようにして価値観や世界観を再構築していくのか」とあり、【Ⅳ】の直後にも「ディープフェイクがコモディティ化するような時代に、私たち人間はどこに自分の存在意義、アイデンティティを求めていけばいいのだろうか」とあるのに着目する。

❖講　評

例年通り、評論三題の出題であり、いずれも基本的な問題である。しかし、選択肢の微妙な言い回しには注意したい。解答時間は一題平均二十分として、時間に追われる展開も予想される。

一　主題は明白である。ビジネス・スピリットがビジネスを軌道に乗せるための魂だ、というものである。「ビジネス・モデル」との違いを理解するとともに、「ビジネス・モデル」を否定するものではないことを押さえてほしい。〔問四〕の空所補充問題はどれが最適なのかを他の箇所と比較検討するのに時間を費やすかもしれない。

三

出典　茂木健一郎『クオリアと人工意識』〈第一章　人工知能と人工意識　人間であることの意義　人工知能による「個性」のゆらぎ　自己意識に関するセントラルドグマ〉（講談社現代新書）

解答

〔問一〕　B

〔問二〕　E

〔問三〕　C

〔問四〕　D

〔問五〕　A

〔問六〕　D

◆要　旨◆

人間の具体的な能力はすべて人工知能に凌駕されてしまうのではないかという「存在論的不安」がしばしば言われるようになった。人工知能時代には人間が人間であることの証しが、「今、ここ」にいるという意識の流れ自体に依拠するようになるのではないのか。しかし、人間の「個性」も人工知能によって複製可能になろうとしていて、人為的にフェイクのリアリティを生み出せる世界で、人間はどこに自分の存在意義を求めていけばいいのか。「私」の「意識」はこの宇宙の中でたった一度の事象として「今、ここ」にある。だからこそ、かけがえのない人生を大切にしようという自覚が生まれるのである。

▲解　説▼

〔問一〕　(1)は、直後に「これまではさほど評価されていなかった」とは反対の概念の言葉を選ぶ。(3)は、直後に「それが本当に起こったことか、わからなくなってしまう」とあるのに着目する。

〔問二〕　第一段落で「私たちの個々の具体的な能力は、これからすべて人工知能に凌駕されてしま」い、「遊びで時間を浪費するくらいの道しか残されていないのだろうか」という「存在論的不安」が生じていると述べていることに着目ラルアーツ教育」が活性化したのである。この傾向は、能力のある一部の幹部と指示を受ける労働者との明確な二分化を志向している。

◀解　説▶

〔問二〕傍線部(5)の直前の段落に「市場の不測不確実性が非常に高いのが現在の社会なのです」と書かれているのに着目し、最終から二つ目の段落を押さえる。

〔問三〕(4)、直接的な証拠はないものの、大学教員や会社顧問が「リベラルアーツ教育」の特集記事に多く執筆しているのが「経済的な要請を強く意識しはじめている」ことを暗示しているという文脈から判断する。

(6)、直前・直後に「一九九〇年代後半から」「緩和されていきました」とあるのに着目する。

〔問四〕Eが直前の「不確実性が高いということは……必要な時に必要なだけの労働者を確保するようになります」に合致する。

〔問五〕直前の段落に「フレキシビリティーとコミュニケーションスキル」が「経済活動にとって必須の条件となって」いったとあるので、その反対の「労働のあり方」を考える。また、七つ前の「フォーディズムとはまさしく」から始まる段落に、今までの社会では「労働者は、自らに与えられた仕事を繰り返すことで」「賃金上昇という見返りを得ることもできました」とあるのに着目する。

〔問六〕最終段落に「リベラルアーツ教育」が基礎科学を軽視し、また「労働者の明確な二分化を志向している」とあるのがBの「課題」に相当する。Dは、「労働者も、主体的な判断に基づき仕事を行う時代」が、最終三文より誤り。

もに、その直後の段落に、未知の商品の創造がうまくいくという「証明できる前例がなければ、上司にとって判断のしようがなくなる」という箇所も押さえる。

〔問六〕　筆者の意見は、「ビジネス・スピリットをまず心いくまで議論して、それがはっきりしてから『ビジネス・モデル』を話すべき」だ（傍線部(4)の次の段落）ということであり、「ビジネス・モデル」や「市場調査」を否定しているわけではない。ビジネス・スピリットによる「イノベーションのアイデア」（傍線部(11)のある段落）の実践が大事だと述べているのである。Cは「無駄なこと」、Dは「諸悪の根源」がそれぞれ誤り。

二

出典　國分功一郎「問いを発する存在――リベラルアーツと哲学の始まり」（石井洋二郎編『21世紀のリベラルアーツ』所収　水声社）

解答

〔問一〕　(2)―B　(3)―C　(7)―E

〔問二〕　D

〔問三〕　(4)―A　(6)―D

〔問四〕　E

〔問五〕　C

〔問六〕　B

◆要　旨◆

「リベラルアーツ教育」の活発化は経済的な要請との関係が強い。この要請は経済構造の大きな変化に対応している。現在の社会は市場予測不確実性が高いので、必要な時に必要なだけの労働者を確保するようになり、非正規雇用へのニーズが高まる。一方で市場のニーズに高度な判断力をもって、フレキシブルに対応し、円滑かつ迅速にコミュニケーションできることが経済活動にとって必須の条件となった。企業の幹部や幹部候補にはそのような能力を育成するため、「リベ

▲解　説▼

〈問二〉 (2)は、直前に「肉体の動きが」とあり、前の文に「組織という肉体」とあることに着目する。「肉体」は「組織」＝会社の比喩であり、組織ならば仕事の能率を考えることから判断する。
(6)は、直前に「仮説やルール、観察事項からロジックに基づき」とあるので、順接的な選択肢を選ぶ。
(9)は、傍線部(11)のある段落に、「数字を伴う事業計画やら、類似事業との比較書類作成とやらに時間を割かれ」とあるのに着目する。

〈問三〉 冒頭の段落に「ビジネス・スピリットとは、」「組織がビジネスを成り立たせるための一番基本となる考え方、手法や分野を定義したもの」とある。一方、傍線部(4)のある段落に「『ビジネス・モデル』とは、製品やアイデアを使ってどうやって収益を上げるかの方法論を指す」とあるのに着目して、両者の違いを理解する。

〈問四〉 (5)は、直後で帰納法の具体例を例示し、分析していることから判断する。
(7)は、帰納法と演繹法を紹介した後、「考え方そのものを変えなくてはいけない」、すなわち演繹法でビジネスを考えなくてはいけないと、一つの帰結に導いていることから判断する。
(8)は、演繹法に基づいてビジネスを考えなくてはいけないという結論を踏まえて、「今の日本の組織体系を考えた時」と話題を転換していることから判断する。
(12)は、その前後で「熱意のあるイノベーションのアイデア」を考える「現場」と、それに対して「安定した経営を求める組織」との考え方の相違が述べられているのを押さえる。
(13)は、直後に「イノベーションは冒険だと思う」と企業の従来的な考え方を一応認めたうえで、「だからといって体制に従っているだけでは、殻はいつまでたっても破れない」と筆者の意見を述べている譲歩構文であることから判断する。

〈問五〉 空欄(12)のある段落に「最も失敗する可能性が少ないものを選択させようとする圧力だ」とあるのに着目するとと

国語

一

出典 春日知昭『面白いことは上司に黙ってやれ――日本発の新ビジネスを生み出すには?』〈第5章 木を見て、森も見る 「ビジネス・スピリット」と「ビジネス・モデル」 なぜ日本で新しいビジネスが生まれにくいのか? 本末転倒な日本の組織〉(光文社新書)

解答

〔問一〕 (1)―B (4)―D (11)―E

〔問二〕 (2)―C (6)―E (9)―B

〔問三〕 D

〔問四〕 (5)―C (7)―B (8)―E (12)―D (13)―A

〔問五〕 C

〔問六〕 E

◆要 旨◆

ビジネス・スピリットとは、組織を軌道に乗せるための魂(原動力)だ。これに対して「ビジネス・モデル」とは、どのように収益を上げるかの方法論のことである。ビジネス・スピリットを議論してから「ビジネス・モデル」を話すべきであり、順番が逆になるのはおかしい。仮説やルールなどからロジックに基づいて結論を導く方法でないと新しい商品は創造できない。日本の会社は上意下達であるため、上司からは効率的で、失敗の可能性の少ない事業を選択しようという圧力がかかる。しかし体制に従っているだけでは殻は破れない。ビジネス・モデルを変化させるには、その基となるビジネス・スピリットを正しく理解して、修正していかないとならない。

■国際情報学部：
一般方式・英語外部試験利用方式・共通テスト併用方式

問題編

▶試験科目・配点

〔一般方式〕

教 科	科 目	配 点
外国語	コミュニケーション英語Ⅰ・Ⅱ・Ⅲ，英語表現Ⅰ・Ⅱ	150 点
国 語	国語総合（近代以降の文章）	100 点

〔英語外部試験利用方式〕

- 指定の英語外部試験のスコアおよび合格級により，中央大学独自の「外国語」の受験が免除される。
- 各外部試験のスコアおよび合格級は出願資格としてのみ使用される。
- 合否判定は，一般方式の「国語」の得点（100 点満点）で行う。

〔共通テスト併用方式〕

合否判定は，大学入学共通テストで受験した２教科２科目（300 点満点）と一般方式の「外国語」の得点（150 点満点）の合計得点（450 点満点）で行う。

英語

（90 分）

I　From the choices ‘a’—‘d’ below, select the one whose underlined part is pronounced differently from the other three.　(5 points)

1．a．throat　b．coach　c．broad　d．soap

2．a．arrange　b．carry　c．actress　d．natural

3．a．release　b．breathe　c．feature　d．breast

4．a．primary　b．risen　c．vital　d．divine

5．a．cease　b．phase　c．praise　d．disease

II　From the choices ‘a’—‘d’ below, select the best answer to fill blanks (　1　)—(　10　).　(30 points)

1．I can show you the process (　1　) I have reached this conclusion.

a．in　b．on　c．what　d．by which

2．I applied for a short (　2　) course on computer programming this summer.

a．intensive　b．intensively　c．intend　d．intensity

3．No one in class could think of an answer at first, but finally I (　3　) one.

a．reminded　b．got over　c．came up with　d．was caught

4．I did not buy any of the three pairs of shoes because I found (　4　) satisfactory.

a．both of them　b．either of them

c．neither of them　　d．none of them

5．The catalogue（　5　）this year's model will be issued slightly earlier than the last year's.

a．during　　b．says　　c．which　　d．tells

6．John sure does like the fried rice as that is his third（　6　）.

a．helping　　b．rounds　　c．ones　　d．place

7．When I want to do something, I usually go ahead and do it, as nothing（　7　）by just waiting.

a．will gain　　b．has gained　　c．is gained　　d．gains

8．（　8　）achieve good pronunciation in a second language through proper instruction and hard work.

a．It being possible that anybody　　b．It is possible for anybody to

c．Anybody is possible to　　d．Anybody that are possible to

9．Malaria is one of（　9　）among infectious diseases in the world.

a．death of the leading causes　　b．the causes leading of death

c．the death causes of leading　　d．the leading causes of death

10．（　10　）move to another country because they want a better life.

a．Most of the people live in unstable countries

b．Almost unstable countries people living in

c．Most people who live in unstable countries

d．Most of people living in unstable countries

Ⅲ Read the following passage, look at the results of the survey and select the best answer for each question. (15 points)

According to the survey, (1) percent of all people who responded reported they have seen fake news, or disinformation, about coronavirus in the past month. Twelve percent of the sample disclosed that they have (2) disinformation with others about the infection during the same period. These patterns were almost (3) distributed among women and men. People aged 18-39 were slightly (4) likely to report having seen coronavirus related disinformation than people older than them. With sharing behavior, about 28 percent of those who shared disinformation were aged between (5) years of age, about 25 percent were aged between 30-39 and just 7.1 percent were over the age of 70.

During the past month, have you seen or shared any fake news / disinformation about coronavirus?

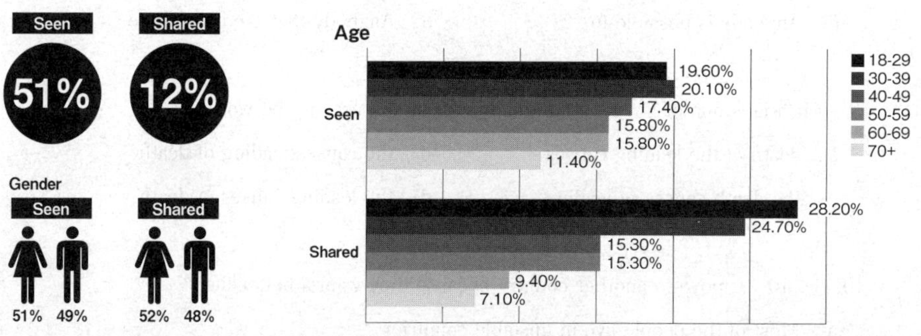

722 UK Citizens were surveyed using the Qualtrics online platform between 21st March and 5th April 2020.

1. Which best fits blank (1)?

a. 51 b. 49 c. 52 d. 48

2. Which best fits blank (2)?

a. seen b. shared c. aged d. surveyed

3．Which best fits blank (3)?

a．strangely　b．surprisingly　c．unevenly　d．equally

4．Which best fits blank (4)?

a．not　b．well　c．more　d．less

5．Which best fits blank (5)?

a．18-29　b．40-49　c．50-59　d．60-69

Ⅳ Read the following passage and select the best answer for each question. (40 points)

China is looking to tighten rules around how its citizens' personal data is collected, as it moves to further control the power of technology giants like Alibaba and Tencent. A strong data framework could help countries define how the next-generation internet looks as well, one expert said, pointing out that it could become a geopolitical* issue as China looks to challenge the U.S. in the technology sphere.

But the move has also raised debate about whether those same rules will (1) one of the country's biggest data processors — the government. In 2020, Beijing published an outline of the Personal Information Protection Law (PIPL), laying out for the first time a comprehensive set of rules around data collection and protection. Previously, various other legislation controlled data. It's seen as part of a bigger effort to restrict the power of Chinese technology giants which were able to grow unrestricted over the past few years through the (2) collection of data to train algorithms and build products, experts said.

In February of 2021, China issued revised antitrust* rules for so-called "platform economy" companies, which is a term for internet firms operating a variety of services from e-commerce to food delivery. "The government wants to restrict some of those technology giants," Rachel Li, a Beijing-based partner at the Zhong Lun Law Firm, said. "After years of Chinese internet companies building business models around Chinese people's lack of (3) about privacy, users are becoming more knowledgeable, and they are becoming angry with companies abusing their personal information," Winston Ma, a professor at the New York University School of Law, said. China's Personal Information Protection Law affects the country's citizens, and the companies and individuals handling their data.

The law means closer inspection and potential changes to the business models of China's internet giants. The PIPL is one part of Beijing's efforts to regulate the country's big technology firms. Chinese billionaire Jack Ma's company, Alibaba, has been under the spotlight. In April of 2021, China's State Administration for Market Regulation (4) Alibaba 18.23 billion yuan (2.8 billion U.S. dollars) in an anti-monopoly investigation that began the previous December. But there are signs that investigations could be widening. It was reported in March of 2021 that Pony Ma, the founder of gaming giant Tencent, met with antitrust officials to discuss compliance at his company. Tencent owns social networking app WeChat, which has spread everywhere in China. Ma from New York University noted that the data protection law will have a "balanced approach towards the relationship between individual users and internet platforms." But combined with other regulations, it could slow down the growth of technology giants, he said.

Experts previously said that China's push to regulate its internet sector is part of its ambition to become a technology superpower as tensions between Beijing and Washington continue. Data protection regulation is part of this push. "To a large extent, the cyberspace and digital economy remains undefined, and the data law framework has become a geopolitical factor," said Ma from New York University. "(5) country can take the lead in achieving breakthroughs in legislation or its model of development, it can provide a model for the next-generation internet."

China has growing ambitions to dominate next-generation technologies. Beijing, in March of 2021, laid out seven "frontier technologies" that it hopes to increase research and development in — from semiconductors* to artificial intelligence. The country is also working on an ambitious plan called "China Standards 2035", which aims to increase China's presence in the standards-setting process for technology in the future. The Chinese data protection law also contains a section on government organizations processing information. In theory, the government should follow similar principles for data collection as a private company — but there is debate over whether <u>that is the case</u>. "We often think about the PIPL in terms of its applications to Alibaba or Tencent, but we forget that China's government organizations are the country's largest data processors," said Kendra Schaefer, a partner at Trivium China, a research company based in Beijing. "What's interesting is that a national conversation is starting around what the Chinese government can or cannot do with citizen data, and how the law should define the state's obligations," Schaefer added.

［注］ geopolitical　地政学の
antitrust　独占禁止の
semiconductor　半導体

1. Which best fits blank (1)?
   a. apply to
   b. bring about
   c. lead to
   d. set up
   e. take over

2. Which best fits blank (2)?
   a. minor
   b. vast
   c. many
   d. spacious
   e. proper

3. Which best fits blank (3)?
   a. awareness
   b. emotion
   c. responsibility
   d. skill
   e. courage

4. Which best fits blank (4)?

a. rewarded

b. punished

c. fined

d. inherited

e. sent

5. Which best fits blank (5)?

a. Any

b. Every

c. Some

d. That

e. Whichever

6. According to the article, which of the following is true?

a. The Personal Information Protection Law was put into use by China's government in 2020.

b. In recent years, China's technology giants have been experiencing slower, controlled growth.

c. Before the Personal Information Protection Law, there was no other legislation in China that concerned data.

d. The Personal Information Protection Law is for limiting the power of large technology companies in China.

e. China is competing with the U.S. to become the country that creates an entirely new internet.

7. According to the article, which of the following is true?

a. People in China are fine with how companies are using their data for business purposes.

b. Chinese technology companies are being regulated entirely through the Personal Information Protection Law.

c. Under the Personal Information Protection Law, technology companies may need to change how they run their businesses.

d. The companies that have physical stores where various electronic goods are sold are called platform economy companies.

e. The Personal Information Protection Law is related to businesses, not to Chinese citizens or other individuals.

8. According to the article, which of the following is not true?

a. The Personal Information Protection Law will help to balance the relationship between technology companies and their users.

b. The founder of Tencent had a meeting with Chinese officials to discuss the popularity of the company's social media app.

c. Creating an effective law for data has become an important issue in foreign affairs.

d. Existing regulations together with the Personal Information Protection Law may cause technology companies' growth to decrease.

e. China's attempt to control online service companies is part of its plan to increase its influence in the field of technology.

9. According to the article, which of the following is not true?

a. China has set a goal of completing the development of its new artificial intelligence by 2035.

b. Government agencies in China process more data than the country's large technology companies do.

c. It is unclear whether the Chinese government obeys the Personal Information Protection Law, though its use of data is covered by the law.

d. In 2021, China revealed its plan to further research and develop seven emerging technologies.

e. To increase its role in creating technology standards in the coming years, China is currently making a serious effort.

10. What does the underlined expression "that is the case" mean?
   a. China's government will form a private company in order to perform data collection more efficiently.
   b. Chinese government organizations are better at collecting more of citizens' data than private businesses.
   c. Chinese government workers must follow the same principles as company employees when dealing with coworkers' privacy.
   d. The Chinese government will eventually process less data than large private companies do.
   e. The Chinese government will follow the same rules for data collection that businesses have to.

V Read the following passage and select the best answer for each question. (40 points)

Brussels vowed on Tuesday to "put order into chaos" as it unveiled plans to limit the power that Big Tech companies have in the field. The European Commission's landmark regulations, the Digital Markets Act (DMA) and the Digital Services Act (DSA), aim to weaken the power of dominant multinational companies and force <u>them</u> to be more open about how content is ranked, advertised, and removed. They would also provide tech companies with a set of harmonized EU-wide rules to follow and would support the EU's (1) to become the global leader for digital regulation.

"The two proposals serve one purpose: to make sure that we, as users, have access to a wide choice of safe products and services online," Margrethe Vestager, Executive Vice-President for A Europe Fit for the Digital Age, said in a statement. "And also so that businesses operating in Europe can freely and fairly compete online just as they do offline. This is one world. We should be able to do our shopping in a safe manner and trust the news we read. Because what is illegal offline is equally illegal online," she added.

The Digital Markets Act wants to force large companies to allow other companies to emerge and prevent abuse of their dominant positions. To do that, it wants to

(2) "a number of practices" which it says are "clearly unfair" such as blocking users from uninstalling any pre-installed software or apps. Gatekeepers — large companies that have a fixed position in the market — would also be expected to "proactively" put in place certain measures, including allowing the software of other companies to properly function and work together with their own services.

Vestager added that gatekeepers will "no longer use the data they collect from businesses they host when competing against them" and that they will be blocked from ranking their own services higher than those of competitors. Companies could be fined up to 10 percent of their income for serious continued competition violations. If they're found guilty of breaking the rules on multiple occasions, the Commission wants to give itself the power to impose "structural remedies," Vestager said.

The Digital Services Act would require digital platforms to take responsibility for (3) illegal content, from hate speech to fake products. It would also create some "safeguards" for users whose content has been mistakenly deleted by platforms. The Commission also wants more transparency on the platforms' online advertising and on the algorithms used to recommend content to users. Finally, it wants to impose new rules on the traceability of business users in online marketplaces, to help track down sellers of illegal goods or services.

For the first time, regulators have defined very large platforms considered to be gatekeepers as those with more than 45 million users, or the equivalent of 10 percent of the EU's population. Sanctions include fines of up to six percent of global income. The current legislation enforced for technology companies in the EU, the E-Commerce Directive, dates back to the year 2000. (4) big companies including Amazon and Google were already operational then, several others that have since reshaped the technology and democratic landscape were not. This includes Facebook, Twitter, Instagram, YouTube, and TikTok. The Commission has already launched multiple investigations into the competition practices of the so-called GAFA — Google, Apple, Facebook, Amazon — and handed out large fines to the companies. Vestager, who has headed most of the investigations, stressed that "complaints keep coming through our door, so we have many more investigations".

The proposed new rules could still take months, if not years, before they become law. They will still need sign-off from the European Parliament and the Council of European member states. Vestager said she is hoping the two Acts could become law in around a year and a half. The European Digital Rights (EDRI) network of NGOs protecting rights and freedoms online described the Commission's proposals as a good first step to regulate the (5) economic, societal, and political power that Big Tech companies have acquired. "It is a pity, however, that the Commission has stopped short of also handling the systemic problems of the platform economy such as the hyper-intrusive data collection business model and the deliberate locking in of their users into closed systems," it added in a statement.

1. Which best fits blank (1)?

a. rival
b. opinion
c. ambition
d. reason
e. character

2. Which best fits blank (2)?

a. establish
b. adopt
c. enchance
d. test
e. prohibit

3. Which best fits blank (3)?

a. cutting in
b. taking down
c. figuring out
d. filling in
e. hopping on

4．Which best fits blank（ 4 ）?

a．If

b．After

c．While

d．As

e．Unless

5．Which best fits blank（ 5 ）?

a．loose

b．slight

c．balanced

d．immense

e．appropriate

6．What does the underlined word “them” refer to?

a．multinational companies

b．the DMA and DSA

c．members of the European Commission

d．plans

e．regulations

7．According to the article, which of the following is true?

a．Big Tech companies would have to follow different rules in each EU country under the DMA and DSA.

b．The DMA and DSA would decrease the number of choices users have for online services.

c．The DMA would force users to uninstall certain software and apps on their devices.

d．Gatekeepers currently allow software from other companies to easily work on their platforms.

e．Vestager believes the same things should be illegal for offline businesses and online ones.

8. According to the article, which of the following is true?

a. The DSA would force tech companies to be more open about how users are targeted through advertising.

b. Under the new rules, gatekeepers would not be able to collect information on any businesses that they host.

c. Companies could be made to shut down if they break the new rules more than once.

d. Under the DMA, the European Commission would be responsible for ranking online services.

e. The new laws would prevent users from having their content deleted by online platforms by mistake.

9. According to the article, which of the following is <u>not</u> true?

a. The European Commission started several investigations against GAFA after receiving complaints.

b. The new rules would stop tech companies from making money by collecting user data.

c. The new law also addresses technology platforms that have appeared since the current legislation was written.

d. The EDRI thinks that the proposed laws do not go far enough in limiting the power of tech companies.

e. Regulators describe gatekeepers as platforms with users that total more than 10 percent of the EU's population.

10. Which title best suits the article?

a. GAFA's fight to maintain market control in the EU

b. How the EU is defending online users from illegal businesses

c. The EU unveils landmark plans to regulate Big Tech companies

d. The rise of gatekeepers in global online marketplaces

e. The EU's plans to limit social media companies' power

Ⅵ From the choices ‘a’ — ‘d’ below, select the best answers to fill blanks (1) — (5). (20 points)

1．A: That’s strange. Why is there a long line here today?

B: It can’t be helped. (1)

A: I guess we should try another café just for today then.

a．This is the only café in town.

b．It closed 30 minutes ago.

c．Everyone always comes here to relax.

d．The new seasonal drink came out today.

2．A: Did you manage to turn in the assignment on time yesterday?

B: (2)

A: It’s just like you to wait until the last minute.

a．I completely forgot about it!

b．5 minutes before the deadline!

c．I turned it in early the day before.

d．The professor gave me another week.

3．A: Hey! I didn’t see you at tennis practice the other day.

B: Yeah, I had an online interview for an internship.

A: Online? The interview wasn’t held in person?

B: (3)

a．I think it’s a great opportunity.

b．That’s the type of person they need.

c．Online work suits me the most.

d．It’s becoming quite common nowadays.

4．A： The weather has been terrible recently, hasn't it?

B： Yeah, I'm not going anywhere when it's like this.

A： What should we do this weekend if it continues?

B： （ 4 ）

a．How about trying the new Korean restaurant downtown?

b．I think it's best to get out and stretch our legs a bit.

c．I guess we can always stay in with a good movie.

d．Isn't there a soccer match at the outdoor stadium?

5．A： Did you see what Mark posted on social media yesterday?

B： No, I didn't. Was it bad?

A： Not really, but he sounded pretty down.

B： （ 5 ）

a．Do you think we should do something to cheer him up?

b．I think you should delete that post right away.

c．Maybe he won't see that you read his post.

d．It must have been a really great experience.

と。

C 現在の技術は、歴史の中で工夫され改良されたものであり、人類の歴史としての技術文化が反映しているということ。

D 道具の使用は人間の能力の拡張でも衰退でもあり、この道具と人間の相克である技術文化が反映しているということ。

E 身体と道具が相互浸透することで、グローバル標準としての使用の仕方を作り上げた技術文化が反映しているということ。

〔問六〕 本文の内容としてもっとも適当なものを左の中から選び、符号で答えなさい。

A 手仕事を中心とした技術文化の歴史的変遷を考察することで、人類の進化が明確に見えてくると川田順造は考えている。

B 技術文化をモデル化することで、われわれはいかに自然環境に依存しながら生きてきたかが分かると川田順造は考えている。

C フランスよりも日本の方が人間的であり、西アフリカの旧モシ王国よりも日本の方が文明的であると川田順造は考えている。

D モデルA、B、Cを折衷することで、人類社会に共通の技術文化をつくり上げることが必要であると川田順造は考えている。

E 現代社会においてグローバル標準になっている技術文化が、絶対的なものであるとは限らないと川田順造は考えている。

〔問四〕　傍線(6)「まわりにあるあり合わせのもので器用にやりくりする」とあるが、これはどういうことか。その説明としてもっとも適当なものを左の中から選び、符号で答えなさい。

A　技術や作法はあるものの、いまだそれらを工夫、改良することができず、いまあるものでどうにかするしかないということ。

B　文明が未発達で、「道具の脱人間化」も「道具の人間化」もすることができず、「人間の道具化」という状態にあるということ。

C　便利さや快適さを求めて、自力でどうにかするよりも、自然や社会にどうにかしてもらおうと他力本願的であるということ。

D　現代社会は人類中心主義的で、環境を破壊しているので、その潮流を批判し、環境に優しい暮らしに切り替えるということ。

E　よりよい結果を出すために道具や自分の力を使用するのではなく、その場にあるもので都合をつけようとするということ。

〔問五〕　傍線(8)「特定の『技術文化』が挿し込まれている」とあるが、これはどういうことか。その説明としてもっとも適当なものを左の中から選び、符号で答えなさい。

A　身体の使用や知覚の能力により、技術の使用の仕方が異なるが、それらを融合した技術文化が反映しているということ。

B　技術そのものとそれを使用する自然環境と使い手の考え方が複合して出来上がった技術文化が反映しているというこ

A　道具を機能化し、使用の仕方を固定することよりも、使い手が想定外の新たな機能を創造することに価値を置いていたから。

B　道具をだれが使用しても同じ所作で使えることよりも、使い手の自分らしさや個性を表現することに価値を置いていたから。

C　道具によって使い手の体を制御、支配することよりも、使い手の体が道具を制御、支配することに価値を置いていたから。

D　道具を効率よく使用することよりも、自分の体を使いこなし、道具の機能をうまく引き出すことに価値を置いていたから。

E　道具の改良や工夫を行うことよりも、使い手の器用さをより巧みにするなど、体の能力を高めることに価値を置いていたから。

〔問三〕　空欄(4)(7)に入れるのにもっとも適当な組み合わせを左の中から選び、符号で答えなさい。

A　(4)　疑問が氷解した　(7)　ラジカル的

B　(4)　得心が行った　(7)　モダニズム的

C　(4)　すべてが腑に落ちた　(7)　カオス的

D　(4)　不信感が拭われた　(7)　アナーキー的

E　(4)　目が覚める思いだった　(7)　デカダンス的

ちで特定の「技術文化」が挿し込まれている。(8) 身体の使用法も、知覚の能力も、そういう歴史のコンテクストのなかで変容させられてゆく。道具を使うなかで何かができるようになるとともに、別の何かができなくなる、そういう行動と知覚の転位である。若き日のカール・マルクスが紙片に書きつけたように、まさに「五感は世界史の労作である」。

「労作」とは、身体を、道具を使いこなすわざ、つまりはひとの「技倆(ぎりょう)」によって可能となったもののことである。そしてこの「技倆」こそ、「なじみ」というあの親密さの感覚と裏腹の関係にあるものである。

（鷲田清一『つかふ―使用論ノート』による）

＊　問題の作成上の都合により、本文の一部に手を加えてある。

〔問一〕　空欄(1)(3)(5)に入れるのにもっとも適当な組み合わせを左の中から選び、符号で答えなさい。

A　(1)　ちなみに　(3)　それゆえ　(5)　つまり
B　(1)　ちなみに　(3)　だから　(5)　これに対して
C　(1)　さらに　(3)　むしろ　(5)　これに対して
D　(1)　さらに　(3)　それゆえ　(5)　つまり
E　(1)　ただし　(3)　むしろ　(5)　しかし

〔問二〕　傍線(2)「工夫も改善もまったくしようとしなかった」とあるが、それはなぜか。その説明としてもっとも適当なものを左の中から選び、符号で答えなさい。

て器用に何かをなしてしまう。それが先の食卓の例では、素手で食べるということになる。いうまでもなく、これにも技術が、作法がある。

いま一つのポイント、労力についていえば、モデルAが、畜力、水力、風力等を最大限に利用しながら人間の労力をできるかぎり省くための工夫を重ね、やがて近代の機械テクノロジーの発展へとつなげてゆくのに対して、モデルBでは、より大きな結果を得るために人間の労力を惜しみなく注ぎ込むことがよしとされる。この背景にあるのは、モデルAにおいては、他の生き物の利用は（神に似せて造られた）人間の当然の権利とする《人類中心主義》（anthropocentrism）であり、モデルBにおいては、人間と他の生き物とを地続きの自然の一部と見、みずからが生きてゆくために他の生き物を殺生せざるをえない場合は、「供養」というかたちで「詫びる心情を表明する仕来たり」をもつ。これは、労働契約というかたちで、たとえ他者に手間賃を払って仕事をしてもらう場合でも、こまめに「ねぎらい」の言葉をかけ、茶菓を出すような習慣につながるが、モデルCでは、たとえば「ご精が出ますね」のように称え、ねぎらい、励ます濃やかな慣用表現はさらに豊かになると、川田はいう。ちなみにこのモデルCの背景には、「自然と社会の両面での既存の状況に依存しながら、それに対してはたらきかけ懇願して、何とかしてもらう（マヌゲ〈manege〉）」、そしてそのうえでとりあえずはあり合わせのもので器用にやりくりするという風がある。

もちろん、この「三角測量」はあくまで多様な技術文化を比較分析するときの操作モデルとして具体的な調査群から抽出されてきたものであって、都市と農漁村部、そして地球上のさまざまな地域の商品経済と文化とがグローバルな次元で (7) といえるまでにかき混ぜられてきた現在、それらのモデルをある社会が純粋な形で保持しつづけている例はほとんどありえないのも事実である。そうした錯綜のなかにわたしたちの日々の暮らしはある。が、モデルAがグローバル標準として、圧倒的な覇権を印している現代社会のなかで、それによって周縁に追いやられてしまうモデルB、モデルCをどのようにしてそこへと取り込み、再評価してゆくかが、いまや人類社会に共通の大きな課題として迫っていることは動かせないと、川田は考えている。

使用におけるわたしたちの身体と道具との相互浸透的な関係のありようには、このように、いわばそれに直交するようなかた

Aはフランスから抽出された技術文化のモデルで、「二重の人間非依存への指向性」によって特徴づけられるものである。Bは日本から抽出されたモデルで、こちらは「二重の人間依存への指向性」によって特徴づけられる。この二つのモデルの差異は、前者Aでは、まず第一に「個人的な巧みさに依存せずに、誰がやっても常に一定のよい結果が得られるように道具や装置を工夫すること」、第二に「できるだけ人間以外のエネルギーを使って、しかもより大きな結果を得るようにすること」がめざされるのに対し、後者Bにおいては、まず第一に「機能が未分化の単純な道具を、人間の巧みさで多様に、そして有効に使いこなそうとすること」、第二に「より良い結果を得るために、人間の労力を惜しみなく注ぎ込むこと」に価値が置かれるところにある。

川田は最初にごく単純な例をあげている。ナイフ、フォーク、スプーンという、それぞれ切る、刺す、掬(すく)うというふうに機能分化した食卓の三点セットと、それら複数の機能を一つで担う箸との比較である。一人ひとりの器用さや訓練に頼らずとも、だれが使ってもおなじような所作が可能なように道具や装置を整えておこうとする技術文化と、道具を機能別に整備するよりも、あえて道具を改良せずに、機能を未分化にしたまま使う人の手の器用さを活(い)かそうとする技術文化。この二つを対比して、モデルAを「道具の脱人間化」、モデルBを「道具の人間化」と呼ぶ。先の座布団や竹笛の例を思い出しつつこれをわたしなりに言い換えると、モデルAでは人間の身体にかかる負担をできるだけ軽減し、より《便利》で《快適》な作業へと変換してゆくことがめざされるのに対して、モデルBでは、なにより体をアホにしないこと、そのためにあえて道具を改良せずにわたしたち自身が体の使い方を工夫することが求められるという、そのような人間の活動をめぐるフィロソフィーの差異だということになる。

(5) モデルCは、(6)まわりにあるあり合わせのもので器用にやりくりするブリコラージュ（器用仕事）を特徴とするもので、「人間の道具化」と呼ばれる。西アフリカでは、じつに雑多な形状のヒョウタンが採れ、それらが旧モシ社会では「盥(たらい)、各種の容器、食器、柄杓(ひしゃく)、儀礼具、楽器の共鳴胴から浣腸(かんちょう)器にいたるまで、軽く手触りが柔らかで、どことなくユーモラスで、自然の循環系に入る、環境に優しい器材として」暮らしのなかでいまも広く使われている。このようにあり合わせの材料を使っ化」である。

ところで、わたしには前々から不思議におもってきたことがある。西洋の家具文化において、チェアが、事務椅子、腰掛け、ソファ、ロッキングチェアなど、用途に合わせてさまざまに機能分化してきたのに、日本の座布団や床几（しょうぎ）は、改良しようとおもえば容易（たやす）いはずなのに、(2)工夫も改善もまったくしようとしなかったのはなぜか、ということである。座布団も床几も昔のまま。改良もせずに、長く楽に座りたければじぶんで工夫すればよい、横になりたくなったら折り畳んで枕にしてもいい……というふうに、使い手の恣意にゆだねてきたのである。おなじことはたとえば楽器についてもいえる。たとえば竹笛や尺八。これらは自然の竹を切り、孔（あな）を空けて作る。当然、太さも長さも一本一本異なるので、孔の位置も変わる。音を出すにも唇の締め方、唇を吹口に当てる角度を笛ごとに微妙に調節しなければならない。フルートなら、みなおなじサイズ、おなじ孔の位置。半音も正確に出せるよう、指の届かない場所に孔を空ける必要があっても操作レバーを使って開閉ができる。孔の塞ぎようを指先で調整する必要もない。［(3)］だれが吹いてもおなじ音が正確に出る。和楽器ではどうしてこんなかんたんな工夫もあえてせずにきたのか。

川田の議論にふれて、［(4)］。技術に反映されるところの「技術を運用する人間の価値指向」、つまりはフィロソフィーが異なるのである。

川田が『人類の地平から』で展開している「三角測量」というアイディアを紹介しておこう。川田は彼自身がかなり長期間にわたって現地調査した三つの地域——日本とフランスと西アフリカの旧モシ王国——の技術文化を、十七世紀初めから一九六〇年代にかけてという時間幅で比較する。たがいに交渉がなかった時代の、三つの異なる、手仕事を中心とした技術文化の比較である。それぞれの具体的な事例にもとづきつつも、それらを技術の型を測るＡＢＣ三つの座標軸としてモデル化したのが、この「三角測量」である。

三　次の文章を読んで、後の問に答えなさい。(30点)

川田順造は長く世界の技術文化を渉猟し、綿密に分析してきた文化人類学者だが、彼が取り上げてきた幾多の事例の一つに、鋸の使用法がある。

日本人の鋸の使い方を見ると、奈良時代、寺社の建設をした頃に用いられた鋸では歯の向きは、押す、引く、いずれでもできるような形になっているが、鎌倉時代あたりから、鋸の歯がはっきりと引く方向に刻まれるようになるという。鋸や鉋を日本人は押さずに引く。これは大陸から渡来した道具の使い方をあえて逆にしたらしい。［(1)］轆轤も右回り、つまり時計の針周りで使うが、これも世界で広くなされてきたのとは反対回りなのだという。

このことは工匠たちが作業をするときの姿勢に関連すると、川田はいう。鎌倉時代の工匠は総じて、腰を床に下ろした低い座位の姿勢で作業をおこなう。この場合、鋸を押しても力が入らず、しぜん鋸を引くことになる。座位をとるのは、さらに、柱や梁に用いる用材がスギやヒノキといった「縦にまっすぐ木目の通った軟らかい針葉樹」だからである。たとえばフランスで用いられるナラだと木目はごつごつしていてまっすぐでなく、しかもきわめて堅いものだから、「立った姿勢で、体重をかけるように頑丈な鋸を押して切る」ほかない。さらにそれ以外に、当時の日本では良質の鉄が大量には入手できなかったので、倹約のために薄刃にした、そして押して一気に力をかけると破損してしまうので引くことにした、ということもあった。このように鋸を引くということ一つとっても、そこにはさまざまの風土的な事情が重なり合わさっていた。

こうしたいくつかの事情を、鋸を「引く」という一点へと収斂させてゆく過程はしかし、偶発的なものではない。そこにはそれなりの必然が、あるいは原理がある。川田はそれを「技術文化」と呼ぶ。「ある技術上の原則を、その技術を運用する人間の価値指向（世界観とくに自然観、生きものに対する考え方、経済観、労働観など）と組み合わせた複合」としての「技術文

〔問八〕 本文の内容としてもっとも適当なものを左の中から選び、符号で答えなさい。

A インターネットの急激な発展により、個人の自由を制約する必要性が出てきて、アーキテクチャが創出されることになった。

B ナッジを利用する者は、提示されたデフォルトを選択するしかなく、個人の選択の余地がないため、問題だとされている。

C 市民が民主政治の過程に参加できる環境を整備することを、民間のネット事業者が政府から委託されて、整え始めている。

D アーキテクチャは個人の行動や選択の自由と関連するものであり、これに対する評価は人により時代により分かれている。

E ウェブの閲覧履歴や商品の購入履歴の記録データが蓄積されているため、多くの利用者の行動を一方向に導くことができる。

〔問六〕　傍線(7)「セレンディピティのアーキテクチャ」とあるが、このようなものを設定するのはなぜか。その説明としてもっとも適当なものを左の中から選び、符号で答えなさい。

A　個人の認知限界を超える膨大な情報量に接するようになり、個人がその中から情報を選択することが限界になってきたから。

B　アーキテクチャとは人びとの自由を制約する非常に危険なものであるという誤解を解消する必要があると痛切に感じたから。

C　現実世界で様々な情報や出来事に偶然に出会っていると思っているが、それも仕組まれたものであることが分かってきたから。

D　インターネット上での人びとの認知を多様にするためには、個人に選択の余地を与えないようにしなければならないから。

E　個人の選択の履歴のみにもとづいていると、みずからの関心のあること以外の情報などに接することがなくなってしまうから。

〔問七〕　次の一文を挿入する箇所としてもっとも適当なものを左の中から選び、符号で答えなさい。

すなわち、今世紀に入って以来二十年ほどのあいだに法学の世界におけるアーキテクチャのイメージは少なからず変容してきたのである。

A【Ⅰ】　B【Ⅱ】　C【Ⅲ】　D【Ⅳ】　E【Ⅴ】

B　(4)　絶対的な統制　(9)　脈絡もなく設定されるおそれ
C　(4)　絶対的な統制　(9)　恣意的に操作されるおそれ
D　(4)　絶対的な統制　(9)　一律に誘導されるおそれ
E　(4)　民主的な統制　(9)　脈絡もなく設定されるおそれ

〔問五〕　傍線(6)「(個別化された)デフォルトの提示」とあるが、これは人びとにどのような状態をもたらすのか。その説明としてもっとも適当なものを左の中から選び、符号で答えなさい。

A　(個別化された)デフォルトの提示は、至れり尽くせりで、とても心地よいものではあるのだが、逆に策士策におぼれるということにもなりかねない。

B　(個別化された)デフォルトの提示は、自分の身の丈に合ったものを提示してくれるのだが、逆に当たって砕けるということがなくなってしまうことにもなる。

C　(個別化された)デフォルトの提示は、快刀乱麻を断つような処理をしてくれるが、逆に刻苦勉励するということがなくなってしまうことにもなりかねない。

D　(個別化された)デフォルトの提示は、かゆいところに手が届いたものではあるが、逆に井の中の蛙(かわず)大海を知らずになってしまう危険なことにもなりかねない。

E　(個別化された)デフォルトの提示は、濡(ぬ)れ手で粟(あわ)をつかむように何の苦労もないものであるが、逆に味もそっけもない面も持ち合わせているということでもある。

Ｂ　選択アーキテクチャを設計することによって、個人の権利や自由を侵害するおそれを排除することができると考えている。

Ｃ　セレンディピティのアーキテクチャを創出し、個人の選択を経由しないことで、自由をもたらすことができると考えている。

Ｄ　アーキテクチャを用いて統治機構の意思決定や契約の成立に関与することで、行為の可能性を創出できると考えている。

Ｅ　みずからが策定した法律や政策によって、アーキテクチャを積極的に活用した多様性のある社会が実現すると考えている。

〔問三〕　空欄(3)(5)(8)に入れるのにもっとも適当な組み合わせを左の中から選び、符号で答えなさい。

Ａ　(3)　つまり　(5)　しかし　(8)　まして
Ｂ　(3)　つまり　(5)　したがって　(8)　さらに
Ｃ　(3)　また　(5)　したがって　(8)　だが
Ｄ　(3)　すなわち　(5)　しかし　(8)　まして
Ｅ　(3)　すなわち　(5)　いっぽう　(8)　だが

〔問四〕　空欄(4)(9)に入れるのにもっとも適当な組み合わせを左の中から選び、符号で答えなさい。

Ａ　(4)　民主的な統制　(9)　恣意的に操作されるおそれ

〔問一〕　傍線(1)「レッシグがインターネット上でアーキテクチャによる規制が自由へのあらたな脅威となることを問題提起して以来」とあるが、レッシグは、どのようなことを問題提起したのか。その説明としてもっとも適当なものを左の中から選び、符号で答えなさい。

A　レッシグは、個人の行動を制約するアーキテクチャを規制する手段や方法がなく、やりたい放題の状態にあると問題提起した。

B　レッシグは、個人の自由を保護する機能を一切持たず、規制するだけのアーキテクチャは危険なものであると問題提起した。

C　レッシグは、人間の選択を経由せず直接働きかけるアーキテクチャは、人間の主体性を蔑ろ（ないがし）にするものであると問題提起した。

D　レッシグは、個人の処理能力を超えた情報量の増大に対処できないアーキテクチャには限界が存在していると問題提起した。

E　レッシグは、法に準拠し、個人の自由を規制するアーキテクチャは絶大な力を持ち、人間にとって脅威であると問題提起した。

〔問二〕　傍線(2)「サンスティーンらは、アーキテクチャによる自由の創出・支援の可能性に光をあてはじめた」とあるが、サンスティーンらは、どのように考えているのか。その説明としてもっとも適当なものを左の中から選び、符号で答えなさい。

A　個別化されたデフォルトの欠点をおぎなうアーキテクチャを設定し、人びとの認知を豊かにすることができると考えている。

く表示することで、ユーザーが多様な見解に接するように設計されている。この仕組みにより、たとえば、フォックス・ニュースが好きで、ニューヨーク・タイムズが嫌いな保守派のユーザーにも、ニューヨーク・タイムズの記事がさりげなく表示されるようになるというわけだ。

もっとも、アーキテクチャの設計が巧妙に行われる今日の情報社会では、思いがけない出会いですらも、自然の偶然の産物ではなく、アーキテクチャの設計者により意図されたものであり、それゆえ、設計者により［(9)］がある点には留意する必要があるだろう。たとえば、あなたがSNSで思いがけない情報や意見に接したとしても、それはSNS事業者が広告主の意向を受けて表示されるように巧妙に設計された結果かもしれない。

ここまでみてきたように、サンスティーンらにより私たちの自由を創出・支援するアーキテクチャに光があてられ、今日では各国の法・政策においてもアーキテクチャが積極的に活用されるようになっている。しかし、私たちの自由を創出・促進するために設計されたアーキテクチャであっても、それにより、私たちの自由が制約されたり、操作されたりすることがある。

（成原慧「それでもアーキテクチャは自由への脅威なのか？」による）

（注1）　レッシグ……アメリカの法学者。

（注2）　サンスティーン……アメリカの法学者。

（注3）　インセンティブ……意欲を起こさせるような刺激。

（注4）　オプトアウト……利用者に事前に許可を得ることなく情報などを提供すること。この場合、利用側としては事後的にその受け取りを拒否できる余地が与えられているに過ぎない。

＊　問題の作成上の都合により、本文の一部に手を加えてある。

ンディピティのアーキテクチャ」に区別することがある。「コントロールのアーキテクチャ」は、個人のコントロールないし選択を反映するアーキテクチャである。先述した「個別化されたデフォルト」は、個人の選択の履歴などにもとづき形成される点で、個人のコントロールないし選択を反映しており、「コントロールのアーキテクチャ」にあたる。いっぽう、「セレンディピティのアーキテクチャ」は、個人の選択にかかわらずに、個人に思いがけない発見を可能にするアーキテクチャである。都市の公園や道路のように、「セレンディピティのアーキテクチャ」は、個人に、みずからの過去の選択にかかわらず、さまざまな情報や出来事と偶然に接する機会を提供してくれる。【V】

サンスティーンによれば、道路や公園など公共の場を表現活動のために利用する権利を保障するパブリック・フォーラムの法理は、「セレンディピティのアーキテクチャ」を創出することにより、人びとがあらかじめ予期も選択もしなかったような見解に遭遇する機会を確保し、人びとの認知の多様性を促進する。たとえば、私たちは週末に公園で散歩するとき、思いがけずデモに遭遇し、自分とは異なる意見に遭遇することがある。これがパブリック・フォーラムの法理が創出する「セレンディピティのアーキテクチャ」が果たしている機能だというわけだ。

いっぽう、インターネットでは、YouTubeやAmazonのおすすめのように、過去の購買履歴や視聴履歴にもとづいて個人にカスタマイズされた情報を提供するメディアが有力になっている。［(8)］、市民が多様な情報や見解にふれて民主政治の過程に参加することを可能にするためには、インターネット上でも都市の公園・道路に相当するような「セレンディピティのアーキテクチャ」を構築することが課題となっている。このような問題意識をふまえ、民間のネット事業者による自主的な取り組みもはじまっている。たとえば、スマートニュースの米国版のアプリは、閲覧履歴などをもとにユーザーの関心に応じたニュースを表示するいっぽうで、みずからの関心のある情報にのみ取り囲まれる「フィルターバブル」とよばれる現象を防止するために、「政治的にバランスをとるアルゴリズム」とよばれるコードを実装し、ユーザーの選好と異なるメディアのニュースもさりげな当人の利益になるように個人の選択に影響を与えるものを「ナッジ」と定義し、それを積極的に活用した政策を提唱した。サンスティーンらの議論は、まもなく米国、欧州、日本など各国の現実の政策に採用されることになった。【Ⅳ】

ナッジには、エラーの予測・予防、フィードバックの提示、選択肢の体系化などさまざまな種類のものが含まれるが、以下では、①(個別化された)デフォルトの提示と、②セレンディピティのアーキテクチャを例に検討していきたい。

(6)①(個別化された)デフォルトの提示　ナッジの代表例としてあげられるのが、デフォルトの提示である。デフォルトは、利用者がそれ以外の選択肢をとりうるという意味で、オプトアウト(注4)の自由を確保しつつ、多くの利用者の行動を一定の方向に誘導することができる。たとえば、スマートフォンのアプリにおいてデフォルトで「位置情報を提供する」と設定されていれば、多くのユーザーはそのまま位置情報を提供することになるだろう。

また、今日では、ウェブの閲覧履歴や商品の購入履歴など個人の選択の履歴を記録したパーソナルデータにもとづいて、各々の個人に最適化するようにカスタマイズされたナッジ、すなわち、「個別化(personalized)されたデフォルト」が提供されるようになっている。個別化されたデフォルトは、人びとの多様な選好に応じて、各々の個人に最適化されたデフォルトを提供することにより、一律のデフォルトの場合にくらべ、よりきめ細やかに、個人の選択を支援することができる。たとえば、YouTubeは、ユーザーの視聴履歴にもとづいて、ユーザーが次に見るべき動画をデフォルトで表示してくれる。

他方で、個別化されたデフォルトは、個人から選択の負担を免除することにより、学習の機会を奪うとともに、過去の選択の履歴にもとづいているため、個人の視野を狭めてしまうおそれもある。たとえば、YouTubeで過去の視聴履歴にもとづくおすすめの番組がデフォルトで表示され続けるとしたら、ユーザーは、みずからの従来の興味関心から外れたあらたな趣向の動画に接する機会を奪われ、視野狭窄(きょうさく)に陥るおそれもあるだろう。

(7)②セレンディピティのアーキテクチャ　サンスティーンは、選択アーキテクチャを「コントロールのアーキテクチャ」と「セレの行動が法のみならず、性表現のフィルタリングや著作物の技術的保護手段など、アーキテクチャによっても制約されると指摘したうえで、アーキテクチャが、個人の自由を不透明な仕方で事前に規制することにより、法以上に個人の自由の脅威となりうると警鐘を鳴らした。

レッシグがアーキテクチャによる規制を警戒するのは、アーキテクチャが、規制を受ける個人に規制を遵守するか否かを選択する機会も、不服従の余地も与えることがないため、より完全な遵守を期待できるいっぽうで、(4)が困難になるだけでなく、不可視の抵抗不能な制約となることで、これまでにない自由への脅威となりうると彼が考えたからである。

だが、アーキテクチャには自由を制約するだけでなく、創出・支援する側面もある。法のなかには、道路交通法における速度の制限規定や不正アクセス禁止法における不正アクセス行為等の禁止規定のように一定の行為を制約するルールがあるだけでなく、憲法における統治機構の意思決定に関する規定や民法における契約の成立に関する規定のように行為の可能性を創出するものも含まれる。同様に、アーキテクチャのなかにも、フィルタリングやブロッキングのように一定の行為を制約するアーキテクチャだけではなく、道路や電話のように一定の行為の可能性を創出するアーキテクチャを見出すことができる。【Ⅲ】

レッシグも、アーキテクチャについて、個人の自由を規制する「剣」の側面のみならず、暗号技術などを例にして、個人の権利・自由を保護する「盾」の側面があることにも留意していた。それでもなお、レッシグは、先述したようなアーキテクチャが自由に与える脅威を重視し、おもにアーキテクチャによる自由の制約という側面に着目して、アーキテクチャ論を展開してきた。

(5)、アーキテクチャによる自由の創出・支援の可能性に着目し、その理論化と実践を試みたのが法学者のサンスティーンと行動経済学者のリチャード・セイラーである。サンスティーンらは、個人の選択の自由を尊重しつつ当人の福利を改善することをめざす「リバタリアン・パターナリズム」の立場から、個人の選択の環境を構成する「選択アーキテクチャ」の設計を提唱した。彼らは、「選択アーキテクチャ」のなかでも、特定の選択肢を排除したり、インセンティブ(注3)を大きく変えたりせずに、

二　次の文章を読んで、後の問に答えなさい。（40点）

現実世界において道路は、多様な行き先へと至る経路を作り出すことで、私たちの移動の自由を支えている。反面で、道路は、私たちが自由に移動できる範囲を制限し、行き止まりなどにより行く手を阻むこともある。

サイバー空間において検索エンジンの表示する検索結果は、さまざまなサイトの情報やリンクを表示することにより、私たちの知る権利を支えてくれる。反面で、検索結果のなかには、順位が低く見つけにくいサイトがあるだけでなく、一定の理由によりそもそも表示されないサイトもあり、検索エンジンで知ることのできる情報の範囲には一定の制約がある。

道路や検索エンジンは、私たちの行為の可能性の前提となる物理的・技術的構造であるアーキテクチャの一種ということができるが、それらのアーキテクチャは、私たちの自由を制約するのだろうか、それとも自由を拡（ひろ）げてくれるのだろうか。【Ⅰ】

インターネットが急激に発展し一般に普及しはじめた二〇世紀末にレッシグ（注1）が(1)インターネット上でアーキテクチャによる規制が自由へのあらたな脅威となることを問題提起して以来、情報法をはじめとする法学の世界においてアーキテクチャはおもに自由を制約する新たな「規制」の一種として理解されてきた。いっぽう、二一世紀初頭から、サンスティーン（注2）らは、(2)アーキテクチャによる自由の創出・支援の可能性に光をあてはじめた。そして、情報化の進展にともなう個人の認知限界を越える情報量の増大やパーソナルデータを用いた情報環境のカスタマイズ化を背景に、二〇一〇年頃から先進各国においてサンスティーンらの議論をふまえて、アーキテクチャを積極的に活用した法・政策が広く取り入れられるようになった。【Ⅱ】

一九九〇年代にインターネットが一般に普及すると、インターネット上に「サイバースペース」とよばれるコミュニケーションの空間が形成され、インターネットの先進的なユーザー、［(3)］、サイバースペースの住民らにより、サイバースペースが政府による規制を受けない自由な空間として期待されるようになった。そうしたなか、レッシグは、インターネットでは個人

〔問四〕　次の言葉の意味としてもっとも適当なものを左の中からそれぞれ選び、符号で答えなさい。

ア　前門の虎後門の狼(おおかみ)

イ　蟷螂(とうろう)の斧(おの)

ウ　天に唾する

A　危険を冒さなくては大きな利益を手にすることはできない

B　人に害を与えようとしてかえって自分が被害を受ける

C　力のない者が力量を顧みず強敵に立ち向かうこと

D　一つの災いが去っても、またもう一つの災いが襲ってくる

E　一つのことに夢中になっていると、他のことを顧みるゆとりがなくなる

〔問五〕　次の意味を表すものとしてもっとも適当なものを左の中からそれぞれ選び、符号で答えなさい。

ア　自分の力量を知らないで幅を利かす態度をとる

イ　第三者の方が物事を冷静に判断できる

A　理外の理　　B　内憂外患　　C　夜郎自大　　D　岡目八目　　E　拱手(きょうしゅ)傍観

A　計画がコウを奏する　B　小説のコウガイを考える　C　政党がコウリョウを発表する
D　勝敗にコウデイしない　E　セイコウな文章を書く

オ　カブンにして知らない
A　カソウ行列に加わる　B　責任をテンカする　C　金額のタカを問わない
D　カコクな労働が課される　E　将来にカコンを残す

〔問二〕　次の漢字の読みを、左の各群の中から一つずつ選び、符号で答えなさい。

ア　逝去
A　せつきょ　B　せっきょ　C　せいきょ　D　せつこ　E　いきょ

イ　謹む
A　たたずむ　B　のぞむ　C　すすむ　D　なずむ　E　つつしむ

〔問三〕　次の慣用句の空欄に入れるのにもっとも適当なものを左の中からそれぞれ選び、符号で答えなさい。

離れ業を［ア］
地団駄を［イ］
寝返りを［ウ］

A　ふむ　B　きかす　C　えんじる　D　ならす　E　うつ

国語

（六〇分）

一 次の問に答えなさい。（30点）

〔問一〕次の傍線部の漢字と同じ漢字を含むものを、左の各群の中から一つずつ選び、符号で答えなさい。

ア 研究の発表にシするところが大きい

A 手当をシキュウする　B シホウの場で明らかにする　C トウシ満々の顔つきであった

D ガクシを援助してもらう　E コンピュータをクシする

イ 団子鼻が顔の真ん中にチンザしている

A 暴徒をチンアツする　B 絵画をチンレツする　C 不純物がチンデンしている

D ウンチンを支払う　E チンチョウに値する品

ウ キチに富んだ文章を書く

A キセイ事実として認める　B キで鼻をくくる　C キをてらった振る舞い

D キフクに富んだ人生　E キを見るに敏

エ 脳コウソクを患う

解答編

英語

Ⅰ　**解答**　1－c　2－a　3－d　4－b　5－a

Ⅱ　**解答**　1－d　2－a　3－c　4－d　5－b　6－a
7－c　8－b　9－d　10－c

◀解　説▶

1．「私がこの結論に至った過程をお見せできます」

空所に後続する部分が節（文）として完成した形になっていることから，関係代名詞を用いた d を入れると空所の前後がうまくつながり，文法的に文が成立することがわかる。

2．「この夏私は，コンピュータープログラミングについての短期集中講座に申し込んだ」

intensive course「集中講座」という名詞句を用いるのが適切である。apply for ～「～に申し込む」

3．「最初のうちはクラスの誰も答えを思いつかなかったが，やっと私が思いついた」

文の意味から判断して，come up with ～「～を思いつく」を入れるのがよいだろう。 at first「最初のうちは」

4．「どの靴にも満足できなかったので，その 3 足の靴はどれも買わなかった」

問題文の前半で three pairs of shoes「靴 3 足」と数が示されていることから，both や neither ではなく，none を用いるのが適切である。

5．「そのカタログには，今年のモデルは去年のモデルのときより少し早く発表されると書いてある」

空所に後続する部分が文として完成していることから，名詞節であると推測をすると，空所には何らかの動詞が入ることが推測できる。その上で，say には新聞などの紙媒体に「書いてある」という意味があることがヒントになる。

6.「ジョンは本当にチャーハンが好きなんだな。これが3杯目だもの」

文の意味から判断して，helping「(ご飯などの) 1盛り」を使えば，3杯目のお代わりをしたという意味になる。

7.「何かしたいと思ったら，たいていは思い切ってやってみることにしている。待っているだけでは何も得られないから」

gain は通例，人をSにして「～を得る」という意味の動詞として用いられる。問題文では無生物の nothing がSであると推測できるので，受け身の文にするのが正解である。go ahead and *do*「思い切って～する」

8.「誰でも適切な指導と猛勉強で第2言語のよい発音を身につけることができる」

空所の直後が，achieve「～を達成する」という動詞であることから，it is＋形容詞＋for *A* to *do*「*A*（人）が～するのが…だ」という構文を用いる。

9.「マラリアは世界の伝染病の中では主要な死因の1つだ」

Malaria「マラリア」という病気の名称がSであることから，選択肢の中では causes of death「死因」と組み合わせて用いるのが適切であるという推測が可能である。infectious diseases「伝染病」 leading「主要な」

10.「不安定な国に住むほとんどの人が，よりよい生活を送りたいという理由で別の国に移住する」

空所の直後に move「～へ移動する」という動詞が用いられていることから，空所にはSとして機能する名詞節が入ると判断できる。その上で各選択肢を見ると，文法的に最も適切なものは c である。

解答編

III 解答 1－a　2－b　3－d　4－c　5－a

◆全　訳◆

≪新型コロナウイルスのフェイクニュースに関する調査≫

この調査によると，回答を寄せたすべての人のうちの51％が，過去1

カ月の間にコロナウイルスに関するフェイクニュース，つまり偽情報を見たことがあると回答している。また，回答者総数の12％が，同じ期間に，感染についての偽情報を他人と共有したことがあると明らかにした。このパターンは，女性にも男性にもほぼ同様に分布していた。コロナウイルスに関する偽情報を見たことがあると答えた人は，18～39歳の人々が，それより年上の人々よりも若干多かった。共有行動に関しては，偽情報を共有した人々のおよそ28％が18～29歳の人々，およそ25％が30～39歳の人々，70歳以上の人々は7.1％だけであった。

◀解　説▶

1・2．左上の，Seen「見たことがある」，Shared「共有したことがある」とタイトルのある円グラフから情報を読み取る。

3．左下のGender「性」の表から，SeenもSharedも男女差がほとんどないという情報を読み取ることが大切である。

4．右のAge「年齢別」のタイトルのある棒グラフの上半分Seenのデータから，18～39歳の人々が他の世代よりも少し比率が高いことを読み取る。

5．右のAgeの棒グラフの下半分Sharedのデータを読み取る。

Ⅳ　解答

1－a　2－b　3－a　4－c　5－e　6－d
7－c　8－b　9－a　10－e

◆全　訳◆

≪中国における個人情報保護法の行方≫

アリババやテンセントのような巨大テクノロジー企業の力をさらにコントロールしようとしているので，中国は，市民の個人データの収集の仕方に関して規制を強化しようと試みている。ある専門家は，強力なデータの枠組みは各国が次世代のインターネットの姿を定義する助けにもなると述べ，中国がテクノロジーの分野で米国に対抗しようとするにつれそれが地政学的な問題になる可能性があると指摘している。

だが，この動きは，この同じ規制が中国で最大のデータ処理装置――つまり中国政府に適用されるのかどうかということに関する論争も巻き起こしている。2020年，北京は個人情報保護法（PIPL）の骨子を発表し，データの収集と保護に関して，初めて包括的な一連の法案を起案した。これ以前は，様々な他の法律がデータを抑制していた。これは，アルゴリズムを開発し製品を組み立てるための膨大なデータの収集を通して，過去数年間で節度なく成長することが可能になった中国の巨大テクノロジー企業の力を制限しようとするより大きな努力の一部だとみなされている，と専門家らは語った。

2021年2月，中国はいわゆる「プラットフォームエコノミー」企業に対する独占禁止の改正法案を発表した。「プラットフォームエコノミー」とは，電子商取引から食品の配達に至るまで様々なサービスを展開するインターネット企業を表す用語である。「中国政府はこういった巨大テクノロジー企業を制限したいと考えているのです」と，ジョン・ルン法律事務所の共同経営者で北京に基盤を置くレイチェル=リーは言った。「中国のインターネット企業が，何年も中国の人々のプライバシーについての自覚の欠如に合わせてビジネスモデルを構築してきた後，インターネットのユーザーは以前よりも多くの知識を持つようになり，インターネット企業が自分たちの個人情報を乱用していることに対して怒りを抱くようになりつつあります」と，ニューヨーク大学ロースクールの教授，ウィンストン=マーは語った。中国の個人情報保護法は中国国民と，彼らの情報を扱う企業や個人に影響をおよぼすのである。

この法律は，中国の巨大インターネット企業のビジネスモデルをより詳細に調査し，潜在的な変化をもたらすことを意味する。PIPLは，この国の巨大テクノロジー企業を規制するための北京の努力の1つなのである。中国の億万長者ジャック=マーが所有する企業であるアリババは，ずっと注目されてきた。2021年4月，中国市場監督管理総局は，前年の12月に始まった独占禁止調査において，アリババに182億3千万元（アメリカドルで28億ドル）の罰金を科した。だが，調査が拡大する兆候がある。2021年3月，巨大ゲーム企業テンセントの創始者であるポニー=マーが，独占禁止法担当の政府職員と面会し，テンセントの法令順守について話し合いを持った。テンセントはソーシャルネットワークのアプリである微信を所有しており，このアプリは中国全土に普及している。ニューヨーク大学のマーは，このデータ保護法は「個人のユーザーとインターネットプラットフォームの間の関係に対するバランスの取れた取り組み」をするだろうと指摘した。だが，他の規制と結びつくと，この法案は巨大テクノロジー企業の成長を鈍らせる可能性がある，と彼は語った。

以前専門家らは，中国のインターネット部門を規制しようとする圧力は，北京とワシントンとの間の緊張関係が継続しているときにテクノロジー超大国になろうという野心の一部だと語った。「大体においてサイバースペースとデジタルエコノミーは不明確なままで，このデータ法の枠組みは地政学的な要因になってしまったのです」と，ニューヨーク大学のマーは言った。「法制やその開発モデルにおける飛躍的進歩を達成するのに主導的立場を取ることができた国はどこでも，次の世代のインターネットのモデルを提示できるのです」

中国は次世代のテクノロジーを支配しようとますます野心的になっている。北京は，2021 年 3 月，半導体から人工知能に至るまで，研究開発の発展を望む 7 つの「最先端科学技術分野」を明らかにした。中国はまた，「中国標準 2035」と呼ばれる野心的なプランにも取り組んでいる。このプランは，将来のテクノロジーの標準設定のプロセスにおいて中国の存在感を増すという狙いがある。中国のデータ保護法は，政府機関の情報処理のセクションも含む。理論上は，中国政府は私企業と同じように，同様のデータ収集の原則に従わなければならない――だが，果たしてそうなるのかどうかについては議論のあるところだ。「私たちは，PIPL をアリババやテンセントへの適用という見地で考えがちですが，中国政府の組織は中国で最大のデータ処理装置だということを忘れているのです」と，北京を本拠地とする調査会社トリビアム・チャイナの共同経営者，ケンドラ=シェーファーは語った。「興味深いのは，中国政府は市民のデータで何をしてよくて何をしてはいけないのか，そしてこの法律が中国政府の義務をどのように定義すべきかということについて，全国的な対話が始まっているということです」と，シェーファーは加えた。

◀解　説▶

1．個人情報保護法の話題の中で，空所を含む節の S が those same rules「あの同じ規則」であり，空所に後続する one of … the government.「中国で最大のデータ処理装置――つまり中国政府」との意味的なつながりを検討すると，a の「適用する」が最適であると判断できる。b．「もたらす」　c．「導く」　d．「設ける」　e．「引き継ぐ」

2．中国の巨大インターネット企業が所有するデータが話題の中心であるという文脈を考えると，bの「膨大な」が適切である。a.「小さい」 c.「多くの」 d.「広々とした」 e.「適切な」

3．空所を含む文の後半部分（users are … personal information,）は，インターネットのユーザーが自分たちの情報が乱用されていることに気づき出したという文脈であることから，空所の前の部分は，インターネット企業がユーザーの自覚のなさにつけ込んだという内容であると考え，aの「自覚」を入れるのが正解である。b.「感情」 c.「責任」 d.「技量」 e.「勇気」

4．個人情報保護法によって巨大インターネット企業を規制するという文脈であるからbかcが正解と考えられるが，空所の後の部分に18.23 billion yuan「182億3千万元」と具体的な金額が記されていることから，cの「罰金を科した」が適切である。a.「報酬を与えた」 b.「罰した」 d.「受け継いだ」 e.「送った」

5．空所で始まる文のコンマ以降（it can … next-generation internet.）が節として成り立っていることから，コンマ前の部分はこの節を主節とする副詞節であるとの推測が成り立つ。選択肢の中で副詞節を導く接続表現として用いることができるのは，譲歩の意味を表すeのWhichever「どの～が…でも」である。

6．「本文によると，正しいのは次のどれか？」

a.「個人情報保護法は，2020年に中国政府によって施行された」 第2段第2文（In 2020, Beijing …）に，個人情報保護法の概要が示されたとあることから，施行されたとするaの内容は誤りである。

b.「近年，中国の巨大テクノロジー企業は以前よりも鈍い制御された成長を経験してきた」 第2段第4文（It's seen as …）に，中国の巨大テクノロジー企業は，過去数年間，制限なく成長していたとあることから，成長を遅らされていたとするbの内容は誤りである。

c.「個人情報保護法以前は，データに関する他の法制が中国にはなかった」 第2段第3文（Previously, various other …）に，他の情報を統制する法制が存在したとあることから，なかったとするcの内容は正しくないことがわかる。

d.「個人情報保護法は，中国の巨大テクノロジー企業の力を制限するためのものだ」 第2段第4文の前半部分（It's seen … technology giants）

に，個人情報保護法の目的が中国の巨大テクノロジー企業の力を制限するためと記されており，d の内容と一致することがわかる。

e.「中国は，まったく新しいインターネットを創造する国になるために米国と競い合っている」 米国との関係について指摘している文は第1段最終文（A strong data …）があるが，e にあるような新しいインターネットを創造するという点についての言及は見当たらない。

7.「本文によると，正しいのは次のどれか？」

a.「中国の人々は，企業が人々のデータをビジネス目的で利用している仕方を問題ないと考えている」 第3段第3文のコーテーションで引用された最後の部分（and they … personal information,"）に，中国の人々はインターネット企業の情報収集の仕方に怒っているとあるので，誤り。

b.「中国のテクノロジー企業は，個人情報保護法を通して完全に規制されている」 第2段第2文（In 2020, Beijing …）によると，個人情報保護法については概要が2020年に発表されたが，いつ施行されたのかについては本文からは読み取ることはできず，b にあるような完全に規制されているかどうかについては判断ができない。

c.「個人情報保護法のもと，テクノロジー企業はビジネス展開の方法を変える必要があるかもしれない」 第4段第1文（The law means …）にある通り，個人情報保護法は中国の巨大インターネット企業のビジネスモデルを変える可能性があるということから，c の内容は正しい。

d.「様々な電気製品を販売する実店舗を持つ企業はプラットフォームエコノミー企業と呼ばれている」 platform economy「プラットフォームエコノミー」の定義は第3段第1文のコンマ以降（which is a …）に示されているが，d にあるような physical store「実店舗」を持っていることについては触れられていない。

e.「個人情報保護法は，中国の市民や他の個人ではなく，企業に関係している」 第3段最終文（China's Personal Information …）にある通り，個人情報保護法は市民にも企業にも影響を与えるとあるので，個人とは関係していないとする e の内容は誤りと判断できる。

8.「本文によると，正しくないのは次のどれか？」

a.「個人情報保護法は，テクノロジー企業とそのユーザーとの関係のバランスを取る助けとなるだろう」 第4段第8文（Ma from New York

…）に，個人情報保護法が個人と企業の関係に対するバランスの取れた取り組みだとあることから，本文の内容に合致すると考えてよい。

b．「テンセントの創始者は，テンセントのソーシャルメディア用のアプリの人気について話し合うために，中国の当局者と会合を持った」 第4段第6文（It was reported …）より，テンセントの創始者が中国当局者と面会したのは，compliance「法令の順守」について議論するためであり，アプリの人気についてではない。

c．「データのために効果的な法律を作成することは，外交における重要な問題となった」 第5段第1文（Experts previously said …）に，中国と米国の間の緊張関係においてインターネットの規制に中国が乗り出したとの指摘があることから，本文の内容と合致すると判断できる。

d．「個人情報保護法と相まって，現存する様々な規制は，テクノロジー企業の成長が減衰する原因となるかもしれない」 第4段最終文（But combined with …）において，個人情報保護法とその他の法律が組み合わされることで巨大テクノロジー企業の成長が遅れる可能性が指摘されていることから，本文の内容と合致すると判断できる。

e．「オンラインサービス企業を管理しようという中国の試みは，テクノロジーの分野における中国の影響力を増大しようという計画の1つだ」 第5段第1文（Experts previously said …）で，インターネット部門に規制の圧力をかけているのは中国がこの分野での超大国になる野心があるからだと指摘していることから，本文の内容と合致すると考えることができる。

9．「本文によると，正しくないのは次のどれか？」

a．「中国は2035年までに中国の新たな人工知能の開発を完成させるという目標を設定した」 最終段第3文（The country is …）によると，中国が2035年をめどに実行しようとしているのは，人工知能の開発ではなく，テクノロジーの分野での標準設定における存在感を強めることである。

b．「中国の政府機関は，同国の巨大テクノロジー企業よりも多くのデータを処理している」 最終段第6文のbut以降（but we … data processors,"）に，中国の政府組織が中国最大のデータ処理装置だとの指摘があることから，本文の内容に一致すると考えてよい。

c．「中国政府のデータ使用は個人情報保護法の適用範囲内なのだが，中国政府が同法に従うかどうかは不明だ」 最終段第5文（In theory, the …）に，理論上は中国政府にも法が適用されるが，そうなるかどうかは議論のあるところだと書かれていることから，本文の内容に一致すると判断できる。

d.「2021年，中国は7つの新興テクノロジーのさらなる研究発展の計画を明らかにした」 最終段第2文（Beijing, in March …）に，dと同一の内容が記述されている。

e.「将来的にテクノロジーの基準を創造する役割を増大させるために，中国は現在真剣な努力を重ねている」 テクノロジーの世界の標準設定については，最終段第3文（The country is …）で，中国が存在感を示すために，現在野心的に取り組んでいる事柄だと言及されていることから，本文の内容に一致すると考えてよい。

10.「下線部の表現 "that is the case" はどのような意味か？」

a.「中国政府はデータ収集をもっと効率的に行うために，私企業を設立するだろう」

b.「中国政府の組織は，私企業よりも市民のデータを収集することにたけている」

c.「中国政府で働く人は，同僚のプライバシーを扱うときは，企業の労働者と同じ原則に従わなければならない」

d.「中国政府は，最終的には大きな私企業よりも少ないデータしか処理しないだろう」

e.「中国政府は企業と同じようにデータ収集のルールに従うだろう」

case には「事実」という意味がある。そこで，何が事実なのか，つまり下線部の that が何を指しているかが問題になるが，ここでは，下線部を含む最終段第5文（In theory, the …）の前半部分，the government … private company を指していると判断できる。つまり，中国政府が私企業と同じように原則に従うことが that の内容だと考えられるので，e が正解である。

V 解答

1—c　2—e　3—b　4—c　5—d　6—a
7—e　8—a　9—b　10—c

◆全　訳◆

≪ヨーロッパの巨大インターネット企業規制≫

ブリュッセルは火曜日，巨大テクノロジー企業がテクノロジーの分野で持っている力を制限する計画を明らかにし，「この混乱に秩序を与える」と明言した。欧州委員会の画期的な法律であるデジタル市場法案（DMA）とデジタルサービス法案（DSA）は，支配的な多国籍企業の力を弱め，その企業にコンテンツがどのように順位づけをされ，広告をされ，削除されるのかということをもっと公開するよう強制することを目的としている。この2つの法案はまた，テクノロジー企業に対して，調和の取れた，EU全域に適用される守るべきルールを提供し，デジタル法令における世界的なリーダーになるというEUの野心を支えるものとなるだろう。

「この2つの提案は，1つの目的のためにあります。私たちがユーザーとして，オンライン上で安全な製品とサービスの幅広い選択にアクセスできるようにすることです」と欧州デジタル化対応の上級副委員長，マルグレーテ=ベステアーは声明の中で述べた。「そしてまた，ヨーロッパでの事業経営が，オフラインのときと同じようにオンラインでも自由に，そして公平に競争ができるようにするためです。これは1つの世界です。私たちは，安全な方法で買い物ができ，私たちが読むニュースを信頼できなければなりません。なぜなら，オフラインで違法なものはオンラインでも同様に違法なのですから」と彼女はつけ加えた。

デジタル市場法案は，大企業に，他の企業が出現することを認めることと，自らの支配的な立場を乱用することを阻止することを強制しようとするものだ。そのために，この法案は，プリインストールされたいかなるソフトウェアやアプリをユーザーが削除するのを妨げることのような，「明白に不公平」とこの法案が言う「多くの慣行」を禁止しようとしている。ゲートキーパー――この市場の確固たる地位を占める大企業――についても，他社のソフトウェアが適切に作動し，自身のサービスとともに動作することを可能にすることを含めた何らかの方策を「積極的に」導入することが期待されている。

ベステアーは，ゲートキーパーは「競合する場合は自社の運営するビジネスから収集したデータはもはや使用しない」し，競争相手のサービスよりも上位に自分のサービスをランクづけすることは阻止されるだろうとつけ加えた。重大な競争違反が続いた場合，企業は最高で収入の 10％の罰金を科せられるかもしれない。複数回の法令違反が認定された場合には，欧州委員会は「構造的改善措置」を課す権限を自らに与えたいと考えていると，ベステアーは話した。

デジタルサービス法案は，デジタルプラットフォームに対して，ヘイトスピーチから偽造品に至るまで，違法なコンテンツを削除する責任を負うように要求するだろう。同法案はまた，自分のコンテンツがプラットフォームによって誤って削除されたユーザーのための何らかの「保護措置」を新設するだろう。欧州委員会はまた，プラットフォームのオンライン上の広告とコンテンツをユーザーに推薦するために用いるアルゴリズムに関してより一層の透明性を求めたいと考えている。最後に，同委員会は，違法な製品やサービスの販売者を追跡して捕らえる助けとするため，オンライン上のマーケットプレースでのビジネスユーザーの追跡可能性についての新たなルールを課したいと考えている。

規制機関は，ゲートキーパーとみなされている巨大プラットフォームを，4500 万人以上のユーザー，つまり EU の人口の 10％以上のユーザーを擁しているプラットフォームと初めて定義した。制裁には包括的な収入の 6％を上限とした罰金が含まれている。EU 内のテクノロジー企業を対象に施行された現在の法制，電子商取引指令は，2000 年に始まっている。アマゾンやグーグルといった大企業が当時すでに稼働していた一方で，それ以降にテクノロジーや大衆的な景観を造り直したいくつかの他の企業はまだ稼働していなかった。これにはフェイスブック，ツイッター，インスタグラム，ユーチューブ，ティックトックがある。欧州委員会はすでにいわゆるガーファ――グーグル，アップル，フェイスブック，アマゾン――の競争慣行について複数におよぶ調査に着手し，これらの企業に巨額の罰金を科した。この調査のほとんどの指揮を執ったベステアーは，「苦情は私たちのもとに届き続けていますから，さらに多くの調査を行っています」と強調した。

提案された新しいルールは，法律になるまでには，数年とは言わないまでも，さらに数カ月かかる可能性がある。欧州議会と欧州評議会の加盟国の承認がさらに必要となるだろう。ベステアーは，この２つの法案が１年半以内に成立することを願っていると語った。オンライン上の権利と自由を守るための非政府団体のネットワークであるヨーロッパデジタルライツ（EDRI）は，欧州委員会のこの提案を，巨大テクノロジー企業が手に入れた莫大な経済的，社会的そして政治的な力を規制するためのすばらしい第一歩だと表現した。「しかし，欧州委員会が，過度に押しつけがましいデータ収集のビジネスモデルやユーザーを閉じたシステムの中に意図的に閉じ込めることといった，プラットフォームエコノミーの組織上の問題にも対処するまでには至っていないのは残念なことである」と同団体は声明の中でつけ加えた。

◀解　説▶

１．空所直後の to become the global leader for digital regulation,「デジタル規制の国際的リーダーになる」が空所の内容を説明していることから c．ambition「野心」を入れるのが最も自然である。a．「好敵手」 b．「意見」 d．「理由」 e．「性格」

２．話題の中心となっているのが the Digital Markets Act「デジタル市場法案」であり，空所後の部分（“a number … or apps.）の内容を見ると違反的な行為が例示されていることから，e．prohibit「禁止する」を用いるのが適切である。c は一般的な辞書には記載のない単語であるが，近い単語として enhance「強化する」，enchant「うっとりさせる」などがある。a．「設立する」 b．「採用する」 d．「検査する」

３．空所を含む文（The Digital Services …）の内容が，違反行為があった際にデジタルサービス法案がプラットフォーム企業に課す責任についてであり，空所直後が illegal content「違法コンテンツ」であることから，b．「取り壊す」が最適である。a．「邪魔をする」 c．「解明する」 d．「記入する」 e．「跳び乗る」

４．空所を含む第６段第４文の前半部分（big companies … operational then,）と後半部分（several others … were not.）がそれぞれ節（文）として完成しており，内容としても，すでに稼働していた大企業とまだ稼働していなかった企業とを対比していることから，c．「(〜である）一方」を入れるのが最適である。a．「もしも〜なら」 b．「(〜した）後で」 d．「〜なので」 e．「もし〜でなければ」

5．Big Tech companies「巨大テクノロジー企業」の得た力が話題の中心であるから，d．「膨大な」を選ぶとよい。a．「ゆるんだ」 b．「わずかな」 c．「バランスの取れた」 e．「適切な」

6．「下線部の語 "them" が指しているのは何か？」

下線部の直前の語が force「強いる」という動詞であることから，何かを強いる対象となっているのは，この文では a．multinational companies「多国籍企業」であると考えるのが最も自然である。

7．「本文によると，次のうち正しいのはどれか？」

a．「巨大テクノロジー企業は，デジタル市場法案とデジタルサービス法案下にあるそれぞれの EU 加盟国の異なるルールに従う必要があるだろう」 第1段第3文（They would also …）において，デジタル市場法案とデジタルサービス法案が目指しているのは EU 全域で同一のルールを課すことだとあることから，aの内容は誤りである。

b．「デジタル市場法案とデジタルサービス法案は，オンラインサービス上でユーザーが持っている選択の数を減らすだろう」 第2段第1文（"The two proposals …）によると，この2つの法案によってユーザーの幅広い選択肢が保証されるだろうということであるから，bの内容とは逆である。

c．「デジタル市場法案は，ユーザーがある種のソフトウェアやアプリを自分のデバイスから削除することを強制するだろう」 第3段第2文の（To do that, …）の内容から判断すると，デジタル市場法案はユーザーがあらかじめインストールされたソフトウェアやアプリを削除するのを企業が阻止することを禁じることが目的であることから，cは正しくない。

d．「現在，ゲートキーパーは，他社のソフトウェアが自社のプラットフォームで簡単に作動することを許している」 第3段最終文（Gatekeepers――large companies …）を基盤に考えると，dが述べていることは今後法案が施行されたときに実現することとして示されていることから，現在の事実として述べることは誤りである。

e．「ベステアーは，同一のことはオフラインのビジネスでもオンラインのビジネスでも違法のはずだと信じている」 第2段最終文（Because what is …）の内容に一致する。

8．「本文によると，次のうち正しいのはどれか？」

a.「デジタルサービス法案は，ユーザーが広告を通してどのようにターゲットになっているのかということについて，テクノロジー企業がもっとオープンであるように強いるだろう」 第5段第3文（The Commission also …）に，プラットフォームのオンライン広告と，ユーザーにコンテンツを推薦するアルゴリズムについて，透明性を増すように希望しているという内容があることから，正しいと判断できる。

b.「新しいルールの下で，ゲートキーパーは，彼らが運営するどのビジネスにおいても情報を収集することができないだろう」 第4段第1文（Vestager added that …）に，ゲートキーパーの情報収集が禁止されるのは「競合する場合」という制限があり，bのようにどのビジネスでも禁止されるとするのは誤りである。

c.「もしも2回以上新しいルールに違反したら，違反した企業の操業を停止することが可能だ」 第4段最終文（If they're found …）では，複数回違反した企業に対して課せられるのは structural remedies「構造的な改善措置」だと述べているが，それが操業停止なのかどうかについては読み取れない。

d.「デジタル市場法案の下では，欧州委員会はオンライン上のサービスのランクづけの責任をもつだろう」 第1段第2文（The European Commission's …）を見てみると，ランクづけについては各企業がもっと透明性をもって行うよう求めているものであり，欧州委員会が責任をもつものとは述べられていない。

e.「その新しいルールで，オンライン上のプラットフォームによってユーザーがコンテンツを誤って削除されることが防げるだろう」 第5段第2文（It would also …）には，誤って削除された場合の保護措置を作るという内容が示されている。「誤って削除する」という行為自体を防ぐとは明記されていないため，誤りと判断できる。

9.「本文によると，次のうち正しくないのはどれか？」

a.「欧州委員会は苦情を受け取った後，ガーファに対していくつかの調査を始めた」 第6段最終文（Vestager, who has …）に，いまだに苦情が来ているのでもっと調査をするとある。つまり，具体的に苦情が来たところで調査が開始される仕組みであると判断できるので，本文の内容に一致すると考えることができる。

b.「新しいルールによって，テクノロジー企業がユーザーのデータを収集することによって収益を上げることが禁止されるだろう」 最終段最終文（“It is a pity …）に，「しかし，欧州委員会が，過度に押しつけがましいデータ収集のビジネスモデルや…の問題にも対処するまでには至っていないのは残念なことである」とあり，テクノロジー企業のデータ収集の問題に関しては対応できていないことがわかる。よって，bが誤り。

c.「その新しい法律は，現在の法制が書かれた以降出現したテクノロジープラットフォームにも対応している」 第6段第3・4文（The current legislation … landscape were not.）で，現行法が施行された2000年の後に出現した企業があることが指摘されていることから，本文の内容に一致すると考える。

d.「ヨーロッパデジタルライツは，テクノロジー企業の力を制限するのに提案されている法律では不十分だと考えている」 最終段最終文（“It is a pity …）において，dと同一の内容がヨーロッパデジタルライツの懸念として示されている。

e.「規制機関は，ゲートキーパーをEUの人口の10％以上のユーザーを擁するプラットフォームだと説明している」 第6段第1文（For the first …）が示す定義と一致していると考えてよい。

10.「本文の表題として最適なのはどれか？」

a.「EUにおける市場の支配力を維持するためのガーファの戦い」

b.「EUはいかに非合法な企業からオンラインユーザーを保護しているか」

c.「EUが巨大テクノロジー企業を規制する画期的な計画を明らかにする」

d.「国際的なオンライン上のマーケットプレースにおけるゲートキーパーの隆盛」

e.「ソーシャルメディア企業の力を制限するEUの計画」

本文全体として，EUが発表した巨大テクノロジー企業を規制するための2つの法案の内容を説明していることから，cが正解である。

Ⅵ 解答 1－d　2－b　3－d　4－c　5－a

◀解　説▶

1．A：奇妙だな。なんだって今日はここに行列があるんだ？
B：仕方ないよ。新しい季節の飲みものが今日発売になったんだ。
A：それなら，今日だけは別の喫茶店に行ってみたほうがいいな。
a．「ここは町で唯一の喫茶店だ」
b．「30分前に閉店したよ」
c．「いつもみんなここにリラックスしに来るんだ」
d．「新しい季節の飲みものが今日発売になったんだ」

Aの返答から，今日限定で行列があることがわかる。dを入れるのがやり取りとして最も自然である。

2．A：昨日，期限通りに宿題を提出したのかい？
B：締め切りの5分前にね！
A：土壇場まで待つなんていかにも君らしいね。
a．「そのことをまったく忘れていた！」
b．「締め切りの5分前にね！」
c．「1日前に早めに提出したよ」
d．「教授がもう1週間猶予をくれたんだ」

It's just like you to *do*.で「～するなんていかにも君らしい」という会話表現になることから，ぎりぎりで提出したという状況が読み取れる。

3．A：やあ！　この間のテニスの練習にいなかったね。
B：ああ，実習のためのオンライン面接があったんだ。
A：オンライン？　対面の面接じゃなかったの？
B：最近じゃすごく一般的だよ。
a．「またとない機会だと思うよ」
b．「それが彼らが必要なタイプの人間なんだ」
c．「オンラインの仕事がぼくに一番合ってるよ」
d．「最近じゃすごく一般的だよ」

インターネットを利用した面接に驚いたAに対する発言であることを考えると，dが最も自然である。

4．A：最近の天気はひどいね？

B：ああ，こんな天気じゃどこにも行けないよ。
A：こんな天気が続いたら今週末はどうする？
B：いい映画を見ながらずっと家にいればいいさ。
a．「繁華街の新しい韓国レストランに行ってみるのはどうだい？」
b．「外に出て少し足のストレッチをするのが一番いいと思うよ」
c．「いい映画を見ながらずっと家にいればいいさ」
d．「あの屋外スタジアムでサッカーの試合があるんじゃないか？」

荒天のため外出ができないという話題なので，cが適切である。

5．A：昨日マークがソーシャルメディアに投稿したのを見たかい？
B：いや，見てない。ひどかったの？
A：それほどでもないけど，とても落ちこんでいるようだったよ。
B：彼を元気づけるために何かしたほうがいいと思うかい？
a．「彼を元気づけるために何かしたほうがいいと思うかい？」
b．「その投稿を今すぐ削除すべきだと思うよ」
c．「たぶん，彼は君が彼の投稿を読んだとはわからないだろう」
d．「すばらしい体験だったに違いないね」

投稿したマークが落ちこんでいた（down）という内容から，aが正解である。

❖講　評

Ⅰは，下線の発音の異同を問う問題である。基本的な問題が多いが，3のようにbreathとbreatheの発音の違いを見極めた上で解答の必要な問題もあるので注意が必要である。

Ⅱは，空所補充による短文の完成問題である。単語・熟語はもとより，正確な文法知識も求められている。

Ⅲは短めの英文が与えられ，関連する図表を手がかりに空所を埋める問題である。英文の内容は基本的な難易度のものだが，図表が意味することを正確に読み取る力が必要である。

Ⅳ・Ⅴはともに，主に空所補充問題と内容説明問題から成る長文問題である。内容説明問題は細かいところまで問うものが散見され，本文の内容をしっかりと踏まえた上で解答することが求められている。

Ⅵは，欠文を補充して会話を完成させる問題である。基本的な英語力があれば十分に満点を望める出題と言える。

全体的には，長文読解問題にやや難易度の高さがうかがわれ，その他発音や文法知識，会話文の理解など，全般的な英語力を問う出題構成であると言える。

標準」の技術文化だけを指しているのではないのでEも不適切。

〔問六〕　空欄(7)のある段落に「が、モデルAがグローバル標準として……迫っていることは動かせない」とあることに着目する。

❖講　評

大問三題で、例年通り一は書き取り・読み、慣用句等の出題、二、三は評論読解問題となっている。

一　漢字の書き取りや基本的な語の読み、慣用句、ことわざ、四字熟語などの出題である。定番なので取りこぼしのないように得点したい。授業や問題集などをベースに基本的な語彙の習得を怠らないようにしたい。

二　アーキテクチャは自由を制約するのか拡げるのか、という問いのもとに、アーキテクチャに対する評価の変遷を論じている。カタカナ語が氾濫していて読みにくい面もあるが、系統立てて論じているので、慌てずにきちんと読解していけば問題はない。〔問五〕はカタカナ語がらみの箇所の読解に、選択肢は慣用句をそろえていて「読解プラス語彙理解」の二階建ての問題になっている。

三　世界の技術文化を三分類し、グローバル化に伴って「身体の使用法」や「知覚の能力」が変容していくことを説いている。説明が具体的なので取り組みやすい。モデルA、B、Cの相違点を的確に把握したい。最後から三つ目の段落の読解が鍵になる。カタカナ語の多い二と比べて従来型の入試問題であるものの、〔問三〕の空所補充はカタカナ語との組み合わせになっている問題である。

に話題が変わることから判断する。

〔問二〕　傍線(2)から四つ後の段落に、日本から抽出された技術文化のモデルは、「あえて道具を改良せずに、機能を未分化にしたまま使う人の手の器用さを活かそうとする技術文化」「わたしたち自身が体の使い方を工夫することが求められる」と述べているのに着目する。「自分の体を使いこなし」とあるDがこれに合致する。Aは「想定外の新たな機能を創造」、Bは「個性を表現する」、Cは「使い手の体が道具を制御、支配」、Eは「体の能力を高める」がそれぞれ不適。

〔問三〕　(4)は、直前の段落後半箇所で「和楽器ではどうしてこんなかんたんな工夫もあえてせずにきたのか」という疑問が「フィロソフィーが異なるのである」という理由によることが「川田の議論にふれて」理解できた、という文脈であることから判断する。

(7)は、直後に「かき混ぜられてきた現在」とあるのに着目して、〝物事が入り混じっている〟という意の「カオス的」を選択する。

〔問四〕　同段落に「このようにあり合わせの材料を使って器用に何かをなしてしまう」と繰り返されている。これらを言い換えているE「その場にあるもので都合をつけようとする」が正解。Aは「いまだそれらを工夫、改良することができず」、Bは「文明が未発達」、Dは「批判」「切り替える」が不適切。Cについては、次段落にある「モデルCの背景」であるが、これは「背景」であって、「そしてそのうえでとりあえずはあり合わせのもので器用にやりくりするという風がある」のだから、傍線(6)自体の説明にはなっていない。

〔問五〕　「技術文化」については、第四段落に「ある技術上の原則を、その技術を運用する人間の価値指向（世界観とくに自然観、生きものに対する考え方、経済観、労働観など）と組み合わせた複合」と定義されている。これを正しく説明しているBが正解。A・C・Dは技術文化の説明が誤っている。また、「特定の『技術文化』」とは、モデルA・モデルB・モデルCといったそれぞれの時代・社会におけるそれぞれの特定の技術文化のことであり、「グローバル

三

出典　鷲田清一『つかふ――使用論ノート』〈I 「つかふ」の原型 4 使用の「文化」〉（小学館）

解答

〔問一〕B　〔問二〕D

〔問三〕C

〔問四〕E

〔問五〕B

〔問六〕E

◆要　旨◆

世界の技術文化は、さまざまな風土的事情と人間の価値指向によって異なってくる。文化人類学者の川田順造による三つのモデルは「道具の脱人間化」（フランス）、「道具の人間化」（日本）、「人間の道具化」（西アフリカ）と分類できるものの、グローバル化により純粋な形では保持されつづけていない。「道具の脱人間化」のモデルが圧倒的な現代社会のなかで、他の二つのモデルをどのように再評価するかが、人類社会共通の課題である。使用における身体と道具との相互浸透的な関係には、特定の「技術文化」が反映している。身体の使用法も知覚の能力もそういう歴史の文脈の中で変容させられてゆく。

▲解　説▼

〔問一〕(1)は直前の内容の例として直後に「轆轤も右回り、つまり時計の針周りで使う」とあり、わかりやすいように具体的な例を挙げて説明していることから考える。

(3)は直前・直後が順接の関係であることを押さえる。

(5)は「道具の脱人間化」（モデルA）、「道具の人間化」（モデルB）の説明から「人間の道具化」（モデルC）の説明

〔問四〕 (4)は、直前に「個人に規制を遵守するか否かを選択する機会も、不服従の余地も与えることがない」とあるので、絶対的な力を持つことから判断すると、AかEに絞られる。

(9)は、直前にある「思いがけない出会いですらも」「アーキテクチャの設計者により意図されたものであり」という箇所に着目する。〝自分の思うままであるさま〟の意である「恣意的」を含むA・Cが候補になる。

〔問五〕「①（個別化された）デフォルトの提示」の説明の二つ目の段落に「人びとの多様な選好に応じて……個人の選択を支援することができる」とある反面、次の段落で「個人の視野を狭めてしまうおそれもある」と書かれていることから判断する。

〔問六〕【V】のある段落に「個人の選択にかかわらずに、個人に思いがけない発見を可能にするアーキテクチャである」とあり、次の段落に「人びとがあらかじめ……多様性を促進する」とあることから判断する。

〔問七〕第四段落に、二〇世紀末以来「法学の世界においてアーキテクチャはおもに自由を制約する新たな『規制』の一種として理解されてきた」のに、二〇一〇年頃から「アーキテクチャを積極的に活用した法・政策が広く取り入れられるようになった」という「変容」が述べられている点に着目する。脱落文は以上の経緯をまとめているのである。

〔問八〕文章全体でアーキテクチャが〈自由を制約するのか／自由を創出・支援するのか〉が述べられている。第四段落に、レッシグやサンスティーンという人物が登場し、二〇世紀末から二一世紀初頭にかけてアーキテクチャへの評価が変遷してきたことが述べられていることに着目する。Cは「政府から委託されて」が誤り。「自主的な取り組み」（空欄(8)のある段落）とある。Eは「多くの利用者の行動を一方向に導く」が誤り。「ユーザーが多様な見解に接するように設計されている」（空欄(8)のある段落）とある。

〔問八〕　D

◆要　旨◆

検索エンジン等は、行為の可能性の前提となる物理的・技術的構造であるアーキテクチャの一種であるが、アーキテクチャは自由を制限するだけでなく、創出・支援する側面もある。サンスティーンらは特定の選択肢を排除せずに当人の利益になるように個人の選択に影響を与えるものを積極的に活用した政策を提唱した。それには（個別化された）デフォルトの提示やセレンディピティのアーキテクチャなどがある。しかし、私たちの自由を創出・促進するために設計されたアーキテクチャであっても、アーキテクチャの設計者によって恣意的に操作される点には留意する必要がある。それが自由の脅威になることもある。

◆解　説◆

〔問一〕　Cが空欄(4)を含む段落に合致する。Aは「規制する手段や方法がなく」、Bは「自由を保護する機能を一切持たず」、Dは「限界が存在している」、Eは「法に準拠し」がそれぞれ誤り。

〔問二〕「①（個別化された）デフォルトの提示」の三つ目の段落に「他方で、個別化されたデフォルトは」「個人の視野を狭めてしまうおそれもある」とある。その欠点を補うために、「②セレンディピティのアーキテクチャ」の二つ目の段落に「『セレンディピティのアーキテクチャ』を創出することにより」「人びとの認知の多様性を促進する」とあるのに着目する。

〔問三〕　(3)は、直前の「インターネットの先進的なユーザー」を直後で「サイバースペースの住民」に言い換えている点から判断する。

(5)は、直前までが「アーキテクチャによる自由の制約という側面に着目して」論じてきたが、それに対して(5)以降は「自由の創出・支援の可能性に着目」して論じている点に着目する。

(8)は、前後が逆接の関係になっていることを押さえる。

国語

一

解答

〔問一〕ア－D　イ－A　ウ－E　エ－B　オ－C

〔問二〕ア－C　イ－E

〔問三〕ア－C　イ－A　ウ－E

〔問四〕ア－D　イ－C　ウ－B

〔問五〕ア－C　イ－D

二

出典　那須耕介・橋本努編著『ナッジ⁉　自由でおせっかいなリバタリアン・パターナリズム』〈成原慧　第3章　それでもアーキテクチャは自由への脅威なのか？　［〝デフォルト〟どれだけ気にしていただろう］〉（勁草書房）

解答

〔問一〕C

〔問二〕A

〔問三〕E

〔問四〕A

〔問五〕D

〔問六〕E

〔問七〕B

/////////////////// ·memo· ///////////////////

////////////////////// · memo · //////////////////////

//////////////////// · memo · ////////////////////

//////////////////// · memo · ///////////////////

////////////////////// · memo · //////////////////////

/////////////////// ・memo・ ///////////////////

/////////////////// ・memo・ ///////////////////

教学社 刊行一覧

2025年版 大学赤本シリーズ

国公立大学(都道府県順)

374大学556点
全都道府県を網羅

全国の書店で取り扱っています。店頭にない場合は,お取り寄せができます。

1 北海道大学(文系−前期日程)
2 北海道大学(理系−前期日程) 医
3 北海道大学(後期日程)
4 旭川医科大学(医学部〈医学科〉) 医
5 小樽商科大学
6 帯広畜産大学
7 北海道教育大学
8 室蘭工業大学/北見工業大学
9 釧路公立大学
10 公立千歳科学技術大学
11 公立はこだて未来大学 総推
12 札幌医科大学(医学部) 医
13 弘前大学 医
14 岩手大学
15 岩手県立大学・盛岡短期大学部・宮古短期大学部
16 東北大学(文系−前期日程)
17 東北大学(理系−前期日程) 医
18 東北大学(後期日程)
19 宮城教育大学
20 宮城大学
21 秋田大学 医
22 秋田県立大学
23 国際教養大学 総推
24 山形大学 医
25 福島大学
26 会津大学
27 福島県立医科大学(医・保健科学部) 医
28 茨城大学(文系)
29 茨城大学(理系)
30 筑波大学(推薦入試) 医 総推
31 筑波大学(文系−前期日程)
32 筑波大学(理系−前期日程) 医
33 筑波大学(後期日程)
34 宇都宮大学
35 群馬大学 医
36 群馬県立女子大学
37 高崎経済大学
38 前橋工科大学
39 埼玉大学(文系)
40 埼玉大学(理系)
41 千葉大学(文系−前期日程)
42 千葉大学(理系−前期日程) 医
43 千葉大学(後期日程) 医
44 東京大学(文科) DL
45 東京大学(理科) DL 医
46 お茶の水女子大学
47 電気通信大学
48 東京外国語大学 DL
49 東京海洋大学
50 東京科学大学(旧 東京工業大学)
51 東京科学大学(旧 東京医科歯科大学) 医
52 東京学芸大学
53 東京藝術大学
54 東京農工大学
55 一橋大学(前期日程)
56 一橋大学(後期日程)
57 東京都立大学(文系)
58 東京都立大学(理系)
59 横浜国立大学(文系)
60 横浜国立大学(理系)
61 横浜市立大学(国際教養・国際商・理・データサイエンス・医〈看護〉学部)
62 横浜市立大学(医学部〈医学科〉) 医
63 新潟大学(人文・教育〈文系〉・法・経済科・医〈看護〉・創生学部)
64 新潟大学(教育〈理系〉・理・医〈看護を除く〉・歯・工・農学部) 医
65 新潟県立大学
66 富山大学(文系)
67 富山大学(理系) 医
68 富山県立大学
69 金沢大学(文系)
70 金沢大学(理系) 医
71 福井大学(教育・医〈看護〉・工・国際地域学部)
72 福井大学(医学部〈医学科〉) 医
73 福井県立大学
74 山梨大学(教育・医〈看護〉・工・生命環境学部)
75 山梨大学(医学部〈医学科〉) 医
76 都留文科大学
77 信州大学(文系−前期日程)
78 信州大学(理系−前期日程) 医
79 信州大学(後期日程)
80 公立諏訪東京理科大学 総推
81 岐阜大学(前期日程) 医
82 岐阜大学(後期日程)
83 岐阜薬科大学
84 静岡大学(前期日程)
85 静岡大学(後期日程)
86 浜松医科大学(医学部〈医学科〉) 医
87 静岡県立大学
88 静岡文化芸術大学
89 名古屋大学(文系)
90 名古屋大学(理系) 医
91 愛知教育大学
92 名古屋工業大学
93 愛知県立大学
94 名古屋市立大学(経済・人文社会・芸術工・看護・総合生命理・データサイエンス学部)
95 名古屋市立大学(医学部〈医学科〉) 医
96 名古屋市立大学(薬学部)
97 三重大学(人文・教育・医〈看護〉学部)
98 三重大学(医〈医〉・工・生物資源学部) 医
99 滋賀大学
100 滋賀医科大学(医学部〈医学科〉) 医
101 滋賀県立大学
102 京都大学(文系)
103 京都大学(理系) 医
104 京都教育大学
105 京都工芸繊維大学
106 京都府立大学
107 京都府立医科大学(医学部〈医学科〉) 医
108 大阪大学(文系) DL
109 大阪大学(理系) 医
110 大阪教育大学
111 大阪公立大学(現代システム科学域〈文系〉・文・法・経済・商・看護・生活科〈居住環境・人間福祉〉学部−前期日程)
112 大阪公立大学(現代システム科学域〈理系〉・理・工・農・獣医・医・生活科〈食栄養〉学部−前期日程) 医
113 大阪公立大学(中期日程)
114 大阪公立大学(後期日程)
115 神戸大学(文系−前期日程)
116 神戸大学(理系−前期日程) 医
117 神戸大学(後期日程)
118 神戸市外国語大学 DL
119 兵庫県立大学(国際商経・社会情報科・看護学部)
120 兵庫県立大学(工・理・環境人間学部)
121 奈良教育大学/奈良県立大学
122 奈良女子大学
123 奈良県立医科大学(医学部〈医学科〉) 医
124 和歌山大学
125 和歌山県立医科大学(医・薬学部) 医
126 鳥取大学 医
127 公立鳥取環境大学
128 島根大学 医
129 岡山大学(文系)
130 岡山大学(理系) 医
131 岡山県立大学
132 広島大学(文系−前期日程)
133 広島大学(理系−前期日程) 医
134 広島大学(後期日程)
135 尾道市立大学 総推
136 県立広島大学
137 広島市立大学
138 福山市立大学 総推
139 山口大学(人文・教育〈文系〉・経済・医〈看護〉・国際総合科学部)
140 山口大学(教育〈理系〉・理・医〈看護を除く〉・工・農・共同獣医学部) 医
141 山陽小野田市立山口東京理科大学 総推
142 下関市立大学/山口県立大学
143 周南公立大学 新 総推
144 徳島大学 医
145 香川大学 医
146 愛媛大学 医
147 高知大学 医
148 高知工科大学
149 九州大学(文系−前期日程)
150 九州大学(理系−前期日程) 医
151 九州大学(後期日程)
152 九州工業大学
153 福岡教育大学
154 北九州市立大学
155 九州歯科大学
156 福岡県立大学/福岡女子大学
157 佐賀大学 医
158 長崎大学(多文化社会・教育〈文系〉・経済・医〈保健〉・環境科〈文系〉学部)
159 長崎大学(教育〈理系〉・医〈医〉・歯・薬・情報データ科・工・環境科〈理系〉・水産学部) 医
160 長崎県立大学 総推
161 熊本大学(文・教育・法・医〈看護〉学部・情報融合学環〈文系型〉)
162 熊本大学(理・医〈看護を除く〉・薬・工学部・情報融合学環〈理系型〉) 医
163 熊本県立大学
164 大分大学(教育・経済・医〈看護〉・理工・福祉健康科学部)
165 大分大学(医学部〈医・先進医療科学科〉) 医
166 宮崎大学(教育・医〈看護〉・工・農・地域資源創成学部)
167 宮崎大学(医学部〈医学科〉) 医
168 鹿児島大学(文系)
169 鹿児島大学(理系) 医
170 琉球大学 医

2025年版　大学赤本シリーズ

国公立大学 その他

171 〔国公立大〕医学部医学科 総合型選抜・学校推薦型選抜※ 医 総推
172 看護・医療系大学〈国公立 東日本〉※
173 看護・医療系大学〈国公立 中日本〉※
174 看護・医療系大学〈国公立 西日本〉※
175 海上保安大学校／気象大学校
176 航空保安大学校
177 国立看護大学校
178 防衛大学校 総推
179 防衛医科大学校（医学科） 医
180 防衛医科大学校（看護学科）

※No.171～174の収載大学は赤本ウェブサイト（http://akahon.net/）でご確認ください。

私立大学①

北海道の大学（50音順）

201 札幌大学
202 札幌学院大学
203 北星学園大学
204 北海学園大学
205 北海道医療大学
206 北海道科学大学
207 北海道武蔵女子大学・短期大学
208 酪農学園大学（獣医学群〈獣医学類〉）

東北の大学（50音順）

209 岩手医科大学（医・歯・薬学部） 医
210 仙台大学 総推
211 東北医科薬科大学（医・薬学部） 医
212 東北学院大学
213 東北工業大学
214 東北福祉大学
215 宮城学院女子大学 総推

関東の大学（50音順）

あ行（関東の大学）

216 青山学院大学（法・国際政治経済学部－個別学部日程）
217 青山学院大学（経済学部－個別学部日程）
218 青山学院大学（経営学部－個別学部日程）
219 青山学院大学（文・教育人間科学部－個別学部日程）
220 青山学院大学（総合文化政策・社会情報・地球社会共生・コミュニティ人間科学部－個別学部日程）
221 青山学院大学（理工学部－個別学部日程）
222 青山学院大学（全学部日程）
223 麻布大学（獣医、生命・環境科学部）
224 亜細亜大学
226 桜美林大学
227 大妻女子大学・短期大学部

か行（関東の大学）

228 学習院大学（法学部－コア試験）
229 学習院大学（経済学部－コア試験）
230 学習院大学（文学部－コア試験）
231 学習院大学（国際社会科学部－コア試験）
232 学習院大学（理学部－コア試験）
233 学習院女子大学
234 神奈川大学（給費生試験）
235 神奈川大学（一般入試）
236 神奈川工科大学
237 鎌倉女子大学・短期大学部
238 川村学園女子大学
239 神田外語大学
240 関東学院大学
241 北里大学（理学部）
242 北里大学（医学部） 医
243 北里大学（薬学部）
244 北里大学（看護・医療衛生学部）
245 北里大学（未来工・獣医・海洋生命科学部）
246 共立女子大学・短期大学
247 杏林大学（医学部） 医
248 杏林大学（保健学部）
249 群馬医療福祉大学・短期大学部
250 群馬パース大学 総推
251 慶應義塾大学（法学部）
252 慶應義塾大学（経済学部）
253 慶應義塾大学（商学部）
254 慶應義塾大学（文学部） 総推
255 慶應義塾大学（総合政策学部）
256 慶應義塾大学（環境情報学部）
257 慶應義塾大学（理工学部）
258 慶應義塾大学（医学部） 医
259 慶應義塾大学（薬学部）
260 慶應義塾大学（看護医療学部）
261 工学院大学
262 國學院大學
263 国際医療福祉大学 医
264 国際基督教大学
265 国士舘大学
266 駒澤大学（一般選抜T方式・S方式）
267 駒澤大学（全学部統一日程選抜）

さ行（関東の大学）

268 埼玉医科大学（医学部） 医
269 相模女子大学・短期大学部
270 産業能率大学
271 自治医科大学（医学部） 医
272 自治医科大学（看護学部）／東京慈恵会医科大学（医学部〈看護学科〉）
273 実践女子大学 総推
274 芝浦工業大学（前期日程）
275 芝浦工業大学（全学統一日程・後期日程）
276 十文字学園女子大学
277 淑徳大学
278 順天堂大学（医学部） 医
279 順天堂大学（スポーツ健康科・医療看護・保健看護・国際教養・保健医療・医療科・健康データサイエンス・薬学部） 総推
280 上智大学（神・文・総合人間科学部）
281 上智大学（法・経済学部）
282 上智大学（外国語・総合グローバル学部）
283 上智大学（理工学部）
284 上智大学（TEAPスコア利用方式）
285 湘南工科大学
286 昭和大学（医学部） 医
287 昭和大学（歯・薬・保健医療学部）
288 昭和女子大学
289 昭和薬科大学
290 女子栄養大学・短期大学部 総推
291 白百合女子大学
292 成蹊大学（法学部－A方式）
293 成蹊大学（経済・経営学部－A方式）
294 成蹊大学（文学部－A方式）
295 成蹊大学（理工学部－A方式）
296 成蹊大学（E方式・G方式・P方式）
297 成城大学（経済・社会イノベーション学部－A方式）
298 成城大学（文芸・法学部－A方式）
299 成城大学（S方式〈全学部統一選抜〉）
300 聖心女子大学
301 清泉女子大学
303 聖マリアンナ医科大学 医
304 聖路加国際大学（看護学部）
305 専修大学（スカラシップ・全国入試）
306 専修大学（前期入試〈学部個別入試〉）
307 専修大学（前期入試〈全学部入試・スカラシップ入試〉）

た行（関東の大学）

308 大正大学
309 大東文化大学
310 高崎健康福祉大学
311 拓殖大学
312 玉川大学
313 多摩美術大学
314 千葉工業大学
315 中央大学（法学部－学部別選抜）
316 中央大学（経済学部－学部別選抜）
317 中央大学（商学部－学部別選抜）
318 中央大学（文学部－学部別選抜）
319 中央大学（総合政策学部－学部別選抜）
320 中央大学（国際経営・国際情報学部－学部別選抜）
321 中央大学（理工学部－学部別選抜）
322 中央大学（5学部共通選抜）
323 中央学院大学
324 津田塾大学
325 帝京大学（薬・経済・法・文・外国語・教育・理工・医療技術・福岡医療技術学部）
326 帝京大学（医学部） 医
327 帝京科学大学 総推
328 帝京平成大学 総推
329 東海大学（医〈医〉学部を除く－一般選抜）
330 東海大学（文系・理系学部統一選抜）
331 東海大学（医学部〈医学科〉） 医
332 東京医科大学（医学部〈医学科〉） 医
333 東京家政大学・短期大学部 総推
334 東京経済大学
335 東京工科大学
336 東京工芸大学
337 東京国際大学
338 東京歯科大学
339 東京慈恵会医科大学（医学部〈医学科〉） 医
340 東京情報大学
341 東京女子大学
342 東京女子医科大学（医学部） 医
343 東京電機大学
344 東京都市大学
345 東京農業大学
346 東京薬科大学（薬学部） 総推
347 東京薬科大学（生命科学部） 総推
348 東京理科大学（理学部〈第一部〉－B方式）
349 東京理科大学（創域理工学部－B方式・S方式）
350 東京理科大学（工学部－B方式）
351 東京理科大学（先進工学部－B方式）
352 東京理科大学（薬学部－B方式）
353 東京理科大学（経営学部－B方式）
354 東京理科大学（C方式、グローバル方式、理学部〈第二部〉－B方式）
355 東邦大学（医学部） 医
356 東邦大学（薬学部）

私立大学②

357 東邦大学(理・看護・健康科学部)
358 東洋大学(文・経済・経営・法・社会・国際・国際観光学部)
359 東洋大学(情報連携・福祉社会デザイン・健康スポーツ科・理工・総合情報・生命科・食環境科学部)
360 東洋大学(英語〈3日程×3カ年〉)
361 東洋大学(国語〈3日程×3カ年〉)
362 東洋大学(日本史・世界史〈2日程×3カ年〉)
363 東洋英和女学院大学
364 常磐大学・短期大学 総推
365 獨協大学
366 獨協医科大学(医学部) 医

な行(関東の大学)

367 二松学舎大学
368 日本大学(法学部)
369 日本大学(経済学部)
370 日本大学(商学部)
371 日本大学(文理学部〈文系〉)
372 日本大学(文理学部〈理系〉)
373 日本大学(芸術学部〈専門試験併用型〉)
374 日本大学(国際関係学部)
375 日本大学(危機管理・スポーツ科学部)
376 日本大学(理工学部)
377 日本大学(生産工・工学部)
378 日本大学(生物資源科学部)
379 日本大学(医学部) 医
380 日本大学(歯・松戸歯学部)
381 日本大学(薬学部)
382 日本大学(N全学統一方式－医・芸術〈専門試験併用型〉学部を除く)
383 日本医科大学 医
384 日本工業大学
385 日本歯科大学
386 日本社会事業大学 総推
387 日本獣医生命科学大学
388 日本女子大学
389 日本体育大学

は行(関東の大学)

390 白鷗大学(学業特待選抜・一般選抜)
391 フェリス女学院大学
392 文教大学
393 法政大学(法〈Ⅰ日程〉・文〈Ⅱ日程〉・経営〈Ⅱ日程〉学部－A方式)
394 法政大学(法〈Ⅱ日程〉・国際文化・キャリアデザイン学部－A方式)
395 法政大学(文〈Ⅰ日程〉・経営〈Ⅰ日程〉・人間環境・グローバル教養学部－A方式)
396 法政大学(経済〈Ⅰ日程〉・社会〈Ⅰ日程〉・現代福祉学部－A方式)
397 法政大学(経済〈Ⅱ日程〉・社会〈Ⅱ日程〉・スポーツ健康学部－A方式)
398 法政大学(情報科・デザイン工・理工・生命科学部－A方式)
399 法政大学(T日程〈統一日程〉・英語外部試験利用入試)
400 星薬科大学 総推

ま行(関東の大学)

401 武蔵大学
402 武蔵野大学
403 武蔵野美術大学
404 明海大学
405 明治大学(法学部－学部別入試)
406 明治大学(政治経済学部－学部別入試)
407 明治大学(商学部－学部別入試)
408 明治大学(経営学部－学部別入試)
409 明治大学(文学部－学部別入試)
410 明治大学(国際日本学部－学部別入試)
411 明治大学(情報コミュニケーション学部－学部別入試)
412 明治大学(理工学部－学部別入試)
413 明治大学(総合数理学部－学部別入試)
414 明治大学(農学部－学部別入試)
415 明治大学(全学部統一入試)
416 明治学院大学(A日程)
417 明治学院大学(全学部日程)
418 明治薬科大学 総推
419 明星大学
420 目白大学・短期大学部

ら・わ行(関東の大学)

421 立教大学(文系学部－一般入試〈大学独自の英語を課さない日程〉)
422 立教大学(国語〈3日程×3カ年〉)
423 立教大学(日本史・世界史〈2日程×3カ年〉)
424 立教大学(文学部－一般入試〈大学独自の英語を課す日程〉)
425 立教大学(理学部－一般入試)
426 立正大学
427 早稲田大学(法学部)
428 早稲田大学(政治経済学部)
429 早稲田大学(商学部)
430 早稲田大学(社会科学部)
431 早稲田大学(文学部)
432 早稲田大学(文化構想学部)
433 早稲田大学(教育学部〈文科系〉)
434 早稲田大学(教育学部〈理科系〉)
435 早稲田大学(人間科・スポーツ科学部)
436 早稲田大学(国際教養学部)
437 早稲田大学(基幹理工・創造理工・先進理工学部)
438 和洋女子大学 総推

中部の大学(50音順)

439 愛知大学
440 愛知医科大学(医学部) 医
441 愛知学院大学・短期大学部
442 愛知工業大学 総推
443 愛知淑徳大学
444 朝日大学 総推
445 金沢医科大学(医学部) 医
446 金沢工業大学
447 岐阜聖徳学園大学 総推
448 金城学院大学
449 至学館大学 総推
450 静岡理工科大学
451 椙山女学園大学
452 大同大学
453 中京大学
454 中部大学
455 名古屋外国語大学 総推
456 名古屋学院大学 総推
457 名古屋学芸大学 総推
458 名古屋女子大学 総推
459 南山大学(外国語〈英米〉・法・総合政策・国際教養学部)
460 南山大学(人文・外国語〈英米を除く〉・経済・経営・理工学部)
461 新潟国際情報大学
462 日本福祉大学
463 福井工業大学
464 藤田医科大学(医学部) 医
465 藤田医科大学(医療科・保健衛生学部)
466 名城大学(法・経営・経済・外国語・人間・都市情報学部)
467 名城大学(情報工・理工・農・薬学部)
468 山梨学院大学

近畿の大学(50音順)

469 追手門学院大学 総推
470 大阪医科薬科大学(医学部) 医
471 大阪医科薬科大学(薬学部) 総推
472 大阪学院大学 総推
473 大阪経済大学 総推
474 大阪経済法科大学 総推
475 大阪工業大学 総推
476 大阪国際大学・短期大学部 総推
477 大阪産業大学 総推
478 大阪歯科大学(歯学部)
479 大阪商業大学 総推
480 大阪成蹊大学・短期大学 総推
481 大谷大学 総推
482 大手前大学・短期大学 総推
483 関西大学(文系)
484 関西大学(理系)
485 関西大学(英語〈3日程×3カ年〉)
486 関西大学(国語〈3日程×3カ年〉)
487 関西大学(日本史・世界史・文系数学〈3日程×3カ年〉)
488 関西医科大学(医学部) 医
489 関西医療大学 総推
490 関西外国語大学・短期大学部 総推
491 関西学院大学(文・法・商・人間福祉・総合政策学部－学部個別日程)
492 関西学院大学(神・社会・経済・国際・教育学部－学部個別日程)
493 関西学院大学(全学部日程〈文系型〉)
494 関西学院大学(全学部日程〈理系型〉)
495 関西学院大学(共通テスト併用日程〈数学〉・英数日程)
496 関西学院大学(英語〈3日程×3カ年〉) 新
497 関西学院大学(国語〈3日程×3カ年〉) 新
498 関西学院大学(日本史・世界史・文系数学〈3日程×3カ年〉) 新
499 畿央大学 総推
500 京都外国語大学・短期大学 総推
502 京都産業大学(公募推薦入試) 総推
503 京都産業大学(一般選抜入試〈前期日程〉)
504 京都女子大学 総推
505 京都先端科学大学 総推
506 京都橘大学 総推
507 京都ノートルダム女子大学 総推
508 京都薬科大学 総推
509 近畿大学・短期大学部(医学部を除く－推薦入試) 総推
510 近畿大学・短期大学部(医学部を除く－一般入試前期)
511 近畿大学(英語〈医学部を除く3日程×3カ年〉)
512 近畿大学(理系数学〈医学部を除く3日程×3カ年〉)
513 近畿大学(国語〈医学部を除く3日程×3カ年〉)
514 近畿大学(医学部－推薦入試・一般入試前期) 医 総推
515 近畿大学・短期大学部(一般入試後期) 医
516 皇學館大学 総推
517 甲南大学 総推
518 甲南女子大学(学校推薦型選抜) 新 総推
519 神戸学院大学 総推
520 神戸国際大学 総推
521 神戸女学院大学 総推
522 神戸女子大学・短期大学 総推
523 神戸薬科大学 総推
524 四天王寺大学・短期大学部 総推
525 摂南大学(公募制推薦入試) 総推
526 摂南大学(一般選抜前期日程)
527 帝塚山学院大学 総推
528 同志社大学(法、グローバル・コミュニケーション学部－学部個別日程)

共通テスト対策関連書籍

共通テスト対策 も 赤本で

❶ 過去問演習

2025年版

共通テスト赤本シリーズ

全12点

A5判／定価1,320円（本体1,200円）

- 英国数には新課程対応オリジナル実戦模試 掲載！
- 公表された新課程試作問題はすべて掲載！
- くわしい対策講座で得点力UP
- 英語はリスニングを10回分掲載！赤本の音声サイトで本番さながらの対策！

- 英語 リーディング／リスニング DL
- 数学I, A／II, B, C
- 国語
- 歴史総合, 日本史探究
- 歴史総合, 世界史探究
- 地理総合, 地理探究
- 公共, 倫理
- 公共, 政治・経済
- 物理
- 化学
- 生物
- 物理基礎／化学基礎／生物基礎／地学基礎

DL 音声無料配信

❷ 自己分析

赤本ノートシリーズ 過去問演習の効果を最大化

▶共通テスト対策には

赤本ノート（共通テスト用）

赤本ルーズリーフ（共通テスト用）

共通テスト赤本シリーズ

新課程攻略問題集

全26点に対応!!

▶二次・私大対策には

赤本ノート（二次・私大用）

大学赤本シリーズ

全556点に対応!!

❸ 重点対策

共通テスト赤本プラス

新課程攻略問題集

基礎固め&苦手克服のための分野別対策問題集!!
厳選された問題でかしこく対策

- 英語リーディング
- 英語リスニング DL
- 数学I, A
- 数学II, B, C
- 国語（現代文）
- 国語（古文, 漢文）
- 歴史総合, 日本史探究
- 歴史総合, 世界史探究
- 地理総合, 地理探究
- 公共, 政治・経済
- 物理
- 化学
- 生物
- 情報I

DL 音声無料配信

全14点 好評発売中！

A5判／定価1,320円（本体1,200円）

手軽なサイズの実戦的参考書

目からウロコのコツが満載！

直前期にも！

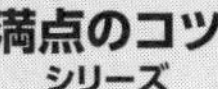
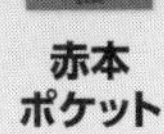

満点のコツシリーズ

赤本ポケット

いつも受験生のそばに—赤本

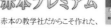

大学入試シリーズ+α
入試対策も共通テスト対策も赤本で

入試対策

赤本プラス

赤本プラスとは，**過去問演習の効果を最大にする**ためのシリーズです。「赤本」であぶり出された弱点を，赤本プラスで克服しましょう。

- 大学入試 すぐわかる英文法 DL
- 大学入試 ひと目でわかる英文読解
- 大学入試 絶対できる英語リスニング DL
- 大学入試 すぐ書ける自由英作文
- 大学入試 ぐんぐん読める 英語長文〔BASIC〕DL
- 大学入試 ぐんぐん読める 英語長文〔STANDARD〕DL
- 大学入試 ぐんぐん読める 英語長文〔ADVANCED〕DL
- 大学入試 正しく書ける英作文
- 大学入試 最短でマスターする 数学Ⅰ・Ⅱ・Ⅲ・A・B・C
- 大学入試 突破力を鍛える最難関の数学
- 大学入試 知らなきゃ解けない 古文常識・和歌
- 大学入試 ちゃんと身につく物理
- 大学入試 もっと身につく 物理問題集（①力学・波動）
- 大学入試 もっと身につく 物理問題集（②熱力学・電磁気・原子）

入試対策

英検® 赤本シリーズ

英検®（実用英語技能検定）の対策書。
過去問集と参考書で万全の対策ができます。

▶**過去問集（2024年度版）**
- 英検®準1級過去問集 DL
- 英検®2級過去問集 DL
- 英検®準2級過去問集 DL
- 英検®3級過去問集 DL

▶**参考書**
- 竹岡の英検®準1級マスター DL
- 竹岡の英検®2級マスター CD DL
- 竹岡の英検®準2級マスター CD DL
- 竹岡の英検®3級マスター CD DL

CD リスニングCDつき　DL 音声無料配信
新 2024年新刊・改訂

入試対策

赤本プレミアム

赤本の教学社だからこそ作れた、過去問ベストセレクション

- 東大数学プレミアム
- 東大現代文プレミアム
- 京大数学プレミアム〔改訂版〕
- 京大古典プレミアム

入試対策

赤本メディカルシリーズ

過去問を徹底的に研究し，独自の出題傾向をもつメディカル系の入試に役立つ内容を精選した実戦的なシリーズ。

- 〔国公立大〕医学部の英語〔3訂版〕
- 私立医大の英語〔長文読解編〕〔3訂版〕
- 私立医大の英語〔文法・語法編〕〔改訂版〕
- 医学部の実戦小論文〔3訂版〕
- 医歯薬系の英単語〔4訂版〕
- 医系小論文 最頻出論点20〔4訂版〕
- 医学部の面接〔4訂版〕

入試対策

体系シリーズ

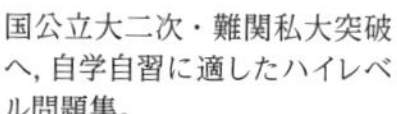

国公立大二次・難関私大突破へ，自学自習に適したハイレベル問題集。

- 体系英語長文
- 体系英作文
- 体系現代文
- 体系世界史
- 体系物理〔第7版〕

入試対策

単行本

▶**英語**
- Q&A即決英語勉強法
- TEAP攻略問題集 CD
- 東大の英単語〔新装版〕
- 早慶上智の英単語〔改訂版〕

▶**国語・小論文**
- 著者に注目! 現代文問題集
- ブレない小論文の書き方 樋口式ワークノート

▶**レシピ集**
- 奥薗壽子の赤本合格レシピ

入試対策　共通テスト対策

赤本手帳

- 赤本手帳（2025年度受験用）プラムレッド
- 赤本手帳（2025年度受験用）インディゴブルー
- 赤本手帳（2025年度受験用）ナチュラルホワイト

入試対策

風呂で覚えるシリーズ

水をはじく特殊な紙を使用。いつでもどこでも読めるから，ちょっとした時間を有効に使える！

- 風呂で覚える英単語〔4訂新装版〕
- 風呂で覚える英熟語〔改訂新装版〕
- 風呂で覚える古文単語〔改訂新装版〕
- 風呂で覚える古文文法〔改訂新装版〕
- 風呂で覚える漢文〔改訂新装版〕
- 風呂で覚える日本史〔年代〕〔改訂新装版〕
- 風呂で覚える世界史〔年代〕〔改訂新装版〕
- 風呂で覚える倫理〔改訂版〕
- 風呂で覚える百人一首〔改訂版〕

共通テスト対策

満点のコツシリーズ

共通テストで満点を狙うための実戦的参考書。重要度の増したリスニング対策は「カリスマ講師」竹岡広信が一回読みにも対応できるコツを伝授！

- 共通テスト英語〔リスニング〕満点のコツ〔改訂版〕新 DL
- 共通テスト古文 満点のコツ〔改訂版〕新
- 共通テスト漢文 満点のコツ〔改訂版〕新

入試対策　共通テスト対策

赤本ポケットシリーズ

▶**共通テスト対策**
- 共通テスト日本史〔文化史〕

▶**系統別進路ガイド**
- デザイン系学科をめざすあなたへ

2025年版　大学赤本シリーズ　No. 320

中央大学（国際経営学部・国際情報学部－学部別選抜）

2024年7月10日　第1刷発行
ISBN978-4-325-26379-1
定価は裏表紙に表示しています

編　集　教学社編集部
発行者　上原 寿明
発行所　教学社
〒606-0031
京都市左京区岩倉南桑原町56
電話　075-721-6500
振替　01020-1-15695
印　刷　太洋社